课题来源：高校示范马克思主义学院和优秀教学科研团队建设项目2014年思政课教学方法改革项目择优推广计划项目：回溯提升教学模式在中国近现代史纲要中的构建与运用

"中国近现代史纲要"教学中的"回溯提升教学模式"研究

ZHONGGUO JINXIANDAISHI GANGYAO
JIAOXUEZHONG DE HUISU TISHENG
JIAOXUE MOSHI YANJIU

徐奉臻 著

中国社会科学出版社

图书在版编目(CIP)数据

"中国近现代史纲要"教学中的"回溯提升教学模式"研究/徐奉臻著.—北京：中国社会科学出版社，2017.10
ISBN 978-7-5203-1110-6

Ⅰ.①中… Ⅱ.①徐… Ⅲ.①中国历史—近现代—教学研究—高等学校 Ⅳ.①K25

中国版本图书馆 CIP 数据核字（2017）第 238679 号

出 版 人	赵剑英
选题策划	刘 艳
责任编辑	刘 艳
责任校对	陈 晨
责任印制	戴 宽

出 版	中国社会科学出版社
社 址	北京鼓楼西大街甲 158 号
邮 编	100720
网 址	http://www.csspw.cn
发 行 部	010-84083685
门 市 部	010-84029450
经 销	新华书店及其他书店
印 刷	北京明恒达印务有限公司
装 订	廊坊市广阳区广增装订厂
版 次	2017 年 10 月第 1 版
印 次	2017 年 10 月第 1 次印刷
开 本	710×1000 1/16
印 张	22.5
插 页	2
字 数	335 千字
定 价	106.00 元

凡购买中国社会科学出版社图书，如有质量问题请与本社营销中心联系调换
电话：010-84083683
版权所有 侵权必究

目 录

第一章 "回溯提升教学模式"的多维解读 …………………… (1)
 第一节 "回溯提升教学模式"的基本定义 ………………… (2)
 第二节 "回溯提升教学模式"的框架结构 ………………… (7)
  一 "回溯提升教学模式"的微观框架结构 ……………… (8)
  二 "回溯提升教学模式"的宏观框架结构 ……………… (11)
 第三节 "回溯提升教学模式"的目的意义 ………………… (14)
  一 回答教师为什么教/如何教/如何教好 ……………… (15)
  二 回答学生为什么学/如何学/如何学好 ……………… (19)
 第四节 "回溯提升教学模式"的实施条件 ………………… (21)
  一 了解学生中学学习中国近现代史情况 ……………… (21)
  二 把握学生中学阶段所用教材的主要特点 …………… (31)
  三 厘清中学的课程和大学"纲要"的关系 …………… (35)
  四 以前沿性和动态性的学术科研为支撑 ……………… (37)
  五 以多维性与系统性的教育科研为引领 ……………… (44)

第二章 "回溯提升教学模式"的理念和路径 …………………… (48)
 第一节 对中学历史课的四维多向回溯 …………………… (48)
  一 "问卷式回溯法"的理念路径 ………………………… (48)
  二 "互动式回溯法"的理念路径 ………………………… (50)
  三 "启发式回溯法"的理念路径 ………………………… (52)
  四 "参与式回溯法"的理念路径 ………………………… (54)

第二节　对大学思政课的两线多维提升 …………………（55）
　　　　一　方法线的多维提升法 …………………………………（55）
　　　　二　内容线的多维提升法 …………………………………（97）

第三章　"回溯提升教学模式"的构建与运用 …………………（104）
　　第一节　"中国近现代史纲要"总序 ………………………（106）
　　　　一　是什么："纲要"是一门什么样的课 ………………（107）
　　　　二　为什么：开设"纲要"课程何以必要 ………………（111）
　　　　三　怎么样：如何讲授和学习"纲要"课 ………………（113）
　　第二节　资本—帝国主义侵略和中国的抗争与觉醒 ………（132）
　　　　一　回溯中学的相关内容 …………………………………（133）
　　　　二　大学"纲要"教学中的提升 …………………………（140）
　　第三节　对国家出路的早期探索 ……………………………（157）
　　　　一　太平天国农民战争 ……………………………………（158）
　　　　二　洋务运动 ………………………………………………（173）
　　　　三　戊戌维新运动 …………………………………………（206）
　　第四节　辛亥革命：近代中国的第一次巨变 ………………（228）
　　　　一　回溯中学的相关内容 …………………………………（229）
　　　　二　大学"纲要"教学中的提升 …………………………（236）
　　第五节　开天辟地的大事变 …………………………………（251）
　　　　一　新文化运动：思想解放与马克思主义传播 ………（251）
　　　　二　五四运动：新民主主义革命的开端 ………………（269）
　　　　三　中国共产党建立与中国革命新局面 ………………（276）
　　第六节　中国革命的新道路 …………………………………（284）
　　　　一　回溯中学的相关内容 …………………………………（284）
　　　　二　大学"纲要"教学中的提升 …………………………（288）
　　第七节　中华民族的抗日战争 ………………………………（296）
　　　　一　回溯中学的相关内容 …………………………………（296）
　　　　二　大学"纲要"教学中的提升 …………………………（301）
　　第八节　为作为近代第二次巨变的新中国而奋斗 …………（320）

一　回溯中学的相关内容 …………………………（320）
　　二　大学"纲要"教学中的提升 …………………（325）

第四章　"回溯提升教学模式"的研究及推广 …………（332）
　第一节　"回溯提升教学模式"的研究情况 ……………（333）
　　一　方法线的研究及其成果 ………………………（333）
　　二　内容线的研究及其成果 ………………………（336）
　第二节　"回溯提升教学模式"的推广情况 ……………（341）
　　一　方法线的成果推广及影响 ……………………（341）
　　二　内容线的成果推广及影响 ……………………（344）

后　记 ………………………………………………………（349）

第一章 "回溯提升教学模式"的多维解读

自从《中共中央、国务院关于进一步加强和改进大学生思想政治教育的意见》（中发［2004］16号文件）和《中共中央宣传部、教育部关于进一步加强和改进高等学校思想政治理论课的意见》（教社政［2005］5号文件）颁行至今，经过思政人一体同心的探索，的确已经积微成著，形成改变思政课整体面貌的群集效应。但就目前现状而言，思政课建设尚未从根本上改变"上面极度重视"和"下面极度漠视"的窘境。如果将"上面极度重视"改述为"机遇"，将"下面极度漠视"改述为"挑战"，那么，抓住"机遇"、迎接"挑战"，势必就是思政人继续前行的不二法门。宋代苏轼曾说："人生如逆旅，我亦是行人。"[1] 我们都是走在路上的行人，因为人之处于世，犹如逆水行舟，不进则退。

课堂教学的终极关怀，是要提高教学质量。要提高教学质量，有赖于教学过程和教学效果的同步最优化。要实现这两个同步最优化，需要两个前提条件：一是最大限度地发挥教师的主导作用，二是最大限度地发挥学生的主体作用。诚如中国古人所言："一手独拍，虽疾无声。"[2] 所以，从课程开设之日起，在教学中居于主导地位的教师，就要不可规避地思考三个问题：一是以什么样的理念设计教学？二是如何将学生的需求点与教师的着力点有机结合起来？三是运用什么样

---

[1] 《苏轼诗词选》，湖南人民出版社2007年版，第228页。
[2] 《治策通览》，中州古籍出版社1989年版，第39页。

的方法激发学生的学习兴趣？这些问题，也都是笔者在构建"回溯提升教学模式"时所要致力思考和解决的问题。

第一节 "回溯提升教学模式"的基本定义

本书所研究的主要议题，是笔者主持的题为"'回溯提升教学模式'在'中国近现代史纲要'教学中的构建与运用"的教育部高校思想政治理论课教学方法改革择优推广计划。梁启超说："大抵西人之著述，必先就其主题立一界说，下一定义，然后循定义以纵说横说之。"① 这样的认识，也适用于本研究。

从语义学角度看，"定义"是围绕一个概念的内涵与外延所做的确定性和扼要性的解读。这个过程，也常被称为"下定义"或"被定义"。也就是说，在名词没有被定义之前，可以称其为"概念"。定义的功能，是识别被定义的概念的位置、价值与特点等，以便对被定义项进行进一步研究。"概念"既是认识主体将其所观察的客体所具有的特征加以组合之后而形成的知识单元，又是认识主体对其所观察的客体所具有的某些特性加以概括的思维单位。"概念"是思维的形式，也是认识主体从感性上升到理性的思维产物。"概念"既组成事物的"构成原则"，又提供分析事物的"解释工具"。② 因此，学术研究通常以定义概念作为分析问题的起点。

就本研究而言，"回溯提升教学模式"是一个概念，如果回答了什么是"回溯提升教学模式"，以及其内涵和外延是什么，也就等于给出了"回溯提升教学模式"的定义。作为概念的"回溯提升教学模式"，是内涵与外延的统一。其内涵需要界定，以明确其特定含义；其外延需要划分，以明确其适用范围。所以，定义"回溯提升教学模式"概念的过程，用德国学者雅斯贝尔斯的话说，就是寻找研究之"帮手"的过程。因为"我们解释一项事务时，就不可避免地以某一

---

① 梁启超：《梁启超论中国文化史》，商务印书馆2012年版，第236页。
② [美]莱文：《不同的路径：马克思主义与恩格斯主义中的黑格尔》，臧宇译，北京师范大学出版社2009年版，第290页。

概念作为大前提了，因为只有这样，我们才能看清事物的本质，才能思考并下结论"。①

本书的"被定义项"，是"回溯提升教学模式"。与"回溯提升教学模式"相关的重要表述至少有六个：一是"中国近现代史纲要"，二是"中学的中国近现代史"，三是"回溯"，四是"提升"，五是"教学模式"，六是"学习环境"。这六个重要表述之间的关系，可总结如下。

其一，"回溯提升教学模式"主要构建和运用于大学本科思政课"中国近现代史纲要"的教学中。在笔者所从教的哈尔滨工业大学，"中国近现代史纲要"课程于学生入学的第二学期开设，是继"思想道德修养与法律基础"之后学生所学的第二门思政课。作为笔者教学对象的学生们，在中学阶段已不同程度地学习过中国近现代史。可以说，这些学生是带着对部分中国近现代史的记忆步入大学的。

其二，"回溯提升教学模式"所"回溯"的对象，是过去完成时的中学的中国近现代史课程；"回溯提升教学模式"所"提升"的对象，是学生在大学阶段即将学习的"中国近现代史纲要"课程。"回溯"与"提升"的过程，既是教师教学和学生学习的过程，又是教师帮助学生进行知识建构的过程。因为学习，"不仅仅是一个接受新信息、新观点和新技能的过程，而是一个头脑对这些新材料进行重组的过程"②。

无论是"回溯"，还是"提升"，均具有激活信息，或储存信息和组织信息的功能。其中，需要激活的信息，是学生在中学阶段学过的中国近现代史内容；需要储存的信息，既包括学生在中学阶段所学习的内容，又囊括学生在大学阶段所学习的内容；需要组织的信息，是融会贯通新旧知识后的再思考，并由此修葺或调适原有的认知。

其三，构建教学模式，是教师从事教学活动的必要环节，也是教师设计学习环境的重要途径。诚如美国学者乔伊斯（Bruce Joyce）所

---

① [德] 雅斯贝尔斯：《什么是教育》，邹进译，三联书店1991年版，第177页。
② [美] 乔伊斯等：《教学模式》，荆建华等译，中国轻工业出版社2013年版，第8页。

言:"教学的经典定义是设计环境。学生在与环境的相互作用过程中学会学习。一种教学模式就是一种学习环境,包括使用这种模式时教师的行为。这种模式有多种用途,从安排上课、创设课程到设计包括多媒体程序在内的教学资料。"①

构建教学模式,不是花拳绣腿,也不是应景之举,而是教师将感性经验上升为理性认识的过程,是教师清理自己的教学思路、设计自己的教学过程的必要环节。也正因为意识到构建和运用教学模式的意义与价值,美国学者乔伊斯等著《教学模式》一书,开创了被称为"教学模式论"新研究领域。② 在该书的"前言",作者开宗明义地指出:《教学模式》一书,"旨在为职前和职后的教师提供大量精心研究和设计的教学方法及教学模式,它们不仅具有理论支撑,而且具有大量的实践性和预期效果方面的研究。因此,这些模式代表了专业化教学的基础"。所谓的"专业化",即"运用研究指导实践"。③ 笔者以为,这样的认识,也适用于对"回溯提升教学模式"所具有的意义及功能的理解。

需要指出,从语义学角度看,"回溯提升教学模式"中的"模式",可以等同于美国学者托马斯·库恩所言的"范式"。在英文中,除了 paradigm 外,"范式"还有 example, pattern, model 等多种表述。而 example, pattern, model,均可以翻译成"模式"。

还需指出,从教学实践上看,"回溯提升教学模式"中的"模式",又不能完全等同于托马斯·库恩所言的"范式"。因为"范式"的基本原则和特点,是具有"不可通约性",即"一元独尊性"。关于此原则和特点,托马斯·库恩有多种表述。诸如,一种理论或方法等,一旦可以被称为"范式",其成就就能"空前地吸引一批坚定的拥护者,使他们脱离科学活动的其他竞争模式"④;"一种范式获得了

---

① [美]乔伊斯等:《教学模式》,荆建华等译,中国轻工业出版社2013年版,第16页。
② 同上书,第21页。
③ 同上书,前言Ⅲ。
④ [美]托马斯·库恩:《科学革命的结构》,金吾伦、胡新和译,北京大学出版社2003年版,第9页。

地位，那是因为它比其他与之竞争的范式更好地解决了一些研究者看来是尖锐的问题，尽管它不能解决所有的问题"①；"在相互竞争的范式之间做出选择，就等于在不相容的社会生活方式间做选择"。这个选择的过程，就是"罢黜百家，定于一尊"②的过程。

在此，笔者所以强调不能将"回溯提升教学模式"中的"模式"与托马斯·库恩所言的"范式"等而视之，其原因至少有二。

其一，在汉语中，"模式"是指"某种事物的标准化形式或使人可以照着做的标准样式"。虽然实践已经表明，"回溯提升教学模式"之于"中国近现代史纲要"教学，的确具有一定的启发性、指导性或示范性，但却并非居于"不可通约性"或"一元独尊性"之位。在"回溯提升教学模式"之外，"中国近现代史纲要"的教学改革探索还会有很多。在此，笔者所以斗胆使用了"模式"，是因为在当下中国的思政课领域，目前还没有其他的更好和更有效的可以沟通的方式。

其二，任何教学模式，都不仅是具体化的，而且也是情境化的。"回溯提升教学模式"也不例外，也要有自己独特的话语体系和发挥功能的时空环境。如果忽略了"回溯提升教学模式"的具体化和情境化之特点，如果不充分考虑"回溯提升教学模式"出场的特定话语体系和时空情境，如果不加以分析地进行拷贝或实行拿来主义，不仅势必会人为夸大"回溯提升教学模式"的功能，而且也不利于实现教学过程和教学效果的同步最优化。

其三，从教育对象角度看，学生是鲜活的个体，存在着个体差异。尽管"目前还未发现有哪些教育方法对一些学生特别有用而对另外一些学生造成伤害"，但还是要看到："一种模式可以帮助某个学生学到很多东西，却并不一定适合另一学生。"③

---

① ［挪威］斯坦因·U. 拉尔森：《社会科学理论与方法》，任晓等译，上海人民出版社 2002 年版，第 46 页。
② ［美］托马斯·库恩：《科学革命的结构》，金吾伦、胡新和译，北京大学出版社 2003 年版，第 86、153 页。
③ ［美］乔伊斯等：《教学模式》，荆建华等译，中国轻工业出版社 2013 年版，第 22 页。

如此，便可以认为，构建"回溯提升教学模式"，也不过是笔者寻求教学过程和教学效果同步最优化的最大公约数而已。在数学中，"最大公约数"指某几个整数共有因子中最大的一个。但在人文社会科学领域，"最大公约数"更多地指各种力量与不同事物之间共识性最大和关切度最高的部分。有鉴于此，在构建"回溯提升教学模式"过程中，需要因地制宜、因材施教，既要充分考虑教育对象的不同，又要很好关照教育者的环境、条件、工作的内容、所面临的问题等诸多差异。对此问题，学界已经多有值得铭记的智慧之见。诸如，吕叔湘曾形象地比喻："教育的性质类似农业，而绝对不像工业。工业是把原料按照规定的工序，制造成为符合设计的产品。农业可不是这样。农业是把种子种到地里，给它充分的合适的条件，如水、阳光、空气、肥料等，让它自己发芽生长、自己开花结果，来满足人们的需要。"对于吕叔湘的这些认识，叶圣陶给予充分肯定。他说："吕先生这个比喻说得好极了，办教育的确跟种庄稼相仿，受教育的人的确跟种子一样，全都是有生命的，能自己发育自己成长的；给他们充分的合适的条件，他们就能成为有用之才。所谓办教育，最主要的就是给受教育者提供充分的合适条件。""办教育决不类似办工业，因为受教育的人绝对不是工业原料。唯有没有生命的工业原料可以随你怎么制造，有生命的可不成。"除此之外，丰子恺还以"某种教育"为题，推出一幅泥人师傅用模具制作完全一样的泥人的漫画，讥讽那种机械的、死板僵化的教育理念。对于这样的理念，叶圣陶也给予充分肯定。他说："受教育的人绝非没有生命的泥团，谁要是像那个师傅一样只管把他们往模子里按，他的失败是肯定无疑的。"[①]

吕叔湘、叶圣陶和丰子恺的表示异曲同工，他们表达的共同的理念和认识是：教育的过程，一定是个性化的。作为教育者的教师，绝不能做泥人匠。相反，要做因时制宜、因地制宜的耕耘者。笔者以为，这样的理念和认识，也适用于笔者在"中国近现代史纲要"教学中构建"回溯提升教学模式"。

---

① 张圣华：《叶圣陶教育名篇》，教育科学出版社2007年版，第79—80页。

第二节 "回溯提升教学模式"的框架结构

《文心雕龙》有言:"整派者依源,理枝者循干。"① 就"回溯提升教学模式"而言,其框架结构有"源"和"干"之定位,体现了笔者在教学中进行布局的理念与路径。如果框架结构布局合理,便会收到"杂而不越"之功效。

所谓"框架",指"事物的组织、结构";所谓"结构",指组成整体的各个部分之间的搭配与安排,包括事物的内部构造与整体布局等。在《社会行动的结构》一书中,美国学者塔尔科特·帕森斯强调:厘清社会结构的主要作用,就是清除"杂乱","使得某种理论体系的大致框架能够较为清晰地呈现出来"②。事实上,不仅社会行动是一个由结构所支配的组织化系统,教师的教学活动同样也是包含行动者、行动目标、行动环境、行动取向等构成要素的活动系统。廓清"回溯提升教学模式"的结构,是使教学框架清晰起来的必要环节。

在不同的领域,"行动者"有不同的具体称谓。就教育领域而言,"行动者"即"教师"或"教育工作者"。在国外,有人将"教师"或"教育工作者"称为"先行组织者";将构成教学模式的结构,定义为"智力支架",并强调教师或教育工作者"在课程开始时给学生提供理解新观点的支架"的必要性,因为给学生提供理解新观点的支架,可以"让学生深入了解结构的秘密、懂得它是如何通过进一步的探究而不断出现的,这样可以促使他们的思维随着课程的进展而活跃起来"。③

分析"回溯提升教学模式"的框架结构,不仅可以勾勒出该教学

---

① 刘勰:《文心雕龙》,上海古籍出版社2015年版,第243页。
② [美]塔尔科特·帕森斯:《社会行动的结构》,张明德等译,译林出版社2003年版,第二版序言、第8页。
③ [美]乔伊斯等:《教学模式》,荆建华等译,中国轻工业出版社2013年版,第123—124页。

模式的基本样态，而且有助于理解和把握该教学模式的行动目标、行动环境和行动取向。虽然框架结构不是万能的，但在一定程度上，不仅框架结构能够体现出行动者的行动路径，决定行动者的行动功能，而且还能折射出构成行动的各个要素之间的错综复杂的关系，展示行动所具有的目的诉求和价值意义。理解"回溯提升教学模式"的框架结构，需要选择微观和宏观两个角度。

在微观上，将"回溯提升教学模式"作为一个包含若干子系统、子子系统、子子子系统的独立的母系统加以分析，探讨该教学模式本身的框架结构。其中，"子系统"包括：贯穿于该教学模式的主线、该教学模式的愿景目标、该教学模式的实践路径等；"子子系统"包括：回答实践路径层面的两个问题，即"如何回溯中学的内容"以及"如何提升大学的内容"；"子子子系统"包括：如何理解作为"回溯"的具体方式的"四维多向回溯法"以及作为"提升"的具体方式的"两线多维提升法"。如果再继续细分，"两线多维提升法"又包括"方法线的多维提升法"和"内容线的多维提升法"两种。

在宏观上，将"回溯提升教学模式"作为母系统中的一个子系统加以分析。其中，"母系统"指：在"中国近现代史纲要"教学中，笔者所主持构建的一系列教学模式。在此，不妨将这一系列教学模式视为一个有机的整体。"子系统"指：构成这一有机整体的若干部分，具体包括"RMSD 教学模式""研究型—开放式—动态性社会实践模式""参与式—体验式教学实践模式""回溯提升教学模式"等。可见，宏观上的框架结构定位，主要是看"回溯提升教学模式"与"RMSD 教学模式""研究型—开放式—动态性社会实践模式""参与式—体验式教学实践模式"的关系。

一 "回溯提升教学模式"的微观框架结构

综观"回溯提升教学模式"的框架结构，有一个一以贯之的问题，即如何认识和处理中学的中国近现代史与大学的"中国近现代史纲要"之间的关系。围绕此问题，还需解决两个子问题：一是"教师为什么教，教师如何教，教师如何教好"，二是"学生为什么学，

第一章 "回溯提升教学模式"的多维解读

学生如何学,学生如何学好"。在整个"回溯提升教学模式"的框架结构中,这个问题及其子问题处于《文心雕龙》所言的"驱万涂于同归,贞百虑于一致"①之位。为了解决这个问题及其子问题,在构建"回溯提升教学模式"过程中,笔者既设定了愿景层面的目标,又致力于探索实践层面的路径。

愿景层面的目标,包括"23456"。其中,"2"是"二个优化"——"优化教学过程"和"优化教学效果";"3"是"三个构建"——帮助学生"构建梯级型的知识结构""构建梯级型的认知水平"和"构建梯级型的辨识能力";"4"是"诉求四度"——"历史的深度""哲学的高度""知识的宽度"和"逻辑的力度";"5"是"诉求五个一流"——"一流的理念""一流的分析""一流的表达""一流的方法"和"一流的课件";"6"是"诉求六性"——"针对性""原则性""趣味性""生动性""学术性"和"思想性"。

实践层面的路径,均可通过一些具体的方法加以体现。如果对实践层面的路径做电脑文件处理式的分层解读,可以从宏观、中观和微观三个角度加以分析。

宏观层面的路径包括两部分:一是"回溯中学的中国近现代史的内容",二是"提升大学的'中国近现代史纲要'的内容"。

中观层面的路径指:"回溯中学的内容"和"提升大学的内容",均有具体的提升法。其中,"回溯中学的内容"采用"四维多向回溯法"——问卷式回溯法、互动式回溯法、启发式回溯法、参与式回溯法。其中,"提升大学的内容"采用"两线多维提升法","两线"包括"方法线"和"内容线","多维"包括"方法线的多维提升法"和"内容线的多维提升法"。

微观层面的路径指:"方法线的多维提升法"和"内容线的多维提升法",也均有其具体的提升方式。

其中,"方法线的多维提升法"由一个彼此关联的"方法链条"所构成。"方法链条"中的主要环节包括:专题化提升法、设问式提

---

① 钟子翱、黄安祯:《刘勰论写作之道》,长征出版社1984年版,第448页。

升法、名作导读提升法、以案为例提升法、史料运用提升法、跨学科提升法、跨时代提升法、跨文化提升法、逻辑推理提升法、加法+减法提升法、多媒体教学提升法等。

其中,"内容线的多维提升法"主要有:"近期因时多维提升法"和"长期常规多维提升法"两种。

"近期因时多维提升法"包括"六个三进"思政课:一是党的十八大精神"三进"思政课;二是党的十八届三中全会关于全面深化改革的精神"三进"思政课;三是党的十八届四中全会关于全面推进依法治国的精神"三进"思政课;四是党的十八届五中全会关于全面建成小康社会的精神"三进"思政课;五是党的十八届六中全会关于全面从严治党的精神"三进"思政课;六是习近平总书记系列重要讲话精神"三进"思政课。

"长期常规多维提升法"也包括六个方面:一是切中学生步入大学之后围绕"中国近现代史纲要"与中学的中国近现代史之间的关系所形成的种种困惑;二是立足于"中国近现代史纲要"所具有的思政课之定位;三是致力于凸显"中国近现代史纲要"的"纲"中之"要"的四大历史性选择;四是引借学术界以及笔者本人的最新研究成果;五是将中华优秀传统文化有机融入"中国近现代史纲要"教学中;六是将民族复兴的中国梦的相关思想与"中国近现代史纲要"的教学内容有机对接。

需要指出的是,"近期因时多维提升法"和"长期常规多维提升法"不是固定不变的。随着中国现代化的推进和国内外形势的变化,"近期因时多维提升法"的内容,可能会变成"长期常规多维提升法"的有机组成部分。事实上,在2015年修订的《中国近现代史纲要》教材中,已经增加了"协调推进'四个全面'战略布局"[①]等内容。

还需指出的是,无论是"近期因时多维提升法"本身,还是"长期常规多维提升法"本身,其具体内容也都不是一成不变的。

---

① 本书编写组:《中国近现代史纲要》,高等教育出版社2015年版,第319页。

就"近期因时多维提升法"而言，在中国现代化探索中出现的任何新理念、新思想、新观点，都会是"近期因时多维提升法"动态增容的主要对象。可以预期，未来召开的中国共产党的十九大，乃至二十大等，以及围绕十九大或二十大等党的代表大会而召开的若干全会的精神，也都将纳入"近期因时多维提升法"的框架结构中，成为"近期因时多维提升法"的有机部分。

就"长期常规多维提升法"而言，学生步入大学之后围绕"中国近现代史纲要"与中学的中国近现代史之间的关系所形成的种种困惑，会因时而变；随着历史的推进，体现"中国近现代史纲要"的"纲"中之"要"的历史性选择，也可能不只是马克思主义、中国共产党、社会主义道路、改革开放，还可能进一步增加；需要引介的学术界以及笔者本人的最新研究成果，也具有不断推陈出新的特点；以实现中国民族伟大复兴为己任的中国梦，在不同的时空条件下，也有不同的内涵。比如，在建党百年的时候，要实现两个翻一番，建成小康社会；到建国百年的时候，要建成富强、民主、文明、和谐的社会主义现代化国家。

二 "回溯提升教学模式"的宏观框架结构

在《教学模式》一书中，美国学者乔伊斯等人说：

> 若干年前，人们曾经期待着在课程和教学方面的探索能够出现一种适用于任何教学目标的教学模式。然而，当我们开始写作《教学模式》一书时情况并非如此，而且今天也依然如故。优秀的教学是由一系列的教学模式组合而成的。这些教学模式适合于不同的教学目的，但一经融合便形成了最具代表性的课程。……教育研究本身有它的局限性，但重要的是要把它进行分类。因此，可以这样理解，一种教学模式不适合所有的教学目标，但多种教学模式可以满足多种教学目标的要求。[①]

[①] ［美］乔伊斯等：《教学模式》，荆建华等译，中国轻工业出版社2013年版，前言Ⅲ、第255页。

上述认识所体现的共同理念是：就某一门课程而言，针对不同的具体问题构建不同的教学模式，不仅必要，而且迫切。"中国近现代史纲要"自然也不会例外。所以，在"中国近现代史纲要"教学中，基于不同的角度与不同的诉求，笔者带领课题组教师，抓住机遇，大胆探索，先后构建了四个具有针对性的特色教学模式，即"RMSD 教学模式""研究型—开放式—动态性社会实践模式""参与式—体验式教学实践模式"和"回溯提升教学模式"。

其中，"回溯提升教学模式"既相对独立，又与"RMSD 教学模式""研究型—开放式—动态性社会实践模式""参与式—体验式教学实践模式"之间互相包含或彼此交叉。所以，了解"RMSD 教学模式""研究型—开放式—动态性社会实践模式""参与式—体验式教学实践模式"，也就成为把握"回溯提升教学模式"的必要环节。

"RMSD 教学模式"中的"R"和"M"，取 Revolution 和 Modernization 的第一个字母，体现了教学内容上的"革命"与"现代化"路径；"S"取 Specialization 的第一个字母，反映教学过程的"专题化"运作；"D"取 Diversification 的第一个字母，呈现教学方法的"多样化"形式。

"研究型—开放式—动态性社会实践模式"的操作路径是：以假期为主，以学生的家乡为主要基地，或独立进行社会调研，或以由家乡同学组成的研究小组为单位，以课程组教师下发的《"中国近现代史纲要"社会实践手册》为指南进行社会实践。

"研究型—开放式—动态性社会实践模式"中的"研究型"，凸显社会实践过程的"研究"特性。无论是调研地点的选择、调研问题的确定、调研方法的运用、调研工作的展开、调研内容的把握、调研报告的撰写、调研成果的后续修改与提升等，无一不与"研究"有关，无一不需要作为社会实践之主体的学生的精心准备和反复斟酌。

"研究型—开放式—动态性社会实践模式"中的"开放性"与"动态性"主要指：在时间上，该社会实践突破了以往"社会实践与课堂教学同步"的传统做法,把时间维度从"学期性"短时段规定,扩展至"学年性"甚至更长时间。在对象上,该社会实践的参与者,是全校各年级学生,包括学生入学次年春季学期正在修"中国近现代史纲要"的一年级学生,也包括修过此课的二、三、四年级学生。所不同的是,一年级学生参与此社会实践活动,是累积式学分制内容的一部分,具有初级性和必需性。二、三、四年级学生参与此项社会实践活动,以个人兴趣为主,体现自愿原则。在地点上,该社会实践的地点不固定,以学生所在的家乡为主。因为哈尔滨工业大学是全国招生,因此实践地点遍布全国。如此,研究成果必定突破狭窄的地域性。在内容上,指社会实践不规定千篇一律的具体题目,而是给出一些体现中国近现代史演进之精髓的参考性题目。如此,学生可根据家乡的特点和调研角度,结合本人的兴趣和对实践对象的感悟,写出具有"自由选择、自主发挥、自圆其说"等特点的调研报告。[①]

"参与式—体验式教学实践模式"中的"参与式"和"体验式",指通过学生进行"课前五分钟演讲"等方式,让学生参与到课堂教学中来,体验和感受教师进行课堂教学之艰辛。

学生的"课前五分钟演讲",基于"因材施教原则",由教师对自愿报名参与活动的学生进行个别辅导,包括演讲内容的选择和把握、演讲时间的安排与要求、演讲技巧的运用及提升等。演讲内容主要有两大部分。

一是学生通过中学阶段的中国近现代史的学习,已经部分了解了的重要历史人物或历史事件,诸如洪秀全、李鸿章、曾国藩、左宗棠、张之洞、康有为、梁启超、谭嗣同、孙中山、黄兴、光绪、五四运动、西安事变等。

二是学生参加"研究型—开放式—动态性社会实践"后的心得,以及相关调研报告的展示。这样的努力,有助于实现教师在构建"参与式—体验式教学实践模式"过程中所诉求的"四个衔接":衔接"课堂教学"与"社会实践";衔接"教师讲授"与"学生参与";

[①] 徐奉臻:《教学改革:理念创新与模式构建》,中国社会科学出版社2009年版,第172—182页。

衔接"参与式—体验式教学实践模式"和"研究型—开放式—动态性社会实践模式";衔接大学的"中国近现代史纲要"和中学的中国近现代史。①

实践表明,任何一种单一的教学模式,都很难独立地着手成春,都需要发挥不同教学模式的群集优势。换言之,要实现"中国近现代史纲要"教学过程和教学效果的同步最优化,既有赖于"回溯提升教学模式",又有赖于"RMSD教学模式""研究型—开放式—动态性社会实践模式"和"参与式—体验式教学实践模式"。只有将这四个教学模式的功用都能最大化地呈现,"中国近现代史纲要"的教学才有可能取得实质性的进步。

第三节 "回溯提升教学模式"的目的意义

在语义学上,"目的"意为"想要得到的结果"或"想要达到的境地","意义"指"价值"和"作用"。"目的"通常是指行为主体根据自身的需要,借助意识和观念的中介作用,预先设想的行为目标与结果。人的实践活动以目的为依据,目的贯穿于实践过程之始终。"意义"是人对自然或社会事务的认识,是人给对象事物赋予的含义,是人类以符号形式传递和交流的精神内容。人类交流的一切精神内容,包括意向、意图、认识和观念等,都包括在意义的范围之中。"意义"主要强调一件事在最后所带来的影响,影响可以是抽象的,也可以是具体的。"作用"主要表示一件事在最后所能够达到的实质性的目的。在特定语境下,"意义"和"作用"可以联用或通用。

就本研究而言,"目的"就是"回溯提升教学模式"所要达到的研究结果,"意义"则指"回溯提升教学模式"的研究结果所具有的影响与功能。

在特点上,教学模式具有指向性、系统性、整体性和可操作性等。"回溯提升教学模式"也不例外。"回溯提升教学模式"所要解

---

① 徐奉臻:《教学改革:理念创新与模式构建》,中国社会科学出版社2009年版,第183—187页。

决的主要问题，是如何认识和处理中学的中国近现代史与大学的"中国近现代史纲要"之间的关系。笔者所以将此问题视为"回溯提升教学模式"的症结，主要有三个认识来源：一是笔者本人的一线教学体会；二是通过笔者在讲授"中国近现代史纲要"课程之前进行的问卷调研所获取的资料；三是笔者应邀在全国多地做教学改革报告时，与全国的思政课同仁进行交流所搜集的信息。

马克思（Karl Marx）说："问题就是时代的口号，是它表现自己精神状态的最实际的呼声。"① 问题越突出，探索的压力与动力就越强大。基于问题意识构建"回溯提升教学模式"，不仅十分必要，而且非常迫切。

"回溯提升教学模式"所要解决的"如何认识和处理中学的中国近现代史与大学的'中国近现代史纲要'之间的关系"这一核心问题，可以分解为两个具体问题：一是教师为什么教，教师如何教，教师如何教好；二是学生为什么学，学生如何学，学生如何学好。

一 回答教师为什么教/如何教/如何教好

之所以要回答"教师为什么教"的问题，是因为在大学阶段讲授"中国近现代史纲要"的教师的教学对象，是从中学步入大学不久的学生。在中学阶段，这些学生已经学习过中国近现代史课程。因此，回答为什么进入大学后还要开设"中国近现代史纲要"课程，也就成为讲授此课的教师所面临的不可规避的共性问题。思考和解决这个问题，事关对开设"中国近现代史纲要"课程的意义及其合理性的理解。

之所以要探索"教师如何教"的问题，可以有两个层面的理解：从教育的共性角度看，所有教师，无论其讲授何种课程，都有思考"教师如何教"的必要，这也是教师教学的必要环节。从教育的个性角度看，学生在大学阶段即将学习的"中国近现代史纲要"课程，与其中学阶段所学的中国近现代史的内容，既有交叉和重复，又有不

---

① 《马克思恩格斯全集》第40卷，人民出版社1982年版，第289—290页。

同与添加。交叉和重复如何处理，不同与添加需要怎样把握，这些都是任课教师必须正视并加以研究的。如果这些问题处理不好，不仅教师的教学活动难以有序展开，而且也难以调动学生学习的积极性及主动性。

　　构建"回溯提升教学模式"，是"教师如何教"的一种具体探索。构建"回溯提升教学模式"的过程，就是笔者在大学的"中国近现代史纲要"教学中进行教学设计的过程。美国学者 R. M. 加涅说：从综合的观点考虑，"要使教学有效，则它必须有计划"。这意味着："教学是以某种系统的方式设计的。"设计教学的目的，"在于使学生能够从'现在的位置'过渡到终点目标中规定的性能的获得"。作为过程的教学，"是以促进学习的方式影响学习者的一系列事件"。其中，可以被称为"教学事件"的内容主要包括：一是"引起注意"，其与学习过程的关系是"接受各种神经冲动"；二是"告诉学生课的目标"或"告知学生目标"，其与学习过程的关系是"激活执行控制过程"；三是"刺激对先前学习的回忆"或"刺激回忆前提性的学习"，其与学习过程的关系是"把先前的学习提取到工作记忆中"；四是"呈现具有区别性特征的刺激"或"呈现刺激材料"，其与学习过程的关系是"突出有助于选择性知觉的特征"；五是"引导学习"或"提供学习指导"，其与学习过程的关系是"语义编码，提取线索"；六是"引出作业"，其与学习过程的关系是"激活反应组织"；七是"提供信息反馈"或"提供作业准确性的反馈"，其与学习过程的关系是"建立强化"；八是"评价作业"，其与学习过程的关系是"激活提取，使强化成为可能"；九是"促进保持和学习迁移"，其与学习过程的关系是"为提取提供线索和策略"。①

　　如果对号入座，笔者基于"回溯提升教学模式"所进行的教学设计，也都包括这些方面。在构建"回溯提升教学模式"过程中，R. M. 加涅所说的"教学事件"与学生的学习过程之间，具体呈现如下关系。

---

　　① ［美］R. M. 加涅等：《教学设计原理》，皮连生等译，华东师范大学出版社1999年版，第3、193、205页。

通过构建"回溯提升教学模式",可以让学生明确:自己已经学习过的过去完成时的中学的中国近现代史内容,与大学即将学习的将来时的"中国近现代史纲要"课程之间,无论是在概念框架上,还是在内容学理上,都有很大的不同。而一旦他们知晓了中学课程和大学课程的不同,也就是他们对课程"引起注意",并产生敬畏之心,从而有了进一步学习之冲动的刺激过程。在教学活动中,学生是拥有主观意志的主体。在教学过程中,学生的主观能动性能否得到充分发挥,在很大程度上由对自己即将学习的对象的认识程度所支配、所使然。所以,对教师而言,能够引起学生对自己所授课程的注意与重视,是优化教学过程和优化教学效果的初始入口。因此,教学中"引起注意"的环节,既是一种教学的手段,也是一种教学的艺术。

通过构建"回溯提升教学模式",可以让学生明确:中学的中国近现代史课程,其性质和定位是历史课;大学的"中国近现代史纲要"课程,其性质和定位是思政课。课程性质和定位不同,其目的与诉求也会有所不同。所以,大学的"中国近现代史纲要"课程的教学目标,是论证历史和人民在近现代中国历史变迁中做出的四大选择的必然性,也即论证历史和人民如何选择马克思主义、中国共产党、社会主义道路和改革开放。对教师而言,这个过程就是教师向自己的教学对象讲清楚教学的目的和诉求的过程。对学生而言,明确了课程的目标,也就等于明确了自己在学习过程中"应该如何走"和"最终走向哪里"的问题,从而防止学生出现 R. M. 加涅所说的"完全脱离轨道"的现象[①]。此中的"轨道",就是"中国近现代史纲要"的思政课轨道。

通过构建"回溯提升教学模式",可以让学生明确:作为一位经历过中学的中国近现代史学习,继而步入大学并即将学习"中国近现代史纲要"课程的学生来说,自己是带着一定的知识储备面对新的学习环境和学习任务的。并且,对于《中国近现代史纲要》新教材,自己并非全然不知,但了解的程度的确具有局部性和基础性。因此,

---

① [美] R. M. 加涅等:《教学设计原理》,皮连生等译,华东师范大学出版社1999年版,第195页。

学习"中国近现代史纲要"课程，既有填补空缺知识的需求，又有进一步提升的必要。而无论是"填补"还是"提升"，都并非凭空而就，而是要奠基在对中学所学的中国近现代史的回忆的基础之上的。回忆的过程，既是刺激学生思考的过程，又是将思考的结果纳入大学的"中国近现代史纲要"教学之中，进而使其成为"中国近现代史纲要"教学的有机部分的过程。对教师而言，这个过程体现其处理中学的中国近现代史课程和大学的"中国近现代史纲要"课程之间的关系的努力。对学生而言，这个过程有助于形成一以贯之的步步提升的认知链条。

通过构建"回溯提升教学模式"，可以让学生明确：大学的"中国近现代史纲要"课程，无论在概念和框架上，在疑难问题的设定上，还是在教学的重点内容安排及叙事的方法上，都有其独特之处，都呈现出与中学的中国近现代史课程的不同，都有进一步提升的可能性与迫切性。这一认识形成的过程，既是教师"呈现具有区别性特征的刺激"或"呈现刺激材料"的过程，又是学生在理解了中学的中国近现代史课程和大学的"中国近现代史纲要"课程的区别性特征之后，形成自己的"选择性知觉"的过程，即确立自己的主观性学习方略的过程。

通过构建"回溯提升教学模式"，可以让学生明确：在大学的"中国近现代史纲要"教学中，教师围绕课程所运用的概念框架、预设的疑难问题、教学的重点内容与叙事的方法等进行提升的努力，是教师展示大学课程的新线索和新编码的过程，也是引导学生以不同的理念和方式进行大学课程学习，从而体现出大学课程的定位、品位与高度的过程。

通过构建"回溯提升教学模式"，可以让学生明确：教学活动不是纯粹的教师讲授过程，而是"教"与"学"之间彼此互动的过程。作为过程的互动，体现师生之间关系的双向性。在不同的语境和视域内，双向性的体现形式也互有不同。在"引出作业"—"激活反应组织"的框架内，教师是给予方，学生是反馈方；在"提供作业准确性的反馈"—"建立强化""评价作业"—"激活提取，使强化成为可能""促进保持和学习迁移"——"为提取提供线索和策略"的框架内,学生是反馈方,教师是给予方。

之所以要解决"教师如何教好"的问题,这既由教育所具有的立德树人的目的所决定,又由教师所肩负的培养合格人才的使命所赋予。固然,立德树人和培养合格人才的途径不止一端,但归根结底还要以课堂教学为基础。

一般而论,从工具主义角度看,打造精品课是课堂教学的重要评价标准。由于课程建设的过程,就是以点带面和聚点成面的过程。如果每一堂课都精彩了,那么,整门课程也就自然精彩了。相应地,"教师如何教好"的问题,也就自然迎刃而解了。所以,"教师如何教好"的问题的落脚点,是实现教学过程和教学效果的同步最优化,是精彩每一堂课程。至于什么样的课是"精彩一堂课",笔者以为就是前文所概括的"五个一流"——"一流的理念""一流的分析""一流的表达""一流的方法"和"一流的课件"。至于什么样的"理念""分析"和"表达"是一流的,笔者以为就是如前所述的"四度"和"六性"。"四度"包括"历史的深度""哲学的高度""知识的宽度"和"逻辑的力度","六性"包括"针对性""原则性""趣味性""生动性""学术性"和"思想性"。虽然,"四度""六性"和"五个一流",的确知易行难,就笔者本人而言,也还处于企慕难求层面的虽不能至、心想往之。但是,是笔者及笔者所带领的团队共勉和努力的目标。

特殊而言,"教师如何教好"所授"中国近现代史纲要"这门课,在很大程度上还要有赖于教师能否有效实现如下六个转变:一是从中学的历史课定位,向大学的思政课定位转变;二是从中学的粗浅化内容,向大学的深度化内容转变;三是从中学的局部性解读,向大学的整体性阐释转变;四是从中学的线性化格局,向大学的系统性框架转变;五是从中学的知识性介绍,向大学的理论性呈现转变;六是从中学的背诵性学习,向大学的理解性把握转变。

二 回答学生为什么学/如何学/如何学好

之所以要回答"学生为什么学"的问题,是因为从学生的角度看，进入大学之前，在中学阶段就学习过几十万字的中国近代史和中国现代史。进入大学之后，为什么还要学习"中国近现代史纲要"？可以说，这个问题是学生在看到课表和拿到教材后常有的第一反应。这个问题，不仅事关"中国近现代史纲要"课程开设的合理性，而且也直接对学生接下来的学习产生影响。因此，在教学中，一方面，教师要基于对中学的中国近现代史特点的分析，探析"中国近现代史纲要"课程提升的可能性与现实性，帮助学生认识开设"中国近现代史纲要"课程的必要性与迫切性；另一方面，教师还要通过在大学教学中的"回溯"与"提升"，让学生意识到自己已有的史学知识的有限性与非整体性，激发学生求解答案的渴望和思考问题的冲动，弱化学生对思政课所持的本能的逆反心理，强化学生学习"中国近现代史纲要"的主动性与积极性。

之所以要探索"学生如何学"的问题，是因为在教学活动中，学生才是真正的主体。虽然"回溯提升教学模式"所探究的主要是"教师如何教"的问题，但其在本质上却是要解决"学生如何学"的问题。"教师之教"和"学生之学"，不仅不是互不相干的独立活动，相反两者还互为前提，并互相强化。有鉴于此，美国学者乔伊斯等写道："作为教师，尽管我们通过教学模式的不断发展而获得了个人的满足，通过教给学生学习策略而使教学变得更为容易，但不同教学模式的创造者却是通过自己的工作促进了学生的学习，并因此帮助我们提高了工作效率。"因此，"评价一种教学模式的优劣，不仅要看它是否达到了具体的目标，而且还要看它是否能够提高学习能力。后者才是主要目的"。从这个角度看，教学模式的作用，归根结底"在于培养学生成为更高效的学习者"。有鉴于此，可以认为："教学模式就是学习模式。"[1]

之所以要解决"学生如何学好"的问题，是因为这个问题既是所有教育活动的终端，又是构建"回溯提升教学模式"的根本旨归。在教学中，教师需要在厘清"中国近现代史纲要"与中学的中国近

---

[1] ［美］乔伊斯等：《教学模式》，荆建华等译，中国轻工业出版社2013年版，第2、5、21页。

现代史之间的关系的基础之上,通过"回溯"与"提升"的方式,帮助学生构建梯级型的知识结构、认知水平和辨识能力,成为一名有"为天地立心,为生民立命,为往圣继绝学,为万世开太平"①之情怀的社会主义现代化的合格建设者和未来接班人。

前一个问题"教师为什么教,教师如何教,教师如何教好",以及后一个问题"学生为什么学,学生如何学,学生如何学好",是一个问题的两个侧面。归根结底,前者要为后者服务,后者是前者的根本落脚点。因为教师运用教学模式的终极目的,就是使学生获得"一系列的学习策略"。②

第四节 "回溯提升教学模式"的实施条件

阐释"回溯提升教学模式"实施条件,也就等于进一步论证了该教学模式所具有的可能性、可行性和可操作性。实施条件可概括为如下五个方面:一是了解学生在中学阶段学习中国近现代史的情况;二是把握学生在中学阶段所用教材的主要特点;三是厘清中学的中国近现代史和大学的"中国近现代史纲要"之间的关系;四是以前沿性和动态性的学术科研为支撑;五是以多维性与系统性的教育科研为引领。

一 了解学生中学学习中国近现代史情况

学生在中学阶段学习过的中国近现代史,是笔者构建"回溯提升教学模式"的前提。因此,教师对学生在中学阶段学习过的中国近现代史的情况,需要有基本的了解。美国学者乔伊斯等曾提示:构建教学模式,一定要"特别注意学生的'学习历史'"。通常,学生的"学习历史",包括"他们的学业进步、自我形象、认知及个性发展、社会技能及态度是如何发展的"等。③但就"回溯提升教学模式"而

---

① 仝建平编:《经史子集 中国古代的文化典籍》,希望出版社2012年版,第157页。
② [美]乔伊斯等:《教学模式》,荆建华等译,中国轻工业出版社2013年版,第6页。
③ 同上书,第22页。

言，学生的"学习历史"则特指学生在中学阶段所学习过的中国近现代史。中学阶段的中国近现代史学习，对学生而言，是"在场"的"过去完成时"；对教师而言，是"缺场"的"过去完成时"。学生的"过去完成时"的学习过程，既不能复制，又不能重现。所以，也就排除了教师直接观察的可能性。在此情况下，作为"缺场"的教师，要想搜集学生以往的"在场"学习的第一手数据，主要的方式只能是一种无声的沟通——"问卷调研法"。方法论大师艾尔·巴比说："问卷调研法"特别"适用于对一个大总体的态度和倾向的研究"[①]。这种说法，道出了"问卷调研法"的价值与功能。有鉴于此，在教学中，笔者多次通过问卷，了解学生在中学阶段学习过的中国近现代史的情况。下面，就是笔者在大学的"中国近现代史纲要"教学中所设计的课前问卷调研表。[②]

学习"中国近现代史纲要"课前问卷调研表

填写和选择说明：

1. 本问卷主要有三种类型：一是"问答式"；二是"单项选择式"；三是"多项选择式"。

2. 请在问卷的"＿＿＿＿"上或在"①②③④……"等数字后，填写个体性的相应内容；请在要选择的选项"A、B、C、D、E、F……"等字母上画"√"。

问卷调研表正文是：

1. 年龄：

＿＿＿＿岁

2. 性别：

A. 男

B. 女

---

① [美] 艾尔·巴比：《社会研究方法》，李银河译，四川人民出版社1987年版，第174页。

② 徐奉臻：《教学改革：理念创新与模式构建》，中国社会科学出版社2009年版，第90—96页。

3. 所在学院：

A. 文科

B. 理科

C. 工科

D. 交叉学科

4. 中学时期，学习"中国近现代史"的时间：

A. 0 年

B. 1 年

C. 1.5 年

D. 2 年

E. 2.5 年

F. 3 年

G. 其他时长

5. 对所用中学的中国近现代史教材的印象是：

A. 图文并茂

B. 鲜活生动

C. 枯燥乏味

D. 线性条框

E. 其他表述（如有其他表述，至少填写一个，至多填写 4 个）

① _____

② _____

③ _____

④ _____

6. 除了中学教材之外，阅读过几本中国近现代史方面的课外书籍或参考资料：

A. 1 本

B. 2 本

C. 3 本

D. 4 本

E. 更多

F. 0 本

7. 主要阅读哪种类型的读物：

A. 书籍

B. 报纸

C. 杂志

D. 电子读物

E. 其他

8. 在学习中学的中国近现代史课程时，是否有最难忘的一节课，如有，是什么内容：

A. 没有

B. 有，内容是_____

9. 在中国近现代史中，最感兴趣的人物是：

A. 没有最感兴趣的人物

B. 有最感兴趣的人物（至少填写一位，至多填写四位），依次是：

① _____
② _____
③ _____
④ _____

10. 在中国近现代史中，最感兴趣的历史事件是：

A. 没有最感兴趣的历史事件

B. 有最感兴趣的历史事件（至少填写一个，至多填写四个），依次是：

① _____
② _____
③ _____
④ _____

11. 提到中国近现代史，马上会想到什么（至少填写一项，至多填写四项）：

A. _____

B. _____

C. _____

D. _____

12. 拿到《中国近现代史纲要》教材，第一感觉是什么（至少填写一项，至多填写四项）：

A. _____

B. _____

C. _____

D. _____

13. 在一个学期的"中国近现代史纲要"学习中，最想了解哪方面的内容（至少填写一项，至多填写四项）：

A. _____

B. _____

C. _____

D. _____

14. 在"中国近现代史纲要"教学中，希望老师采取什么样的教学方法：

A. 学生课前5分钟演讲

B. 以案为例教学法

C. 名篇名著导读法

D. 多媒体教学法

E. 设问式教学法

F. 专题化教学法

G. 课堂讲授与社会实践相结合

H. 教师讲授与学生自学相结合

I. 其他教学法，（如有希望的其他教学法，至少填写一个，至多填写四个）

① _____

② _____

③ _____

④_____

通过对问卷的归类整理，笔者不仅对学生在中学阶段所经历的中国近现代史的学习有了基本了解，而且也为诠释构建"回溯提升教学模式"的合理性、必要性、可行性和可操作性等奠定了基础。具体情况如下。

关于问卷中的"中学时期，学习'中国近现代史'的时间"栏目，大多数学生回答 1 年、1.5 年和 2 年。极个别的学生，填写 0 年或 3 年。依照艾尔·巴比提出的"大总体的态度和倾向"的研究方法，可以从中抽取出学生在中学阶段学习中国近现代史的时间，大致在 1—2 年。这一问卷结果，在一定程度上确认了在大学的"中国近现代史纲要"教学中构建"回溯提升教学模式"的可行性与可能性。假若多数学生在中学阶段没有学习过中国近现代史，那么，无论是"回溯"，还是"提升"，也就都无从谈起。

关于问卷中的"对所用中学的中国近现代史教材的印象"栏目，除了"图文并茂""鲜活生动""脉络清晰""故事性强""描述准确""有趣味性""内容丰富""情节生动""准确明了""形象易懂""真实客观"等肯定性表述外，学生填写比较多的是："简单""不够全面""枯燥乏味""线性条框""时间不连贯""没有什么印象"等。这些问卷结果所体现出来的艾尔·巴比所言的"大总体"的情况是：中学的中国近现代史教材，具有粗浅化、局部性、线性化、知识性、基础性等特点。这些特点的存在，在一定程度上确认了在大学的"中国近现代史纲要"教学中构建"回溯提升教学模式"的必要性与迫切性。因为构建"回溯提升教学模式"，就是要在中学的基础上"接着走"，把粗浅化内容转化为深度化内容，把局部性解读转化为整体性阐释，把线性化格局转化为系统性框架，把知识性介绍转化为理论性推介等。

关于问卷中的"除了中学教材之外，阅读过几本中国近现代史方面的课外书籍或参考资料"栏目，学生的回答多为"0 本"和"1 本"。极个别的学生，填写"3 本"或"更多"。关于阅读读物的类型，有部分学生选择"书籍""报纸"和"杂志"，但大多数学生填写的都是"电子读物"这一项。这些问卷结果所体现出来的艾尔·巴比所言的"大总体"的情况是：中学的中国近现代史教学，基本以教材为主。学生的课外阅读物，主要是"电子读物"。中学的这种教学模式，为包括笔者在内的教师在大学阶段讲授"中国近现代史纲要"过程中进行教学方法的改革，提供了广阔的空间。

关于问卷中的"在学习中学的中国近现代史课程时，是否有最难忘的一节课，如有，是什么内容"栏目，多数学生填写"没有"。部分填写"有"的学生，其难忘的课程主要包括：鸦片战争、虎门销烟、太平天国农民运动、洋务运动、甲午中日战争、辛亥革命、抗日战争、南京大屠杀、国共两党合作、遵义会议、双十协定、西安事变、三民主义、民国爱情故事、民族工业的产生、国共十年对峙、解放战争、中华人民共和国成立、"文化大革命"等。还有个别学生填写"老师点名贼凶""老师第一次点名，好多同学栽了"等。这些问卷结果所体现出来的艾尔·巴比所言的"大总体"的情况是：一部分学生断定，在中学阶段进行的中国近现代史学习"没有最难忘的一节课"，这说明中学的教学缺乏入耳入心的亮点；一部分学生承认有"最难忘的一节课"，这说明中学阶段的学习为大学阶段的"中国近现代史纲要"教改奠定了基础。但同时，也该看到，一些同学填写的最难忘的课程内容，并非中学教材的有机部分。这也在一定程度上暴露了中学教学的问题。所以，在构建"回溯提升教学模式"时，需要有意识地设计教学亮点。叶圣陶说："教师之为教，不在全盘授予，而在相机诱导。"[①] 可以说，任何教师，无论其多么优秀和多么敬业，都不可能确保自己的课堂教学处处是亮点。但笔者以为，教师依据自身的条件在每堂课中设计 1—2 个亮点，还是可行的，这也不失为相机诱导的有效途径。

关于问卷中的"在中国近现代史中，最感兴趣的人物"栏目，一部分学生填写"没有最感兴趣的人物"，一部分学生填写"有最感兴

---

① 张云鹰：《开放式阅读教学》，教育科学出版社 2012 年版，第 164 页。

趣的人物"。在"最感兴趣的人物"中，填写毛泽东的最多，其次是孙中山和周恩来，再次是林则徐、李鸿章、左宗棠、张之洞、张学良、鲁迅、林彪、章太炎、林徽因、胡适、李大钊、谭嗣同、慈禧、汪精卫、邓世昌、蒋经国、邓小平等。这些问卷结果所体现出来的艾尔·巴比所言的"大总体"的情况是：一部分学生填写"没有最感兴趣的人物"，在一定程度上折射出中学阶段的中国近现代史教学不尽如人意的效果。一部分学生填写"有最感兴趣的人物"，其中对毛泽东感兴趣的学生人数最多，这在一定程度上体现了莘莘学子对中国共产党历史的情趣，为大学教师在构建"回溯提升教学模式"时进一步凸显"中国近现代史纲要"的"纲"中之"要"，进而展示中学的历史课与大学的思政课之间的不同奠定了基础。中学的中国近现代史，主要侧重从历史课定位的角度进行知识传输，使学生对主要的历史事件形成初步印象。这一教学状态，为教师在大学阶段讲授"中国近现代史纲要"课程时体现课程的思政课定位奠定了基础。因为大学的"中国近现代史纲要"与中学的中国近现代史课程之间的最大不同，就是凸显"中国近现代史纲要"所具有的思政课的基本定位，即论证历史和人民选择马克思主义、中国共产党、社会主义道路和改革开放的必然性。

关于问卷中的"在中国近现代史中，最感兴趣的历史事件"栏目，一部分学生回答"没有最感兴趣的历史事件"，另一部分学生回答"有最感兴趣的历史事件"，其感兴趣的历史事件主要包括：战争、五四运动、抗美援朝、"文化大革命"、"大跃进"、解放战争、抗日战争、对越自卫反击战、虎门销烟、长征、鸦片战争、第二次鸦片战争、八国联军侵华、火烧圆明园、三大战役、武汉会战、百团大战、百日维新、中华人民共和国的成立、中国共产党的成立、汪伪政权、卢沟桥事变、民族工业发展的历程、改革开放的经过、清朝的覆灭、党的十一届三中全会、七七事变、遵义会议等。这些问卷结果所体现出来的艾尔·巴比所言的"大总体"的情况是：一部分学生回答"没有最感兴趣的历史事件"，说明学生通过中国阶段的学习所留下的记忆已经相当微弱。因此，进入大学阶段继续学习"中国近现代史纲要"课程，就具有必要性和迫切性。另一部分学生回答"有最感兴趣的历史事件"，但其所指出的感兴趣的事件，都是很片段的记忆，缺少对历史的缘起与规律的认识。而这些，又都是恰恰需要笔者在大学的"中国近现代史纲要"教学中进一步强化的。

关于问卷中的"提到中国近现代史，马上会想到什么"栏目，学生填写比较多的内容是：五四运动、战争、毛泽东、孙中山、中华民国、抗日战争、"文化大革命"、甲午中日战争、改革开放、新中国的成立、鸦片战争、解放战争、朝鲜战争、台湾问题、虎门销烟、"四人帮"、被压迫民族反侵略、八国联军侵华、三民主义、屈辱、火烧圆明园、半封建半殖民地社会、从封建到共和、从专制到民主、反侵略反压迫、近代屈辱史、新中国成立初期的一系列事件、闭关锁国后被迫打开国门、辛亥革命、白话文、落后就要挨打、辛亥革命、新民主主义革命的成功、封建制度的消失、《南京条约》、南京大屠杀、中国崛起、伪满洲国、民国成立、袁世凯等。这些问卷结果所体现出来的艾尔·巴比所言的"大总体"的情况是：没有学生填写"什么也没想到"，这已经很令人欣慰。学生想到的这些历史人物和历史事件，都是笔者在"中国近现代史纲要"教学中构建"回溯提升教学模式"时所要"回溯"的主要对象。

关于问卷中的"拿到《中国近现代史纲要》教材，第一感觉是什么"栏目，学生填写"需要记忆了""记忆内容多""厚重""内容丰富""讲解翔实""内容充实""朴实""内容丰富翔实""条理清晰""结构鲜明""内容生动形象""给人想读下去的感觉""编委很用心""简洁明了""估计背的东西会很多""亲切，想深入了解""有兴趣学习""有兴趣，希望深入了解""有历史感，有学的冲动""兴奋，有兴趣""痛苦，无兴趣""枯燥无聊""详而不精""较为刻板""无聊""严肃""无趣""难""厚""好厚，内容多""内容无趣，有点单调""缺少例子"等。这些问卷结果所体现出来的艾尔·巴比所言的"大总体"的情况是：上述正反两方面的意见同时存在，说明在"中国近现代史纲要"教学中构建"回溯提升教学模式"，既有压力，又有动力，可谓挑战与机遇并存。

关于问卷中的"在一个学期的'中国近现代史纲要'学习中，最想了解哪方面的内容"栏目，学生填写了"抗战时期的内容""战争""伟人事迹""历史发展的原因""能给我们的启示""文化大革命""新中国成立后政策变迁""历史变革的原因""战争的政治考量""历史事件的哲学解释""发展""是利益争夺引发战争，还是战争导致利益分割""科技""经济发展的历程""被压迫民族如何反抗外来侵略""抗日战争""学习中国近现代史纲要的意义""长征的过程""中国近代文化的变迁""深层次战争背景""重大建设的人为影响因素""党的历史""中华民国""洪秀全与拜上帝教""民国时期的著名人物""中国反对外来侵略的过程""解放战争""中华民国时期的政治文化""民族资本主义的发展""三民主义""中国共产党早期活动""中国共产党成立全过程""几次侵略战争""近代经济的发展变化""文化的变迁""风俗的转变""救亡图存的一系列运动""外交事项""现代中国快速发展的经过""新中国成立前后""历史事件""中国现代经济的发展史""三大战役全过程""抗美援朝全过程""清朝覆灭的细节""具体思想""中国发展史""中国崛起的过程""伪满洲国""野史""中国近代科学发展史"等。这些问卷结果所体现出来的艾尔·巴比所言的"大总体"的情况是：学生已经不满足于了解一人一物、一时一事。相反，他们表现出了强烈的探求事物生发缘由和规律的意识。而说明和阐释这些内容，恰恰是中学的中国近现代史与大学的"中国近现代史纲要"的根本不同，也是学生在大学阶段学习过程中进一步"提升"的重要表现。

关于问卷中的"在'中国近现代史纲要'教学中，希望老师采取什么样的教学方法"一栏内容，学生选项比较多的是：以案为例教学法、设问式教学法、多媒体教学法、教师讲授与学生自学相结合、名篇名著导读法、专题化教学法、小组问题研讨式、MOOK、增加趣味性的历史故事、增加与学生互动、学生展示等。这些问卷结果所体现出来的艾尔·巴比所言的"大总体"的情况是：学生除了选定一些可选项外，还额外添加了一些方法，这说明学生对在大学阶段进一步学习"中国近现代史纲要"的确有所期许。

二 把握学生中学阶段所用教材的主要特点

学生在中学阶段所用的中国近现代史教材,是笔者构建"回溯提升教学模式"的基础。因此,教师对中学的中国近现代史教材所具有的特点,需要有准确的认识和把握。在众多的中学的中国近现代史教材中,基于地域的分布和教材的质量,笔者主要选择其中的三个版本:

版本一,是由北京师范大学出版社出版,由朱汉国主编的供八年级使用的《历史》(上下册),总计43.6万字。其中,上册的版次是2007年第3版,下册的版次是2007年第4版。该教材是经全国中小学教材审定委员会2001年初审通过的义务教育课程标准实验教科书。

版本二,是2003年由人民教育出版社出版,由人民教育出版社历史室编写的全日制普通高级中学教科书(必修)《中国近代现代史》(上下册),总计44.7万字。该书经全国中小学教材审定委员会2002年审查通过。

版本三,是2004年由四川教育出版社出版,由龚奇柱主编的供八年级学生使用的《中国历史》(上下册),是经全国中小学教材审定委员会2003年初审通过义务教育课程标准实验教科书。

在内容上,由北京师范大学出版社出版的供八年级使用的《历史》(上下册),从鸦片战争一直写到20世纪末期。教材的基本结构,由"单元"和"课"构成。每一单元,包含数量不等的课。其中,上册共5个单元,下册共5个单元。下册5个单元中的前3个单元,是新中国成立至20世纪末的中国现代历史,后2个单元是世界古代历史部分。所以,在此只辑录下册前3个单元的目录。

上册包括:第一单元"列强的侵略与中国人民的抗争"(内含"鸦片战争的烽烟""劫难中的抗争""甲午中日战争""八国联军侵华战争""画地图 讲历史——学习与探究之一"5课);第二单元"近代化的艰难起步"(内含"近代工业的兴起""维新变法运动""辛亥革命""开启思想解放的闸门""清末民初的文化与教育""社会生活的变迁""社区历史小调查——学习与探究之二"7课);第三

单元"新民主主义革命的兴起"（内含"伟大的开端""国民革命的洪流""星星之火，可以燎原""图书红军长征——学习与探究之三"4课）；第四单元"伟大的抗日战争"（内含"中华民族到了最危险的时候""全民族抗战的兴起""把我们的血肉筑成新的长城""抗日战争的胜利""历史的回响——抗日救亡歌曲联唱——学习与探究之四"5课）；第五单元"人民解放战争的胜利"（内含"全面内战的爆发""走向战略进攻""国民党政权的崩溃""编辑历史小报——我们眼中的解放战争——学习与探究之五"4课）。

下册包括：第一单元"走向社会主义之路"（内含"中华人民共和国成立""为巩固新中国而斗争""新中国的内政与外交""社会主义制度的确立""万方奏乐有于门真"——"新中国民族区域自治演讲擂台赛——学习与探究之一"5课）；第二单元"建设社会主义道路的探索"（内含"艰难曲折的探索历程""'文化大革命'十年内乱""铸起共和国钢铁长城""新中国走向世界舞台""走近创业年代的英雄讨论会——学习与探究之二"5课）；第三单元"建设中国特色社会主义"（内含"伟大的历史转折""欣欣向荣的科教文体事业""祖国统一的历史大潮""迈向社会主义现代化""展示五彩缤纷的社会生活——学习与探究之三"5课）。

在内容上，由四川教育出版社出版的供八年级使用的《中国历史》（上下册），从鸦片战争一直写到2002年中共十六大召开。教材的基本结构，由"学习主题"和"课"所构成。每一学习主题，包含数量不等的课。其中，上册共7个学习主题，下册共7个学习主题。

上册包括：第一学习主题"列强的侵略和中国人民的抗争"（内含"鸦片战争""第二次鸦片战争""左宗棠收复新疆和甲午中日战争""八国联军侵华""主题活动一：列强侵华史综合学习"等课）；第二学习主题"近代化的起步"（内含"洋务运动""戊戌变法""辛亥革命""新文化运动"等课）；第三学习主题"新民主主义革命的兴起"（内含"五四运动和中国共产党的成立""国民革命运动""人民军队的建立""红军长征""主题活动二：红军长征故事会"等

课）；第四学习主题"中华民族的抗日战争"（内含"抗日救亡运动""全国抗日战争的开始""国共合作抗日""抗日战争的胜利""主题活动三：抗日救亡歌曲演唱比赛"等课）；第五学习主题"人民解放战争的胜利"（内含"全面内战的爆发""国民党反动统治的崩溃"等课）；第六学习主题"经济和社会生活"（内含"近代民族工业""近代社会生活"等课）；第七学习主题"科学技术与思想文化"（内含"教育和科学技术"和"思想文化"等课）。

下册包括：第一学习主题"中华人民共和国的成立和巩固"（内含"中国人民站起来了"和"新中国政权的巩固"等课）；第二学习主题"社会主义道路的探索"（内含"社会主义制度的建立""'大跃进'和人民公社化运动""艰苦创业的民族脊梁""十年'文化大革命'的内乱""主题活动一：调查十年'文化大革命'对教育事业的破坏"等课）；第三学习主题"建设中国特色社会主义"（内含"伟大的历史转折""农村和城市的改革""开放的中国走向世界""世界经济的奇迹""社会主义民主与法制建设""沿着中国特色社会主义道路前进""主题活动二：调查改革开放以来身边的变化"等课）；第四学习主题"民族团结与祖国统一"（内含"五十六个民族是一家"和"'一国两制'与祖国统一"等课）；第五学习主题"国防建设与外交成就"（内含"建设现代化的人民军队"和"朋友遍天下"等课）；第六学习主题"科技、教育与文化"（内含"摘取科学技术的明珠""教育和体育事业的蓬勃发展"和"百花争艳的文艺园地"等课）；第七学习主题"社会生活"（内含"城乡人民生存状态的沧桑巨变""就业制度和社会保障制度的建立"和"主题活动三：访家史、写家史、讲家史"等课）。

在内容上，人民教育出版社出版的《中国近代现代史》，也从鸦片战争一直写到20世纪结束。教材的基本结构，由"章"和"节"所构成。每一章，包含数量不等的节。其中，上册共6章，下册共11章。

上册包括：第一章"清朝晚期中国开始沦为半殖民地半封建社会"（内含"鸦片战争""鸦片战争的影响""第二次鸦片战争""西

方资本主义国家经济势力的入侵""太平天国运动的兴起和发展""太平天国后期的保卫战""新思想的萌发"7节）；第二章"中国资本主义的产生、发展和半殖民地半封建社会的形成"（内含"清朝政局的变动""洋务运动""中国资本主义的产生""中国边疆地区的新危机和中法战争""甲午中日战争""瓜分中国的狂潮""戊戌变法""义和团运动"和"八国联军侵华战争"8节）；第三章"资产阶级民主革命和清朝的覆亡"（内含"资产阶级民主革命的兴起""同盟会的建立和革命形势的发展""清朝统治危机的加深和辛亥革命的爆发""中华民国的成立"4节）；第四章"北洋军阀的统治"（内含"袁世凯独裁统治""军阀割据下的中国政局""中国民族资本主义的进一步发展"3节，以及"活动课——你怎样评价辛亥革命"）；第五章"新文化运动和中国共产党的诞生"（内含"新文化运动""五四爱国运动""中国共产党的诞生"3节）；第六章"国民革命运动的兴起和失败"（内含"第一次国共合作的实现""国民革命运动的兴起""国民革命运动的发展""国民革命运动的失败"4节）。

下册包括：第一章"国共的十年对峙"（内含"国民政府前期的统治""'工农武装割据'的形成""'九一八'事变""红军的长征""抗日民族统一战线的初步形成"5节）；第二章"中华民族的抗日战争"（内含"抗日战争的爆发""日本帝国主义在沦陷区的殖民统治""国民政府的内外政策""共产党坚持抗战和抗日战争的伟大胜利"4节）；第三章"人民解放战争"（内含"争取和平民主的斗争和内战的爆发""国民党统治区政治经济危机的加深""解放战争的胜利发展""人民解放战争的胜利"4节）；第四章"中国近代文化"（内含"清朝晚期文化（一）""清朝晚期文化（二）""民国时期文化（一）""民国时期文化（二）"4节）；第五章"中华人民共和国的成立和向社会主义过渡的实现"（内含"新中国的成立和巩固政权的斗争""国民经济的恢复和初步发展""社会主义制度的建立"3节）；第六章"社会主义建设在探索中曲折发展"；第七章"'文化大革命'的十年"（内含"全国大动乱""粉碎林彪、江青两个反革命集团"2节）；第八章"社会主义现代化建设新局面的形成"（内含"伟大的历史性转折""社会主义现代化建设的迅速发展""有中国特色的社会主义道路""'一国两制'和祖国的统一大业"4节）；第九章"各族人民的共同发展"；第十章"中华人民共和国的外交和国防"（内含"新中国初期的外交""外交事业的发展和国防建设成就"2节）；第十一章"社会主义时期文化的发展和社会生活的新变化"（内含"科技、教育成就和史学研究成果""文学艺术和体育事业的繁荣""现代社会生活的新变化"3节，以及"活动课——新中国社会生活变化调查"）。

综观以上三个版本的中学的中国近现代史教材，其共性的特点可以概括为四个方面：一是覆盖面广，涉及社会生活的各个层面；二是问题的阐释基本是条框式的，可以说有骨架而没有血肉；三是虽然语言规范，但却有失生动，没有体现出历史鲜活的个性；四是体系含混，既不以时间或事件为线索，又没有凸显近代以来的"民族独立和人民解放""国家富强和人民富裕"的两大历史任务，更没有系统阐释历史和人民选择马克思主义、中国共产党、社会主义道路和改革开放的完整图像及其必然性。

应该指出，作为中学的中国近现代史教材，其如此行文本无可厚非。但需要强调的是，恰恰是中学教材所具有的这些特点，既为大学的"中国近现代史纲要"作了必要的知识累积和铺垫，又为笔者在大学的"中国近现代史纲要"教学中所进行的进一步提升留下了发挥的空间。明确了这一点，也就等于进一步论证了开设"中国近现代史纲要"课程的必要性和迫切性。"回溯提升教学法"之所以必要和可能，是因为其有效衔接了中学的中国近现代史和大学的思想政治理论课"中国近现代史纲要"，从而有助于学生形成一以贯之的思维链条和知识链条。

三 厘清中学的课程和大学"纲要"的关系

学生在中学阶段已学的历史课，是学生在大学阶段即将学习的被定位为思政课的"中国近现代史纲要"的基础。因此，客观判断中学的历史课和大学的思政课之间的关系，就成为构建"回溯提升教学模式"的起点。

"中国近现代史纲要"与中学的中国近现代史课程之间的关系，既不是孤立的和断裂的，又不是越过的和重复的，而是累积和提升的关系。

所谓的"不孤立"，是指中学的中国近现代史课程和大学的"中国近现代史纲要"课程，都是笔者的教学对象所学习的课程。只不过，他们学习中学课程的时间和学习大学课程的时间分别处于人生的两个不同的时段而已。

所谓的"不断裂"，是指作为笔者教学对象的学生，不是一张白纸，而是带着中学学习的记忆进入大学时代。学生成长进步的整体过程，就是学生将自己在人生的不同时段所历经的学习的记忆加以整合与融通的过程。

所谓的"不越过"，是指笔者在讲授大学的"中国近现代史纲要"课程时，需要把学生在中学阶段学习过的中国近现代史内容融入其中，使其成为"中国近现代史纲要"的有机部分。

所谓的"不重复"，是指大学的"中国近现代史纲要"课程，有别于中学的中国近现代史课程。尽管在大学的《中国近现代史纲要》教材中，也会有题目、主题或内容与中学的中国近现代史教材相近的部分，但其内涵与深度等的确都会有很大的不同。

所谓的"累积和提升"，是指中学的中国近现代史内容，是学生在大学阶段学习"中国近现代史纲要"的必要累积；而学生在大学阶段学习的"中国近现代史纲要"课程，则是在中学的中国近现代史内容基础之上的进一步提升。

基于"中国近现代史纲要"的思政课定位，结合学术界和授课教师的最新科研成果，运用具有针对性和多样化的教学方法，对学生中学时期已有的知识进行再定位和再提升，既体现课程的"纲"中之"要"，又有助于帮助学生形成一以贯之的思维链条和知识链条，有助于帮助学生构建梯级型的知识结构、认知水平和辨识能力。

如果"中国近现代史纲要"教学不切中学生的困惑，不有效对接学生的既往学习，不超越学生中学已有的认知，不让学生意识到自己已有知识的不充分性和非整体性,则不仅难以激发学生的学习热情,而且也难走出"上面极度重视"和"下面极度漠视"的思政课之窘境。

四　以前沿性和动态性的学术科研为支撑

德国学者雅斯贝尔斯说:"大学的第一个原则是研究和教学的统一。"① 笔者以为所言极是。教师的教学活动,需以背景宽阔并能反映学术前沿的研究成果作支撑。让教学与科研相结合,以教学促科研,以科研提升教学,并且把这样的过程作为思政课教学的"常态",应该是构建"回溯提升教学模式"的应有之念。

教学不是花拳绣腿,必须以扎实的科研为基础。道理很简单,"天下之势,以渐而成;天下之事,以积而固"②。没有左右采获,很难左右逢源。有大量事实表明,一位科研出色的学者,不一定是优秀的教师。但一位优秀的教师,一定有出色的科研作支撑。在课堂教学中,方法固然重要。但笔者以为,最重要的却不是方法。相反,展示课程内容所具有的思想的力量和理论的力量,才是思政课绝处逢生的不二法门。著名教育家陶行知曾说:"要想学生好学,必须先生好学,惟有学而不厌的先生,才能教出学而不厌的学生。"③ 因此,对"中国近现代史纲要"的任课教师而言,努力钻研学术,下大力气练"内功",以自己的有分量的学术研究成果展示课堂教学的思想力量和理论力量,既是课程建设的基本方向,又是构建"回溯提升教学模式"的必由之路。

最近,针对高校如何进行"双一流建设",教育部陈宝生部长提出"四个回归"——回归常识、回归本分、回归初心、回归梦想。有学者围绕"四个回归"撰写题为"不安于课堂教学如何回归初心"的文章,直面并批判当下中国大学教育所存在的诸多"割裂"现象,笔者很有同感。尤其是,作者对教师"只教不学"和"只学不教"

---

① [德]雅斯贝尔斯:《什么是教育》,邹进译,三联书店1991年版,第167页。
② 金缨:《崇文国学经典普及文库　格言联璧》,崇文书局2015年版,第62页。
③ 周洪宇编:《陶行知教育名篇精选》,福建教育出版社2013年版,第390页。

的"教"与"学"之间严重割裂的现象的反思,直接切中当下中国教育之时弊。① 需要指出,此中的"教"与"学"都是针对教师而言。其中的"教",指教师的课堂教学,其中的"学"指教师的学术研究。

"只教不学"的表现是:教师虽然教书,但却不从事相关研究。教师不但自己对所教内容没有研究,而且对学术界的相关研究动态也没有整体的、系统的了解与把握。结果,在教学实践中,势必闭门造车,孤芳自赏,长期使用发黄的讲稿或教案,对教学内容多年没有实质性的调整与更新。

"只学不教"的表现是:当下中国的大学,普遍存在着"重科研"而"轻教学"的偏颇。由这根倾斜的指挥棒所规约,许多教师从工具主义和个人功利主义的角度出发,把时间和精力都投入能够给自己带来名与利的科研活动中。相反,对在评职与评优体系中所占权重较小的教学,却敷衍应付,没有及时地把科研成果转化为教学内容。

需要指出,教师不能及时地把科研成果转化为教学内容,还源自教学与科研的脱节。因为在确定自己的科研方向时,教师们更多考虑的是如何有利于申报各类高水平课题,如何获得更充足的经费资助,如何能够在有影响力的杂志和出版社发表论著等。相反,在深化教学内容、提升教学水平的研究方面,往往投入较少的时间与经历。

有鉴于此,强调教学与科研的结合恰逢其时。至于怎样在课堂上体现科研成果,由于时移世易,时异势殊,不可能也不应该整齐划一,需要具体情况具体分析,需要给教师充分的个性化发挥的空间。在此,笔者建议树立"大科研观"。科研既包括整理和继承,又涵盖创新与发展。这决定了将科研成果引入思政课教学,不一定就是在课堂上大段大段地介绍学术界的相关争论或研究成果。教师本人的创新和发展是科研,整理和继承学术界的已有成果也是科研。基于"大科研观"强调科研,不一定要求刚性地发表多少篇文章与多少部著作。

---

① 何彦通:《不安于课堂教学如何回归初心》,《中国教育报》2017年1月9日第6版。

相反，跟踪学术前沿，把握学术动态，了解学术界的最新科研成果，都是科研的具体体现。树立这样的"大科研观"，不仅有助于教师对所教内容举一反三、得一知十，在融会贯通的基础上形成自己的独到认识，而且也有助于开阔教师的眼界，放大教师的格局，使教师在课堂上能够凭高视下、游刃有余地展开教学。

《列子·说符》曰："大道以多歧亡羊，学者以多方丧生。"① 所以，多年来，笔者始终以"现代化"和"马克思主义中国化"作为自己的稳定的科研方向。由于现代化和马克思主义中国化在行进的过程中并不考虑学科的边界，也由于作为独立的研究个体，笔者的时间、精力和眼界也都非常有限，因此，在人生的不同阶段，笔者选择不同的角度研究现代化和马克思主义中国化，诸如从世界近现代史角度研究现代化和马克思主义中国化，从中国近现代史角度研究现代化和马克思主义中国化，从马克思主义理论的角度研究现代化和马克思主义中国化，从科技、文化、经济等角度研究现代化和马克思主义中国化等。

能够支撑笔者在"中国近现代史纲要"教学中构建"回溯提升教学模式"的科研及其成果，可以划分为五大类。

其一，是关于中国近现代史方面的研究成果。"回溯提升教学模式"中的"提升"的主要手段，是通过推介本人及学术界最新研究成果的方式进行深度挖掘，帮助学生在中学学习的基础上形成梯级型的知识结构和辨识能力。

在此方面，笔者的努力、准备及成果包括：《发展观的嬗变与中国新型现代化的理论建构》，中国环境出版社2014年版，独著；《国家治理体系现代化探微》，载《中国科学报》2014年7月18日，独撰；《转型及其怪圈：1961—1965年经济调整时期中国的技术观》，载《自然辩证法研究》2003年第8期，独撰；《基于工业技术观批判的生态技术观》，载《自然辩证法研究》2005年第7期，独撰；《论作为新型现代化诉求的"低熵化发展模式"》，载《自然辩证法研究》

---

① 文嘉编：《字解人生　汉字中的生命智慧》，中国纺织出版社2015年版，第124页。

2006年第12期，独撰；《基于新型现代化视阈的工具主义价值之省思》，载《思想战线》2008年第5期，排1；《基于科学发展观的中国新型现代化的理论构建》，载《求实》2009年第1期，独撰；《"中国新型现代化"的内涵、维度与特点》，载《学术交流》2009年第11期，独撰；《中国新型现代化需要中国新型智库建设》，载《学术交流》2015年第10期，独撰；《以系统思维考量社会管理创新》，载《学术交流》2012年第9期，独撰；《毛泽东技术观中的政治因素》，载《学术交流》2003年第5期，排2；《中国梦与中国现代化的多维关系探微》，载《理论探讨》2015年第4期，独撰；《薛福成的技术观撼论》，载《哈尔滨工业大学学报》（社会科学版）2001年第4期，独撰；《西学东渐冲击下中国的现代化思潮》，载《哈尔滨工业大学学报》（社会科学版）2002年第3期，独撰；《从新型现代化视域审视中国综合国力的要素结构》，载《辽东学院学报》（社会科学版）2006年第5期，独撰；《悲壮的历程：东北抗战14年》，载《党史文汇》2015年第7期，排2；《中国特色哲学社会科学何以构建》，载《奋斗》2016年第8期，独撰；《"国家治理体系和治理能力现代化"的历史定位》，载《社会主义核心价值观研究》2016年第6期，独撰；《建设美丽广东为何需要"绿色低碳循环发展模式"》，载《羊城晚报》2015年12月15日，独撰；《用人民满意的教育托起中国梦》，载《羊城晚报》2015年12月17日，独撰；《黑龙江省社会管理创新的成就问题及对策建议》，载《黑龙江省哲学社会科学研究规划项目成果要报》2013年第3期，独撰；《辛亥革命百年祭》，载《哈尔滨工业大学报》2011年10月20日，独撰；《十八大报告：中国走向新型现代化的里程碑》，载《哈尔滨工业大学报》2012年11月20日，独撰；《"新型现代化"的理论建构与创新发展》，"中国科学院现代化与管理高级论坛"论文，2003年·北京，独撰；《"体用论"话语中的文化辩解说》，"第九次哈尔滨科技进步与当代世界发展全国中青年学术研讨会"论文，2003年·五大连池，独撰；《现代科学技术革命与中国综合国力》，"现代科学技术革命与马克思主义学术研讨暨全国理工农医博士生公共理论课教材建设会"论文，2005年·北京，独撰；《新型现代化视阈中中国综合国力的测度分析》，"中国博士生教学模式研讨会和教材建设会"论文，2006年·云南，独撰；《新型现代化：实现"中国梦"的必由之路》，第四届中国特色社会主义论坛——"中国特色社会主义与改革开放"高层研讨会，2014年·哈尔滨，独撰；《基于中国近现代史进程的"中国梦"之解读》，全国"中国近现代史纲要"课教学观摩和学术研讨会，2014年·昆明，独撰；《"中国梦"有关问题之浅见》，"中国高校经济理论与思政教学改革研究会第28届论坛"论文，2015年·哈尔滨，独撰；《习近平系列重要讲话精神解读》，"中国高校经济理论与思政教改研究会"第29届年会论文，2016年·重庆，独撰；《"中国梦"有关问题之浅见》，"中国高校经济理论与思政教学改革研究会第28届论坛"论文，2015年·哈尔滨，独撰。

其二，是关于世界近现代史方面的研究成果。由于中国近现代史的生发机制，源自中国与世界的互动。所以，具有支撑作用的科研成果，不能仅仅限于中国近现代史本身，还要对世界历史尤其是对世界近现代史有所研究。在构建"回溯提升教学模式"过程中，这部分成果既可以用于跨文化界域的研究，又可以用于横向共时维角度的比较研究。

在此方面，笔者的努力、准备及成果包括：《历史视野：改革与现代化研究》，黑龙江人民出版社1999年版，独著；《试论1875—1878年近东危机中的英国外交与三皇同盟的瓦解》，载《世界历史》1992年第6期，独撰；《迪士累利的怀柔外交与英法对埃及的争夺》，载《世界历史》1998年第6期，独撰；《关于英国"自耕农"再研究》，载《世界历史》2000年第3期，独撰；《迪士累利与1875—1878年近东危机中的英俄之争》，载《史学月刊》1993年第3期，独撰；《试论1875—1878年近东危机期间英国对土政策的调整》，载《史学月刊》1994年第6期，独撰；《用全球史观审视1500年以后的世界》，载《史学月刊》1997年第6期，独撰；《英国政治现代化的历程及特点》，载《史学月刊》2004年第10期，独撰；《产业精神与英国资本主义工业化》，载《社会科学战线》1999年第2期，独撰；

《改革与革命的关系——兼论英法俄德美日六国现代化模式》，载《高等学校文科学报文摘》1998年第2期，独撰；《文明与危机：20世纪的双重遗赠》，载《北方论丛》2001年第6期，独撰；《从奴隶制的反对者到废奴主义者》，载《学术交流》1993年第3期，独撰；《英国科技思想史研究的阐释与思考》，载《河南大学学报》2004年第12期，独撰；《社会变迁与德国技术哲学的缘起与演变》，载《哈尔滨工业大学学报》（社会科学版）2000年第3期，独撰。

其三，是关于中华优秀传统文化的相关研究。把中华优秀传统文化纳入研究框架，其原因有二：一是马克思主义中国化既是马克思主义基本原理与中国现代化变迁实践相结合的过程，又是马克思主义基本原理与中华优秀传统文化有机融通的产物。二是文化传承本身也存在"路径依赖"（path dependence），具有发展的惯性。在中国近现代史演进过程中，有很多重要的历史事件和历史人物都与中华优秀传统文化之间存在着千丝万缕的联系。诸如，戊戌维新运动时期康有为的"托古改制"、五四新文化运动时期胡适等人对中华传统文化的反思与批判等。

在此方面，笔者的努力、准备及成果包括：《基于国学智慧构建生态经济新模式的合理性》，载《贵州社会科学》2014年第10期，独撰；《道家思想中的后现代意蕴》，载《国学教育》2015年第1期，独撰；《"道""技"之间：反思现代技术》，载《中华读书报》2009年10月14日，独撰；《国学智慧中的生态现代化之意蕴及其当代价值》，"科技与社会（STS）中的哲学问题学术研讨会"论文，2013年·哈尔滨，独撰。除此之外，笔者还围绕习近平总书记系列重要讲话中的曲阜讲话和文化自信等思想，应邀在全国各地举办题为《国学智慧及其当代价值》和《国学智慧拾粹》等专场学术讲座近50场。

其四，是关于马克思主义和马克思主义中国化的研究成果。在性质上，"中国近现代史纲要"课程，是马克思主义理论一级学科的有机构成。在诉求上，"中国近现代史纲要"的"纲"中之"要"，包括论证历史和人民选择马克思主义的必然性。因此，研究马克思主义和马克思主义中国化，是构建"回溯提升教学模式"不可规避的内容。

在此方面，笔者的努力、准备及成果包括：《从"隐性自在"到"显性自为"：马克思现代化思想及其中国化的历史命运》（34万字），吉林大学博士学位论文，2011年；《30年来中国化马克思主义诸理论之内在逻辑关系》，载《新华文摘》（全文转载）2010年第9期，独撰；《三十年来中国化马克思主义诸理论之内在逻辑关系》，载《马克思主义与现实》2009年第5期，独撰；《从批判视阈审视马克思主义中国化的理论实质》，载《马克思主义与现实》2007年第1期，独撰；《生活的生产：〈德意志意识形态〉中被遮蔽的现代性维度》，载《马克思主义研究》2011年第1期，独撰；《马克思运用"现代化"概念考》，载《光明日报》2014年5月5日，独撰；《把握马克思主义"与时俱进的理论品质"》，载《光明日报》2016年6月27日，独撰；《阅读原典是马克思主义教育的起点》，载《光明日报》2016年3月23日，独撰；《马克思现代化思想显性化的应然性与实然性》，载《吉林大学社会科学报》2015年第2期，独撰；《国内马克思现代化思想研究的进程与思考》，载《哈尔滨工业大学学报》（社会科学版）2014年第3期，独撰。

其五，是涉及社会生活方方面面的交叉性研究成果。"中国近现代史纲要"的内容，博大而庞杂，涉及社会变迁的不同方面。正因为如此，笔者在构建"回溯提升教学模式"过程中，大量使用跨学科研究方法。

在此方面，笔者的努力、准备及成果包括：《现代化：历史的困窘与困窘的思考》，哈尔滨工业大学出版社2009年版，独著；《论以现代化为科技哲学新学术生长点的合理性》，载《科学技术与辩证法》2006年第1期，独撰；《现代性与现代化辨析》，载《学习与探索》1999年第1期，独撰；《"西化主义"：现代化的误区》，载《北方论丛》1998年第6期，独撰；《近代视野中的"改革"与"革命"辨》，载《北方论丛》1997年第6期，独撰；《梳理与反思：技术乐观主义思潮》，载《学术交流》2000年第6期，独撰；《我们为何倡导人类命运共同体意识》，载《羊城晚报》2015年9月29日，独撰；

《技术史：重构中国史学的新学术生长点》，"中国世界近现代史学术研讨会"论文，2003年·南充，独撰；《英国科技乐观主义思想撮论》，"中国世界近现代史学术研讨会"论文，2005年·桂林，独撰；Danger that the technological history lack-one that historiography study think about china, The tenth international conference on the history of science in China, Collection of thesis and abstract，2004年·哈尔滨，独撰。此外，还有如下主要参撰著作：《近代国际关系史》，北京师范学院出版社1990年版；《通古辨今的明鉴》，哈尔滨工业大学出版社1997年版；《新时期中国史学思潮》，当代中国出版社2001年版；《技术史研究》，哈尔滨工业大学出版社2002年版；《科学技术与可持续发展》，高等教育出版社2004年版；《科技进步与当代世界发展》，黑龙江人民出版社2004年版；《现代科技革命与马克思主义》，中国人民大学出版社2007年版；《走近科学技术》，科学出版社2008年版；《当代中国技术观研究》，山东教育出版社2008年版；《多视野下的中国科学技术史研究》，科学出版社2009年版；《东北区域的科学发展》，社会科学文献出版社2010年版。

五　以多维性与系统性的教育科研为引领

教师的教学过程，需要以相关的教育科研为引领。如果说，在当下中国大学的评价体系中普遍存在的认识偏颇是"重科研"而"轻教学"，那么，在所重之科研中，又存在"重学术科研"而"轻教育科研"、"重科研成果"而"轻教改著述"等现象。所以，本书一方面强调教学与科研相结合的重要性，另一方面又强调教改科研与学术科研相结合的意义与价值。因为教改科研，是教师厘清自己的教学理念、思路和方法的必要环节。有了这样细针密缕、刮垢磨光的思考过程，既有助于构建"回溯提升教学模式"，又比较容易克服大学思政课教学中常有的"四多四少"现象。其中的"四多"包括：多常识性介绍，多平面性铺陈，多陈述性灌输，多说教性讲解；其中的"四少"包括：少学术性挖掘，少立体化推理，少针对性启发，少理论性提升。

在此方面，笔者的努力、准备及成果包括：《教学改革：理念创新与模式构建》，中国社会科学出版社 2009 年版，独著；《"中国近现代史纲要"重点难点理论与实践问题析微》，中国社会科学出版社 2010 年版，排 1；《"中国近现代史纲要"课教学案例参考》，高等教育出版社 2010 年版，主编；《"中国近现代史纲要"名篇名著导读》，中国社会科学出版社 2009 年版，副主编；马克思主义理论研究和建设工程重点教材配套用书《"中国近现代史纲要"课学生辅学读本》，高等教育出版社 2016 年版，参著；马克思主义理论研究和建设工程重点教材配套用书《"中国近现代史纲要"课教学基本要求》，高等教育出版社 2016 年版，参著；马克思主义理论研究和建设工程重点教材配套用书《"中国近现代史纲要"课重点难点解析》，高等教育出版社 2017 年版，参著；《"四进四信"是教学"提升"的必要环节》，载《光明日报》2015 年 7 月 25 日，独撰；《"一元三线梯级型教学模式"的构建与思考：有关博士生"现代科技革命与马克思主义"课程内容与体系的一项探索》，载《自然辩证法研究》2001 年第 7 期，独撰；《现代化：重构自然辩证法的新学术生长点》，载《自然辩证法研究》2002 年第 12 期，独撰；《"科学发展观"何以进思想政治理论课之课堂》，载《教学与研究》2010 年第 8 期，独撰；《群体心理历史学探微》，载《求是学刊》1993 年第 4 期，独撰；《中国近现代史纲要的非线性关系分析及对策预设》，载《历史教学》2007 年第 1 期，独撰；《在思政课教学中何以实现中国梦之"三进"》，载《思想政治教育研究》2015 年第 3 期，独撰；《参与—体验式教学法》，载《黑龙江高教研究》2009 年第 12 期，独撰；《"MSD 教学模式"与"中国近现代史纲要"课程体系的构建》，载《黑龙江高教研究》2007 年第 2 期，独撰；《基础课专题化："中国近现代史纲要"教学改革尝试》，载《教育探索》2009 年第 5 期，独撰；《现代化：思政课"三进"之新学术生长点》，载《教育探索》2013 年第 12 期，独撰；《"研究型—开放式—动态性"社会实践模式的构建》，载《高校教育研究》2008 年第 4 期，独撰；《"中国近现代史纲要"的"回溯提升教学法"探微》，载《吉林教育》2007 年第 1 期，独撰；

《"学生课前五分钟演讲"的可操作性分析》，载《科学教育家》2008年第8期，独撰；《以教学改革为突破口，发挥史学的德育功能》，载《函授教育》1996年第4期，独撰；《关于教书育人的思考》，载《教书育人》1999年第4期，独撰；《感兴趣，但整体科学素质有待提高》，载《中国教育报》2008年6月25日，排3；《让"四进四信"唱响青春校园》，载《哈尔滨日报》2015年7月16日，独撰；《关于改革世界近代史教学的几点体会》，载《教学改革文选》1994年第10期，独撰；《"多元化教学模式"的实践与思考》，载《高师教学改革论丛》1996年第3期，独撰；《试论"一元三线梯级型教学模式"》，"中国第八届理工农医类院校博士生教学模式研讨会"论文，2000年·北京，独撰；《有关博士生"现代科技革命与马克思主义"课程理论主线的思考》，"中国第九届理工农医类院校博士生教学模式研讨会"论文，2002年·重庆，独撰；《基础课专题化：思想政治理论课入耳入心的尝试》，"第一届吉林省高校思想政治理论课教学交流与学术研讨会"论文，2007年·长春，独撰；《"中国近现代史纲要"案例教学的一则示例分析》，"首届全国高校思想政治理论课案例教学研讨会"论文，2008年·大连，独撰；《纵横双向多维整合：中外近代史教学鲜活之途》，"中国世界近代史研究会第六届年会暨学术研讨会"论文，2008年·武汉，独撰；《从库恩的范式理论看"现代化范式"与"革命史范式"之争》，"纪念改革开放三十年暨第十二届全国技术哲学年会"论文，2009年·哈尔滨，独撰；《博士生、硕士生、本科生公共理论课何以有机衔接》，"全国自然辩证法课程与学科建设学术研讨会"论文，2009年·南京，独撰；《新体系框架内博士生思政课建设构想》，"全国自然辩证法教学与学科建设学术研讨会"论文，2011年·郑州，独撰；《博士生思政课"中国马克思主义与当代"的有关问题解读》，"全国高校经济理论教学改革研讨会"论文，2012年·天津，独撰；《人格培育：一个被工具主义遮蔽的研究生培养维度》，"黑龙江省高等教育学会2010年学术会议"论文，2010年·哈尔滨，独撰；《博士生思政课"中国马克思主义与当代"需要践行"九个不同于"》，"黑龙江省高等教育学会2012年学术会议"论文，2012年·哈尔滨，独撰；《"中国近现代史纲要"何以由"教材体系"向"教学体系"转换》，"高等学校思政课教指委分委员会'中国近现代史纲要'教学研讨会"论文，2013年·福州，独撰；《以系统思维深化马克思主义学院建设浅议：以教学为基点的相关思考》，"哈尔滨工业大学党建与思想政治工作研究会第25届年会"论文，2013年·哈尔滨，独撰；《思政课教师何以成为教学能手》，黑龙江省高校中国近现代史纲要课教学研究会第二次年会，2014年·齐齐哈尔，独撰；《"回溯提升教学模式"在"纲要"教学中的构建运用的理念思路》，"全国高校思想政治理论课创新体系建设研讨会"论文，2015年·成都，独撰；《博士生课"中国马克思主义与当代"的教学体会》，黑龙江省高校研究生思想政治理论课教学研究会年会暨研究生思想政治理论课教学改革创新研讨会，2016年·哈尔滨，独撰；《六 M 教学模式："中国马克思主义与当代"教学的理念和路径》，中国学位与研究生教育学会及会员大会，2016年·西安，排1。

第二章 "回溯提升教学模式"的理念和路径

结构决定功能，结构也折射路径。通过如前所析的框架结构，不难看出，诠释"回溯提升教学模式"的路径，需要理解并回答两个问题：一是"四维多向回溯法"的内容是什么，"四维多向回溯法"何以"回溯中学的中国近现代史的内容"；二是"两线多维提升法"的内容是什么，"两线多维提升法"何以"提升大学的'中国近现代史纲要'的内容"。

第一节 对中学历史课的四维多向回溯

作为回溯中学的中国近现代史的重要方法，"四维多向回溯法"主要包括"问卷式回溯法""互动式回溯法""启发式回溯法"和"参与式回溯法"。这些回溯方法均有具体的理念与路径。

一 "问卷式回溯法"的理念路径

艾尔·巴比说：问卷式调研法是"搜集第一手数据用以描述一个难以直接观察的大总体的最佳方法"。[1] 对讲授大学"中国近现代史纲要"课程的教师而言，要想围绕学生在中学阶段学习中国近现代史情况，以"直接观察"的方式"搜集第一手"资料，没有任何

---

[1] ［美］艾尔·巴比：《社会研究方法》，李银河译，四川人民出版社1987年版，第174页。

现实的可能性。因为中学阶段的中国近现代史课程的学习,对学生而言是"在场的",对大学的教师而言是"缺场"的。在此情况下,大学的教师要想了解学生在中学阶段学习过的中国近现代史的情况,就需要一定的技巧与方略。"问卷式回溯法"不失为认识"难以直接观察"的事物,并对这一事物进行"大总体"的了解和把握的"最佳方法"。

"问卷式回溯法"实施的过程,不仅是让学生"回溯"中学的中国近现代史的过程,也是帮助大学的"中国近现代史纲要"教师了解和把握学生"完成时"的学习情况,进而有针对性地设计和提升大学的"中国近现代史纲要"教学的过程。

如前所述,通过"问卷式回溯法",教师对学生在中学时期学习过的中国近现代史的所用时间、学生对中学时期所使用的中国近现代史的教材的印象、学生在中学时期阅读过的中国近现代史方面的课外书籍或参考资料的情况、学生阅读的课外书籍或参考资料的种类与形式、学生在中学时期学习中国近现代史课程最难忘的一节课的内容、学生在中学时期学习中国近现代史过程中最感兴趣的人物、学生在中学时期学习中国近现代史过程中最感兴趣的历史事件、学生在提及中学学过的中国近现代史课程时马上会想到什么等,均形成"大总体"的系统认识链条。

不仅如此,在实施"问卷式回溯法"过程中,由于问卷的设计,还包括"拿到《中国近现代史纲要》教材,第一感觉是什么""在一个学期的'中国近现代史纲要'学习中,最想了解哪方面的内容""在'中国近现代史纲要'教学中,希望老师采取什么样的教学方法"等问题,这些均为教师在大学的"中国近现代史纲要"教学中探索有效提升途径奠定了基础。从这个角度看,"问卷式回溯法"的确有机衔接了大学的"中国近现代史纲要"和学生在中学时期学习过的中国近现代史。

问卷的设计,注意体现"明确性""完整性""中立性""易答性"等规范性原则。其中,"明确性"是指:在问卷的设计上,不能有容易引起歧义的含混不清的表达,不能有容易产生交叉关系和多种答案的问题预设。问卷所提问题，既要规范清晰，又能充分凸显问卷的主题与诉求。"完整性"是指：问卷所问之问题，必须是周延而一贯的。只有如此，才能确保通过问卷所获得的各种答案形成一个完整而有机的整体，并将问卷的目的边界和效果边界最大化。"中立性"是指：问卷所问之问题，不能辅以作为调研者的教师的主观价值判断。这样既可确保作为受访者的学生回答问题的独立性，又有助于确保问卷调研结果的客观性。"易答性"是指：问卷的内容设计，简明扼要，学生不仅不需要做深度思考，而且还可以在短时间内填完问卷所设问题。①

二 "互动式回溯法"的理念路径

在《新华汉语词典》中，"互动"有两解：一是作为社会学术语，指人与人之间的相互作用，包括感官互动、情绪互动和理智互动等；二是指共同参与、相互影响、相互作用。

在教学中，通过参与性的"互动"所产生的"作用"或"影响"，同时具有正强化和负强化两个相反的走向。"互动式回溯法"所诉求的，是其中的正强化趋势。

虽然，"互动式回溯法"不过是一种教学方法而已，但其所折射的却是"合作教学论"的相关理念。作为一种教学实践活动，"互动式回溯法"的实施过程，就是教学过程体现"双主性"的过程。其中，"双主性"指"学生的主体作用"和"教师的主导作用"。"双主"的定位，决定了在教学过程中，"学生的主体作用"和"教师的主导作用"既不能非此即彼地二者择一，又不能过分地强化其中的一方而过分地弱化另一方。诚如著名教育家叶圣陶所言："培养教育人和种花木一样，首先要认识花木的特点，区别不同情况给以施肥、浇水和培养教育"，这叫"因材施教"。有鉴于此，叶圣陶警告说："教育中要防止两种不同的倾向：一种是将教与学的界限完全泯除，否定了教师主导作用的错误倾向；另一种是只管教，不问学生兴趣，不注

---

① 徐奉臻：《教学改革：理念创新与模式构建》，中国社会科学出版社2009年版，第88—96页。

重学生所提出问题的错误倾向。"前一种倾向必然是无计划,随着生活打滚;后一种倾向必然把学生灌输成烧鸭。① 这些认识的核心思想是:"教"与"学"之间,不是孤立的和断裂的,而是彼此联系和相互促进的有机性活动。只有"学生的主体作用"和"教师的主导作用"都能最大化地发挥,教学过程和教学效果的同步最优化才有可能。

　　内因是事物发生变化的根本原因,宇宙万物如此,教学亦如此。如果学生没有学习兴趣,如果整个教学活动均依赖于外在的强制灌输,则很难达至教学过程和教学效果的同步最优化。实施"互动式回溯法",不失为培养学生学习兴趣的有益尝试。因为"互动式回溯法"的实施,意味着在教学过程中"教师"和"学生"各自角色的一定程度的改变。"互动"既是师生交流的过程,又是学生向教师反馈信息的过程。在此过程中,教师不再是口若悬河的强制性灌输者,学生也不再是知识的被动接受者。相反,教师由强制性灌输者变成了引导者、设问者和疏通者,学生由知识的被动接受者变成了主动的思考者、交流者和反馈者。

　　将"互动式回溯法"作为"回溯提升教学模式"的一种方式,其主要的实践路径是:在讲授大学的"中国近现代史纲要"课程时,教师可以通过简单设问、大班授课—小班讨论—大班总结等方式,与学生进行具有针对性的有效互动。刚刚步入大学的莘莘学子,有强烈的表现欲和展示欲,如果教师在大学讲授的内容能与学生中学学过的相关内容有所交集,并且学生也能有一定程度的记忆与理解,学生往往会做出许多本能的反应,除了积极回应老师的问题外,还有诸如兴奋、眼睛发亮、听课状态突然变得格外专注等表现。在教学中,不仅教师有身体语言,学生也有身体语言。通过身体语言的变化,教师可以准确获取多种有价值的信息,诸如学生中学阶段的基础,学生对所学问题的认识等。在此基础上,教师可依据具体的教学情境调适自己的教学。由此可断,"互动式回溯法"的确是学生"回溯"中学时期

---

① 徐潜主编:《中国通史故事　中华民国》,吉林文史出版社2010年版,第67页。

学习过的中国近现代史内容的有效途径，也是学生向教师反馈自己学习成效的一种有效方式。因为"回溯"是为了"反馈"，"反馈"有助于提升大学的"中国近现代史纲要"教学。从这个角度看，"互动式回溯法"的功能，不仅局限于"回溯"本身，其中也内含着诸多"提升"的元素。

三 "启发式回溯法"的理念路径

通过"启发式回溯法"回溯中学的中国近现代史内容，是"四维多向回溯法"的途径之三。教师的"启发"活动，就是教师通过开导和指点的方式，促使学生引发丰富联想，并在丰富联想的基础上有所感悟。学生的"联想"活动，就是学生由一人想到他人，由一物想到他物，有一概念想到其他概念，或由一人、一物、一概念的一个侧面，想到一人、一物、一概念的另外侧面等。"启发式回溯法"中之"启"，是针对教师而言；"启发式回溯法"中之"发"，是针对学生而言。如果说，"启"是教师在教学过程中发挥主导作用的具体体现，那么，"发"就是学生在学习过程中发挥主体作用的外在表征。

实施"启发式回溯法"，是有前提和有条件的。《论语·述而》有言："不愤不启，不悱不发，举一隅不以三隅反，则不复也。"至于何谓"愤"？何谓"悱"？宋代的朱熹给出注释："愤者，心求通而未得之状也；悱者，口欲言而未能之貌也。启，谓开其意；发，谓达其辞。"[①]《论语·述而》的表述与朱熹的表述组合在一起，不仅进一步明确了"启发"的内涵，而且也指出了"启"的前提，以及"发"的条件。也即：当学生"心求通而未得之状"时，方可"开其意"；当学生"口欲言而未能之貌"时，方可"达其辞"。如果学生不能进行举一反三的联想，无论是"启"还是"发"，均无实施之必要。

如果对号入座，可以认为，在大学的"中国近现代史纲要"教学

---

① 刘沛清编：《现代大学概说》，北京航空航天大学出版社2012年版，第50—51页。

中采行"启发式回溯法",不仅"动善时",而且"事善能"。"动善时"是指运用"启发式回溯法"恰逢其时;"事善能"是指实施"启发式回溯法"的前提和条件都很充分。充分的前提和条件,就是学生在中学阶段学习过的中国近现代史课程。虽然中学的中国近现代史课程,具有粗浅化、局部性、线性化、知识性和基础性等特点,但这一阶段的学习,的确为学生进入大学阶段后继续学习具有深度化、整体性、系统性、理论性等特点的"中国近现代史纲要"课程,奠定了必要的基础。所以,"启发式回溯法"要以对中学的中国近现代史内容的回溯为立足点。

"启发式回溯法"不仅是教学技巧,而且也是教育模式。如果不实行"启发式回溯法",孔子决然不能给出"不愤不启,不悱不发,举一隅不以三隅反,则不复也"的智慧之见。因此,可以认为,这是孔子运用"启发式回溯法"的所行而得、所思而悟和所感而发。

德国学者雅斯贝尔斯曾把教育分为"经院式教育""师徒式教育"和"苏格拉底式教育"三大类。在雅斯贝尔斯看来:

"经院式教育"的行为方式是:教育活动的功能,仅限于传授知识;教师依照形式和体系都完全固定的教材,进行照本宣科的讲授,毫无创新精神可言。"经院式教育"的偏颇是"人们把自己的思想归属于一个可以栖身其中的观念体系,而泯灭自己鲜活的个性"。

"师徒式教育"的行为方式是:以教师为中心,教师是教学全过程的无可置疑的权威;学生对教师的尊敬和爱戴,是绝对的和无条件的。"师徒式教育"的偏颇是:学生严重依附和从属于教师,学生的主体作用不能得到充分发挥。

"苏格拉底式教育"的行为方式是:在教学活动中,师生之间的关系是平等的,学生既不依赖也不从属于教师。苏格拉底式的教师,一贯反对做学生的知识的最大供求者。相反,他们要求把注意力由教师身上转向学生自身;运用苏格拉底式的教育原则,即是实施苏格拉底所言的"催产式"或"产婆术"的过程。这个过程,重在鼓励学生与教师进行平等而善意的论战,教师不从外部对学生施加强权性压力，而是致力于从内部唤醒学生的"自动的力量"。①

如果对号入座，不难看出，笔者所倡导的"启发式回溯法"，与雅斯贝尔斯所阐释的"苏格拉底式教育"的理念较为接近。

四　"参与式回溯法"的理念路径

通过"参与式回溯法"回溯中学的中国近现代史内容，是"四维多向回溯法"的途径之四。严格来说，"参与式回溯法"是如前所述的"参与式—体验式教学实践模式"的有机部分。所不同的是，"参与式—体验式教学实践模式"的操作路径是：通过教师指导学生进行"课前五分钟演讲"的方式，让学生介绍中学时期学过的重要历史人物和历史事件，让学生推介和展示自己参加社会实践的心得与成果，从而实现"课堂教学"与"社会实践"的衔接、"教师讲授"与"学生参与"的衔接。虽然"参与式回溯法"与"参与式—体验式教学实践模式"一样，也以"课前五分钟演讲"为主要方式，但其侧重点却主要在前半部分。也就是说，在实施"参与式回溯法"的过程中，教师主要指导学生演讲中学学过的中国近现代史的课程相关内容，并不触及社会实践部分。学生演讲的题目、内容、角度和方法，不止一端，多样纷呈。演讲的题目包括："谭嗣同：侠气纵横！""变法领袖康有为""光绪与戊戌变法""清末名臣张之洞""李鸿章对太平天国的影响与太平天国对李鸿章的影响""清代儒将左宗棠""曾国藩的两面性""从维新变法看李鸿章""误国、爱国和卖国的李鸿章""孙中山何以成为革命巨匠""才华横溢的梁启超""洪秀全与孙中山""梁启超与李鸿章""浅谈李鸿章的功过是非""左宗棠：引得春风渡玉关"等。②

"参与式回溯法"的功能不止一端：其一，有助于学生回忆和捡拾中学时期学过的中国近现代史的内容；其二，有助于教师较为全面地把握学生的知识结构和认知能力，为教师进一步调适讲义、提升教

---

①　[德]雅斯贝尔斯：《什么是教育》，邹进译，三联书店1991年版，第7—10页。
②　徐奉臻：《教学改革：理念创新与模式构建》，中国社会科学出版社2009年版，第183—187页。

学水平奠定了基础；其三，有助于学生提升自己的综合能力，因为参与演讲的学生，无论是题目的设定、资料的搜集和内容的整合，还是逻辑的分析、课件的制作、语言的表达等，均在教师指导下独立操作和完成。对学生而言，这是一个让他们终身受益的难得的历练过程。从这个意义上看，尽管"参与式回溯法"重在"回溯"，但其也同样有"提升"的功能。"提升"的表现是不仅学生提升了自己的综合能力，教师也提升了自己的教学水平。

第二节 对大学思政课的两线多维提升

作为提升大学的思政课"中国近现代史纲要"的重要方法，"两线多维提升法"中的"两线"，包括"方法线"和"内容线"，"多维"包括"方法线的多维提升法"和"内容线的多维提升法"两部分。

一 方法线的多维提升法

作为提升大学的"中国近现代史纲要"的"方法线"的重要方法，"方法线的多维提升法"包括"专题化提升法""设问式提升法""名作导读提升法""以案为例提升法""史料运用提升法""跨学科提升法""跨时代提升法""跨文化提升法""逻辑推理提升法""加法+减法提升法"和"多媒体教学提升法"等。

（一）"专题化提升法"的理念路径

通过"专题化"提升大学的内容，是"方法线的多维提升法"之一。如前所述，在"中国近现代史纲要"教学中，笔者主持构建了"RMSD教学模式"。其中的"S"，取Specialization的第一个字母，反映教学过程的"专题化"运作。在此，笔者又将此方法作为"方法线多维提升法"之一。这说明："回溯提升教学模式"和"RMSD教学模式"之间，既相互寓于，又彼此渗透。

"专题化提升法"的主要特点是：在教学中，教师不拘泥于"中国近现代史纲要"教材的"编""章""节"三级标题，以及在

"节"之下又设"一""二""三""四"等子问题的结构安排，而是围绕一个特定的主题进行专题讲座。所讲专题包括：（1）"中国近现代史纲要"总序；（2）资本—帝国主义侵略和中国的抗争与觉醒；（3）对国家出路的早期探索——太平天国农民战争/洋务运动/戊戌维新运动；（4）辛亥革命——近代中国的第一次巨变；（5）开天辟地的大事变——新文化运动与马克思主义的传播/五四运动：新民主主义革命的开端/中国共产党建立与中国革命新局面；（6）中国革命的新道路；（7）中华民族的抗日战争；（8）为作为近代第二次巨变的新中国而奋斗；（9）1949年以后中国历史演进的基本线索及主要问题——社会主义基本制度在中国的确立/社会主义建设在探索中曲折发展/改革开放与现代化建设新时期。

上述专题的预设，充分考虑了本科四门思政必修课中关联度最高的"中国近现代史纲要"与"毛泽东思想和中国特色社会主义理论体系概论"两门课程之间的关系。前者的时间段是1840年至今，后者的起终点是1949年至今。也就是说，1840年至1949年的历史，是"中国近现代史纲要"课程内容所独有的部分。但1949年至今的历史，则是"中国近现代史纲要"与"毛泽东思想和中国特色社会主义理论体系概论"两门课所共有的部分。有比较方能有鉴别，在此，不妨对《中国近现代史纲要》教材与《毛泽东思想和中国特色社会主义理论体系概论》教材的目录进行简单对比。

《中国近现代史纲要》教材分"上编"（从鸦片战争到五四运动前夜）、"中编"（从五四运动到新中国成立）、"下编"（从新中国成立到社会主义现代化建设新时期）。"上编"包括："综述——风云变幻的八十年"、第一章"反对外国侵略的战争"、第二章"对国家出路的早期探索"、第三章"辛亥革命与君主专制制度的终结"。"中编"包括："综述——翻天覆地的三十年"、第四章"开天辟地的大事变"、第五章"中国革命的新道路"、第六章"中华民族的抗日战争"、第七章"为新中国而奋斗"。"下编"包括："综述——辉煌的历史进程"、第八章"社会主义基本制度在中国的确立"、第九章"社会主义建设在探索中曲折发展"、第十章"改革开放与现代化建设新时期"。①

《毛泽东思想和中国特色社会主义理论体系概论》由十二章构成，包括第一章"马克思主义中国化两大理论成果"、第二章"新民主主义革命理论"、第三章"社会主义改造理论"、第四章"社会主义建设道路初步探索的理论成果"、第五章"建设中国特色社会主义总依据"、第六章"社会主义本质和建设中国特色社会主义总任务"、第七章"社会主义改革开放理论"、第八章"建设中国特色社会主义总布局"、第九章"实现祖国完全统一的理论"、第十章"中国特色社会主义外交和国际战略"、第十一章"建设中国特色社会主义的根本目的和依靠力量理论"、第十二章"中国特色社会主义领导核心理论"。②

通过对比，不难看出，"中国近现代史纲要"与"毛泽东思想和中国特色社会主义理论体系概论"两门课程，不仅有在时间上有完全重叠的部分，而且在内容上也多有交叉或重复。如果这些重叠、交叉和重复的部分处理不好，势必会产生如下不止一端的问题。

其一，"中国近现代史纲要"的课堂教学学时远远不够。该课程只有2学分，但讲授的内容却是1840年至今，时间跨度为170多年。在教学中，讲授此课的从业教师，大多感觉课时少而时段长。

其二，"毛泽东思想和中国特色社会主义理论体系概论"课程，高达6学分，但讲授的内容却是1949年至今，其时间跨度还不足70年，可谓学时多而时段短。

对"中国近现代史纲要"课程而言，如果不能在学时和内容上有所侧重，如果对1840—1949年的近代历史和1949年至今的现代历史投放同样的时间与精力，那么，就可能出现近代历史和现代历史均讲不深、讲不透的局面，"提升"也就自然无从谈起。

对"毛泽东思想和中国特色社会主义理论体系概论"课程而言，

---

① 本书编写组：《中国近现代史纲要》，高等教育出版社2015年版，目录第Ⅰ—Ⅶ页。

② 本书编写组：《毛泽东思想和中国特色社会主义理论体系概论》，高等教育出版社2013年版，目录第Ⅰ—Ⅵ页。

如果"中国近现代史纲要"已经较详细地讲授了1949年以来的内容,那么,该课的教学空间与回旋余地也就非常有限。不仅如此,重叠、交叉和重复的部分过多,还会使学生同时产生视觉和听觉上的双重疲劳,不利于调动学生学习的主动性和积极性,教学过程和教学效果的同步最优化也就无从谈起。

有鉴于此,在专题化探索中,笔者所带领的课程组教师始终恪守"准确定位"和"各司其职"的原则,将"中国近现代史纲要"的教学重点放在近代部分。对于"中国近现代史纲要"与"毛泽东思想和中国特色社会主义理论体系概论"两门课程同时涉及的1949年以来的内容,"中国近现代史纲要"课程侧重进一步论证作为四大历史性选择之一的改革开放的必然性,"毛泽东思想和中国特色社会主义理论体系概论"课程则侧重揭示毛泽东思想和中国特色社会主义理论体系的内涵、形成与发展。

在性质上,中学的中国近现代史课程是历史课,但大学的"中国近现代史纲要"却是思政课。因此,通过专题化的方式提升大学的"中国近现代史纲要"教学,需要围绕"民族独立和人民解放""国家富强和人民富裕"这两大历史任务,预设能够体现"中国近现代史纲要"的"纲"中之"要"的特定主题,论证历史和人民做出四大历史性选择的必然性,进而帮助学生增强"四个自信"。这个过程,也就是通过"引用过去事迹"的方式,"将今日的立场讲解得合理化"[①],并由此体现思想政治理论课所具有的立德树人和巩固国家主流意识形态之功能的过程。

实践表明,"专题化提升法"探索,有效实现了两个衔接或融通。一是衔接了中学的中国近现代史和大学的"中国近现代史纲要",使中学的历史课顺利过渡到大学的思政课;二是融通了大学思政必修课"中国近现代史纲要"与"毛泽东思想和中国特色社会主义理论体系概论"课程,缓解了两者之间的内在矛盾及内在紧张。

---

① [美]黄仁宇:《大历史不会萎缩》,广西师范大学出版社2004年版,第275页。

（二）"设问式提升法"的理念路径

韩愈的《师说》有言："师者，所以传道授业解惑也。"[①] 这一表述，道出了教师的"三位一体"的职责，"传道""授业"和"解惑"。其中，"授业"是知识生产与技能传授的过程，"解惑"是解疑释惑或解除迷惑的过程，"传道"是人格生产和人格培育的过程。"解惑"贯穿于"授业"全过程，"授业"和"解惑"的终极关怀是"传道"。教师的角色不同，传道的角度也会有所侧重。但相比之下，在肩负立德树人和巩固国家主流意识形态使命方面，思政课教师的责任更大。尤其是在泥沙俱下、鱼龙混杂、乱象丛生的环境中，在以主体价值观迷失、人文精神沦丧、社会责任感淡漠为主要表现形式的"精神贫困现象"较为严重的情境中，这样的使命不仅复杂，而且艰巨。所以，在"中国近现代史纲要"教学中，笔者首先做这样的换位思考：假如我是学生，而且是在中学阶段已经学习过几十万字的中国近现代史的学生，我到底想听什么？然后，基于角色转换，给学生预设了诸多问题。

从心理学的角度看，课堂教学的过程，就是师生之间的心理战的过程。如果教师不能在短时间内形成授课气场，如果教师不能通过一些有效方式让学生对所学内容产生兴趣，那么，学生势必会对教师视而不见或不以为然。在一定程度上，这也就是当下中国高校课堂教学出勤率和抬头率都不尽如人意的主要原因。相反，如果教师能够通过预设一些令学生耳目一新或精神为之一振的问题，学生的注意力往往会在瞬间之内就能向教师聚拢。此时的学生，也比以往任何时候更容易进入专注甚至虔敬的听课状态。上述正反两方面的情况，既是笔者30年一线教学的真实体会，也是笔者尝试实施"设问式提升法"的主要动因。

在实践中，"设问式提升法"贯穿于"中国近现代史纲要"教学之始终。在中学阶段就已学习过几十万字的中国近现代史经历，容易让年轻气盛的学生形成自满心理，对大学的"中国近现代史纲要"

---

① 曾楚楠编：《韩愈在潮州》，暨南大学出版社2015年版，第121页。

课程产生本能的抗制或拒斥。所以，在第一个专题"中国近现代史纲要"总序的教学中，笔者为学生准备了若干能够体现"中国近现代史纲要"之教学重点和难点的关键词。然后，以关键词为引领，将"中国近现代史纲要"所涉及的主要问题加以串烧，令学生耳目一新。笔者给出的关键词主要有如下：

龚自珍、曹雪芹、吴敬梓、库恩、革命史范式、现代化范式、巴勒克拉夫、文艺复兴、宗教改革、地理大发现、近代落伍、康雍乾盛世、现代化、前现代化、林则徐、《海国图志》、《瀛寰志略》、道光皇帝、鸦片战争、开国、西学东渐、马克思、太平天国、洋务运动、冯桂芬、李鸿章、奕䜣、崇厚、薛福成、"戊戌六君子"、梁启超、康有为、费正清、甲午中日战争、民族觉醒、实业兴国、张謇、清末新政、清末预备立宪、告别革命论、慈禧太后、替代理论、催化理论、孙中山、义和团、辛丑条约、袁世凯、辛亥革命、中华民国、五四新文化运动、巴黎和会、新民主主义革命、白话文、中国共产党、国共合作、西安事变、抗日战争、中流砥柱、毛泽东、蒋介石、土地革命、武装夺取政权、长征、遵义会议、三人团、博古、王明、《论持久战》、"三三制"原则、第二次世界大战、重庆谈判、北平谈判、张治中、解放战争、将革命进行到底、第三条道路、《共同纲领》、社会主义、资本主义、一化三改、"大跃进"、"文化大革命"、改革开放、"三步走"战略、两个百年目标、政治文明、生态文明、国家治理体系现代化、国家治理能力现代化、伊·普里戈金、李约瑟、科学发展观、中国梦、"五位一体"总布局、"四个全面"战略布局、五大发展理念，等等。

在做这样的努力之前，教师与学生之间需要有前期的彼此沟通。在沟通的过程中，笔者特别强调："如果下面我谈及的这些问题，在座的同学中，确实有人已经形成了整体的和系统的认识，那么，这些同学有资格不听课，可以直接参加期末考试。反之，如果没有达到这个程度，那你就必须放下身段，踏踏实实地认真听课。"在"中国近现代史纲要"结业的课后的问卷中，有学生表示：自己对"中国近现代史纲要"课程的兴趣，就是从老师给出这些问题时开始的。因为老师的这些设问，使自己真切意识到：中学的中国近现代史课程与大学的"中国近现代史纲要"课程之间，的确有很大的不同，学习"中国近现代史纲要"课程的确很有必要。

除了专题"中国近现代史纲要"总序之外，在接下来的具体的专题化教学中，每个专题都有若干宏观的总问题。在宏观的总问题之下，又有一些派生性的微观子问题。这些问题，大多内含在笔者主著的《"中国近现代史纲要"重点难点理论与实践问题析微》①一书中。该书是笔者主持的题为"以案例和名篇名著破解'中国近现代史纲要'重点难点问题的教学改革探索"的"黑龙江省新世纪高等教育教改工程一般项目"的研究成果之一。

在设问方式上，该书尽量避免"大而泛"的常规性老问题。相反，秉持启发性、针对性、发散性、关联性、权威性、学术性和命题性等原则，推出特色化的新问题。具体而言，主要依据以下思路进行设问。②

一是突出问题的时代感。问题是时代的问题，一切问题均具有时代性和情境性之特点。因此，能否准确地把握和解决属于不同时代的问题，也就成为解读"中国近现代史纲要"重点和难点的症结所在。

二是突出"问题意识"。所设问题，既要在"疑"和"难"两个字上下功夫、做文章，又要充分体现各个问题之间的关联性与张力感，使问题更具冲击力与吸引力。

三是宏观与微观相交织。在所设问题中，大者时间跨度在几十年或百年以上，小者仅涉及特定时空条件下的某个事件，或某个事件的某个侧面。

四是在问题的遴选上，剔除中学的中国近现代史教材已有的问题，添加一些能够凸显"中国近现代史纲要"的"纲"中之"要"的问题。尤其是，要添加一些既令学生困惑，又令学生感兴趣的重要

---

① 徐奉臻等：《"中国近现代史纲要"重点难点理论与实践问题析微》，中国社会科学出版社2010年版。

② 同上书，第12页。

理论与实践问题。

五是历史与逻辑相结合。在具体操作中，既关注一人一物、一时一事，又承上启下，揭示历史事件之间彼此互动的内在逻辑关系，在"大历史"框架中诠释大思想、大政治和大理论。

六是为使问题既鲜活，又具有冲击力和震撼力，尽量使用一些在业内被学人所公认的政治家、思想家和学术家的一语破的之命题。

七是避免陷入线性历史观的窠臼，力图运用复杂性科学理论，对所设问题进行纵横双向多维解读，既展示历史嬗变的曲折性和复杂性，又体现教学内容的博大与精深。

下面，是《"中国近现代史纲要"重点难点理论与实践问题析微》一书所设定的问题[①]：

"序言"部分，设3个问题：一是"亡其国者，先亡其史"，历史功能的破的之见；二是关于"中国近现代史纲要"分期、体例与结构的思考；三是契机、框架和原则，关于本书的三个问题。

教材的上编"综述：风云变幻的八十年"，设2个问题：一是下面的话中包含怎样的"盛世"与"衰世"的悖论，"17世纪下半叶至18世纪，清朝康熙、雍正、乾隆时代是中国封建社会后期的鼎盛时期，但同时也走到了封建社会的末世，潜伏着许多危机"；二是如何理解"1500年以前，是世界冲击欧洲；1500年以后，是欧洲冲击世界"之命题？

教材的第一章"反对外国侵略的斗争"，设7个问题：一是拥有千年文明的中国，为何会败在列强麾下？问题的症结是否在于"现代化"与"前现代化"之博弈？二是以史实和经典原典诠释命题，"殖民主义充当了历史的不自觉的工具"。三是龚自珍发出的"九州生气恃风雷，万马齐喑究可哀！我劝天公重抖擞，不拘一格降人才"的呐喊说明什么？以诗还原历史。四是"三国干涉还辽"何以体现"没有永恒的敌人和朋友，只有不变的利益"的均势外交基本原则；五是历史学家蒋廷黻为什么说"光绪二十二年的《中俄密约》是李鸿章

---

① 徐奉臻等：《"中国近现代史纲要"重点难点理论与实践问题析微》，中国社会科学出版社2010年版，第1—8页。

终身之大错"？六是蒋廷黻说义和团运动属"拳匪运动"，"是反对现代化的"，而孙中山则强调义和团的血战让外国人知道"中国还是有民族思想，这种民族是不可消灭的"。这两段话彼此矛盾吗？七是"林则徐实在有两个，一个是士大夫心目中的林则徐，一个是真正的林则徐"，请结合史实分析之？

　　教材的第二章"对国家出路的早期探索"，设 11 个问题：一是太平天国何以成为"中国旧式农民战争的高峰"？二是"太平军一坏于杨秀清的专横跋扈，再坏于韦昌辉的疯狂屠杀，最后坏于洪秀全的任用私人，尤其是最后一坏，历时较久，使得太平军逐步削弱以至于溃灭"①。你认同这些认识吗？三是蒋廷黻说："太平天国的失败，证明我国旧式的民间运动是不能救国救民族的"，② 请结合史实诠释这一命题。四是作为外来挑战的第一次鸦片战争于 1842 年结束，但作为迎接挑战的洋务运动却直至 19 世纪 60 年代才拉开帷幕。回应和挑战之间为何间隔如此长时间？五是梁启超为什么慨叹李鸿章"坐知有洋务，而不知有国务"③？六是"卖国贼""刽子手""现代化的倡行者"都是学界评价李鸿章的词汇，你怎样理解？七是洋务派所言的"同心少，异议多"和"致多阻格者"，④ 该做何解？八是以薛福成为例，说明洋务运动后期激进派对"中体西用"的偏离，并由此揭示洋务运动与戊戌变法的关系。九是 1898 年，在康有为、梁启超和"戊戌六君子"中，不仅年龄在 23—49 岁，而且他们多为"金榜题名"的新贵。如按世俗观念，混迹官场，走"学而优则仕"之路，他们或许会有光明的前途，但他们最终选择的是充满荆棘的改制之路和"舍生取义"的不归路？为什么？十是康有为"能融合各种思想于一炉"，"能根据中国当时的各种思潮开出立足于孔孟之道而又适应中国当前需要的处方。这样他就领头打开了一个现代化

---

① 郁离子主编：《太平天国：来自百年前天国的故事》上册，民族出版社 2000 年版，第 233—234 页。
② 蒋廷黻：《中国近代史大纲》，东方出版社 1996 年版，第 41 页。
③ 梁启超：《李鸿章传　致力于中国现代化的第一人》，武汉出版社 2013 年版，第 45 页。
④ 中国史学会主编：《洋务运动（一）》，上海人民出版社 1961 年版，第 26 页。

的突破口"①。如何理解费正清（John King Fairbank）的上述评价？十一是以谭嗣同的"有心杀贼，无力回天"②为基点，分析戊戌变法失败的原因。

教材的第三章"辛亥革命与君主专制制度的终结"，设6个问题：一是为什么20世纪初的"清末新政"和"预备立宪"不能挽救清王朝覆灭的命运？二是孙中山并未直接参加武昌起义，他何以成为辛亥革命的领导者和中国革命的先行者？三是孙中山为什么说"二次革命"的失败"非袁氏兵力之强，实同党人心之涣"③？四是有"一代枭雄"或"乱世奸雄"之称的袁世凯，如何发迹和如何窃取革命果实？五是孙中山慨叹的"曾几何时，自己为形势所迫，不得已而与反革命的专制阶级谋妥协，此种妥协实间接与帝国主义相调和"，反映了怎样的历史景况？六是在评价军阀时，孙中山为什么说："南与北，一丘之貉？"④

教材的中编的"综述：翻天覆地的三十年"，设2个问题：一是梁启超为什么说鸦片战争后，"中国人渐渐知道自己的不足了。……第一期，先从器物上感觉不足。……第二期，是从制度上感觉不足。……第三期，便是从文化根本上感觉不足。……革命成功将近十年，所希望的件件都落空，渐渐有点废然思返，觉得社会文化是整套的，要拿旧心理运用新制度，决计不可能，渐渐要求全人格的觉醒"⑤？二是为什么中国的新民主主义革命必须把帝国主义、封建主义和官僚资本主义作为革命对象？

教材的第四章"开天辟地的大事变"，设14个问题：一是中国的新文化运动与西方的启蒙运动有何不同？二是为什么西方学者将五四新文化运动视为"中国的文艺复兴"（The Chinese Renaissance）？三

---

① ［美］费正清：《伟大的中国革命：1800—1985年》，刘尊棋译，世界知识出版社2001年版，第159页。
② 蒋广学、朱维宁主编：《中华箴言》，南京大学出版社1995年版，第515页。
③ 张华腾：《中国1913》，陕西人民出版社2014年版，第212页。
④ 沈洁：《社会变迁与百年转折丛书1912年 颠沛的共和》，东方出版中心2015年版，第418页。
⑤ 梁启超：《饮冰室合集》第5卷，中华书局1989年版，第43—45页。

是五四新文化运动后期"科玄之争"的内容是什么？如何评价之？四是选择马克思主义，是"中国近现代史纲要"的"纲"中之"要"。中国先进分子为何选择马克思主义？怎样选择了马克思主义？五是在马克思主义传入中国和在中国广泛传播的过程中，李大钊何以成为"中国最早的马克思主义者"？六是毛泽东所言的"自从中国人学会了马克思列宁主义后，中国人在精神上就由被动转为主动。从这时起，近代世界历史上那种看不起中国人，看不起中国文化的时代应当完结了"[①]的这段话，依据是什么？七是1919年《上海学联告同胞书》中的"学生罢课半月，政府不惟不理，且对待日益严厉。乃商界罢市不及一日，而北京被逮之学生释；工商罢工不及五日，而曹、章、陆去"说明什么？八是毛泽东为何断言"五四运动的杰出的历史意义，在于它带着为辛亥革命还不曾有的姿态，这就是彻底地不妥协地反帝国主义和彻底地不妥协地反封建主义"[②]？九是胡乔木说"一大开过了，似乎什么也没有发生，连报纸上也没有一点报道。但是，中国的伟大事变在实质上却开始了"。"伟大事变"指什么？为什么说中国共产党的成立是"开天辟地的大事变"？中国共产党的发展史如何验证了"星星之火，可以燎原"的道理？十是"旧民主主义革命"与"新民主主义革命"的异与同。十一是为什么说中国的先进分子与工人群众相结合，就是马克思主义与中国工人运动相结合的过程？十二是关于第一次国共合作，需要思考的问题是：为什么合作？与谁合作？孙中山为什么欢迎合作？怎样合作？十三是戴季陶于1926年发表演说，强调"中国共产党好像机关车（指'火车头'），国民党好像货车，中国共产党加入国民党，好像人车货车套上机关车"[③]。以此认识为基点，阐释中国共产党在第一次国共合作中的作用。十四是"新三民主义"何以被视为"革命的三民主义"和"新民主主义的三民主义"？

---

① 《毛泽东选集》第4卷，人民出版社1991年版，第1516页。
② 《毛泽东选集》第2卷，人民出版社1991年版，第699页。
③ 沙健孙等：《"中国近现代史纲要"教师参考书》，高等教育出版社2008年版，第176页。

教材的第五章"中国革命的新道路",设 7 个问题:一是以毛泽东为代表的中国共产党人,如何基于大革命失败的教训,从武装起义、农村包围城市和武装夺取政权等维度探索和开辟中国革命的新道路?二是在谈及"第二次国内革命战争"原因时,毛泽东说蒋介石靠第一次国内革命战争和第一次国共合作上台,但他"非但不感谢人民,还把人民一个巴掌打了下去,把人民推入十年内战的血海"。还原相关史实,并加以评价。三是"在历史上,无论古今中外都找不到农村包围城市的经验"。基于对当时革命经验的总结,以及以毛泽东为代表的中国共产党人创造性运用马克思主义两方面的相关史实,分析此创举形成的原因。四是在三次国内革命战争中,有"最优秀的白话文导师"之称的毛泽东,写了哪些代表性的论著?其创新性何以体现?五是遵义会议确立毛泽东的领导地位,但会后成立的"中共中央三人军事小组"的排序,则是周恩来、毛泽东、王稼祥。关于周恩来在 1935 年的角色定位,应该如何理解?六是 1927—1937 年南京国民政府之科技政策的出台背景、主要内容及意义局限。七是 1933 年《申报月刊·中国现代化问题号》的主要内容及其特点。

教材的第六章"中华民族的抗日战争",设 6 个问题:一是毛泽东基于何种考虑强调"如果没有 12 月 25 日张汉卿送蒋介石先生回京一举,如果不依照蒋先生处置西安事变的善后办法,则和平解决就不可能,兵连祸结,不知要弄到何种地步"?二是为什么"西安事变"至今海峡两岸对张学良的评价如黑白一样两极分明:大陆把他誉为"民族英雄",台湾则定其为"历史罪人"?三是以第一次国共合作为参照,第二次国共合作有哪些特点?四是中国的抗日战争是第二次世界大战的重要组成部分。关于中国在反法西斯战争中的作用,丘吉尔(Winston Leonard Spencer Churchill)曾说:"中国一崩溃,至少可使日本十五个师团、也许会有二十个师团腾出手来。其后,大举进攻印度,就确实可能了"①,如何理解之?五是在抗日战争中,国民党军队与日军进行大会战 22 次,重要战斗 1100 余次,小规模战斗 38000

---

① 金冲及:《五十年变迁》,中央文献出版社 2004 年版,第 610 页。

余次，消灭日军 100 余万人，阵亡将士 380 余万人，内有少将以上 150 余名，团、营、连、排长数万人，为什么还说中国共产党是抗日战争的中流砥柱？六是有人说八路军在抗日战争中"游而不击"，对此该如何评价。

教材的第七章"为新中国而奋斗"，设 5 个问题：一是蒋介石集团在抗战中没有脱离抗日营垒，原沦陷区的人们也对其抱有希望，但为什么其在抗战结束后几年间就陷入了全民的包围之中并走向崩溃？二是国共"重庆谈判"和"北平谈判"有哪些异同？三是通过对"中国近现代史纲要"的学习，对"没有共产党就没有新中国"之命题有何新感悟？四是在近代中国，取得政权和失去政权的"终极原因"，是看谁搞了"土地改革"。如何理解这种认识，以中国共产党颁布的若干土地纲领为依据，加以分析。五是 1939 年毛泽东在《〈共产党人〉发刊词》中指出："中国革命和中国共产党的发展道路，是在这样同中国资产阶级的复杂关联中走过的"[1]，结合新民主主义革命相关史实，阐述中国共产党处理同资产阶级关系的历史经验。

教材的下编"综述：辉煌的历史进程"，设 2 个问题：一是在中国近现代史研究中出现过"唯革命论"和"告别革命论"，结合中国近现代史的有关史实对两者加以评价；二是对中国近现代史研究的两种范式的认识，一直是学术界争论的热点问题。围绕学术界的有关争论，对"革命史范式"和"现代化范式"的内涵和争论的症结进行分析。

教材的第八章"社会主义基本制度在中国的确立"，设 6 个问题：一是 1949 年"政治协商会议"与 1946 年"政治协商会议"有何不同？二是基于中国近现代史的基本史实，论证"中华人民共和国的成立开创了中国历史的新纪元"之命题的合理性。三是"新民主主义社会是一个过渡性的社会"，此说对吗，如何理解？四是诠释"社会主义制度在中国的确立是历史和人民的选择"之命题。五是"一化"和"三改"之间，体现怎样的逻辑关系？六是如何评价毛泽东的

---

[1] 《毛泽东选集》第 2 卷，人民出版社 1991 年版，第 604 页。

《关于农业合作化问题》?

　　教材的第九章"社会主义建设在探索中曲折发展",设5个问题:一是"人有多大胆、地有多大产""15年赶超英国""一天等于20年"等口号何以提出,错在哪里?二是1961—1965年的经济技术调整,是现代中国现代化之"低水平大波动创业期"中少有的波峰,但仍没有走出"低水平"发展层面。结合文明平衡嬗变理论对之进行评价。三是"四个现代化"思想如何形成?具有哪些特点?有什么功能?四是1956—1957年,中国共产党人在社会主义建设方面有哪些重要的理论建树?五是如何认识"毛泽东是探索中国社会主义建设道路的开创者"这一命题?

　　教材的第十章"改革开放与现代化建设新时期",设12个问题:一是"1978年12月召开的十一届三中全会是新中国成立以来我党历史上具有深远意义的伟大转折",如何理解1981年《关于建国以来党的若干历史问题的决议》中的上述定论?二是论证"三大历史选择"的必要性与合理性,是"中国近现代史纲要"的"纲"中之"要"。但在现代化凯歌行进的今天,有人却认为作为"三大历史选择"之一的马克思主义"已经过时"?为什么?马克思主义中国化过程中是否出现"失真"之乱象?三是如何基于国内学术界现存的有关马克思主义中国化理论实质问题的"结合论""过程论""具体化论"等意见,从批判视域审视马克思主义中国化的理论实质?四是改革开放30年是探索中国现代化道路和中国特色社会主义理论体系的关键期,需要思考"邓小平理论""三个代表"和"科学发展观"之间的内在的逻辑关系。五是关于儒家思想与现代化的关系,国内外学术界歧义纷沓。结合现有争论性观点,阐释儒家思想的现代化功能。六是何谓"软实力"?从"软实力"视域阐释"和谐中国"与"和谐世界"理念的现代化价值。七是中国共产党历次全国代表大会的功绩或偏颇的表现有哪些?如何评价?八是"科学发展观"何以具有"科学性"?科学发展观如何进入作为思想政治理论课之一的"中国近现代史纲要"之课堂?九是"华盛顿共识"和"北京共识"有何不同?十是何谓"政治文明"?中国人认识和探索政治文明,经历了怎样虽曲折但却步步深入的历程？十一是何谓"生态现代化"？如何理解当下中国诉求"生态现代化"的应然性与实然性？十二是当下中国，综合国力不仅是学术研究的热点，而且也成为中国制定新型现代化发展战略的基础和目标。基于新型现代化视域，诠释中国的综合国力。

在体例与结构上，《"中国近现代史纲要"重点难点理论与实践问题析微》一书所设定的每一个问题，均包括"问题提出""疑惑之点""解疑释惑""推荐阅读"四个部分。其中，"问题提出"部分，重点介绍所设问题的观点出处，所设问题提出的背景，所设问题中的重要人物或历史事件的基本情况，所设问题所运用的研究方法和分析视角等。"疑惑之点"部分，主要围绕学生关切的问题或学术界的有关论争，进行解疑释惑；基于教师的体会和认知，对疑惑之点加以阐释；指出疑惑之点中的问题症结或相关学理。"解疑释惑"部分，本着诚信不欺的原则，基于一定的历史史实和历史理论，对重点和难点问题进行客观剖析。"推荐阅读"部分，通常推荐2—6个著作、文章、奏折、讲话等重要参考文献，供读者进一步思考或深度研究。

需要指出，笔者所以在此引述《"中国近现代史纲要"重点难点理论与实践问题析微》一书的设问，是因为这些设问不仅体现了笔者所带领的团队所做的努力，而且也能够折射出笔者运用"设问式提升法"的基本理念、路径与特点。

在功能上，"设问式提升法"一箭多雕：一是有助于教师在短时间内形成掌控环境的授课气场；二是能让年轻气盛的学生意识到自己已有知识结构的不完整性，从而产生对课程内容的敬畏之心和求知欲望；三是提升了大学的"中国近现代史纲要"教学，有助于帮助学生构建梯级型的知识结构和辨识能力。

（三）"名作导读提升法"的理念路径

对同一行为主体而言，学生在中学阶段学习的中国近现代史课程和学生在大学阶段学习的"中国近现代史纲要"课程，无论是在目的诉求上，还是在行为方式上，均有很大区别。

在目的诉求方面，学生在中学阶段所学习的中国近现代史课程，基本上以学生升学为指挥棒，有浓重的工具主义色彩；虽然学生在大学阶段学习"中国近现代史纲要"课程，也有各种考评环节，但其并没有升学的压力。

在行为方式方面，学生在中学阶段学习中国近现代史课程，大多基于升学的要求进行封闭性和条块化的背诵，自由思考和自主发挥的空间非常有限。虽然，学生在大学阶段学习"中国近现代史纲要"课程过程中，对教材内容的深入了解也要奠基在背诵的基础上，但相比之下，大学的学习更具开放性和自主性。因此，大学阶段的学习需要有更宽广的视野。也正是基于这样的认识，笔者将"名作导读"作为大学阶段提升教学内容的重要途径。

在此方面，笔者特别欣赏新东方的俞敏洪在北京大学发表演讲时所说的大意如下的话：进了北京大学，不仅仅是来学专业的，还要读很多很多的书。只有这样，你才能够有资格把自己称为北京大学的学生。俞敏洪自曝，在北京大学学习期间，自己读了几百本书。对此，本人没有条件和机会进行考证，但有一点可以确认：俞敏洪后来的成功，一定与他的这种读书的经历有密切的联系。这种认识，也即美国学者乔伊斯所倡导的"读出成功"[1]之境界。

在古代，有"三日不读书，语言无味，面目可憎"之说[2]。对现代人而言，何止是"三日不读书"！在微信、网络、博客等即时性通信媒体大行其道之时，快餐化和碎片化信息挤占了现代人的大部分时间。不要说三日不读书，即便是三年不读书者也不乏其人。虽然，"开卷有益"的道理妇幼皆知，人们对"腹有诗书气自华"和"书籍是人类进步的阶梯"等名言也都熟背于心。但在当今社会，一个事实存在的令人尴尬和忧虑的现实是：读书的确已经变成一种很奢侈的行为，读书甚至到了需要倡导的地步。

关于思政课教学，笔者除了承担本科的必修课"中国近现代史纲要"之外，还承担博士生的思政课。从2001年起，笔者讲授旧框架

---

[1] [美]乔伊斯等：《教学模式》，荆建华等译，中国轻工业出版社2013年版，第237—238页。

[2] 陈玉龙：《天地有正气》，北京大学出版社1998年版，第69页。

内的博士生思政必修课"现代科技革命与马克思主义"。从2012年起，开始讲授新体系框架内的博士生思政必修课"中国马克思主义与当代"。在讲授博士生思政课的30多个（春季和秋季分别开课）学期中，笔者与博士生多有沟通与交流。许多博士生坦言，自己多少年之内没有系统地读过一本书。有鉴于此，笔者多次举行题为"我读一本书的心得"的演讲活动，为博士生搭建平台，使博士生们能够围绕彼此阅读的书籍进行交流。

如前所述，在"中国近现代史纲要"教学过程中，笔者曾做过学习"中国近现代史纲要"课前问卷调研。问卷中，有"除了中学教材之外，阅读过几本中国近现代史方面的课外书籍或参考资料"栏目。对此，学生的回答多为"0本"和"1本"。极个别的学生，填写"3本"或"更多"。问卷中，有"主要阅读哪种类型的读物"栏目。对此，部分学生选择"书籍""报纸"和"杂志"，但大多数学生填写"电子读物"。这些问卷结果说明，信息的快餐化和碎片化也对中学生们产生巨大影响。所以，进入大学后，在"中国近现代史纲要"教学中探索"名作导读提升法"，不仅必要，而且迫切。

笔者主持的"名作导读提升法"，以课程组教师共同完成的《"中国近现代史纲要"名篇名著导读》[①]一书为引领。该书是笔者主持的题为"以案例和名篇名著破解'中国近现代史纲要'重点难点问题的教学改革探索"的"黑龙江省新世纪高等教育教改工程一般项目"的研究成果之一。

"名作导读提升法"中的"名作"，包括"名篇"和"名著"两部分。在中国近现代史领域，"名篇"和"名著"汗牛充栋，不计其数，所以需要遴选原则。《"中国近现代史纲要"名篇名著导读》一书，共收录和推介名篇名著73部（或篇）。73部（或篇）入选的理由有二：一是具有权威性、原理性、代表性、典型性、可读性等特点；二是将它们组合在一起，能够充分折射出中国近现代历史发展演

[①] 黄进华、赵爱伦、徐奉臻等：《"中国近现代史纲要"名篇名著导读》，中国社会科学出版社2009年版。

变的总体路径。73 部（或篇）的具体内容如下。①

教材的上编"综述：风云变幻的八十年"，遴选了黄仁宇的《中国大历史》、蒋廷黻的《中国近代史》、费正清的《观察中国》、吉尔伯特·罗兹曼的《中国的现代化》。

教材的第一章"反对外国侵略的斗争"，遴选了茅海建的《天朝的崩溃：鸦片战争再研究》、魏源的《海国图志》、胡绳的《从鸦片战争到五四运动》、陈旭麓的《近代中国社会的新陈代谢》、费正清等的《剑桥中国晚清史：1800—1911 年》。

教材的第二章"对国家出路的早期探索"，遴选了洪秀全的《天朝田亩制度》、洪仁玕的《资政新篇》、冯桂芬的《校邠庐抗议》、梁启超的《李鸿章传》、康有为的《公车上书》、谭嗣同的《仁学》、严复的《天演论》、本杰明·史华兹（Benjamin Schwartg）的《寻求富强：严复与西方》。

教材的第三章"辛亥革命与君主专制制度的终结"，遴选了章太炎的《驳康有为论革命书》、邹容的《革命军》、孙中山的《〈民报〉发刊词》、李剑农的《中国近百年政治史：1840—1926》。

教材的中编"综述：翻天覆地的三十年"，遴选了毛泽东的《新民主主义论》、毛泽东的《中国革命和中国共产党》、费孝通的《乡土中国》、费正清的《剑桥中华民国史：1912—1949 年》。

教材的第四章"开天辟地的大事变"，遴选了陈独秀的《敬告青年》、胡适的《文学改良刍议》、格里德的《胡适与中国的文艺复兴——中国革命中的自由主义（1917—1937）》、鲁迅的《狂人日记》、高力克的《调适的智慧——杜亚泉思想研究》、梁启超的《五十年来中国进化概论》、毛泽东的《湖南农民运动考察报告》。

教材的第五章"中国革命的新道路"，遴选了毛泽东的《中国的红色政权为什么能够存在?》、毛泽东的《星星之火，可以燎原》、毛泽东的《反对本本主义》、埃德加·斯诺的《红星照耀中国》、杨奎松的《西安事变新探：张学良与中共关系之谜》、申报馆月刊社的

---

① 黄进华、赵爱伦、徐奉臻等：《"中国近现代史纲要"名篇名著导读》，中国社会科学出版社 2009 年版，目录第 1—5 页。

《申报月刊·中国现代化问题号》、林语堂的《吾国吾民》、梁漱溟的《乡村建设理论》。

教材的第六章"中华民族的抗日战争",遴选了田中义一的《田中奏折》、戴季陶的《日本论》、毛泽东的《论持久战》、本尼迪克特的《菊与刀:日本文化的类型》、东史郎的《东史郎日记》、郭沫若的《甲申三百年祭》。

教材的第七章"为新中国而奋斗",遴选了全国土地会议颁布的《中国土地法大纲》、毛泽东的《论人民民主专政》、中国人民政协第一届全体会议通过的《中国人民政治协商会议共同纲领》、黄仁宇的《从大历史的角度读蒋介石日记》。

教材的下编"综述:辉煌的历史进程"部分,遴选了胡锦涛的《在纪念党的十一届三中全会召开30周年大会上的讲话》、虞和平的《中国现代化历程》、艾恺的《世界范围内的反现代化思潮——论文化守成主义》。

教材的第八章"社会主义基本制度在中国的确立",遴选了毛泽东的《在中国共产党第七届中央委员会第二次全体会议上的报告》、刘少奇的《在中国共产党第八次全国代表大会上的政治报告》、费正清的《剑桥中华人民共和国史:1949—1965年》、胡绳的《中国共产党的七十年》。

教材的第九章"社会主义建设在探索中曲折发展",遴选了毛泽东的《论十大关系》、毛泽东的《关于正确处理人民内部矛盾的问题》、席宣和金春明的《"文化大革命"简史》、邓小平的《答意大利记者奥琳埃娜·法拉奇问》、中共中央颁布的《关于建国以来党的若干历史问题的决议》、罗斯·特里尔的《毛泽东传》。

教材的第十章"改革开放与社会主义现代化建设新时期",遴选了胡福明的《实践是检验真理的唯一标准》、邓小平的《解放思想,实事求是,团结一致向前看》、于光远的《1978:我亲历的那次历史大转折:十一届三中全会的台前幕后》、邓小平的《在武昌、深圳、珠海、上海等地的谈话要点》、江泽民的《在庆祝中国共产党成立八十周年大会上的讲话》、中共中央颁布的《关于构建社会主义和谐社会若干重大问题的决定》、胡锦涛的《高举中国特色社会主义伟大旗帜，为争取全面建设小康社会新胜利而奋斗》、中共中央颁布的《关于推进农村改革发展若干重大问题的决定》、蕾切尔·卡逊的《寂静的春天》。

上述每一名篇名著的推介，都包括"作者介绍""名篇名著拾萃""名篇名著导读""思考题""参考文献"和"深度阅读"等部分。

因为《"中国近现代史纲要"名篇名著导读》一书出版的时间是2009年。故此，在2009年之后的名篇名著，未能及时收录和推介。但在教学中，笔者所在的教学团队的教师，能够结合中外学术界的研究成果，及时进行动态的补充与修订。

实践表明，"名作导读提升法"是提升大学的"中国近现代史纲要"教学的有效途径。践行这一教学方法，等于在课堂上给学生搭建了一个平台。这个平台的功能，就是与名作交流、与大家对话。通过交流与对话，让学生感受到大学课程与中学课程的不同，并由此体现出大学课程的品位与高度。

在后续的教学改革中，笔者及课程组教师已达成基本共识，即将"名作导读提升法"与"大班教学—小班讨论—大班总结"的教学探索相结合，使两者互相强化，呈现增值效应。

（四）"以案为例提升法"的理念路径

汉语中的"案例"，意为"某种案件的例子"。在英语中，"案例"的内涵更加丰富，有"事例"，"实情"，"与某人或某事物有关的环境或特殊情况"，"病例"或"病案"，法律上的"案件""讼案""诉讼之一方所陈述之事实和理由"等。

从时间上看，"案例"都是完成时的事实，具有实存性；从内容上看，"案例"涉及社会生活的方方面面，具有广泛性；从状态上看，"案例"不依赖运用者的主观意志，具有独立性；从功能上看，"案例"兼具"例题功能"和"例证功能"。[①]

[①] 徐奉臻：《教学改革：理念创新与模式构建》，中国社会科学出版社2009年版，第146—148页。

第二章 "回溯提升教学模式"的理念和路径

以"案为例提升法"贯穿于"中国近现代史纲要"教学之始终。其间，笔者所遴选的案例，大多内含在笔者与史也夫教授共同主编的《"中国近现代史纲要"课教学案例参考》一书中。该书是笔者主持的题为"以案例和名篇名著破解'中国近现代史纲要'重点难点问题的教学改革探索"的"黑龙江省新世纪高等教育教改工程一般项目"的研究成果之一。

以全国各类相关案例教学参考书为参照，《"中国近现代史纲要"课教学案例参考》除了具有案例遴选的一般原则，诸如"典型性""思想性""科学性""对应性"和"原理性"之外，还有自己的特别之处，即该书所遴选和推介的案例，重在突出地方特色。体现地方特色的第一原则是尽量遴选和推介黑龙江的案例，第二原则是在黑龙江没有所需案例的情况下尽量遴选和推介吉林与辽宁的案例，第三原则是在东北三省均无所需案例的情况下才遴选和推介其他省份乃至全国的相关案例。这样的原则，可从《"中国近现代史纲要"课教学案例参考》一书的如下目录中管窥一斑。

该书围绕教材上编"综述：风云变幻的八十年"所推介的案例是："美丽富饶和历史悠久的地方——鸦片战争前的东北"。

该书围绕教材第一章"反对外国侵略的斗争"所推介的案例是："强权与生命被蹂躏的缩影——东北的鸦片贸易""侵略者的乐园——外侨在哈尔滨""从扩张工具到利权回归——中东铁路的修建与沿革""敲骨吸髓的工具——南满铁道株式会社""沙俄侵华的暴行——血染海兰泡和江东六十四屯""法国传教士肆虐龙江——呼兰教案""东北人民的反洋教运动——金丹道教起义""维护东北领土主权的外交官——杨儒""东北抗俄的一支铁军——忠义军""清末抗俄将领——黑龙江人寿山""东北边陲的反帝怒潮——黑龙江的义和团""日益开放的视野——薛福成眼中的西方文明"等。

该书围绕教材第二章"对国家出路的早期探索"所推介的案例是："太平天国的纲领性文件——《天朝田亩制度》和《资政新篇》""洋务运动时期的变革范式——体用论""近代吉林工业的先驱——吉林机器制造局""东北第一个近代重工业企业——哈尔滨总工厂"

"黑龙江的洋务官办企业——漠河金矿""维新派对洋务运动的评价——梁启超眼中的李鸿章""'弱国无外交'的真实写照——《马关条约》和三国干涉还辽""李鸿章铸就的又一大错——《中俄密约》""清廷兴修的铁路——关东铁路""制度变革思想的嬗变轨迹——康有为的系列上书"等。

该书围绕教材第三章"辛亥革命与君主专制制度的终结"所推介的案例是:"近代中国的革命元勋——孙中山""在哈尔滨和长春策划反清起义的义士——熊成基""辛亥革命没有遗忘的角落——黑龙江""掀起东北的革命风暴——蓝天蔚北伐""民国初年创办的民族资本企业——双合盛火磨""哈尔滨的老字号——秋林公司""20世纪初期哈尔滨的外资企业——老巴夺烟草公司""域外文化交流的中心——马迭尔影剧院""风气开化的折射——反缠足运动""灭亡中国的霸权条约——'二十一条'""北洋时期第一任东三省总督——徐世昌"等。

该书围绕教材中编"综述:翻天覆地的三十年"部分所推介的案例是:"黑暗与光明的决斗——黑龙江的新生"。

该书围绕教材第四章"开天辟地的大事变"所推介的案例是:"锢塞人才的牢笼——科举制度""近水楼台先得月——20世纪初马克思主义在哈尔滨的传播""哈尔滨工人运动的缘起——三十六棚工人的抗争""同起力争 保我主权——五四运动在黑龙江""黑土地上的红色足迹——中共早期领导人在黑龙江的活动""携手北疆 共谱华章——国共两党在黑龙江的早期合作""东北的第一颗革命火种——中共哈尔滨组的成立及党组织的初步发展""松花江推波助澜黄浦潮——哈尔滨工人声援上海五卅运动"等。

该书围绕教材第五章"中国革命的新道路"所推介的案例是:"日本人占领东北的狼子野心——皇姑屯事件始末""惊天动地的壮举——张学良东北易帜""20世纪20年代东北的缩影——奉系军阀统治下的黑龙江""风雨中的红色驿站——哈尔滨的中共六大接待站""临危不乱——周恩来大连遇险与脱险""窗台上的红玫瑰——忆中共满洲省委""肩负党的重托 高举反帝大旗——哈尔滨反帝大

同盟""我党在东北策略方针的重大转折——《一·二六指示信》""一座挖不尽的精神富矿——长征"等。

该书围绕教材第六章"中华民族的抗日战争"所推介的案例是："'东方马其诺防线'——侵华日军要塞群""'满洲国'国语——沦陷区的奴化教育""恶魔的部队 吃人的历史——'731'的罪恶""东北抗日第一枪——马占山江桥抗战""最早领导东北抗联的满洲省委书记——罗登贤""巾帼英雄——赵一曼""战斗在日寇铁蹄下的女共产党员——张宗兰""牡丹江畔 烈女标芳——八女投江""铁血将军——杨靖宇""威震敌胆——赵尚志""身负重伤的抗联总指挥——周保中""东北抗联一路军'政治首长'——魏拯民""杀敌救国——李兆麟""镜泊英雄——陈翰章""白山黑水 绝境苦战——东北抗联的艰苦斗争""国际主义战士——绿川英子"等。

该书围绕教材第七章"为新中国而奋斗"所推介的案例是："重大的战略决策——'向南防御，向北发展'""解放战争的著名战役——'三下江南，四保临江'""林海雪原——黑龙江剿匪""暴风骤雨——黑龙江土地改革""威武雄师——翻身农民参军参战""'谋国在公预商筹'——民主人士在哈尔滨""可靠的战略后方——黑龙江农业工商业的蓬勃发展""黑土地兴起的文化大军——黑龙江文化教育事业的大发展"等。

该书围绕教材下编"综述：辉煌的历史进程"所推介的案例是："辉煌的历程——黑龙江的光荣。"

该书围绕教材第八章"社会主义基本制度在中国的确立"所推介的案例是："难忘的教诲 永远的激励——毛泽东视察黑龙江""两位'活烈士'——李玉安、井玉琢""中国第一个女拖拉机手——梁军""驰名中外的劳模班组——齐齐哈尔第二机床厂马恒昌小组""'时间的主人'——哈尔滨优秀工人的代表苏广铭""'一五'计划中的一大主力军——黑龙江省建设19项国家重点工程""'动力之乡'——哈尔滨'三大动力'""百年老店的兴衰——哈尔滨道外'同记商场'""告别风餐露宿的游猎生活——鄂伦春族人下山定居"等。

该书围绕教材第九章"社会主义建设在探索中曲折发展"所推介的案例是:"'一五'计划的成就——黑龙江腾空而起""工程师的摇篮——哈尔滨工业大学""新中国第一所军事工程技术干部高等院校——哈尔滨军事工程学院""曲折的探索——黑土地上'大跃进'""浩劫席卷龙江——'东北的新曙光'""中国工人之先锋——王进喜""一部壮丽的史诗——黑土地上的知青""耕云播雨历风霜——翟裕宗""'突破高寒禁区'——开发建设兴安岭""中国地震工程之父——刘恢先""第一条儿童铁路——哈尔滨儿童公园小火车"等。

该书围绕教材第十章"改革开放与现代化建设新时期"所推介的案例是:"黑土地上荡春风——龙江农村改革结硕果""北开两河涌春潮——沿边开放城市黑河、绥芬河""祖国的银色支柱——东北轻合金加工厂""共和国的北大仓——黑龙江垦区的新发展""新时期'铁人'——王启民""禽流感研究领域的'大腕'——女科学家陈化兰""中国番茄大王——李景富""情为民所系——哈尔滨东莱派出所""还林护林育青山——龙江天然林保护工""托起国人飞天的梦想——哈工大人""再现龙江工业雄风——振兴东北老工业基地""神奇机器人制造厂——哈工大机器人研究所""弘扬北大荒精神——再创农垦事业辉煌""'四大精神'放光芒——文明高尚的龙江人"等。

在篇章布局上,每个案例,除了案例本身之外,还设有"案例来源""讨论题""案例评析"和"教学建议"等部分。

在《什么是教育》一书中,德国学者雅斯贝尔斯指出:"学生在大学里不仅要学习知识,而且要从教师的教诲中学习研究事物的态度,培养影响其一生的科学思维方式。"[①] 笔者以为所言极是。有鉴于此,在教学实践中,笔者所在的课程组教师致力于实现四个结合:一是将教师课上指导与学生课下阅读相结合,二是将教师讲授与学生参与相结合,三是将"以案为例提升法"与"大班授课—小班讨论—大班总结"的教学方法相结合,四是将知识传授与学生分析和解

---

① [德]雅斯贝尔斯:《什么是教育》,邹进译,三联书店1991年版,第139页。

决问题的能力的培养相结合。这四个结合,既体现了"以案为例提升法"的操作路径,又折射出"以案为例提升法"的主要功能。

(五)"史料运用提升法"的理念路径

"史料运用提升法"的探索,以承认史料在"中国近现代史纲要"教学中的意义和价值为前提。如前所述,大学的"中国近现代史纲要"与中学的中国近现代史的最大不同是:大学的"中国近现代史纲要"的定位是思政课,而不是历史课。但同时也该看到,"中国近现代史纲要"是基于对中国近现代史的研究而凸显其所具有的思政课之功能的。所以,"中国近现代史纲要"是贯通历史课和思政课的一门特殊的课程。"中国近现代史纲要"所具有的这一特点,决定了在教学中,教师既要运用历史研究的方法,又要体现思政课教学的基本诉求,需要在历史课与思政课之间有效沟通。因此,史料的运用在"中国近现代史纲要"教学中占有特殊的地位,具有重要的价值。

在中国,有擅考据、重史料、忌空论的乾嘉学派。在西方的古代,有强调史学研究要诚信不欺,并提出基于怀疑和批判的原则对史料加以运用的修昔底德;在西方的近代,有极致重视史料,并提出以"让史料本身说话"为治史模式的兰克学派。虽然后来兰克学派被重理论阐释和重综合分析的年鉴学派所解构,但年鉴学派也并不否定史料的意义与价值。诸如,在《历史学家的技艺》一书中,年鉴派大师马克·布洛赫(Marc Bloch)就断言:"忽视合理组织原材料的重要性,从长远的观点来看,就等于否定时间,也就是否定历史本身。"①

意大利学者克罗齐说:"历史的发展有如滚雪球,愈滚愈大,现存的历史就包括了过去的全部历史,而且历史事件经现代历史学家分析、判断,已是现代人思想的产物;它不仅是简单地记录史实,而且也为当前的现实需要服务。"② 这一表述,传递出笔者想表达的两个认识。

---

① [法]马克·布洛赫:《历史学家的技艺》,张和声、程郁译,上海社会科学院出版社1992年版,第107页。
② 乔国强、何辉武:《西方思想经典选读》,北京大学出版社2007年版,第225页。

其一，古今中外，史料所以一直被重视，是因为历史具有延续性和承继性，历史记载和浓缩了过去的经历与事迹。虽然历史是过去完成时的，但历史的脚步从不停歇，这一特点决定了历史的经历和事迹也就越来越多。整理和研究历史的经历及事迹的过程，就是历史学形成并发展的过程。

其二，"历史"与"历史学"，是两个既有联系又有区别的概念。其中的"历史"，是地地道道的客观实在，但"历史学"则是研究者基于一定的史料，并运用一定的理论与方法加以研究的结果。所以，"历史学"难免要打上研究者的思想烙印，兼具主观性与客观性。弱化主观性和强化客观性，是历史研究的趋势与走向。但同时也该看到，弱化主观性和强化客观性都有一定的功能限度。之所以如此，其原因至少有三。

就史料本身而言，其留存并传世的过程，难免会有一定的主观选择性。所谓"历史是胜利者的宣传"[①]"一切历史都是当代史""一切历史都是思想史"[②]等著名命题，都是此特点的集中表述。

就历史本身而言，其发展历程包罗万象，涉及社会生活的方方面面，具有难以被充分认识的复杂性与曲折性。所以，在历史的深处，或许总会留有一些不能被研究者认识，以及不能拨云见日的历史谜案。

就研究主体而言，由于学科划分的不断式微化，史学研究者的眼界的有限性及其知识结构的非整体化趋势日益强化。因此，在研究主体和研究对象之间，一定存在着难以逾越的鸿沟，也即真实的史实和研究者的研究成果之间，必定存在着学术间距。正是基于这个角度，彼得·诺维克（Peter Novick）才作出如下悲观断言："客观性在历史学中是无法把握的，历史学家除了说得过去而外，就不能再希望更多的东西了。"[③]

---

① 阿迪边·穆罕默德主编：《关于祖国的格言》，新疆美术摄影出版社2010年版，第34页。

② [英]R. G. 柯林武德：《历史的观念》，何兆武等译，中国社会科学出版社1986年版，第229、244页。

③ [美]伊格尔斯：《二十一世纪的历史学》，何兆武译，辽宁教育出版社2003年版，第166—167页。

朱光潜曾指出："真正的史料只有两种：证据与批判，即生活与思想，这就是历史的综合的两个要素。"① 如果对号入座，其中的"证据"和"生活"，应该对应"历史"；其中的"批判"与"思想"，则应该对应"历史学"。

在种类上，马端临将史料分为"文"和"献"两部分。其中的"文"，指文字史料，即"凡叙事，则本之经史，而考之以历代会要，以及百家传记之书，信而有征者从之，乖异传疑者不录"；其中的"献"，指口传史料，即"凡论事，则先取当时臣僚之奏疏，次及近代诸儒之评论，以至名流之燕谈，稗官之记录，凡一语一言，可以订典故之得失，证史传之是非者，则采而录之"。② 事实上，除了文字史料和口传史料之外，还有实物史料，诸如文物、历史文化古迹等。

当下社会，处于泥沙俱下、乱象丛生的急剧转型阶段，各种思潮都会对青年学子造成冲击。在中学时期，由于年龄的限制，以及应对高考的现实需要等原因，学生思考的时间和空间都还非常有限。但在进入大学阶段之后，情况就有很大的不同。随着学生思考的增多，会产生诸多困惑。在此情况下，如果教师进行强权性的命题灌输与推介，不仅常常会令学生心生反感或本能抗制，而且也难以收到预期的教学效果。

实践表明，在教学中，如果教师能够做充分的准备，能够搜集大量环环相扣的史料，能够以史料深化基本学理，并由此推出教师所要表达的命题或结论，不仅可以强化教学内容的客观性与说服力，而且也更容易让学生入耳入心。在本书后面的章节中，笔者将结合自己的教学体会举例加以阐述。

（六）"三跨教学提升法"的理念路径

在内容上，"三跨教学提升法"包括"跨学科提升法""跨时代提升法"和"跨文化提升法"三部分。其中，"跨学科提升法"中的"学科"，包括历史学、哲学、文学、法学、政治学、心理学、社会学、生态学、经济学、文化学、逻辑学、思想政治教育学科、数字媒

---

① 朱光潜：《朱光潜美学文集》，上海文艺出版社1982年版，第435页。
② 金毓黻：《民国名家史学典藏文库　中国史学史》，中国文史出版社2016年版，第231页。

体技术学科等;"跨时代提升法"中的"时代",包括古代、近代、现代等不同的历史时段;"跨文化提升法"中的"文化",包括东方文化、西方文化、中国文化、外国文化等。

"跨学科提升法"的合理性与必要性,由"中国近现代史纲要"课程内容所具有的经纬万端的特点所决定。虽然,从课程名称上看,"中国近现代史纲要"课程的内容层面的核心词是"史",但事实上,无论是课程的论域,还是课程的视域,都远远不是史学一门学科所能够独立着手成春的。更何况,该课的定位已经非如中学的历史课,而是大学的思想政治理论课。因此,在教学中,需要运用跨学科的研究方法,需要及时引介相关学科的最新研究成果,并在此基础上发挥不同学科的群集优势。法国年鉴派宗师马克·布洛赫曾强调:"历史研究不容画地为牢,若囿于一隅之见,即使在你的研究领域内,也只能得出片面的结论。唯有总体的历史,才是真历史。"[1] 在此表述中,有三个内涵不同的关键词:一是"历史研究",二是"总体的历史",三是"真历史"。其中,"历史研究"指"小历史层面的史学学科的研究","总体的历史"指"大历史层面的涉及不同学科的历史","真历史"指"融入了不同学科研究成果的相对完整的历史"。这种认识所传递的反向信息是只有左右采获,方能达至左右逢源之境。如果只囿于某个单一的学科,那么,得出的研究结论势必会只见树木而不见森林,甚至会陷入误入歧途和误人子弟的"假历史"之窠臼中。更何况,在学科划分不断式微化的同时,也呈现出另外一种值得注意的倾向,即各学科之间的边界并非泾渭分明。也正是基于这样的角度,有学者断言:"我们正处在现存学科结构分崩离析的时刻,我们正处在现存学科结构遭到质疑、各种竞争性的学科结构亟待建立的时刻。"[2]

"跨时代提升法"的合理性与必要性,由"中国近现代史纲要"

---

[1] [法] 马克·布洛赫:《历史学家的技艺》,张和声、程郁译,上海社会科学院出版社1992年版,第39页。

[2] [美] 华勒斯坦等:《开放社会科学:重建社会科学报告书》,刘锋译,三联书店1997年版,第110—111页。

课程内容所具有的茹古涵今的特点所决定。虽然，从课程名称上看，"中国近现代史纲要"课程的时间层面的核心词是"近现代"，但事实上，无论是课程的论域，还是课程的视域，都远远不是"近现代"三个字所能够涵盖的。文明的演进，具有承继性和延续性。举凡中国近现代历史中的许多重要的历史变迁，都与中国古代历史有着千丝万缕的联系。联系的形式与表现，有批判，有继承，也有创造性的转换。诸如，在太平天国农民战争时期，洪秀全创立的拜上帝教，冲击了孔子和儒家经典的正统权威；19世纪末叶的戊戌维新运动时期，以康有为为代表的资产阶级维新志士，通过独特的"托古改制"的方式，推介自己的变法维新思想；在袁世凯复辟时期，他冒天下之大不韪所倡行的专制，就是以"尊孔复古"的思潮为舆论引导的；五四新文化运动时期，陈独秀和胡适等人所宣传的新道德，就奠基在反思与批判孔学基础之上的；习近平总书记系列重要讲话中的"曲阜讲话"，不仅明确了传统国学在现代文明中的意义与价值，而且也使长期沉寂的中华优秀传统文化破冰浮起，成为构建文化自信的显学。由此可断，如果忽略了对中国古代历史的关注与研究，则很难客观地认识和理解中国的近现代历史。

"跨文化提升法"的合理性与必要性，由"中国近现代史纲要"课程内容所具有的横通中西的特点所决定。虽然，从课程名称上看，"中国近现代史纲要"课程的空间层面的核心词是"中国"，但事实上，无论是课程的论域，还是课程的视域，都不仅仅涉及"中国"本身。相反，要触及不同的文化系统。文明的演进，具有互补性和互鉴性。因为"在今天这个时代，历史可说已成为一个有机整体……只有将各事件与总体之间千丝万缕的联系一起揭示出来，指出其相似点和不同点，才有可能认识历史的全貌"。[1] 套用此认识，可得出结论：研究中国近现代史，只有在世界历史的框架内才有可能。一方面，因为从大历史的角度看，中国历史本是世界历史的一部分，中国近现代史本是世界近现代史的有机构成部分。世界历史之于中国历史，是包

---

[1] ［美］斯塔夫里·阿诺斯：《全球通史——1500年以前的世界》，吴象婴、梁赤民译，上海社会科学院出版社1988年版，第51页。

含与被包含之间的关系；世界近现代史之于中国近现代史，是整体与部分之间的关系。另一方面，因为中国近现代历史的演进，不是孤立的。相反，中国近现代历史的生发机制，主要源自中国与世界之间的互动。文艺复兴、宗教改革和地理大发现，揭开了世界近现代史的序幕。中国的近现代史，以1840年的鸦片战争为开端。中国近现代史的开端与世界近现代史的开端，并非同时同步，两者之间存在一个巨大的时间差。并且，随着世界一体化趋势和进程的不断强化，中国与世界的联系愈加紧密。19世纪中叶，中国近现代史的生发机制，就源自中国与世界之间的互动。这些情况的存在，决定了不可能存在与世界史毫无相关的中国史，也不可能存在与世界近现代史毫无相关的中国近现代史。如果离开了对世界近现代史的关注，"中国近现代史纲要"的内容至少是不充分的和不完整的。因此，探索"跨文化提升法"，不仅是方法论问题，同时也是还"中国近现代史纲要"教学内容的客观真实性的需要。

需要指出，在近代时期，中国与世界的互动充斥着屈辱的殖民主义的元素与符号。纵观中国近代历史，举凡重要的历史变迁，多与中国之外的世界之间存在着无休无尽的瓜葛。在近代初期，中国所以放弃闭关锁国之迷梦，并由此被迫开国，逐渐沦为半殖民地半封建社会，在很大程度上源自西方先行现代化国家的挑战与冲击。近代中国所以备受欺凌，历经一系列失败的战争，被迫割地赔款，签订一系列不平等条约，沦为列强的原料产地、商品销售市场、资本输出市场，在很大程度上也源自中国远远落伍于世界的现代化潮流。在本质上，近代中国与近代西方国家之间的较量，就是前现代化的中国与现代化的西方之间的角逐。近代中国的洋务运动，是典型的"挑战—应激型变迁"或"冲击—回应型变迁"。其中，"挑战"和"冲击"来自先行现代化国家的殖民与东渐，"应激"和"回应"是洋务派在外来挑战与冲击面前所作出的自省自识与自我调适。

作为"中国近现代史纲要"的"纲"中之"要"的四大历史性选择之一的马克思主义，就诞生于欧洲现代化的环境中。马克思主义东渐之后，与中国社会的变迁实践相结合，与中国优秀的传统文化相融合，形成了中国化的马克思主义理论成果，为中国的现代化探索提供了理论指导。

作为"中国近现代史纲要"的"纲"中之"要"的四大历史性选择之一的社会主义道路，既是世界社会主义探索的有机构成和特定阶段，也是仁人志士用鲜血和生命证明的：无论是资产阶级的君主立宪制方案，还是资产阶级的共和国方案，均不符合中国的基本国情。正是基于这样的认识，习近平总书记在系列重要讲话中作出了具有专业性和学术性的分析："中国特色社会主义，是科学社会主义理论逻辑和中国社会发展历史逻辑的辩证统一，是根植于中国大地、反映中国人民意愿、适应中国和时代发展进步要求的科学社会主义，是全面建成小康社会、加快推进社会主义现代化、实现中华民族伟大复兴的必由之路。"[①] 其中的"中国社会发展历史逻辑"，由戊戌维新运动和辛亥革命等出路探索所体现；其中的"科学社会主义理论逻辑"，折射着世界社会主义历史发展演进的六个阶段，即"空想社会主义产生和发展"；"马克思、恩格斯创立科学社会主义理论体系"，使"社会主义由空想变为科学"；"列宁领导十月革命胜利并实践社会主义"，使"社会主义由理论变为现实"；"苏联社会主义制度的建立和苏联模式的形成"，使"社会主义由一国实践发展为多国实践"；"以毛泽东为主要代表的中国共产党人领导中国革命取得胜利"，并"进行社会主义建设的探索和实践"；"中国共产党作出改革开放的历史性决策，领导人民开创和发展中国特色社会主义"，使"社会主义从抛弃单一发展模式到探索各国具体实现形式"。[②]

作为"中国近现代史纲要"的"纲"中之"要"的四大历史性选择之一的中国共产党，是在历史用排除法先后排除了封建地主阶级洋务派、资产阶级维新派、资产阶级革命派等具有实现"民族独立和人民解放，国家富强和人民富裕"的能力之后才登上中国的政治舞台的。而封建地主阶级洋务派、资产阶级维新派、资产阶级革命派的探

---

① 《习近平谈治国理政》，外文出版社2014年版，第21页。
② 《世界社会主义500年》编写组：《世界社会主义500年》，新华出版社2014年版，第1—4页。

索活动，无不与西方国家的现代化肯綮相连。虽然这些探索活动的内容和角度均互有不同，要么学习西方的器物文明，要么借鉴西方的政治文明，但殊途同归，最终均以失败告终。

　　作为"中国近现代史纲要"的"纲"中之"要"的四大历史性选择之一的改革开放，也同样离不开中国之外的国家。在很大程度上，"开放"既是"改革"的前提，又是"改革"的主要内容。今天，在"全面深化改革"的攻坚期和深水区，不仅在"五大发展理念"中有"开放"之维度，而且习近平总书记还创造性地提出"一带一路"和"倡导人类命运共同体意识"等思想。2015年9月28日，习近平总书记在第七十届联合国大会一般性辩论时发表讲话的题目就是"携手构建合作共赢新伙伴　同心打造人类命运共同体"。

　　"跨学科提升法"的实施条件是：要求讲授"中国近现代史纲要"的教师，拥有广博的知识背景和知识结构，对历史学、哲学、文学、法学、政治学、心理学、社会学、生态学、经济学、文化学、逻辑学、思想政治教育学科、数字媒体技术学科等最新研究动态和最新研究成果，都有一定程度的了解和把握。人们常说，教师"要给学生一杯水"，教师自己得"先有一桶水"。而且，这一桶水不能是一成不变的死水，而是常变常新的活水。对学生而言，中学接触的学科非常有限。进入大学之后，可以通过选修相关通识课、素质课等方式补充学科结构层面的短板，为采行"跨学科提升法"准备必要的条件。

　　"跨时代提升法"的实施条件，要求讲授"中国近现代史纲要"的教师，拥有纵贯古今的知识背景和知识结构，对近代和现代之前的中国历史，有较为全面的了解和把握。至少，要知晓与近现代历史相关的古代史部分内容。对学生而言，因为在中学阶段已经学习过中国古代史，有一定的积累，这是采行"跨时代提升法"的不可或缺的基础。

　　"跨文化提升法"的实施条件，要求讲授"中国近现代史纲要"的教师，拥有横贯中西的知识背景和知识结构，对与中国近现代史对应的世界近现代史有所了解和把握，并能客观而理性地揭示东方文化与西方文化、中国文化与外国文化之间的内在逻辑关系。对学生而言，因为在中学阶段已经学习过世界近现代史，有一定的积累，这也是采行"跨文化提升法"的重要前提。

"跨学科提升法"的实践路径，是根据课程内容的需要，及时引介历史学、哲学、文学、法学、政治学、心理学、社会学、生态学、经济学、文化学、逻辑学、思想政治教育学科、数字媒体技术学科等最新研究成果，将学生已经掌握的中国近现代史知识，定位在大学的"中国近现代史纲要"框架之中，帮助学生从思政课的角度梳理和把握"中国近现代史纲要"的基本内容。

"跨时代提升法"的实践路径，是根据课程内容的需要，及时把与"中国近现代史纲要"相关的中国古代史的研究成果融入教学，将古代的中华优秀传统文化、近代的历史周期律理论、现代的差序格局理论等引入教学，从纵向历时维的角度，帮助学生回忆中学阶段学习过的中国古代史、中国近代史和中国现代史的内容，使学生能对"中国近现代史纲要"中的主要问题形成较为系统而整体的认识。《在哲学社会科学工作座谈会上的讲话》中，习近平总书记就特别要求：哲学社会科学作者要善于融通古今各种资源，善于融通中华优秀传统文化的资源。①

"跨文化提升法"的实践路径，是根据课程内容的需要，及时把与"中国近现代史纲要"相关的西方文化、外国文化的研究成果融入教学。《在哲学社会科学工作座谈会上的讲话》中，习近平总书记不仅提到了柏拉图、亚里士多德、托马斯·莫尔、康帕内拉、洛克、孟德斯鸠、卢梭、汉密尔顿、黑格尔、克劳塞维茨、亚当·斯密、马尔萨斯、凯恩斯、约瑟夫·熊彼特、萨缪尔森、弗里德曼、西蒙·库兹涅茨等学者，提到了他们的著作《理想国》《政治学》《乌托邦》《太阳城》《政府论》《论法的精神》《社会契约论》《联邦党人文集》《法哲学原理》《战争论》《国民财富的性质和原因的研究》《人口原理》《就业利息和货币通论》《经济发展理论》《经济学》《资本主义与自由》《各国的经济增长》等，而且特别强调要善于融通中外各种

---

① 习近平：《在哲学社会科学工作座谈会上的讲话》，人民出版社2016年版，第16页。

资源。① 在教学中，探索和实施"跨文化提升法"，从横向共时维的角度帮助学生回忆中学阶段学习过的世界近代史和世界现代史的内容，帮助学生在世界历史的框架内学习和把握"中国近现代史纲要"的"纲"中之"要"，也即学习和把握"四大历史性选择"的必然性，这不仅有助于开阔学生的眼界与思路，而且也能够让学生感受到中学的历史课与大学的思政课的不同，从而感受到大学课程的品位与高度。

（七）"逻辑推理提升法"的理念路径

从行为学角度看，教师的教学活动，可以被统一称为"讲课"。所以，一定要突出"讲"字。但突出"讲"字，知易而行难。在笔者担任"教育部思政课高职高专分教学指导委员会"委员（2013—2016）、"黑龙江省'中国近现代史纲要'教学指导委员会"主任期间，先后多次应邀在北京、辽宁、黑龙江等地做思政课青年教师教学比赛的评委及点评嘉宾；2017年春，应教育部之邀，以特约专家的身份，先后在内蒙古、辽宁和黑龙江等地的多所高校听课。其间，自己感觉从事思政课教学的青年教师存在的普遍问题是：不能恰当区分"讲课"和"背课"的差异，不能很好地体现"讲课"与"讲演"的不同。结果，常常把"讲课"变成了"背课"，把"讲课"等同于"讲演"。关于解决这些问题的方式，笔者基于自己30年的教学体会，感觉两个途径行之有效。

其一，用语调和语速加以控制及调适。在《陶庵梦忆 柳敬亭说书》中，明朝的张岱写道："款款言之，其疾徐轻重，吞吐抑扬，入情入理，入筋入骨。"② 对教师而言，"疾徐轻重，吞吐抑扬"，是达到"入情入理，入筋入骨"之境的手段，也是自不待说的基本功。除此之外，语调和语速还有两项基本功能：一是语调和语速折射教师的心态精神、教师的能力水平、教师的逻辑构思、教师的自信程度

---

① 习近平：《在哲学社会科学工作座谈会上的讲话》，人民出版社2016年版，第16、20—21页。

② 徐瑶编：《中国文化史丛书 文学卷 历代散文》，河南大学出版社2005年版，第312页。

等；二是如果语调和语速处理得好，还有助于教师把握"自信"与"自傲"之间的区别。其中，"自信"是收敛于内的，体现舍我其谁、志在必得的豪情；"自傲"是行之于表的，体现眼高于顶、睥睨一切的轻狂。在教学中，无论是伐功矜能，还是衒玉自售，都是从教者之大忌，也都是不明智之举。

其二，运用逻辑深化基本学理。作为一种抽象的思维方式，逻辑既体现思维的规律和规则，又是通过概念的界定、命题的判断、事实的推理、观点的论证等方式认识客观世界的思维过程。逻辑思维（Logical thinking）是一种高级的思维方式，处于认识的理性阶段。从这个角度看，可以认为："逻辑"是告别错误和走向正确的工具。

运用逻辑深化基本学理，意味着教师的教学活动，不单单是平面化的知识捡拾和知识介绍的过程，还是应立体化的逻辑推导过程，也即结合学术最新动态和研究成果进行立体添加的过程。英国学者柯林武德（R. G. Collingwood）说："史学的任务在于表明事情何以发生，在于表明一件事情怎样导致另一件事情；……在历史事件的这种'何以'和'怎样'的背后，就有着一条不可须臾离弃的思想线索在起作用，史学家的任务就是要找出贯穿其间的这一思想线索。"①

平面化的知识介绍的主要功能，是阐释"事情是什么"，但立体化的逻辑推导却能有助于体现柯林武德所强调的"事情何以发生""事情之间存在怎样的关联"等思想线索。只有立体化的逻辑推导，才有可能使课程呈现多维、多向、多方位的立体状态。尽管在定位上，"中国近现代史纲要"是思政课，而不是历史课。但同时也需看到，此一思政课的思想性、政治性和理论性，都是通过中国近现代史来体现的。因此，也要适当引介史学的研究方法与研究成果。在具体操作中，既关注"中国近现代史纲要"课程所涉及的人与物、时与事，又要承上启下地揭示不同的历史事件之间所存在的彼此互动的内在逻辑关系，使课程从局部的一人一物和一时一事，逐步深入、提升

---

① ［英］R. G. 柯林武德：《历史的观念》，何兆武等译，中国社会科学出版社1986年版，第11页。

至对脉络和规律的整体把握上。从功能上看,"逻辑推理提升法"的作用不止一端。

作用之一,是有助于强化教学的思想性和理论性。"中国近现代史纲要"的思政性定位,决定了任何方法,包括创新性的教学方法,都只能是教学的一种辅助手段。思政课的魅力与生命力,归根结底是要通过展示课程所具有的思想的力量和理论的力量加以实现。这样,不仅会令学生耳目一新,而且也会激发学生的学习兴趣。

作用之二,是掌握和运用逻辑,有助于提升分析与解决问题的能力。此中的"提升",既包括教师的提升,也包括学生的提升,是师生之间双向同步提升的过程。在笔者与思政课同仁接触过程中,包括深入课堂直接听课,也包括指导教师参加各级各类教学比赛过程中,自己感受最深的,就是思政课教师的逻辑思维比较欠缺,在教学过程中未能充分展示出课程所具有的逻辑力量。不难设想,如果教师还不具备掌握和运用逻辑的能力,那么,学生逻辑思维能力的培养与提升也就自然无从谈起。所以,在此需要说明:笔者之前强调的教师和学生逻辑思维能力的双向同步提升,是有前提和条件的,即教师能够自如地运用逻辑,然后引导学生加以学习和运用。

作用之三,是有助于强化教学的吸引力与说服力。悠悠万事,莫如树人。思政课肩负着立德树人的使命,而说服人和改变人又是最为艰巨的事业。实践表明,树人的绩效,与教育对象对教育者的信任度及信服感有关,两者之间呈正度量关系。所以如此,其道理很简单:"信"乃"服"之基,接受的前提是"信任"和"信服"。而信任感和信服感的建立,又有赖于教师对令学生困惑的历史现象和理论问题所做的合乎逻辑的、有说服力的解释。就思政课来说,要真正做到入筋入骨、入耳入心,那是非常艰难的。但是,如果能够在逻辑化推导方面做一些努力,至少还会使教学向着这样的极致境界靠近一些。因此,在备课过程中,笔者总是不忘提醒自己:要打动别人,先说服自己。当然,这种认识,同样是知易而行难。教学没有终南捷径,为了践行自己的这种信念或规约,需要进行拔新领异和间不容息的探索。

（八）"减法+加法提升法"的理念路径

笔者所以倡行"减法+加法提升法"，是受葛兆光的文章《思想史：既做加法也做减法》①的启发。英国学者柯林武德说："历史就是思想史。"②虽然"中国近现代史纲要"的定位是思政课，但是此思政课是基于对中国近现代史的分析和研究。从这个角度看，也可将"中国近现代史纲要"课程的内容浓缩为思想史。

作为中国独特的思政课课群的有机组成部分，"中国近现代史纲要"的主要使命，是围绕"民族独立和人民解放""国家富强和人民富裕"这两大历史任务，给学生绘制出一幅论证历史和人民选择马克思主义、中国共产党、社会主义道路和改革开放的完整图像。构成这幅完整图像的像素无以计数，而"中国近现代史纲要"课程只有2个学分，课堂教学的学时数非常有限。在此情况下，就需要采纳一些有效的教学技术和教学方略。既做"减法"，又做"加法"，不失为一种值得探索的理性路径。

所谓的做"减法"，主要指减去中学的中国近现代史的历史定位；减去中学的中国近现代史教材已经涉及的知识性内容，包括对历史人物的介绍和对历史进程的描述等；减去中学的中国近现代史教材所设定的一般性和常识性的问题；减去中学的中国近现代史教材所呈现的图表与照片等。

所谓的做"加法"，主要指通过"专题化提升法"，加上大学的"中国近现代史纲要"的思政课定位；通过"逻辑推理提升法"，加上那些有助于论证四大历史性选择的必然性，但中学的中国近现代史教材却没有触及的内容；通过"三跨教学提升法"，加上有助于体现"中国近现代史纲要"的"纲"中之"要"的最新研究成果，包括笔者本人的研究成果，也包括学术界的研究成果；通过"设问式提升法"，加上能够切中学生的困惑和令学生感兴趣的重要问题；通过"史料运用提升法"，加上新挖掘的史料或加上被忽视的有价

---

① 葛兆光：《思想史：既做加法也做减法》，《读书》2003年第1期。
② ［英］R. G. 柯林武德：《历史的观念》，何兆武等译，中国社会科学出版社1986年版，第11页。

值的边角资料;通过"多媒体教学提升法",加上一些中学教材没有涉及但却非常鲜活生动的新图片;通过"名作导读提升法"和"以案为例提升法",加上学生在中学时期没有时间和精力充分关注与阅读的重要案例及名篇名著;通过"内容线的多维提升法",即通过将党的十八大精神"三进"思政课、将习近平总书记系列重要讲话精神"三进"思政课、将党的十八届三中全会精神"三进"思政课、将党的十八届四中全会精神"三进"思政课、将党的十八届五中全会精神"三进"思政课、将党的十八届六中全会精神"三进"思政课、将中华优秀传统文化"三进"思政课、将民族复兴的中国梦"三进"思政课等方式,加上体现鲜活社会变迁的新理念、新思想和新成果。因为"中国近现代史纲要"课程所涉及的时段和内容是"1840年以来中国的历史"①,也即其起点是固定的,但其终点则要随着时间的推移而不断地呈现出延续性的位移势态。譬如,2017年即将召开的中国共产党的十九大,以及之后围绕贯彻党的十九大精神而陆续召开的若干全会的精神,也都将要纳入"中国近现代史纲要"的课程体系中,成为"中国近现代史纲要"固有内容的必然外延。

需要指出,此中的"减法",并不意味着彻底剔除。此中的"加法",也并非凭空添加。就学生而言,无论其在中学阶段所学的中国近现代史,还是其在大学阶段所学的"中国近现代史纲要",都是其完整的学习过程的有机组成部分。因此,对在大学讲授"中国近现代史纲要"的教师而言,要树立复杂的、整体的和有机的教育理念。将这种教育理念运用到教学中,就需要教师既要瞻前顾后,又要左顾右盼,使教学活动有浑然一体之感,诚如法国学者埃德加·莫兰(Edgar Morin)所言:"教育应该促进适于参照复杂性、背景,以多维度的方式和在总体的视域中进行认识的'一般智能'。"②

所谓的做"减法"并"不意味着彻底剔除",是指教师要尝试通

---

① 本书编写组:《中国近现代史纲要》,高等教育出版社2015年版,导言第1页。
② [法]埃德加·莫兰:《复杂性理论与教育问题》,陈一壮译,北京大学出版社2004年版,第27页。

过一些行之有效的途径，诸如"问卷式回溯法""互动式回溯法""启发式回溯法"和"参与式回溯法"等，把中学的中国近现代史的内容融入大学的"中国近现代史纲要"教学中。

所谓的做"加法"也"并非凭空添加"，是指学生在人生的不同阶段的学习过程，都是其成长的必要环节，不应该也不可能被人为割裂。学生中学阶段学习的中国近现代史，既是大学阶段学习"中国近现代史纲要"的基础，又是大学阶段学习"中国近现代史纲要"的有机组成部分。

做"减法"的目的，是避免教师在大学的"中国近现代史纲要"课堂上简单复制或简单还原中学的中国近现代史，既不让教师炒剩饭，也不让学生吃剩饭。如此，不仅会使教师和学生同时保持着对新知识与新学问的渴求与憧憬，而且也不至于使师生双方都产生视觉上的疲劳感和心理上的厌倦感。同时，还有助于保证将"中国近现代史纲要"教学的有限时间既用好又用足。

做"加法"的目的，是要充分体现思政课所具有的政治性和动态性。面对鲜活的社会变迁实践，思政课教师不应该也不可能作壁上观。相反，结合自己的教学做沿波讨源和心慕手追的探索，才是思政课教师该有的"在状态的职业美感"。不仅如此，努力做"加法"，还有助于帮助学生认识中学的中国近现代史和大学的"中国近现代史纲要"的不同，有助于通过师生的共同努力来体现大学的"中国近现代史纲要"课程的品位与高度。

实践表明，"减法+加法提升法"的确能收到一石数鸟之功效。一是帮助学生有效沟通中学的历史课和大学的思政课；二是让学生意识到自己已有的史学知识的有限性与非整体性，激发了学生求解答案的渴望与思考问题的冲动，弱化了学生对思政课的逆反心理，强化了学生学习的主动性与积极性；三是帮助学生形成一个系统完整的思维链条和知识链条，从而进一步提升自己的分析能力与认知水平。

（九）"多媒体教学提升法"的理念路径

"多媒体"的英文写法是 multimedia，是由"多"（multiple）和

"媒体"（media）彼此组合而成。顾名思义，"多媒体"有多种具体形式，包括图片、照片、文字、动画和音频资料等。如果仅使用其中的一种媒体手段，可以将其称为"单媒体"（monomedia）。如果能将多种媒体的不同形式共用，并注意发挥不同媒体形式的互动功能及群集优势，就是名副其实的多媒体。从这个角度看，多媒体是诸多单媒体有机组合的产物。

在信息和网络技术日新月异的今天，以多媒体为工具，已经成为各类教学的基本手段。但由于中学阶段的升学指挥棒的引导，在中学讲授中国近现代史的教师，大多把主要时间和精力放在指导学生如何背诵、如何答题和如何取得好的成绩上，既没有时间也没有兴趣在制作和使用多媒体上下功夫。相比之下，进入大学阶段后，教师在"中国近现代史纲要"教学中充分使用多媒体，就有了更加广阔的空间。

在构建"回溯提升教学模式"过程中，笔者使用"多媒体教学提升法"的主要途径有两种。

一是根据课程内容需要，播放教师精心挑选和录制的影视资料。由于课时有限，笔者使用此一方式特别谨慎，始终坚持必需性和生动性等原则，而且展示影视资料的时间也多限制在1—2分钟。即便是极其重要的影视资料，也不能超过5分钟时间。

二是根据课程内容需要，展示教师在精心搜集资料基础上制作的精致课件。课件有机融合图片、照片、文字、动画等多媒体元素，可谓图文并茂。从表面上看，搜集资料和制作课件等，都不过是技术活。但事实上，课件能够反映出很多东西，也能够传递出很多信息。诸如，教师的审美意识，教师对课程内容的理解程度，教师对教学重点和难点的把握能力，教师所使用的多种教学方法，教师对教学的各个环节所进行的设计等。从这个角度看，制作和使用课件的水平，也是教师综合能力的折射。

从定位和功能上看，在教学中，使用课件和影视资料等多媒体形式，均是教学的一种辅助手段。如果课件和影视资料等多媒体形式运用得恰到好处、恰如其分，会使教师的教学活动锦上添花。反之，如果只是把备课笔记简单地移植到屏幕上，如果课件的结构设计不科学、颜色搭配不合理，如果不考虑课程的内容和特点而整齐划一地要求使用课件与影视资料等多媒体形式，那么，不仅不能最大限度地发挥课件和影视资料等多媒体的基本功能，反而还会反过来影响教学的进程和影响教学的效果。

就笔者个人体会而言，不是所有的思政课都适合使用课件和影视资料等多媒体形式。比如，本科生的思政必修课"马克思主义基本原理概论"课程，较之于其他思政必修课，具有更强的学理性。因此，在此课程教学中，采用传统的教学方式或少量使用课件和影视资料等多媒体形式，可能是更明智的选择。

比较而言，由于"中国近现代史纲要"本身的内容和特点所决定，这门课程更适合使用课件和影视资料等多媒体形式。有鉴于此，笔者将"多媒体教学提升法"作为构建"回溯提升教学模式"的重要途径。

在具体的实践中，笔者将"多媒体教学提升法"与"专题化提升法"交织运用。每一专题，均开发和研制一份独立的多媒体课件。并且，在每一轮教学过程中，都要结合新修订的教材以及学术界的最新研究成果，对多媒体课件进行动态补充或修改，使其不断更新和完善。每一个专题的多媒体课件，都力争做到清新、简约，包括课件的颜色、结构、字体、字形、图片和照片等，都力争多端纷呈、各具特色，以便避免学生产生视觉上的疲劳。

在具体的实践中，笔者将"多媒体教学提升法"与"减法+加法提升法"交织运用。也即，减去中学的中国近现代史教材已经呈现的文字、图表、照片等，加上一些鲜为人知的，或令学生耳目一新的新图片和新资料。其中，有大部分表格和版式是笔者自己绘制的。还有一部分图片和资料，是笔者利用出差与讲学等机会亲自搜集和拍摄的。在"中国近现代史纲要"多媒体课件制作过程中，笔者注意处理好"备课讲义"和"多媒体课件"之间的关系，杜绝在课件上呈现大段密密麻麻的文字，也力争避免"课件过度使用"，以及"讲义屏幕化移植"等倾向或问题。

《论语·卫灵公》有言:"工欲善其事,必先利其器。"① 被誉为"人文科学领域里的牛顿"的德国哲学家韦尔海姆·狄尔泰(Wilhelm Dilthey),在其著作《人文科学导论》中写道:"只有通过研究应用于我们可以分析实在的简单事实的统一性的科学手段,高度复杂的历史现实才能得以认识。"② 这些表述,都充分肯定了方法的意义与价值。也正是基于这样的认识,笔者将教学方法的改革,作为构建"回溯提升教学模式"的重要环节。

但同时也应看到,并非任何方法都可冠名为韦尔海姆·狄尔泰所言的"科学手段"。因为作为"科学手段"的"方法",必须有一些具体的规约。美国学者托马斯·库恩(Thomas S. Kuhn)曾说:"科学"这一名词,"在很大程度上是留给那些确实以明显的方式进步的领域的"。③ 具体到"回溯提升教学模式",作为"科学手段"的"方法",其基本的衡量标准,除了具有针对性、实效性、可操作性外,还要具有群集性。因为思政课的现状,决定了没有一种方法能够独立着手成春。因此,需要发挥不同方法的群集性优势。

在此,还需强调,"方法"是"手段"。归根结底,方法是为内容服务的。无论运用什么样的方法,其终极关怀都是要展示"中国近现代史纲要"所具有的思想的力量和理论的力量。在当下的思政课教学方法改革中,事实存在着为"方法"而"方法",或者过度运用方法的倾向或情况。长此以往,势必将思政课教学推向"肤浅化""游戏化"和"娱乐化"之窠臼。所以,方法要用,但必须持之有度。恰当运用教法,是笔者构建"回溯提升教学模式"的应有之念。

在2017年教育部组织的全国范围大规模听课(思政课)活动的评价体系中,在"教学效果"一栏中,有这样的表述:"注重思想理论教育和价值引领,没有重'娱乐'轻'思想'等问题,让学生感

---

① 孔子:《论语》,中国纺织出版社2015年版,第222页。
② [德]韦尔海姆·狄尔泰:《人文科学导论》,赵稀方译,华夏出版社2004年版,第86页。
③ [美]托马斯·库恩:《科学革命的结构》,金吾伦、胡新和译,北京大学出版社2003年版,第144页。

觉'营养丰富味道又好'。"笔者以为,这种的评价体系的设定,既切中思政课教学中存在的问题,又为思政课建设提供了必要的引领。

二 内容线的多维提升法

作为提升大学的"中国近现代史纲要"的"内容线"的重要方法,"内容线的多维提升法"包括"近期因时多维提升法"和"长期常规多维提升法"两部分。

(一)"近期因时多维提升法"的理念路径

"近期因时多维提升法"的内容,包括"六个三进"思政课:一是中国共产党第十八次代表大会精神"三进"思政课,二是党的十八届三中全会关于全面深化改革的精神"三进"思政课,三是党的十八届四中全会关于全面推进依法治国的精神"三进"思政课,四是党的十八届五中全会关于全面建成小康社会的精神"三进"思政课,五是党的十八届六中全会关于全面从严治党的精神"三进"思政课,六是习近平总书记系列重要讲话精神"三进"思政课。由"近期因时多维提升法"的内容所决定,此方式具有动态性、阶段性和时代性。

1. 党的十八大精神"三进"思政课

"近期因时多维提升法"之一,是中国共产党第十八次代表大会精神"三进"思政课。"中国近现代史纲要"的"纲"中之"要",是要论证包括社会主义道路在内的四大历史性选择的必然性。党的十八大精神的核心,就是如何坚持和发展中国特色的社会主义,诚如习近平总书记所言:"党的十八大精神,说一千道一万,归结为一点,就是坚持和发展中国特色社会主义。""坚持和发展中国特色社会主义是一篇大文章","现在,我们这一代共产党人的任务,就是继续把这篇大文章写下去"。[①] 不仅如此,党的十八大还围绕"中国需要什么样的现代化"和"中国怎样实现这样的现代化"等问题所给出的"不走封闭僵化的老路"和"不走改旗易帜的邪路""五位一体"

[①] 《习近平谈治国理政》,外文出版社2014年版,第22—23页。

的总布局、全面建成小康社会等答案，都是"中国近现代史纲要"的题中应有之义，也是在中学的中国近现代史的基础之上进行进一步提升的具体举措。

2. 党十八届全会精神"三进"思政课

"近期因时多维提升法"之二、三、四、五，是党的十八届三中、四中、五中、六中全会精神"三进"思政课。党的十八届三中、四中、五中、六中全会，分别就全面深化改革、全面推进依法治国、全面建成小康社会、全面从严治党进行系统的分析和全面的部署，从而进一步深化了"四个全面"的战略布局，开辟了中国共产党人治国理政的新境界。这些全会精神"三进"思政课，既可深化对中国近现代史的理解，又使大学的"中国近现代史纲要"之于中学的中国近现代史，有了实质性的提升。

3. 习近平总书记系列讲话精神"三进"思政课

"近期因时多维提升法"之六，是习近平总书记系列重要讲话精神"三进"思政课。当下中国，学习习近平总书记系列重要讲话精神，不仅是"两学一做"的主要内容，而且也构成一道独特的文化风景。在归属上，"系列重要讲话"的特殊属性是"习近平的"。中国共产党中央委员会总书记、中共中央军事委员会主席、中华人民共和国主席、中华人民共和国中央军事委员会主席等，是其进行系列讲话的身份标识。在时间上，"系列重要讲话"的起始点是明确的，从中国共产党第十八次代表大会结束后的2012年11月算起。但其下限，则要随习近平总书记执政历程的不断推进和执政理念的不断创新而同步延伸。所以，构建"回溯提升教学模式"，一方面，要动态增容习近平总书记系列重要讲话的新内容；另一方面，还要将习近平总书记系列重要讲话精神融入"中国近现代史纲要"的教学之中。

4. "近期因时多维提升法"的主要特点

近期因时多维提升法的主要特点，是具有动态性、阶段性和时代性。诸如，中国共产党第十九次代表大会召开之后，其基本精神也要在"中国近现代史纲要"教学中践行"三进"。中国共产党第十九次代表大会结束之后，围绕贯彻党的十九大精神所召开的若干全会，以及其间陆续出台的中国共产党治国理政的新理念、新思想、新举措等，也都要融入"中国近现代史纲要"的教学之中。因为"中国近现代史纲要"的现代部分，是1949年中华人民共和国成立以来的历史。这段历史，既可以延伸至建党百年的全面建成小康社会，又可以延伸至建国百年的建成富强、民主、文明、和谐的现代化国家。甚者，还可以延伸至更遥远的未来。

中学的中国近现代史，诸如前文所及的由北京师范大学出版社出版的供八年级使用的《历史》（上下册），由人民教育出版社出版的《中国近代现代史》（上下册），由四川教育出版社出版的供八年级使用的《中国历史》（上下册），其起点都是鸦片战争，其终点或是20世纪末期，或是21世纪的头几年。

关于大学的"中国近现代史纲要"的内容和分期，《中国近现代史纲要》教材开宗明义："中国的近现代史，是指1840年以来中国的历史。其中从1840年鸦片战争爆发到1949年中华人民共和国成立前夕的历史，是中国的近代史；1949年中华人民共和国成立以来的历史，是中国的现代史。"[1] 可见，大学的"中国近现代史纲要"与中学的中国近现代史之间，有一致的地方，也有明显不同之处。

一致之处的表现是：在时间上，两者都以1840年鸦片战争作为中国近代史的起点。在概念上，两者都不使用"当代"这个术语，而使用"中国近代史"和"中国现代史"之表述，或合称"中国近现代史"。大学教材的名称，就是《中国近现代史纲要》。在笔者选用的三个版本的中学教材中，由人民教育出版社出版的教材，直接定名为《中国近代现代史》；由北京师范大学出版社出版的供八年级使用的教材、由四川教育出版社出版的供八年级使用的教材，虽然名称分别是《历史》和《中国历史》，但其内容都是中国近现代史，而且它们也都以1949年为界分上下两册，其中上册是中国近代史，下册是中国现代史。

不同之处的表现是：大学的"中国近现代史纲要"，拉长了中学

---

[1] 本书编写组：《中国近现代史纲要》，高等教育出版社2015年版，导言第1页。

的中国近现代史的下限,从20世纪末期或21世纪头几年一直续写至今天。换言之,"中国近现代史纲要"添加了21世纪初期至今的历史,包括2012年年底中国共产党第十八次代表大会召开以来的历史。明确了这一点,也就等于明确了将习近平总书记系列重要讲话精神融入"中国近现代史纲要"教学中的必要性与合理性。

需要指出,在中外学术研究中,常常出现"当代"之称谓。如前所述,无论是中学的中国近现代史教材,还是大学的"中国近现代史纲要"教材,都不使用"当代"概念。但是,在中国独特的思政课课程集群中,笔者所承担的博士生必修课"中国马克思主义与当代"的教学大纲,却又偏偏使用了"当代"之表述。

关于"当代"的具体时段,博士研究生思想政治理论课教学大纲《中国马克思主义与当代》指出:"本大纲界定的当代(中国),主要是指1978年中国共产党第十一届三中全会召开以来的时期。"[①] 但是,在本科思政课《中国近现代史纲要》教材中,1978年中国共产党十一届三中全会召开以来的历史,已经被框定在"中国现代史"的范畴之内,成为"中国现代史"的一部分。"中国现代史"的另一部分,是1949年中华人民共和国的成立到1978年中国共产党十一届三中全会召开。这种情况说明,博士生思政课"中国马克思主义与当代"与本科生思政课"中国近现代史纲要"之间,无论是在话语体系上,还是在理念认识上,均存在认知的矛盾性。这种矛盾性的存在,不利于有机衔接本科生和博士生的思政课,也难以实现不同类型思政课之间的"步步高"。因此,辨析"近代""现代"和"当代"概念,并揭示其不同使用方式的依据,也就成为讲授"中国近现代史纲要"课程的教师所不能规避的问题。

从历史角度看,"当代"只是漫漫历史长河中的一个具体时段。列宁曾说:"所有的定义都只有有条件的、相对的意义,永远也不能包括充分发展的现象的各方面的联系。"[②]"当代"这个概念,也概莫

[①]《中国马克思主义与当代》编写组:《中国马克思主义与当代》(博士研究生思想政治理论课教学大纲),高等教育出版社2013年版,第9—10页。

[②]《列宁选集》第2卷,人民出版社1972年版,第808页。

能外。

就欧洲历史而言，可分为"古代""中古""近代""现代"和"当代"五个阶段。在欧洲，"古代"和"中古"之间的界标，是西罗马帝国的灭亡；"中古"和"近代"之间的界标，是近代初期的三大运动——文艺复兴、宗教改革、地理大发现；"近代"和"现代"之间的界标，是 1900 年前后自由资本主义向垄断资本主义的过渡；"现代"和"当代"之间的界标，是 1945 年第二次世界大战的结束。在中国，第一次鸦片战争揭开近代的序幕，1949 年中华人民共和国的成立，意味着历史已经步入现代。按照"中国近现代史纲要"的话语体系，"现代"一直延续至今。而依循《中国马克思主义与当代》的编写体例，"现代"终于 1977 年改革开放之前，而 1978 年至今则为"当代"。

从上可见，在"近代""现代"和"当代"三个历史节点上，中西之间均存在巨大时间差。如以欧洲为参照，中国的"近代""现代"和"当代"都大大滞后。这种情况，一方面揭示了近代以后中国的落伍状态，另一方面也体现了"当代"概念的相对性与时空性。

虽然，"中国马克思主义与当代"课程以 1978 年为界，将"中国近现代史纲要"课程中的"现代"一分为二，不利于体现思政课的统一性和系统性，但同时也该看到，其也有一定的合理性。合理性的主要表现有三：一是体现了计划经济让位于市场经济的体制转型；二是涵盖了邓小平"三步走战略"的主要进程；三是囊括了当代中国马克思主义的主要内容，体现了当代中国马克思主义的整体性。

还需强调的是，在博士生思政课"中国马克思主义与当代"教学中，笔者还特别强调了"当代"的另外一种划分方式，即从 21 世纪初期科学发展观的提出算起。因为科学发展观的提出，意味着中国启动了由传统现代化向新型现代化的模式转型的步伐。中国共产党第十八次代表大会之后形成的"五位一体"总布局、"四个全面"战略布局、"五大发展"新理念，以及"国家治理体系和治理能力现代化"的提出，均是中国告别封闭僵化的老路，进而向新型现代化迈进的实质性举措。如果将"科学发展观"的问世视为"中国新型现代化的第一波",那么"五位一体"总布局、"四个全面"战略布局、"五大发展"新理念等治国理政思想的形成,以及"国家治理体系和治理能力现代化"的提出,则是"中国新型现代化的第二波"。以"第一波"为参照,"第二波"进一步升级了中国的新型现代化探索。对于升级了中国的新型现代化探索,笔者建议将其表述为"高度新型现代化探索"。①

(二)"长期常规多维提升法"的理念路径

"长期常规多维提升法"包括六个方面:切中学生步入大学之后的种种困惑,立足"中国近现代史纲要"之定位,凸显近现代中国的四大选择的历史必然性,引介中外学术界相关的教学科研最新研究成果,将中华优秀传统文化有机融入教学,以民族复兴的"中国梦"贯通教学全过程等。

1. 切中学生步入大学之后的种种困惑

"长期常规多维提升法"之一,是切中学生步入大学之后围绕"中国近现代史纲要"与中学的中国近现代史之间的关系所形成的种种困惑。只要现有的中学课程设置和大学课程设置的体系与框架没有实质性的变化,那么,如何理解和处理大学的"中国近现代史纲要"与中学的中国近现代史之间的关系问题,就将会长期存在。此部分内容,笔者将后续详细展开。

2. 立足"中国近现代史纲要"之定位

"长期常规多维提升法"之二,是立足"中国近现代史纲要"所具有的思政课之定位。只要中国现行的思政课体系没有实质性的变化,"中国近现代史纲要"所具有的思政课之定位就会稳态呈现。此部分内容,笔者将后续详细展开。

3. 凸显近现代四大选择的历史必然性

"长期常规多维提升法"之三,是致力于凸显体现"中国近现代史纲要"的"纲"中之"要"的四大历史性选择。"中国近现代史纲要"的思政课定位,决定了"中国近现代史纲要"不同于中学的历

---

① 徐奉臻:《"国家治理体系和治理能力现代化"的历史定位》,《社会主义核心价值观研究》2016年第6期。

史课，因为"中国近现代史纲要"的"纲"中之"要"，是要论证四大历史性选择的必然性。"四大历史性选择"包括：马克思主义、中国共产党、社会主义道路和改革开放。此部分内容，笔者将后续详细展开。

4. 引介相关的教学科研最新研究成果

"长期常规多维提升法"之四，是引介中外学术界以及笔者本人的最新研究成果。在"中国近现代史纲要"教学中，如果不引介学术界以及笔者本人的最新研究成果，无论是提升教学内容，还是帮助学生构建梯级型的知识结构、认知水平和辨识能力，均无从谈起。所以，"引介"的行为一定是常规和贯通的，不能心血来潮、偶尔为之。此部分内容，笔者将后续详细展开。

5. 将中华优秀传统文化有机融入教学

"长期常规多维提升法"之五，是将中华优秀传统文化有机融入"中国近现代史纲要"的教学之中。此一提升方法所以重要，一方面是强化文化自信的需要，另一方面是因为作为"四大历史性选择"之一的"社会主义道路"，不仅具有广泛的现实基础，而且具有深厚的历史渊源，诚如习近平总书记于2013年6月25日在中共中央政治局第七次集体学习时所强调的：中国特色的社会主义，不仅是从改革开放30余年的实践中走来、从中华人民共和国成立60余年的探索中走来、从近代以来170余年的发展中走来，而且也从中华民族5000余年文明的传承中走来。中华优秀传统文化，不仅是"中国近现代史纲要"的有机部分，而且也是理解和认识"中国近现代史纲要"教学内容中的许多重要的历史现象和理论问题所难以绕开的元素。此部分内容，笔者将后续详细展开。

6. 以民族复兴的中国梦贯通教学全程

"长期常规多维提升法"之六，是将民族复兴的中国梦的相关思想与"中国近现代史纲要"的教学内容有机对接。"民族复兴"的参照系，既包括古代的繁荣，又包括近代的衰落。民族复兴的中国梦，既折射着一部中国历史，又是"中国近现代史纲要"教学内容的题中应有之义。此部分内容，笔者将后续详细展开。

第三章 "回溯提升教学模式"的构建与运用

在本书的第一章"回溯提升教学模式"的多维解读中,笔者分析和阐释了"回溯提升教学模式"的基本定义、框架结构、目的意义和实施条件。

"回溯提升教学模式"的框架结构,包括微观和宏观两部分。微观上,立足于"回溯提升教学模式"自身,将该教学模式视为母系统,阐释教学模式的内部结构;宏观上,立足于"中国近现代史纲要"课程,将该课程作为母系统,构建若干教学模式,揭示"回溯提升教学模式"在"中国近现代史纲要"课程中的定位,也揭示"回溯提升教学模式"与笔者在"中国近现代史纲要"教学中所构建的其他教学模式的关系。

"回溯提升教学模式"的实施条件包括:以了解学生中学阶段学习历史的情况为前提,以把握学生中学阶段所用教材的主要特点为基础,以厘清中学课程和大学课程之间的关系为起点,以反映前沿性和动态性的学术科研为支撑,以多维性与系统性的教育科研为引领等。

"回溯提升教学模式"的目的和意义包括:处理中学的历史课与大学的思政课之间的关系,处理中学的中国近现代史课程与大学的"中国近现代史纲要"之间的关系,回答讲授"中国近现代史纲要"的教师为什么教、如何教、如何教好等问题,回答学习"中国近现代史纲要"的学生为什么学、如何学、如何学好等问题。

在本书的第二章"回溯提升教学模式"的理念和路径中，笔者介绍了围绕中学的历史课所实施的"四维多向回溯法"——问卷式回溯法、互动式回溯法、启发式回溯法、参与式回溯法，以及围绕大学的思政课所实施的"两线多维提升法"——方法线的多维提升法和内容线的多维提升法。其中，"方法线的多维提升法"包括专题化提升法、设问式提升法、名作导读提升法、以案为例提升法、史料运用提升法、三跨教学提升法、逻辑推理提升法、减法+加法提升法、多媒体教学提升法等，"内容线的多维提升法"包括近期因时多维提升法和长期常规多维提升法。"近期因时多维提升法"的内容是：党的十八大精神"三进"思政课，党的十八届三中全会精神"三进"思政课，党的十八届四中全会精神"三进"思政课，党的十八届五中全会精神"三进"思政课，党的十八届六中全会精神"三进"思政课，习近平总书记系列重要讲话精神"三进"思政课。"长期常规多维提升法"的内容是：切中学生步入大学之后的种种困惑，立足"中国近现代史纲要"之定位，凸显近现代中国的四大选择的历史必然性，引介相关的教学科研最新研究成果，将中华优秀传统文化有机融入教学，以民族复兴的中国梦贯通教学全程等。

需要指出的是，在构建和运用"回溯提升教学模式"的过程中，无论是在内容上，还是在方法上，笔者均有所侧重。

在内容的遴选上，笔者以"中国近现代史纲要"中的"近代"（1840—1949年）部分为例，以每一专题作为相对独立的单位。

在方法的运用上，笔者主要基于典型性和代表性等原则，选择"四维多向回溯法"和"两线多维提升法"的主要内容加以分析。《中国近现代史纲要》教材的近代部分，包括"上编"和"中编"，共七章。这七章中，不仅每一章均有运用"四维多向回溯法"回溯中学的中国近现代史的内在要求，而且每一章也均有运用"两线多维提升法"提升大学的"中国近现代史纲要"的必要性与迫切性。但由于本书篇幅的限制，也由于笔者时间与精力的制约，实难做到没有漏点和没有盲点的全景介绍。

第一节 "中国近现代史纲要"总序

在系列重要讲话中,习近平总书记引用过汉代王符的话:"大鹏之动,非一羽之轻也;骐骥之速,非一足之力也。"① 此种表述所传递出来的信息是:做任何事情,都不能一手独拍,都有赖于大家一体同心的"共为"所形成的群集优势。"共为"以"共识"为前提,两者之间的关系对应中国古代的著名命题"知行合一"。关于"知行合一"的关系,全能大儒王阳明说:"圣学只是一个工夫,知行不可分做两事",既"知行工夫本不可分离",因为"知是行之始,行是知之成","知是行的主意,行是知的工夫"②。如果认可这样的判断,就可以得出结论:只有在"知"的层面形成"共识",才有可能在"行"的层面达成"共为"。讲授"总序"这一专题的目的,就是形成共识的必要环节。

方法论大师艾尔·巴比说:"一种说法必须同时具有逻辑的和经验的可信性才可接受。"③ 其中,逻辑的可信性,体现应然性,其所回答的是"为什么"? 经验的可信性,体现实然性,其所解决的是"是什么"和"怎么样"? 如果说,为什么要学习"中国近现代史纲要"的问题,就是要在应然性层面回答"为什么学习",学习"中国近现代史纲要"的必要性和迫切性是什么,那么,"中国近现代史纲要"是一门什么样的课程,以及怎么样学习"中国近现代史纲要",就是在实然性层面解决"是什么"和"怎么样"这一问题。归根结底,这个问题就是"中国近现代史纲要"的教学方法和学习方法的问题。

"中国近现代史纲要"的总序,是笔者讲授该课程所设计的第一个专题。设计的主要依据,是"回溯提升教学模式"中的"专题化

---

① 冯克诚、田晓娜:《四库全书精编 子部》,青海人民出版社1998年版,第892页。
② 陈来:《有无之境 王阳明哲学的精神》,北京大学出版社2013年版,第104页。
③ [美]艾尔·巴比:《社会研究方法》,李银河译,四川人民出版社1987年版,第7页。

提升法"的理念与路径。

通常，作为一门课程的"总序"，教师需要围绕"是什么""为什么""怎么样"三个表述大做文章。对"中国近现代史纲要"而言，"总序"所要回答的问题是："中国近现代史纲要"是一门什么样的课程，为什么要学习"中国近现代史纲要"，教师怎么讲授"中国近现代史纲要"，学生怎么样学习"中国近现代史纲要"。

围绕这四个问题，笔者在本专题中主要讲授了"中国近现代史纲要"的课程定位、"中国近现代史纲要"的教学安排、"中国近现代史纲要"的意义价值、"中国近现代史纲要"面临的关系、"中国近现代史纲要"的分期结构、"中国近现代史纲要"的主题脉络、"中国近现代史纲要"的教学方法等内容，并围绕这些内容构建和运用"回溯提升教学模式"。

一 是什么："纲要"是一门什么样的课

关于此问题，笔者主要从"中国近现代史纲要"课程的定位与功能，以及"中国近现代史纲要"与中学的中国近代史之间的关系两个角度加以分析。

（一）"中国近现代史纲要"的定位与功能

随着《中共中央、国务院关于进一步加强和改进大学生思想政治教育的意见》（中发〔2004〕16号）、《中共中央宣传部、教育部关于进一步加强和改进高等学校思想政治理论课的意见》（教社政〔2005〕5号）、《中共中央宣传部、教育部关于高等学校研究生思想政治理论课课程设置调整的意见》（教社科〔2010〕2号）等文件的陆续颁布，中国独特的思政课课群逐渐形成。

"中国近现代史纲要"与"思想道德修养与法律基础""马克思主义基本原理概论""毛泽东思想和中国特色社会主义理论体系概论"一起，成为本课思政课的四门必修课的有机组成部分。除此之外，还有硕士生的思政必修课"中国特色社会主义理论与实践研究"、博士生的思政必修课"中国马克思主义与当代"。笔者讲授的思政必修课，主要有本科的"中国近现代史纲要"、博士生的"中国马克思主义与当代"。

"回溯提升教学模式"构建于"中国近现代史纲要"的教学中，但其中的部分理念与路径也适用于博士生思政课"中国马克思主义与当代"的教学。所不同的是，在"中国近现代史纲要"教学中，需要回溯的部分是中学的中国近现代史，需要提升的部分是大学的"中国近现代史纲要"。而在"中国马克思主义与当代"的教学中，需要回溯的部分则是学生在本科阶段学习的"中国近现代史纲要"的内容，需要提升的部分则是学生在博士生阶段学习的"中国马克思主义与当代"。因此，在讲授"中国马克思主义与当代"课程时，笔者也根据课程内容的需要对"回溯提升教学模式"的理念和路径加以引介及运用。

从名称定位上看，"中国近现代史纲要"的关键词是"史"。但该课并非史学课，而是政治性和政策性很强的思想政治理论课。

在学科归属上，"中国近现代史纲要"与其他本、硕、博各门思政课一样，都被框定在"马克思主义理论一级学科"的框架内，并不属于历史学科范畴。

在课程内容上，"中国近现代史纲要"不以培养学生专门的史学知识和技能为旨归，而是更注重挖掘课程的思想性、政治性和理论性。也即，在帮助学生掌握基本的国史和国情的基础上，使其深刻领会历史和人民为什么和怎么样选择了马克思主义、中国共产党、社会主义道路和改革开放。

在功能价值上，"中国近现代史纲要"肩负着巩固马克思主义在意识形态上的指导地位、帮助学生树立正确的世界观、人生观和价值观，以及培养中国特色社会主义现代化建设的合格接班人的重任。如果说，在中学阶段，学生的世界观、人生观和价值观还处于正在形成过程中，那么，进入大学之后，就会逐渐进入定型期。这种情况，在一定程度上，折射出包括"中国近现代史纲要"在内的思想政治理论课的意义与价值。所以，以中学的中国近现代史学习为参照，在培养学生的世界观、人生观和价值观，进而帮助学生坚定道路自信、理论自信、制度自信、文化自信方面，讲授大学的"中国近现代史纲要"的教师需要承担更重大和更艰巨的责任。

(二)"纲要"与中学的中国近代史的关系

《孙子·谋攻篇》有言:"知己知彼,百战不殆;不知彼而知己,一胜一负;不知彼,不知己,每战必殆。"[①] 虽然,这些表述是针对军事而言,但其所蕴含的深刻哲理绝不仅限于军事本身,也适用于对笔者主持构建的"回溯提升教学模式"的理解。就"回溯提升教学模式"而言,其中的"彼",是学生中学时期学习的中国近现代史;其中的"己",是学生在大学阶段学习的"中国近现代史纲要"。"彼"是过去完成时,"己"是进行时和将来时。

如前所述,在"中国近现代史纲要"教学中构建"回溯提升教学模式"的前提条件,是了解学生在中学阶段学习的中国近现代史的情况、把握学生在中学阶段学习中国近现代史所用教材的基本特点,进而明确中学的中国近现代史课程与大学的"中国近现代史纲要"课程之间的关系。倘若任课教师只是孤立地拥有《中国近现代史纲要》教材,而对中学的中国近现代史教材的使用情况全然不知或知之甚少,那么无论是"回溯",还是"提升",都无从谈起。

因此,在构建"回溯提升教学模式"过程中,笔者首先就不同版本的中学的中国近现代史教材进行研究,并由此把握中学的中国近现代史教材的共性特点。如前所述,笔者遴选和研究的中学教材,主要有三个版本:一是由北京师范大学出版社出版,由朱汉国主编的供八年级学生使用的《历史》(上下册),总计43.6万字。其中,上册的版次是2007年第3版,下册的版次是2007年第4版。二是2003年由人民教育出版社出版的,由人民教育出版社历史室编写的全日制普通高级中学教科书(必修)《中国近代现代史》(上下册),总计44.7万字。三是2004年由四川教育出版社出版,由龚奇柱主编的供八年级学生使用的《中国历史》(上下册)。

基于对不同版本的中学的中国近现代史教材与大学的"中国近现代史纲要"教材的对比研究,以及通过运用问卷式回溯法、互动式回

---

① 李世强:《跟随南怀瑾品读百家诸子》,贵州人民出版社2014年版,第201页。

溯法、启发式回溯法和参与式回溯法等，笔者给学生勾勒出的中学的中国近现代史与大学的"中国近现代史纲要"之间的关系，主要呈现如下形态。

从学生角度看，如果其在中学毕业之后没有到大学继续学习的经历，那么，对这个学生而言，中学的中国近现代史具有相对的独立性。但反过来，如果其参加高考，并且金榜题名，就必须依照中宣部和教育部的有关规定，必修"中国近现代史纲要"课程。此时，对这个学生而言，中学的中国近现代史和大学的"中国近现代史纲要"，就构成其系统学习过程的不同阶段，中学的中国近现代史和大学的"中国近现代史纲要"就要彼此关联和彼此影响。

大学的"中国近现代史纲要"的内容，既不与中学的中国近现代史的内容之间彼此断裂，也不会越过中学的中国近现代史的内容，更不会是中学的中国近现代史的简单重复。相反，它们之间的关系，可以表示为：累积与提升相交织，一体性与梯级型相结合。

其中的"累积"，指学生在中学阶段学习的中国近现代史；其中的"提升"，指学生在大学阶段学习的"中国近现代史纲要"。

其中的"一体性"，指既有中学的中国近现代史的学习经历、又有大学的"中国近现代史纲要"的学习经历的学生，将两段学习历程合一之后而形成的相对完整的知识体系。其中的"梯级型"，指既有中学的中国近现代史的学习经历、又有大学的"中国近现代史纲要"的学习经历的学生，将两段学习历程合一之后而形成的依次递进的知识结构。

从"中国近现代史纲要"课程设置之日起，此课程就面临诸多关系与矛盾。除了"中国近现代史纲要"与中学的中国近现代史之间的关系之外，还有"中国近现代史纲要"与大学本科历史专业的中国近现代史之间的关系、"中国近现代史纲要"与世界近现代史之间的关系、"中国近现代史纲要"与本科思政必修课"毛泽东思想和中国特色社会主义理论体系概论"之间的关系、"中国近现代史纲要"与硕士生思政必修课"中国特色社会主义理论与实践研究"之间的关系、"中国近现代史纲要"与博士生思政必修课"中国马克思主义与当代"之间的关系等。但相比之下,在所有这些关系中,"中国近现代史纲要"与中学的中国近现代史之间的关系最具基础性。

厘清了中学的中国近现代史和大学的"中国近现代史纲要"之间的上述关系,也就等于明确了开设"中国近现代史纲要"课程的必要性与迫切性,也就等于回答了学生拿到《中国近现代史纲要》教材后本能形成的"自己在中学阶段已经修过中国近现代史,为什么进入大学还要学习'中国近现代史纲要'"的普遍疑问。在教学中,笔者体会到:围绕学生的疑问进行解疑释惑的努力,既必要又迫切。因为假若学生的疑惑继续存在,对学生而言,设置"中国近现代史纲要"课程的合理性也就成了问题。在此情况下,探讨学生的学习兴趣问题,也只能是无稽之谈。

二 为什么:开设"纲要"课程何以必要

开设"中国近现代史纲要"课程的原因,多维复杂,不止一端。在此,笔者主要从引导学生从国史党史中汲取智慧和增强学生坚定"四信"的历史定力两个角度加以阐述。

(一)引导学生从国史党史中汲取智慧

古罗马的西塞罗曾说:"历史乃生活之师。"① 中国有古语:"欲亡其国者,先亡其史;欲亡其国者,先亡其文。"② 习近平总书记也说:"历史是最好的老师,它忠实记录下每一个国家走过的足迹,也给每一个国家未来的发展提供启示。"③ "历史是最好的教科书。对我们共产党人来说,中国革命历史是最好的营养剂。多重温这些伟大历史,心中就会增加很多正能量。"④ 2013年6月25日,在中共中央政治局就中国特色社会主义理论和实践进行第七次集体学习时,习近平总书记又强调:"历史是最好的教科书。学习党史、国史,是坚持和

---

① [美]乔万尼·萨托利:《民主新论》,冯克利、阎克文译,上海人民出版社2009年版,第292页。
② 唐振常:《繁弦杂奏》,上海书店出版社1997年版,第110页。
③ 习近平:《出席第三届核安全峰会并访问欧洲四国和联合国教科文组织总部、欧盟总部时的演讲》,人民出版社2014年版,第33页。
④ 王玉平:《来自西柏坡的报告》,北京大学出版社2015年版,第227页。

发展中国特色社会主义、把党和国家各项事业继续推向前进的必修课。这门功课不仅必修，而且必须修好。要继续加强对党史、国史的学习，在对历史的深入思考中做好现实工作、更好走向未来，不断交出坚持和发展中国特色社会主义的合格答卷。"

如前所述，在定位上，"中国近现代史纲要"不是一般意义上的历史课，而是思想政治理论课。但由于其思想政治理论课的意义和功能，是奠基在对近代以来的国史和党史的研究基础之上的。所以，在功能上，"中国近现代史纲要"课程也就具有史学所具有的传承文明、鉴古资今和启迪民智的意义。只有充分认识"中国近现代史纲要"的意义与功能，激发和调动学生学习的主动性才有可能。所以，在教学中，笔者浓墨重彩于课程的意义与功能，寄希望通过这样的努力，引导学生从近代以来的国史和党史中汲取思想的智慧。

(二) 增强学生坚定"四信"的历史定力

在用法上，"四信"常与"四进"相联系，并统称为"四进四信"。关于"四进四信"的内涵，至少有两个版本。

一是全国高校共青团开展学习宣传贯彻习近平总书记系列重要讲话精神的"四进四信"活动。此中的"四进"，包括"进支部""进社团""进网络"和"进团课"；此中的"四信"，包括"牢固树立对党的科学理论的信仰""坚定走中国特色社会主义道路实现'中国梦'的信念""增强对党和政府的信任"和"增进对以习近平同志为核心的党中央的信赖"。

二是黑龙江省高校开展的学习宣传贯彻习近平总书记系列重要讲话精神的"四进四信"专题教学。此中的"四进"，包括"进教材""进课堂""进支部"和"进头脑"；此中的"四信"，包括"对马克思主义的信仰""对中国特色社会主义的信念""对实现中华民族伟大复兴中国梦的信心"和"对以习近平同志为核心的党中央的信赖"。

与"四信"相近的表述，还有"四个自信"，即对中国特色社会主义的"道路自信""理论自信""制度自信"和"文化自信"。虽然"四信"和"四个自信"在表述上有所不同，但在本质上，两者没有原则区别，可谓异曲同工。并且，"四信"和"四个自信"彼此促进。增强"四个自信"，有助于坚定"四信"。反过来，增强"四信"，又可以进一步坚定"四个自信"。

作为中国独特的思政课课群的有机部分，"中国近现代史纲要"与中学的中国近现代史的最大不同是："中国近现代史纲要"的"纲"中之"要"，是要通过国史和党史的学习，帮助学生理解和把握历史与人民如何选择马克思主义、中国共产党、社会主义道路和改革开放。而这些具有必然性的历史性选择，多与"四信"和"四个自信"的内容紧紧相连。诚如习近平总书记所言："我们进行历史教育，并不是要耽搁在历史的苦难上唉声叹气，而是要从历史中塑造民族精神、民族魂，认识和把握中国社会发展规律，激励人民继续前进的勇气和信心。"①

三 怎么样：如何讲授和学习"纲要"课

构建"回溯提升教学模式"，是教师讲授和学生学习"中国近现代史纲要"课程的主要方法。其中的关键词有二：一是"回溯"，二是"提升"。需要"回溯"的，是中学的中国近现代史；需要"提升"的，是大学的"中国近现代史纲要"。因此，只要解决了"如何回溯"和"如何提升"的问题，也就等于回答了怎么样讲授和怎么样学习"中国近现代史纲要"课程的问题。

（一）回溯中学的中国近现代史

在总体方法上，回溯中学的中国近现代史的内容，主要运用包括"问卷式回溯法""互动式回溯法""启发式回溯法""参与式回溯法"在内的"四维多向回溯法"。通过交叉运用这些方法，教师可以快速判断经历了中学阶段的学习之后的学生对相关问题的理解和掌握的程度，并据此采取针对性的调适和应对措施，既以学生已有的知识为大学"中国近现代史纲要"教学的基础，又不在学生已掌握的知识领域里过多地驻足逗留，以便节省出更多的宝贵时间进行大学的

---

① 中共浙江省委党校编写组：《学习习近平总书记系列讲话精神干部读本》，浙江人民出版社 2014 年版，第 171 页。

"中国近现代史纲要"的教学改革探索。

在具体方法上，回溯中学的中国近现代史内容的理念和路径有：回溯不同版本的中学的中国近现代史教材所突出的主题；回溯不同版本的中学的中国近现代史教材所呈现的特点。

1. 回溯不同版本的中学教材的主题

由北京师范大学出版社出版，由朱汉国主编的供八年级使用的《历史》教材，上册的主要内容包括："列强的侵略与中国人民的抗争""近代化的艰难起步""新民主主义革命的兴起""伟大的抗日战争"和"人民解放战争的胜利"；下册的主要内容包括："走向社会主义之路""建设社会主义道路的探索"和"建设中国特色社会主义"。

由人民教育出版社出版的，由人民教育出版社历史室编写的全日制普通高级中学教科书（必修）《中国近代现代史》教材，上册的主要内容包括："清朝晚期中国开始沦为半殖民地半封建社会""中国资本主义的产生、发展和半殖民地半封建社会的形成""资产阶级民主革命和清朝的覆亡""北洋军阀的统治""新文化运动和中国共产党的诞生""国民革命运动的兴起和失败"；下册的主要内容包括："国共的十年对峙""中华民族的抗日战争""人民解放战争""中国近代文化""中华人民共和国的成立和向社会主义过渡的实现""社会主义建设在探索中曲折发展""'文化大革命'的十年""社会主义现代化建设新局面的形成""各族人民的共同发展""中华人民共和国的外交和国防"和"社会主义时期文化的发展和社会生活的新变化"。

由四川教育出版社出版，由龚奇柱主编的供八年级学生使用的《中国历史》教材，上册的主要内容包括："列强的侵略与中国人民的抗争""近代化的起步""新民主主义革命的兴起""中华民族的抗日战争""人民解放战争的胜利""经济和社会生活"与"科学技术与思想文化"；下册的主要内容包括："中华人民共和国的成立和巩固""社会主义道路的探索""建设中国特色社会主义""民族团结与祖国统一""国防建设与外交成就""科技、教育与文化"及"社会生活"。

教材的内容，充分折射和体现教材的主题。通过对以上三个版本的中学的中国近现代史教材的研究，笔者基本上了解和把握了中学的中国近现代史教材的主题，及其教学内容的侧重点和叙事的基本方式等。

2. 回溯不同版本的中学教材的特点

虽然中学的中国近现代史的版本不同，但其都有一些共性的特点。除了前文所述的覆盖面广、问题阐释条框式、没有充分体现学术界最新研究成果之外，还包括一些可以为在大学的"中国近现代史纲要"教学中进行方法和内容的进一步提升留下空间的共性特点。

在教材的断线上，笔者所遴选的由北京师范大学出版社出版的供八年级使用的《历史》（上下册）、由人民教育出版社出版的《中国近代现代史》（上下册）、由四川教育出版社出版的供八年级使用的《中国历史》（上下册）三个版本的教材，内容的起点和终点都基本一致。其中，起点都是1840年的鸦片战争，终点都是20世纪结束前后。这样的内容安排，不仅没有充分展示现代中国的历史变迁进程，而且也难以凸显中国特色社会主义理论体系的完整性。大学的《中国近现代史纲要》教材，在起点上与中学的中国近现代史完全相同，都是1840年的鸦片战争，但其下限是动态延续的，因为《中国近现代史纲要》的内容涵盖近代以来的历史。也就是说，《中国近现代史纲要》不仅包括中学的中国近现代史没有涉及的21世纪初期的中国现代化探索，而且还包括未来时的围绕"建党百年目标"和"建国百年目标"所进行的探索与实践。

在结构的安排上，中学的中国近现代史的定位，是以升学为指挥棒的历史课。所以，中学的中国近现代史教学，主要侧重于对基础性的历史知识、常识性的历史进程、一般性的历史理论的介绍，没有从思政课的角度突出强调"民族独立和人民解放""国家富强和人民富裕"这两大历史任务，也没有特别凸显历史和人民选择马克思主义、中国共产党、社会主义道路和改革开放的历史必然性。

在内容的遴选上，无论是在历史知识上，还是在历史进程和历史理论上，中学的中国近现代史教材都没有充分展示历史变迁的系统性与整体性，甚至出现一些明显的知识链的缺环或断裂。在笔者遴选的由北京师范大学出版社出版的供八年级使用的《历史》（上下册）、由人民教育出版社出版的《中国近代现代史》（上下册）、由四川教育出版社出版的供八年级使用的《中国历史》（上下册）三个版本的教材中，没有或较少涉及中国梦、告别革命论、科学发展观、"五位一体"总布局、"四个全面"战略布局等内容。

在概念的使用上，不同版本的中学的中国近现代史教材，也并不完全统一。诸如，关于"近代化"和"现代化"概念的使用，就较为混乱。

由北京师范大学出版社出版的供八年级使用的《历史》（上册），使用的是"近代化"。其第二单元的题目是"近代化的艰难起步"。此单元包括："近代工业的兴起""维新变法运动""辛亥革命""开启思想解放的闸门""清末民初的文化与教育""社会生活的变迁""社区历史小调查——学习与探究之二"7课。

由四川教育出版社出版的供八年级使用的《中国历史》（上册），使用的也是"近代化"。其"第二学习主题"的题目是"近代化的起步"。该学习主题包括："洋务运动""戊戌变法""辛亥革命""新文化运动"4课。并且，围绕洋务运动，该教材还给学生准备了一个问题："洋务运动对中国近代化的进程起了什么作用"？其中的"中国近代化进程"，就是起于洋务运动的社会变迁。

由人民教育出版社出版的《中国近代现代史》（上册），将由张之洞在湖北筹办的汉阳铁厂，称之为"中国第一个近代化钢铁企业"。[①] 但由人民教育出版社出版的《中国近代现代史》（下册），却使用了"现代化"，下册第八章的题目就是"社会主义现代化建设新局面的形成"。该章包括："伟大的历史性转折""社会主义现代化建设的迅速发展""有中国特色的社会主义道路""'一国两制'和祖国统一大业"等。

[①] 人民教育出版社历史室：《中国近代现代史》，人民教育出版社2003年版，第37页。

概念的使用和内容的框定，都从不同角度折射出教材编写者的理念与认识。在由北京师范大学出版社出版的供八年级使用的《历史》（上册）的教材编写者看来，洋务运动时期创办的近代工业、维新变法和辛亥革命等政治方面的变革、新文化运动等文化教育和社会生活方面的变革等，都是"近代化"的有机部分。在由四川教育出版社出版的供八年级使用的《中国历史》（上册）的教材编写者看来，"洋务运动""戊戌变法""辛亥革命""新文化运动"，都是"近代化"的主要路标。在由人民教育出版社出版的《中国近代现代史》（下册）的教材编写者看来，起于党的十一届三中全会的拨乱反正和改革开放，使中国进入社会主义现代化建设新时期。

（二）提升大学的"中国近现代史纲要"

在总体方法上，提升大学的"中国近现代史纲要"，主要运用包括"方法线的多维提升法"和"内容线的多维提升法"在内的"两线多维提升法"。"方法的多维提升法"包括"专题化提升法""设问式提升法""名作导读提升法""以案为例提升法""史料运用提升法""三跨教学提升法""逻辑推理提升法""减法＋加法提升法""多媒体教学提升法"等。"内容线的多维提升法"由"近期因时提升法"和"长期常规提升法"所构成。其中，"近期因时提升法"包括：党的十八大精神"三进"思政课、党的十八届三中全会精神"三进"思政课、党的十八届四中全会精神"三进"思政课、党的十八届五中全会精神"三进"思政课、党的十八届六中全会精神"三进"思政课、习近平总书记系列重要讲话精神"三进"思政课。"长期常规提升法"包括：切中学生步入大学之后的种种困惑、立足"中国近现代史纲要"之定位、凸显近现代中国的四大选择的历史必然性、引介相关的教学科研最新研究成果、将中华优秀传统文化有机融入教学、以民族复兴的中国梦贯通教学全程等。

在具体方法上，提升大学的"中国近现代史纲要"有如下理念和路径：规范中学和大学共涉之概念的用法、阐释"中国近现代史纲要"的主题与任务、明确中国梦的内涵及其与"纲要"的关系。

1. 规范中学和大学共涉之概念的用法

《马氏文通·正名》有言:"凡立言,先正所用之名以定命义之所在者,曰界说。'界'之云者,所以限其义之所止,使无越畔也。"① 意思是:要立一家之言,要说明和解释一个问题,必须首先明确概念,弄清概念的内涵和外延之所在。

在中学的中国近现代史和大学的"中国近现代史纲要"的关联上,有两对概念是共涉的:一是"近代"和"现代",二是"近代化"与"现代化"。但在中学的中国近现代史教材中,这些概念的用法并不统一。所以,在大学的"中国近现代史纲要"教学中,需要对这些概念进行辨析,并在此基础上规范其使用方法。

(1)"近代"和"现代"辨析

关于"近代"和"现代"概念,中学教材的使用方式很特别,有显性的,也有隐性的。比如,由人民教育出版社出版的,由人民教育出版社历史室编写的全日制普通高级中学教科书,题目就是《中国近代现代史》,直接点出了"近现代",这是显性的用法。

除此之外,隐性的用法有两种:一是以设定上下册的方式,将教材内容分为"中国近代史"和"中国现代史"两部分;二是通过"前言",具体明示如何区分中国近代史和中国现代史。并且,两种隐性的方式兼而用之,是更为常见的方式。

比如,由四川教育出版社出版的供八年级学生使用的中国近现代史教材上下册,题目是《中国历史》,看不出"近现代"字样。但事实上,其上册的内容对应"近代",下册的内容对应"现代"。诚如该教材的上册序言"写给同学们"所言:"中国近代历史始自1840年鸦片战争爆发,止于1949年南京国民党政权覆灭,历经晚清时期、中华民国临时政府时期、北洋军阀时期和国民政府时期。"②

还比如,前文所及的由北京师范大学出版社出版的供八年级学生使用的教材,题目是《历史》,也看不出"近现代"字样,但该教材以1949年为界,分上下两册。上册从鸦片战争写到解放战争结束,

---

① 唐子恒:《马氏文通研究》,山东大学出版社2005年版,第289页。
② 龚奇柱主编:《中国历史》上册,四川教育出版社2004年版,第1页。

上册的"前言"明示：此段历史就是"中国近代史"。下册的前三个单元和前15课，从中华人民共和国成立到20世纪结束，下册的"前言"明示：此段历史就是"中国现代史"。①

在大学的"中国近现代史纲要"教学中，笔者阐释与规范"近代"和"现代"的内涵及其使用方法的途径是：立足于世界历史的变迁，突破"中国"之地域框架。具体分析角度是：

其一，明确"近代"和"现代"是世界文明史演进的两个特定的历史时期。就一部世界文明史而言，通常被划分为五个时段："古代""中世纪""近代""现代"和"当代"。在欧洲，"古代"和"中世纪"之间的界标，是西罗马帝国灭亡；"中世纪"和"近代"之间的界标，是包括文艺复兴、宗教改革、地理大发现在内的三个运动；"近代"和"现代"之间的界标，是1900年前后自由资本主义向垄断资本主义的过渡；"现代"和"当代"之间的界标，是1945年第二次世界大战的结束。其中，"近代"和"现代"是介于"中世纪"和"当代"之间的两个特定的历史时期。

其二，明确"中国的近现代"与"欧洲的近现代"并不同步。对历史时段的划分，不仅折射课程的内容体系，也体现对课程所涉及的重要理论和实践问题的认识。

欧洲的近代，起于1500年前后的文艺复兴、宗教改革和地理大发现；中国的近代，起于1840年鸦片战争。欧洲的近代和中国的近代之间存在的巨大时间差说明：从近代开始，中国就落伍了。这样的现象，可以用"东西方大错位"来表述。虽然，"大错位"有"逆向发展"之义，但两者又有一些不同。其中，"逆向发展"是纵向历时维的，其基本论域有两个行为主体：一是东方，二是西方。"东方逆向发展"的路径，是从先进到落后；"西方逆向发展"的路径，是从落后到先进。"大错位"是横向共时维的，体现于西方和东方之间。近代以前，东方是先进的；近代以来，西方是先进的。由此可见，"大错位"与"逆向发展"一起构成了一幅纵横交错的立体画面。

---

① 朱汉国主编：《历史》下册，北京师范大学出版社2007年版，前言第1页。

"东西方大错位"有多种表达式,杰弗里·巴勒克拉夫(Geoffrey Barraclough)和汤因比(Arnold J. Tonybee)的"历史视角"表达式十分相近。杰弗里·巴勒克拉夫说:"1500—1815年世界历史的主要特征是欧洲的扩张和欧洲文明向全球的传播。整个说来,1500年以前,是世界冲击欧洲;1500年以后,是欧洲冲击世界。"① 阿诺德·J. 汤因比说:"世界与西方之间的冲突至今已持续了四五百年。在这场冲突中,到目前为止,有重大教训的是世界而不是西方;因为不是西方遭到世界的打击,而是世界遭到西方的打击。"②

需要指出,杰弗里·巴勒克拉夫所言的"欧洲"与"世界",以及阿诺德·J. 汤因比所言的"世界"与"西方",都是有特定意涵的表述。因为严格说来,"欧洲"和"西方"都是"世界"的组成部分。但在杰弗里·巴勒克拉夫和阿诺德·J. 汤因比的特殊语境中,"欧洲"和"西方"都被从"世界"中抽离出来,变成了与"世界"并列的概念。相应地,"世界"也就变成了不包括"欧洲"或"西方"的并不完整的"世界"。由此可断,在杰弗里·巴勒克拉夫的话语体系中,"世界"指"欧洲之外的世界";在阿诺德·J. 汤因比的话语体系中,"世界"指"西方之外的世界"。

欧洲的现代,起于1900年左右自由资本主义向垄断资本主义的过渡。中国的现代,起于1949年中华人民共和国的成立。欧洲的现代与中国的现代之间,还存在巨大的时间差。这个时间差的存在,说明在现代之后,中国的落伍还在延续。

需要指出的是,关于中国近现代史的分期,"两段式"没有问题,学术界也能够形成基本共识。但关于"两段式"到底是什么?有不同看法。主要有两种意见:一是以1919年为界,将中国近现代史划分为"近代"和"现代"两部分;二是以1949年为界,将中国近现代史划分为"近代"和"现代"两部分。

---

① 《世界史遍览:公元前9000年—公元1975年的世界》,《泰晤士世界历史地图集》中文版翻译组译,三联书店1983年版,第295页。

② 斯塔夫里阿诺斯:《全球通史——1500年以后的世界》,吴象婴、梁赤民译,上海社会科学院出版社1992年版,第10页。

大学的《中国近现代史纲要》教材，所以选择1949年作为"近代"和"现代"的界标，笔者以为主要依据有三。

以1949年为界，可以充分体现中国民主主义革命的完整性。通常，"旧民主主义革命"的时间断线是1840—1919年，"新民主主义革命"的时间断线是1919—1949年。如果以1949年为界，可以将中国民主主义革命的两个阶段都涵盖其中。如果以1919年为界，就等于将"旧民主主义革命"放在"近代"，把"新民主主义革命"置于"现代"。这样，不仅会造成人为的割裂，也不利于体现中国民主主义革命所具有的整体性与连续性。

以1949年为界，可以充分体现中国社会性质的变化。1949年以前，中国是半殖民地半封建社会；1949年中华人民共和国的成立，标志着半殖民地半封建社会的结束，标志着新民主主义社会在全国范围内的建立。在此，笔者之所以强调1949年中华人民共和国的成立，标志着新民主主义社会在全国范围内的建立，是因为中国的新民主主义社会经历了两个阶段：新中国成立以前，新民主主义社会只是在解放区局部确立；新中国成立之后，新民主主义社会在全国范围内确立。换言之，中华人民共和国的成立，标志着新民主主义革命阶段的基本结束和社会主义革命阶段的开始。由此，中国社会进入由新民主主义向社会主义的过渡时期。这时的新民主主义，就已经是一个属于社会主义体系的和逐步过渡到社会主义社会的过渡性质的社会了。1956年社会主义改造基本完成后，中国进入社会主义。

以1949年为界，可以充分体现中国社会矛盾的变化。1949年之前，中国社会的主要矛盾是中华民族与资本—帝国主义之间的矛盾、封建主义与人民大众之间的矛盾。1949年之后，中国社会的主要矛盾是人民日益增长的物质文化需要同落后的社会生产之间的矛盾。

其三，明确使用"现代"和"当代"概念需要具体问题具体分析。在西方，有学者不使用"当代"概念。在具体研究中，把1900年之后的世界统称为"现代"。在中国，"现代"和"当代"的使用也并不统一。笔者本人讲授两门思政必修课，一门是博士生思政必修课"中国马克思主义与当代"，另一门是本科生思政必修课"中国近现代史纲要"。在"中国近现代史纲要"课程体系中,"现代"指1949年至今的时段,这说明:"中国近现代史纲要"课程不使用"当代"这一概念。但在博士生的"中国马克思主义与当代"课程中,就有"当代"之表述。因此,关于如何理解和使用"现代"与"当代"两个概念,需要进一步明确及规范。

如前所述,如果使用"当代"概念,有一点很明确:欧洲的"当代"起于1945年第二次世界大战的结束。但"中国的当代"从何时开始,学术界有不同意见。主要观点有两种:一是把1978年改革开放以来的中国历史称为"中国的当代史","中国马克思主义与当代"课程的教学大纲,就持此种观点;[①] 二是以21世纪初期提出的"科学发展观"作为"现代"和"当代"的分水岭,这种意见主要强调:科学发展观的提出,是中国现代化模式脱胎换骨转换的开始,是中国告别封闭僵化的老路的起点。笔者持此意见。

(2)"近代化"和"现代化"辨析

如前所述,中学的中国近现代史教材,在使用"近代化"和"现代化"概念时,并未将两者有机统一。在学术研究过程中,学术界使用这两个概念也较混乱。

其一,将"近代化"和"现代化"完全等同。因为在英文中,"现代化"(modernization)是由"现代"(modern)派生出来的。modern有"近代的"和"现代的"两种译法,故modernization也就可以被译为"近代化"或"现代化"。

其二,将"近代化"对应"中国近代史",将"现代化"对应"中国现代史"。在中学的历史教材中,将"近代化"对应"中国近代史"的例子是:前文所及的由北京师范大学出版社出版的供八年级使用的《历史》(上册),将"近代工业的兴起""维新变法运动""辛亥革命""开启思想解放的闸门""清末民初的文化与教育""社会生活的变迁"等内容,都纳入"近代化的艰难起步"中。前文所及的由四川教育出版社出版的供八年级学生使用的《中国历史》(上

[①]《中国马克思主义与当代》编写组:《中国马克思主义与当代》,高等教育出版社2013年版,第9—10页。

册），也将近代的"洋务运动""戊戌变法""辛亥革命""新文化运动"等内容，都纳入"近代化的起步"中。在该教材上册的题为"写给同学们"的序言中有言："中国近代史是西方列强不断发动侵略战争，使中国一步一步地沦为半殖民地半封建社会的历史；也是中国社会逐步摆脱封建经济的束缚和封建王朝的发展模式，向近代化、资本主义化方向发展的历史。"[①] 可见，该教材不仅将"近代化"与"中国近代史"相对应，而且还将"近代化"与"资本主义化"相提并论。在中学的历史教材中，将"现代化"对应"中国现代史"的例子是：前文所及的由人民教育出版社出版的《中国近代现代史》（下册），在中国现代史部分，使用了"社会主义现代化建设新局面的形成"之表述。

其三，认为"近代化"和"现代化"都是具有弹性的相对表述，建议用较为模糊的词汇来表述。诸如"近现代化"，或用"或"字将"近代化"和"现代化"并用等。冯友兰曾说："从前人常说我们要西洋化，现在人常说我们要近代化或现代化。这并不是专是名词上改变，这表示近来人的一种见解上底改变。这表示，一般人已渐觉得以前所谓西洋文化之所以是优越底，并不是因为它是西洋底，而是因为它是近代底或现代底。我们近百年来之所以到处吃亏，并不是因为我们的文化是中国底，而是因为我们的文化是中古底。这一个觉悟是很大底。即专就名词说，近代化或现代化之名，比西洋化之名，实亦较不含糊。"[②]

综观上述用法，笔者以为，均有可以进一步商榷的空间。

如果将"近代化"与"资本主义化"相提并论，那就等于确认欧美地区的资本主义国家，时至今日还处于"近代化"阶段，还没有启动"现代化"探索的进程，这是有违历史事实的。历史表明，欧美地区发达的资本主义国家，不仅大多是现代化的先行者，而且它们的现代化还呈现出强烈的辐射与扩张效应，对非西方国家构成挑战与冲击。

---

① 龚奇柱主编：《中国历史》上册，四川教育出版社2004年版，第1页。
② 《三松堂全集》第4卷，河南人民出版社2000年版，第205—206页。

如果将"现代化"对应"中国现代史",就等于强调"现代化"对应"社会主义",那么,就等于确认了这样一个事实:俄国的十月社会主义革命,是世界现代化运动起点。在俄国十月社会主义革命之前的"近代",不曾有过现代化的尝试。显而易见,这也是不符合历史事实的。因为世界现代化的序幕,可追溯到近代初期1500年前后相继出现的宗教改革、文艺复兴和地理大发现。近代欧洲的变迁形式是现代化,近代欧洲的社会形态是资本主义。作为一种社会变迁形式,现代化是近代以来世界变迁的主旋律。因此,认为"现代化"对应"社会主义",就等于否定社会主义诞生之前的资本主义国家的现代化实践,这也同样是不客观的。[①]

如果使用"近现代化"称谓,或如果使用"近代化或现代化"之表述,那么,modernization概念的使用,就会陷入更加混乱的状态。

需要指出的是,在日本学术界,modernization都被译成"近代化"。在日本学者的著论中,作为日本现代化重要路标的明治维新,被表述为日本的"近代化"。中国的"四个现代化",被表述为中国的"四个近代化"。

还需指出,为了统一认识和澄清视听,在由罗荣渠主持翻译的、由塞缪尔·亨廷顿(Samuel P. Huntington)等著的《现代化:理论与历史经验的再探讨》一书中,日本的"近代化"被统一译成日本的"现代化"。[②] 之后,使用"现代化"的学者越来越多。在大学的"中国近现代史纲要"教学中,笔者也统一使用"现代化"表述。相反,对"近代化"概念则弃之不用。

从方法论上看,辨析"近代化"和"现代化"概念,绝不仅仅是概念本身的问题。在本质上,这个问题事关如何判断一个国家或社会是否已经启动了现代化的进程的问题。笔者以为,判断一个国家或社会是否已经启动了现代化,归根结底要看其是否具备了现代化的内

[①] 徐奉臻:《历史视野:改革与现代化研究》,黑龙江人民出版社1999年版,第59—62页。

[②] [美]塞缪尔·亨廷顿等:《现代化:理论与历史经验的再探讨》,罗荣渠主编,上海译文出版社1993年版,编者的话第7页。

涵，以及是否体现了现代化的特点。

"现代化"既是"目的"，又是"过程"和"产物"。作为"目的"的现代化，诉求美好而幸福的生活。作为"过程"的现代化，是解构旧观念和旧传统，并由此获取、累积和建构现代性的过程。作为"产物"的现代化，体现为不同层面和不同形态的现代性，诸如民主化、工业化、城市化、生态文明等。[1]

2. 阐释"中国近现代史纲要"的主题任务

基于思政课的课程定位，思考"中国近现代史纲要"的主题与任务，是提升大学的"中国近现代史纲要"教学的重要环节。明确"中国近现代史纲要"的主题与任务，会给学生提供一条一以贯之的思考主线，从而避免学生出现类似之前在中学学习过程中所存在的就事论事之偏颇。

"中国近现代史纲要"的主题与任务，是由近代以来中国社会存在的矛盾所决定的。综观近代的中国社会，共有六对相互交织的矛盾：中华民族与资本—帝国主义之间的矛盾、农民与地主阶级之间的矛盾、资产阶级与地主阶级之间的矛盾、无产阶级与资产阶级之间的矛盾、封建统治阶级内部各集团派系之间的矛盾、各帝国主义国家之间在中国争夺的矛盾。[2]

关于这些矛盾的定位，基于不同的视角和不同的情境，学者会有不同的理解。大致有三种情况。

一是"主要矛盾说"。在上述六对矛盾中，"中华民族与资本—帝国主义的矛盾""封建主义与人民大众的矛盾"[3]，是占支配地位的主要矛盾。"封建主义与人民大众的矛盾"，即"农民与地主阶级之间的矛盾"。这两对矛盾成为主要矛盾，既由中国半殖民地半封建的社会性质所决定，又体现了中国半殖民地半封建社会的特点。这两对主要矛盾相互交织，贯穿于整个中国半殖民地半封建社会之始终。近

---

[1] 徐奉臻：《现代化：历史的困窘与困窘的思考》，哈尔滨工业大学出版社 2009 年版，第 8 页。
[2] 本书编写组：《中国近现代史纲要》，高等教育出版社 2015 年版，第 17 页。
[3] 同上。

代以来中国的社会变迁，都是在这两对矛盾激化的基础上生发与演变的。

二是"最主要矛盾说"。当资本—帝国主义与中国的封建势力相勾结的时候，比如，当清政府在近代初期"借师助剿"的时候，以及当清政府在20世纪初期成了"洋人的朝廷"的时候，"中华民族与资本—帝国主义的矛盾"就成为最主要的矛盾。

三是"矛盾转化说"。当"中华民族与资本—帝国主义的矛盾"激化时，诸如，当第一次鸦片战争、第二次鸦片战争、中法战争、甲午中日战争爆发时，"封建主义与人民大众的矛盾"会暂时降到次要地位。反过来，当"封建主义与人民大众的矛盾"上升为主要矛盾时，诸如，当太平天国农民战争时，以及当辛亥革命进行时等，"中华民族与资本—帝国主义的矛盾"会暂时退居次要地位。

"中国近现代史纲要"的主题与任务，是完成"民族独立和人民解放""国家富强和人民富裕"。其中，"民族独立"是对外的，其所要解决的矛盾是"民族矛盾"，也就是"中华民族与资本—帝国主义的矛盾"；"人民解放"是对内的，其所要解决的矛盾是"民主矛盾"，也就是"封建主义与人民大众的矛盾"。这些主题和历史任务的相互关系与学理逻辑是：

实现"国家富强和人民富裕"，要通过现代化来实现，现代化是实现"国家富强和人民富裕"的必由之路。但争取"民族独立和人民解放"，最终要有赖于革命。道理很简单：

"民族独立"有赖于民族革命，民族革命的对象是资本—帝国主义。近代以来，几乎主要的资本—帝国主义国家都欺凌过中国。他们欺凌中国的目的，归根结底是要把中国变成原料产地、商品销售市场以及资本输出场所。因此，任何一个资本—帝国主义国家，都绝不会主动放弃在中国攫取的特权。

"人民解放"有赖于民主革命，民主革命的对象是中国的封建统治。实践表明，负隅顽抗的中国的封建统治者，也绝不会主动放弃自己控制的政权，这也是近代中国的政治变革会经历那么多波折与坎坷的主要原因。

就两大历史任务的关系而言，通常认为，"民族独立和人民解放"是"国家富强和人民富裕"的基础及前提。没有"民族独立和人民解放"，很难从根本上实现"国家富强和人民富裕"。但同时，也该看到：从发生学的角度看，仁人志士围绕"民族独立和人民解放"所进行的抗争与围绕"国家富强和人民富裕"所进行的探索之间，并非历时维依次推进。相反，两者多呈现相互寓于和彼此交织的状态。在此方面，日本的成功经验值得借鉴。

通过上面的分析，可将"中国近现代史纲要"的主题和任务表述为一句话：那就是基于半殖民地半封建的社会性质及特点，围绕"民族独立和人民解放""国家富强和人民富裕"这两个历史任务，探索救国救民和民族复兴之路。

在教学中，为了帮助学生加深对"民族独立和人民解放""国家富强和人民富裕"的两大历史任务的内涵、关系及其实现途径的理解，笔者运用"名作导读提升法"的理念和路径，给学生推荐虞和平在其著作《中国现代化历程》一书中所做的如下分析：

> 由于中国的早期现代化是在半殖民地社会状况下展开的，因此中国现代化，特别是早期现代化的核心含义，还应该增加一项民族化——反对帝国主义侵略、争取民族独立和统一。
>
> 实际上，争取民族独立是任何一个殖民地半殖民地国家的现代化所不可或缺的一个核心内容。世界现代化历程的事实（详见本书第一卷第一章）表明，一些非西欧国家的现代化虽然起源于殖民地半殖民地时代，但只有在取得国家独立之后才真正走上健全发展的道路，才能建成完善的现代化国家。……
>
> 总之，殖民地半殖民地国家有一个资本主义现代化的过程，但这是一种依附性的、畸形的、难以完善的现代化。……这种现代化不能形成结构合理和完善的经济体系，只能成为殖民者的原料产地、商品加工场和销售市场，即依附性的经济体系；不可能建立健全的由本国人民广泛参与的和自主的民主制度，也不可能完全体现现代化的最终目的——提高本国人民的物质和精神水

平。……因此,殖民地半殖民地国家只有在取得独立后,才能在殖民者入侵时期所激发起来和积累下来的资本主义化的基础上,开展和实现完整意义上的本国的现代化。……

由此可见,是否获得国家的独立是殖民地半殖民地国家能否独立开展和全面实现本国现代化的关键之一。它不仅成为这些落后国家现代化的前提条件,而且直接成为这些落后国家现代化的基本内容之一。因此,反对帝国主义侵略,争取国家独立的民族化,与工业化、民主化一起,共同构成殖民地半殖民地国家实现现代化的核心含义。

中国的早期现代化既然属殖民地半殖民地国家现代化的范畴,它的核心含义中当然也少不了民族化。这不仅是由理论逻辑所得出的推论,也是中国早期现代化的历程所证实的结论。

在中国早期现代化的历程中,入侵的殖民主义者同样扮演了他们在其他殖民地半殖民地的现代化中所扮演的双重角色。他们的入侵,一方面使清王朝的声威"扫地以尽,天朝帝国万世长存的迷信破了产,野蛮的、闭关自守的、与文明世界隔绝的状态被打破了";"即使是为了军事防御的目的,也必须敷设铁路、使用蒸汽机和电力以及创办大工业",迫使中国走上资本主义化的道路。另一方面,殖民主义者在把中华民族强行纳入世界资本主义体系的同时,使中国处于屈从的地位,并从中国掠夺走无以计数的财富,从而造成中国早期现代化的畸形、缓慢和曲折发展的状态。……因此,只有争取民族独立,在被压迫的现状改变以后,才能使民族工业复兴繁荣,才能与外资建立起平等互利的关系,才能由中华民族自己主宰自己的现代化进程。在中国早期现代化的历史进程中,自始至终都以民族化为一个重要的动力和内容,即使在中华人民共和国成立以后,民族化虽然已经实现,但是民族独立、爱国主义仍然是中国进行社会主义现代化建设的一个基本原则和重要动力,只不过其程度和方式在不同的时期有所不同而已。[①]

[①] 虞和平:《中国现代化历程》第1卷,江苏人民出版社2001年版,第25—29页。

3. 明确中国梦内涵及其与"纲要"的关系

中国梦不仅贯通于中国近现代历史变迁之中，而且也折射着中国近现代历史变迁的进程与特点，是"中国近现代史纲要"课程内容的有机构成。但中学的中国近现代史教材，至少就笔者眼界所及的由北京师范大学出版社出版的供八年级使用的《历史》（上下册）、由人民教育出版社出版的《中国近代现代史》（上下册）、由四川教育出版社出版的供八年级使用的《中国历史》（上下册）而言，均无关于中国梦的系统论述。因此，这一论域就成为教师在大学的"中国近现代史纲要"教学中进一步强化和提升的重要部分。

明确"中国梦"与两大历史任务的关系，是笔者的提升努力之一。在系列重要讲话中，习近平总书记指出："实现中华民族伟大复兴的中国梦，就是要实现国家富强、民族振兴、人民幸福"；"实现中华民族伟大复兴，就是中华民族近代以来最伟大的梦想。这个梦想，凝结了几代中国人的夙愿，体现了中华民族和中国人民的整体利益，是每一个中华儿女的共同期盼"[1]。

如果对号入座，可以断定：习近平总书记所言的"近代以来中国人的夙愿"，就是作为近代以来的两大历史任务的"民族独立和人民解放"与"国家富强和人民富裕"。

那么，经过仁人志士前赴后继的努力，这两大历史任务完成得怎样呢？对此，2013年修订版的《中国近现代史纲要》教材给出明确判断："新中国的成立，标志着民族独立、人民解放的历史任务的基本完成和实现国家繁荣富强、人民共同富裕的历史任务的开始。"[2] 也即，到1949年新中国成立时，两大历史任务的前半部分"民族独立和人民解放"基本完成了，但后半部分"国家富强和人民富裕"还没有实现。

需要说明，本着"源于教材"而又"高于教材"的原则，笔者在教学中强调：应该把教材中的"实现国家繁荣富强、人民共同富裕

---

[1] 《习近平谈治国理政》，外文出版社2014年版，第36、39页。
[2] 本书编写组：《中国近现代史纲要》，高等教育出版社2013年版，第203页。

的历史任务的开始",表述为"实现国家繁荣富强、人民共同富裕的历史任务的新开始",也就是在"开始"之前加上定词"新"字。因为仁人志士对"国家富强和人民富裕"的探索,并非起于中华人民共和国的成立,而是起于近代初期的洋务运动。只不过,由于片面变迁和单项凸进等原因,使洋务运动有辱使命,没有达到洋务派预设的目的。

值得注意的是,2015年修订版的《中国近现代史纲要》教材,将"新中国的成立,标志着民族独立、人民解放的历史任务的基本完成和实现国家繁荣富强、人民共同富裕的历史任务的开始"之表述,改成"在60多年中,全国各族人民在中国共产党领导下探索、开创、发展中国特色社会主义,为实现国家繁荣富强、人民共同富裕这一历史任务而不懈奋斗,这是新中国历史发展的主题和主线"。[①] 笔者以为,这样的改动,与2013年修订版的说法没有本质区别。事实上,"国家富强和人民富裕"与"民族独立和人民解放"一起,构成近代以来的两个历史任务。也即,"国家富强和人民富裕"也是近代以来至中华人民共和国成立这段时间的主题和主线。只不过,由于种种原因,这样的历史任务没有完成而已。由于到1949年实现了"民族独立和人民解放",而"国家富强和人民富裕"的历史任务还任重道远。所以"国家富强和人民富裕"就成为作为今天中国社会之热词的"中国梦"的核心内涵。只不过,习近平总书记又把"国家富强和人民富裕"加以扩展,表述为"国家富强、民族振兴、人民幸福"。

从这个角度看,今天使用中国梦之表述,是对历史的思接。可以设想,假若今天不提中国梦,那反倒是梦想的丢失和梦想的断裂。也正因为看到这一点,美国耶鲁大学的斯蒂芬·罗奇(Stephen Roach),曾撰文《中共"梦之队"将引领中国崛起》,将以习近平为代表的中央政治局集体称之为中共"梦之队"。

从方法论上明确如何看待中国梦,是笔者的提升努力之二。对于

---

① 本书编写组:《中国近现代史纲要》,高等教育出版社2015年版,第221页。

这个问题，习近平总书记提出的"三个独特"和"四个不要"，就是理解中国梦的基本方法论。因此，"三个独特"和"四个不要"就成为笔者给学生解读的核心内容。

"三个独特"是"独特的文化传统""独特的历史命运""独特的具体国情"；"四个不要"是"不要概念化""不要固化""不要庸俗化""不要好高骛远"。"三个独特"和"四个不要"的主要思想，可以概括为四个方面。

其一，"中国梦"不是虚幻的概念，因为"中国梦"包含着"目标"和"信念"。这里的"目标"和"信念"，又可具体化为两个百年的宏伟蓝图：一是在建党百年，建成小康社会，实现两个翻一番，即国内生产总值比2010年翻一番，人均年收入比2010年翻一番；二是在建国百年，建成富强、民主、文明、和谐的社会主义现代化国家。

其二，"中国梦"是一个历史概念。在不同的时空条件下，"中国梦"的内涵互有不同。因此，理解"中国梦"要有变动不居的思维方式。

其三，"中国梦"是中国人之梦，所以有中国自己独有的特点。比如，"中国梦"前面要加定词"民族复兴"，但"美国梦"则不需这样表述。因为美国在建国之后就从来没有遭受过外族入侵。因此，理解"中国梦"应该立足于中国"独特的文化传统""独特的历史命运""独特的具体国情"。

其四，空谈误国，实干兴邦。"中国梦"的实现，有赖于包括青年学生在内的全体国人一体同心的共为所形成的群集优势。正所谓"纵使思忖千百度，不如亲手下地锄"。[①]

由上可见，"中国梦"是一个贯通"中国近现代史纲要"课程之始终的概念。准确把握"中国梦"的基本内涵及其历史演变，既是"中国近现代史纲要"的固有内容，又有助于令人信服地解释"中国近现代史纲要"课程所涉及的重要历史现象与理论问题。

---

① 《习近平谈治国理政》，外文出版社2014年版，第52页。

第二节 资本—帝国主义侵略和中国的抗争与觉醒

"资本—帝国主义侵略和中国的抗争与觉醒",是笔者讲授"中国近现代史纲要"课程所设计的第二个专题。设计的主要依据,是"回溯提升教学模式"中的"专题化提升法"的理念与路径。在内容上,本专题对应大学《中国近现代史纲要》教材中的第一章"反对外国侵略的斗争"。

本专题所以没有使用《中国近现代史纲要》教材中的"反对外国侵略的斗争"之题目,转而采用"资本—帝国主义侵略和中国的抗争与觉醒"之表述。主要出于如下考虑。

其一,在构建"回溯提升教学模式"过程中,笔者始终坚持"源于教材"和"高于教材"的原则,并在此原则指导下进行由"教材体系"向"教学体系"转变的探索。

其二,在学理上,反对外国侵略的斗争的前提,是列强的侵略。并且,列强对中国的侵略,不仅导致中国备受欺凌和积贫积弱,而且也在一定程度上促进了中华民族的民族意识的觉醒。所以,《中国近现代史纲要》教材中的第一章"反对外国侵略的斗争",共设"资本—帝国主义对中国的侵略""抵御外国武装侵略 争取民族独立的斗争""反侵略战争的失败与民族意识的觉醒"三节。故此,笔者认为,将"反对外国侵略的斗争"改为"资本—帝国主义侵略和中国的抗争与觉醒",更有助于相对全面地体现《中国近现代史纲要》教材第一章的内容。

其三,从内涵和外延的角度看,《中国近现代史纲要》教材的第一章"反对外国侵略的斗争",几乎等同于该章的第二节"抵御外国武装侵略 争取民族独立的斗争"。至少,可以认为两者异曲同工。如此,也就难免出现"母题目"等于"子题目"的学术表述之大忌。这种母子异曲同工的情况的存在,说明"反对外国侵略的斗争"的这个标题,不能涵盖"资本—帝国主义对中国的侵略"和"反侵略战争的失败与民族意识的觉醒"这两节的内容。为了解决这个问题，笔者将专题的题目确定为"资本—帝国主义侵略和中国的抗争与觉醒"。显然，此一表述已经充分容纳了《中国近现代史纲要》教材的第一章的三个子部分。

一　回溯中学的相关内容

在本专题中，笔者围绕概念框架、疑难问题、重点内容与主要方法等，运用"四维多向回溯法"中的"问卷式回溯法""互动式回溯法"和"启发式回溯法"等，回溯与本专题相关的中学的中国近现代史的内容，以便为笔者在大学的"中国近现代史纲要"教学中构建"回溯提升教学模式"奠定基础。

（一）运用的概念框架的回溯

"概念"的提出和运用，折射出提出者或运用者的认知与判断，体现了提出者和运用者的思维过程及思考结论。因此，概念具有引领和指导人们进一步思考的功能。围绕本专题"资本—帝国主义侵略和中国的抗争与觉醒"，对中学的中国近现代史教材所运用的概念框架加以回溯，笔者主要关注两个问题：一是对"列强"的称谓，二是关于"租界"的表述。

就语词本意而言，"列强"本身并无贬义，主要指某一特定的竞争和排序中的优胜者们。但到近代以来，随着"列强"与"西方"和"侵略"等表述相联系，"列强"也就逐渐褪去了原有的中性色彩，从而有了鲜明的贬义特征，并成为近代以来英国、美国、法国、俄国、德国、日本、意大利等国欺凌包括中国在内的弱国的殖民符号。

在中学的中国近现代史教学中，对于近代欺凌中国的外来侵略者的称谓，基本使用"列强"和"资本主义"。比如，由北京师范大学出版社出版的供八年级使用的《历史》（上册）的"第一单元"，题目是"列强的侵略与中国人民的抗争"；由四川教育出版社出版的供八年级使用的《中国历史》（上册）的"第一学习主题"，题目也是"列强的侵略和中国人民的抗争"；由人民教育出版社出版的《中国近代现代史》的第一章"清朝晚期中国开始沦为半殖民地半封建社会"中，有"西方资本主义国家经济势力的入侵"之子题目。这种将侵略者泛泛地表述为"列强"和"资本主义"的话语方式，不利于体现自由资本主义和垄断资本主义的不同，也不利于揭示在这两个不同阶段列强对华侵略策略的变化。

完整的资本主义发展过程，包括两个阶段：一是"自由资本主义"，又称"前垄断资本主义"；二是"垄断资本主义"，又称"帝国主义"。从这个角度看，中学的中国近现代史教材将"列强"与"资本主义"等而视之，本无可厚非。但问题是，如果不对资本主义进行结构划分，不对"自由资本主义"和"垄断资本主义"加以区分，就很难把握列强在这两个阶段对中国所进行侵略的不同特点。

近代以来，曾经侵略过中国的列强们，不仅其自身的发展经历过"自由资本主义阶段"和"垄断资本主义阶段"，而且这两个阶段的不同特点也深深地影响了它们的侵略活动，使列强在自由资本主义阶段所进行的侵略活动与列强在垄断资本主义阶段所进行的侵略活动，有了截然不同的模式。在自由资本主义阶段，列强对中国的劫掠，主要以商品输出和直接割让中国的局部土地为主要形式；但在垄断资本主义阶段，由于资本输出有了特别重要的意义，也由于帝国主义列强已把世界领土瓜分完毕，所以列强对中国的劫掠变成了以资本输出与大范围地强占租界和划分势力范围为主要形式。

忽视或回避资本主义发展的两个不同阶段，不单在中学的教材中有所呈现。即便是很有影响的《不列颠百科全书》，也存在类似的问题。《不列颠百科全书》给"帝国主义"概念所下的定义是："一国在本国领域之外违反当地人民的意愿而对其实行控制的政策。这种政策使统治国得以为其本身的利益而开发从属国的资源，从属国不仅为帝国主义强国的工业提供初级产品，而且成为其制成品的当然市场。"[①]显然，这个定义并没有严格区分列强在自由资本主义阶段和垄断资本主义阶段对中国进行劫掠的不同形式。

---

① 《简明不列颠百科全书》第2卷，中国大百科全书出版社1985年版，第602页。

除此之外，还有一种用法，也就是将"列强"等同于或简化为"帝国主义"。比如，毛泽东在其于1939年撰写的《中国革命和中国共产党》中就曾写道："帝国主义和中华民族的矛盾，封建主义和人民大众的矛盾，这些就是近代中国社会的主要的矛盾。当然还有别的矛盾，例如资产阶级和无产阶级的矛盾，反动统治阶级内部的矛盾。而帝国主义和中华民族的矛盾，乃是各种矛盾中的最主要的矛盾。这些矛盾的斗争及其尖锐化，就不能不造成日益发展的革命运动。伟大的近代和现代的中国革命，是在这些基本矛盾的基础之上发生和发展起来的。"[1] 由于近代初期，欺凌中国的列强，尚处于自由资本主义阶段，还没有进入垄断资本主义阶段，也即还没有进入帝国主义阶段。所以，将"列强"统称为"帝国主义"，就等于人为遮蔽了资本主义发展史中的自由资本主义阶段。

如前所述，强占租界和划分势力范围，是处于垄断资本主义阶段的帝国主义国家侵略中国的主要方式。与"租界"相关的表述，有"租借"和"租借地"。商务印书馆2004年出版的《新华汉语词典》，严格区分了"租借""租借地"和"租界"三个概念。其中，"租借"意为"出租"或"租用"；"租借地"指"一国以租借之名在别国取得管理、使用土地权的地区。租借地的所有权仍属于原来的国家，出租国可以随时收回"；相比之下，"租界"则是"帝国主义国家强迫半殖民地国家划部分地区'租借'给它们作为侵略的据点"。虽然，从表面上，"租界"是通过"租借"的方式实现的，但两者的性质大相径庭。虽然"租借地"是"一国以租借之名在别国取得管理、使用土地权的地区"，但"出租国可以随时收回"，这又使其与"租界"之间有本质的不同。因为作为"侵略的据点"的"租界"，是半殖民地国家演变至殖民地的一种过渡形式。"租界"的收回，是需要抗争才可能达至的结果，是仁人志士诉求民族独立之历史任务的有机部分。

可见，"租界"与"租借"之间，有本质的不同。无论是中学的

---

[1] 《毛泽东选集》第2卷，人民出版社1991年版，第631页。

中国近现代史教材,还是大学的"中国近现代史纲要"教材,均应准确使用"租界",而不是"租借"。但有的中学的中国近现代史教材,却不恰当地使用了"租借地"①之表述。

（二）预设的疑难问题的回溯

由北京师范大学出版社出版的供八年级使用的《历史》（上册）的第一单元"列强的侵略与中国人民的抗争",包括"鸦片战争的烽烟""劫难中的抗争""甲午中日战争""八国联军侵华战争"等课,其内容基本上对应笔者在大学的"中国近现代史纲要"教学中所讲的第二个专题"资本帝国主义侵略和中国的抗争与觉醒"。该单元所预设的问题如下。

你知道林则徐为什么要当众销毁鸦片？历史上为什么要将英国第一次对华侵略战争称为鸦片战争？这场战争对近代中国产生了什么影响？英国为什么要向中国走私鸦片？清政府在鸦片战争中为什么会失败？你认为"师夷长技"能够"制夷"吗？你知道什么是主权国家吗？鸦片战争和《南京条约》对中国社会造成了什么影响？你知道英法联军是如何劫掠圆明园珍贵文物的吗？为什么说圆明园的被毁是人类文明的一次浩劫？英法联军火烧圆明园,我国大量珍贵文物被毁,还有一批文物流失海外。那么,你知道我们经常说的"文物"是指什么吗？中国的版图是如何在沙俄等列强的掠夺中变得残缺不全的？新疆的面积是多少万平方千米？新疆蕴藏有哪些重要的矿产资源？在中国边疆危机日趋深重的情况下,新疆的收复又意味着什么？你知道清政府的北洋舰队在战争中是怎样失败的吗？邓世昌的举动体现了怎样的民族精神？你知道甲午战争后中国巨额赔款对中日两国产生的影响吗？把《马关条约》的内容与《南京条约》的内容进行比较,并说一说《马关条约》对中国的影响？你知道八国联军是如何劫掠我们中华民族的吗？为什么说《辛丑条约》后清政府变成了"洋人的朝廷"？你知道什么是半殖民地半封建国家吗？

由四川教育出版社出版的供八年级使用的《中国历史》（上册）

---

① 人民教育出版社历史室:《中国近代现代史》上册,人民教育出版社2003年版,第55页。

的第一学习主题"列强的侵略和中国人民的抗争",包括"鸦片战争""第二次鸦片战争""左宗棠收复新疆和甲午中日战争""八国联军侵华"等课,其内容基本上对应笔者在大学的"中国近现代史纲要"教学中所讲的第二个专题"资本帝国主义侵略和中国的抗争与觉醒"。该学习主题所预设的问题如下。

你知道林则徐为什么要禁烟吗?《南京条约》的签订对近代中国产生了怎样的影响?英国为什么把侵略矛头指向中国?鸦片走私给中华民族带来什么危害?中国在鸦片战争中战败的原因?《南京条约》及其附件的主要内容?鸦片战争对中国社会的影响?英法发动第二次鸦片战争的目的是什么?圆明园为什么被称为"万园之园"?你知道邓世昌率舰撞击敌舰的英雄壮举吗?贪婪的日本侵略者是怎样通过《马关条约》疯狂地掠夺、宰割中国的?英、俄为什么要承认阿古柏政权?你怎样评价左宗棠收复新疆的功绩?三国干涉还辽的目的是什么?义和团为什么把斗争矛头主要指向帝国主义?《辛丑条约》的主要内容和危害是什么?

由人民教育出版社出版的《中国近代现代史》(上册)的第一章"清朝晚期中国开始沦为半殖民地半封建社会",包括"鸦片战争""鸦片战争的影响""第二次鸦片战争""西方资本主义国家经济势力的入侵""太平天国运动的兴起和发展""太平天国后期的保卫战""新思想的萌发"7节。该章所预设的问题如下。

西方学者说鸦片战争是"维护商业"的战争,对不对,为什么?中英《南京条约》的主要内容是什么?它对中国有什么危害?1842年英国强迫清政府割让香港岛,1997年中国恢复对香港行使主权,比较这两件历史大事,谈谈你最主要的感想。为什么说"第二次鸦片战争是第一次鸦片战争的继续"?19世纪50—80年代,俄国侵占了中国哪些领土,总共面积有多少?材料解析:

年代	中国商品出口总额(元)	英国商品入口总额(元)	鸦片走私总额(元)
1821	14757132	13693213	2235780
1833	17814260	10119655	12185100

以上是马士在《中华帝国对外关系史》中提供的数据，阅读后请回答：19世纪初期在中英正当贸易中，两国各处于什么状况？鸦片走私在中英贸易中起了什么作用？

虽然，中学的中国近现代史教材所预设的上述问题，具有基础性和常识性，但却为笔者在大学的"中国近现代史纲要"教学中进一步提升奠定了基础。

（三）重点内容与方法的回溯

在中学的中国近现代史教材内容中，与笔者在大学的"中国近现代史纲要"教学中所讲授的第二个专题"资本—帝国主义侵略和中国的抗争与觉醒"相对应的部分，其叙事方式主要有如下特点。

其一，围绕历史人物和历史事件做文章。在笔者所遴选的由北京师范大学出版社出版的供八年级使用的《历史》（上册）、由人民教育出版社出版的《中国近代现代史》（上册）、由四川教育出版社出版的供八年级使用的《中国历史》（上册）中，所涉及的历史人物和历史事件，包括鸦片战争前夕的中国和世界、鸦片战争、鸦片战争的影响、英国的鸦片走私、林则徐虎门销烟、关天培壮烈殉国、中英《南京条约》、列强攫取中国海关管理权、列强对中国倾销商品掠夺原料、中美《望厦条约》、中法《黄埔条约》、魏源发愤编著《海国图志》、英法发动侵略战争、第二次鸦片战争、英法联军火烧圆明园、俄国趁火打劫、沙俄侵占中国大片领土、《瑷珲条约》的签订、太平军痛打洋枪队、左宗棠收复新疆、甲午中日战争、黄海海战、黄海战役中的邓世昌、《马关条约》的内容及危害、台湾人民的反割台斗争、瓜分中国的狂潮、早期外国对中国的资本输出、贩卖华工、八国联军侵华战争、八国联军攻占北京、《辛丑条约》、义和团运动的兴起和发展等。

其二，为了帮助学生掌握侵略和反侵略的历史脉络，诸如列强侵略的背景条件、演进进程、主要后果或历史影响等，不同版本的中学的中国的近现代史教材，分别结合中学生的年龄特点，设置了一些有趣的延伸阅读和测评环节。诸如，由北京师范大学出版社出版的供八年级使用的《历史》（上册），设置了"名人名言""材料阅读""自我测评"等栏目；由四川教育出版社出版的供八年级使用的《中国历史》（上册），设置了"小组讨论""学习测评""史海拾贝""心得与疑问"等环节；由人民教育出版社出版的《中国近代现代史》（上册），设置了"阅读与思考"栏目。

其三，提供了一些为笔者在大学的教学中进一步提升奠定基础的有价值的史料。诸如，在由北京师范大学出版社出版的供八年级使用的《历史》（上册）的"名人名言"栏目中，引用了梁启超的话："吾国四千年大梦之唤醒，实自甲午战败割台湾、偿二百兆始。"[1] 此一表述，揭示了中华民族作为一个整体觉醒的时间点。虽然，在由北京师范大学出版社出版的供八年级使用的《历史》（上册）中，并没有特别设置关于"民族意识的觉醒"的子题目。但是，引用这样的史料，不仅有效沟通和连接了中学的中国近现代史与大学的《中国近现代史纲要》教材中有关"民族意识的觉醒"的相关内容，而且也为如何认识中国梦提供了重要的参考资料。再如，由四川教育出版社出版的供八年级使用的《中国历史》（上册），引用了如下撼人心魄的资料。

资料1：英国《泰晤士报》随军记者的通讯报道：

在场的每个军人都掠夺很多。在进入皇宫的宫殿后，谁也不知道该拿什么东西。为了拿金子，而把银子丢了，为了拿镶有珠宝的时计和宝石，又把金子丢了。无价的瓷器和珐琅器，因为太大不能搬走，竟被打碎。

资料2：法国大作家雨果（Victor-Marie Hugo）写给友人的信：

一天，两个强盗走进了圆明园，一个抢掠，一个放火……我们所有教堂的所有珍品，加起来也抵不上这座神奇无比、光彩夺目的东方博物馆。那里不仅有艺术珍品，而且还有数不胜数的金

---

[1] 原文应该是："吾国四千年大梦之唤醒，实自甲午战败割台湾、偿二百兆以后始也。"参见梁启超：《戊戌政变记》，《饮冰室合集》第6卷，中华书局1989年版，第1页。

银财宝。多么伟大的功绩！多么丰硕的意外横财！这两个胜利者有一个装满了口袋，另一个装满了钱柜，然后勾肩搭背、眉开眼笑地回到了欧洲。这就是两个强盗的故事……在历史面前，这两个强盗分别叫作法兰西和英吉利。①

即便是进入大学之后，这些资料也是了解第二次鸦片战争和加强爱国主义教育的重要素材。

二 大学"纲要"教学中的提升

在本专题中，笔者围绕概念框架、疑难问题、重点内容与主要方法等，运用包括"专题化提升法""设问式提升法""名作导读提升法""以案为例提升法""史料运用提升法""逻辑推理提升法""跨时代提升法""跨文化提升法""减法+加法提升法""多媒体教学提升法"在内的"方法线的多维提升法"，以及包括"近期因时多维提升法"和"长期常规多维提升法"在内的"内容线的多维提升法"，提升与本专题相关的大学的"中国近现代史纲要"的教学，构建"回溯提升教学模式"。

（一）运用的概念框架的提升

《在哲学社会科学工作座谈会上的讲话》中，习近平总书记指出："解读中国实践、构建中国理论"，中国人自己"最有发言权"。但事实上，中国学者"在国际上的声音还比较小，还处于有理说不出、说了传不开的境地"。所以，他强调中国的哲学社会科学工作者"要善于提炼标识性概念，打造易于为国际社会所理解和接受的新概念、新范畴、新表述"，"加强话语体系建设"，并"引导国际学术界展开研究和讨论"。② 习近平总书记的这种认识，是笔者在"中国近现代史纲要"教学中构建"回溯提升教学模式"的必要引导。因为在"中国近现代史纲要"教学中，概念的创新与运用，既是教学的起点，又

---

① 龚奇柱主编：《中国历史》上册，四川教育出版社2004年版，第10页。
② 习近平：《在哲学社会科学工作座谈会上的讲话》，人民出版社2016年版，第24页。

第三章 "回溯提升教学模式"的构建与运用

是教学提升的重要途径。

基于对中学的中国近现代史教材所使用的"列强"和"资本主义"等表述之偏颇的分析,《中国近现代史纲要》教材,使用了新的概念表述,即"资本—帝国主义"。该教材的第一章"反对外国侵略的斗争"的第一节,题目就是"资本—帝国主义对中国的侵略"。如前所述,在该教材所阐释的六对矛盾中,中华民族与资本—帝国主义的矛盾,是近代中国社会的主要矛盾之一。因此,厘清"资本主义"和"帝国主义"的内涵及其特点,揭示使用"资本—帝国主义"表述的合理性与必要性,阐释在"资本主义"和"帝国主义"这两个不同阶段中列强对中国侵略方式的演变,就成为提升"中国近现代史纲要"教学内容的有机环节。

从发生学角度看,西方的自由资本主义过渡到垄断资本主义阶段,大约是在19世纪末20世纪初,也即1900年前后,这也是为什么1900年常常被当作欧洲的"现代"和"当代"之界标的主要依据。

作为资本主义发展史上的两个重要阶段,"自由资本主义"和"垄断资本主义"或"帝国主义"之间,有联系也有区别。诚如列宁所断:帝国主义是资本主义的特殊历史阶段。帝国主义是垄断的资本主义;帝国主义是寄生的或腐朽的资本主义;帝国主义是垂死的资本主义。[1]

需要指出,列宁所言的"腐朽"和"垂死",不是生物学上的"马上死去",而是社会学意义上的"一个漫长的历史阶段"。

在定义"帝国主义"概念的基础之上,列宁又总结出帝国主义的五个基本特征:生产集中达到了产生卡特尔、辛迪加和托拉斯资本家垄断同盟的阶段;大银行占垄断地位;原料产地被托拉斯和金融寡头占据,金融资本是和银行资本融合起来的垄断工业资本;国际卡特尔开始从经济上瓜分世界。资本输出这种特殊现象和非垄断资本主义时期的商品输出不同,它同从经济、政治和领土上瓜分世界有着密切的联系;从领土上瓜分世界已经完毕。[2]

---

[1] 《列宁选集》第2卷,人民出版社1972年版,第883页。
[2] 同上书,第883—884页。

由垄断资本主义的特点所决定，在帝国主义阶段，列强的劫掠方式，由以往的以向中国输出商品为主，变成向中国输出资本为主；列强的劫掠规模，由以往的直接割让中国局部土地到大范围强占租界和划分势力范围。

资本输出的主要形式包括：向清政府进行政治贷款、争夺中国铁路的投资权、攫取中国矿产资源的投资权和开采权、利用中国的廉价劳动力和原料在华设厂等。

在教学中，本着既"源于教材"又"高于教材"的原则，笔者还进一步指出：尽管使用"资本—帝国主义"之表述，超越了中学的中国近现代史教材的认知，具有合理性与必要性，并且也体现了《中国近现代史纲要》教材编写者的创新意识。但如果仔细推敲，"资本—帝国主义"之表述，也有需要进一步商榷的空间。因为从内涵和外延的逻辑角度看，"资本主义"包括"自由资本主义"和"垄断资本主义"，"垄断资本主义"又称"帝国主义"。由此可断，在"资本—帝国主义"表述中，"资本主义"与"帝国主义"两个概念之间，并不是并列关系，而是包含与被包含的关系。也即，"资本主义"包括"帝国主义"，两者不是一个层面的概念。换言之，"资本—帝国主义"之表述，混淆了母系统和子系统的不同。但如果将"资本—帝国主义"改为"自由资本主义—帝国主义"或"自由资本主义—垄断资本主义"，问题自然会迎刃而解。

在讲授本专题过程中，笔者结合学生的困惑，围绕大学《中国近现代史纲要》教材的概念框架，从三个角度帮助学生思考和回答"近代资本—帝国主义的商品倾销和资本输出与现代中国的改革开放有什么不同"这一问题。

角度之一，是国际关系体系格局不同。近代资本—帝国主义对中国的商品倾销和资本输出，建立在不平等的国际关系体系与格局中，列强在中国享有领事裁判权；现代时期的改革开放，中国在国际上拥有平等地位，外国人在中国必须严格遵守中国的法律。

角度之二，是中国的地位和状态不同。近代资本—帝国主义对中国进行商品倾销和资本输出时期，中国是被动的，无竞争能力，处于受制于人的境地；现代时期的改革开放，中国是主动的，有竞争能力，处于独立自主的状态。

角度之三，是结局和后果不同。近代资本—帝国主义的商品倾销和资本输出，导致中国积贫积弱、被动挨打；现代时期的改革开放，不仅促进了中国经济的长足进步和发展，而且也从根本上增强了中国的综合国力。

（二）预设的疑难问题的提升

设问式提升法，是笔者主持构建"回溯提升教学模式"的"方法线的多维提升法"之一。在问题预设过程中，笔者充分考虑学生在中国阶段所学习的中国近现代史的前期基础。

一方面，关照学生中学阶段就已初步掌握的具有基础性和常识性的问题，并以这些问题为基础进一步预设具有学术性、逻辑性、理论性和发散性的新问题。

另一方面，运用"减法+加法提升法"，适当减去中学教材已有的问题，而把大学阶段有限而宝贵的"中国近现代史纲要"的教学时间，留给那些有助于提升学生分析和解决问题能力的问题上。尤其是，要突破中学的狭窄框架，添加一些时间跨度较大，并能体现思政课之特点和功能的问题。诸如，立足于世界历史之视域，分析近代中国落伍的原因；从主观契机和客观效果相统一的角度，评价近代殖民势力的大举东渐。

在问题预设上，《中国近现代史纲要》教材立足于思政课的定位，提出了三个重点思考问题：为什么说鸦片战争是中国近代史的起点？怎样认识近代中国的主要矛盾、社会性质及其基本特征？如何理解近代中国的两个历史任务及其相互关系？

本着"源于教材"和"高于教材"的原则，在"资本—帝国主义侵略和中国的抗争与觉醒"专题教学中，笔者秉持"启发性""针对性""发散性""关联性""权威性""学术性"和"命题性"等原则，推出一些具有启发性、张力感和吸引力的疑难问题。

鸦片战争何以发生在19世纪中叶，而不是别的时间？如何看待和评价清朝的闭关锁国政策？在中国实行闭关锁国政策期间，如何通过"公行制度"与外界进行有限的联系？龚自珍发出的"九州生气恃风雷，万马齐喑究可哀！我劝天公重抖擞，不拘一格降人才"的呐喊说明了什么？大学的《中国近现代史纲要》教材，为什么使用"资本—帝国主义"概念，而不是泛泛使用"列强"或"资本主义"？为什么一个拥有四亿之众的偌大中华帝国，竟然败给远涉重洋而来的几千名英国水兵？鸦片战争何以成为中国近代史的开端？"林则徐实在有两个，一个是士大夫心目中的林则徐，一个是真正的林则徐"，你是否认同这样的说法，请结合史实加以回答？"三国干涉还辽"何以体现"没有永恒的敌人和朋友，只有不变的利益"的均势外交的基本原则？义和团运动何以兴起与发展？如何评价义和团运动的"扶清灭洋"的口号？历史学家蒋廷黻为什么说"《中俄密约》是李鸿章终身之大错"？蒋廷黻说义和团运动属"拳匪运动"，"是反对现代化的"，而孙中山则强调义和团的血战让外国人知道"中国还是有民族思想，这种民族是不可消灭的"，这两段话彼此矛盾吗？以史实诠释命题"殖民主义充当了历史的不自觉的工具"。如何从主观动机与客观效果两个角度分析和回答资本—帝国主义侵略到底给中国社会带来了什么？资本—帝国主义在近代时期对中国进行的商品倾销和资本输出，与现代时期的改革开放有什么不同？

除此之外，笔者还运用"三跨教学提升法"中的"跨时代提升法"和"跨文化提升法"，预设了如下问题：拥有千年文明的中国，为何会败在列强麾下？近代中国的落后是否在于"现代化"与"前现代化"之博弈，也即鸦片战争的失败是否是农业文明败给了工业文明、封建专制败给了民主政治、落后文化败给了先进文化、近代科技败给了中古科技？在鸦片战争爆发前的半个世纪，中国曾出现了"康雍乾盛世"，但是到鸦片战争爆发之时，中国已经进入批判现实主义作家曹雪芹所言的"末世"，进入清代诗人兼思想家的龚自珍所言的"衰世"，"末世"和"衰世"为什么会与"康雍乾盛世"接踵而至？到底是什么原因，造成了盛衰荣辱之间如此紧凑的衔接？"康雍乾盛世"究竟是怎样的一个"盛世"？如果以中国历史上出现的汉代的"文景之治"和唐代的"贞观之世"为参照，清朝的"康雍乾盛世"

有什么特点？英国的扩张和资本原始积累为什么以鸦片走私为先导？鸦片与一般的商品有什么不同？关于鸦片战争的起因，有"维护商业"的战争"商务上的误会""东西方文化之间的冲突""一个纯偶然性的事件"等不同说法，到底应该如何判断？鸦片战争与世界上最早启动现代化的英国的现代化有什么联系？为什么在鸦片战争前会出现"东西方大错位"？

上述问题，既以学生在中学阶段学习中所形成的已有认知为基础，又超越了学生已有的认知，充分体现了笔者所构建的教学模式中"回溯"和"提升"这两个关键词的内涵与特点。

（三）重点内容与方法的提升

针对中学的中国近现代史教材侧重对历史人物、历史事件和历史进程的常识性介绍的叙事方式，在大学的"中国近现代史纲要"教学中，笔者基于世界历史的宏观分析框架，立足于"民族独立和人民解放""国家富强和人民富裕"这两大历史任务，阐释中国近现代史的生发机制，揭示近代中国落后挨打的复杂原因，并从学理上对重要的历史人物、历史事件和历史观点做深度解读，努力凸显"中国近现代史纲要"课程所具有的思想性、政治性和理论性，让学生实实在在地感受到大学的思政课与中学的历史课的不同。在此，不妨结合笔者所尝试探索的"设问式提升法"，略举4例。

例1：拥有千年文明的中国，为何会败在列强麾下？问题的症结是否在于"现代化"与"前现代化"之博弈？[①]

在问题的提出上，笔者强调：19世纪中叶，中国在鸦片战争中战败，被迫打开国门。从此，中国步步沉沦，由历史悠久的文明古国蜕变成半殖民地半封建国家。关于鸦片战争和中国被迫开国的关系，马克思曾说：

> 中国在1840年战争失败以后被迫付给英国的赔款、大量的非生产性的鸦片消费、鸦片贸易所引起的金银外流、外国竞争对

[①] 徐奉臻等：《"中国近现代史纲要"重点难点理论与实践问题析微》，中国社会科学出版社2010年版，第26—32页。

本国工业的破坏性影响、国家行政机关的腐化……所有这些同时影响着中国的财政、社会风尚、工业和政治结构的破坏性因素，到1840年在英国大炮的轰击之下得到了充分的发展；英国的大炮破坏了中国皇帝的威权，迫使天朝帝国与地上的世界接触。与外界完全隔绝曾是保存旧中国的首要条件，而当这种隔绝状态在英国的努力之下被暴力所打破的时候，接踵而来的必然是解体的过程，正如小心保存在密闭棺木里的木乃伊一接触新鲜空气便必然要解体一样"。①

与中国的沉沦并行而生的，是大西洋沿岸的西方国家率先启动现代化，并由此进入近代社会。如此，便形成了"东西方大错位"的独特历史变迁走势。在东西方的交会点上，中国和英国的关系，既是"东西方大错位"的缩影，也是"东西方大错位"的最初表现形态。近代初期中国的失败，是前现代化国家败给了现代化的英国。

在问题的分析上，笔者立足于世界视域，从以下四个角度解读近代中国落伍的原因。

角度之一，强调近代中国的落伍，呈现于民主政治与封建专制的比对中。1644年清兵入关，朱氏封建王朝让位于爱新觉罗封建王朝，其嬗变的轨迹是从"封建"到"封建"，从"旧王朝"到"新王朝"，可谓在旧社会内部"走循环套"。而在清兵问鼎中原的前4年，即1640年，英国就已经开始进行政治革命，启动了建立宪政体制的政治现代化之步伐。在英国进行政治革命的1640—1688年，中国的统治者由封建皇帝崇祯到封建皇帝顺治，再到封建皇帝康熙。虽然英国的资产阶级革命也几经反复，但最终还是于1688年通过"光荣革命"建立起延续至今的"君主立宪制"。在英国通过颁布《权利法案》《王位继承法》和建立"国会制"等方式不断地削弱国王权力而强化国会权力，并由此一步步完善君主立宪制的17世纪下半叶至18世纪上半叶，中国的封建君主由专制皇帝康熙到专制皇帝雍正，再到专制

---

① 《马克思恩格斯选集》第1卷，人民出版社1995年版，第692页。

皇帝乾隆。而此间的英国，却完成了由"专制政体"到"民主政体"的实质性转型，使权力之间能够彼此有效监督与制衡。有鉴于此，有学者指出：当康雍乾三位皇帝正在强化专制体制、打造中国最后一个封建盛世时，欧美一些国家已通过自下而上的革命打破封建桎梏，进入资本主义社会。与此相对照，"康雍乾盛世"不免黯然失色。虽然它取得了中国封建社会所能达到的最大成就，但却落后于西方国家，落后于人类历史前进的步伐和时代的潮流。①

角度之二，强调近代中国的落伍，呈现于农耕文明与工业文明的比对中。1848年《共产党宣言》问世之时，恰值英国历经长达约百年的内生型技术革命和内生型产业革命完成之时。《共产党宣言》中的极具张力感的描述，堪称对英国技术革命和产业革命功效的经典阐释：

> 资产阶级在它的不到一百年的阶级统治中所创造的生产力，比过去一切世代创造的全部生产力还要多，还要大。自然力的征服，机器的采用，化学在工业和农业中的应用，轮船的行驶，铁路的通行，电报的使用，整个大陆的开垦，河川的通航，仿佛用法术从地下呼唤出来的大量人口，——过去哪一个世纪能够料想到有这样的生产力潜伏在社会劳动里呢？②

在英国之后，其他欧美国家也都不同程度地启动技术革命和产业革命，使世界进入技术革命和产业革命新时代。到19世纪，以蒸汽为动力的铁路和轮船，使"欧洲人在世界贸易中长驱直入"。③

当西方正在经受技术革命和工业革命洗礼之时，处于"康雍乾盛世"的中国，还基本上处于耕与织相结合、人力和畜力相结合的自然

---

① 吴伯娅：《康乾盛世与欧风美雨》，《西南交通大学学报》（社会科学版）2002年第9期。
② 《马克思恩格斯选集》第1卷，人民出版社1966年版，第244页。
③ ［德］贡德·弗兰克：《白银资本：重视经济全球化中的东方》，刘北成译，中央编译出版社2008年版，第274页。

经济阶段，中国"没有出现那种将经济推向近代成长进程的突破性经济变化"。满清统治中国以来，由于东西方的阻隔，"威镇四夷，目空一切。他们对于西方国家与整个世界是茫然一无所知，以为中国以外的国家都是些蛮夷之邦，没有教化可言。自从取缔西洋传教士之后，对于西方更加鄙视与隔阂。满清政府所知道的西方国家，除了北方的俄罗斯之外，还知道……葡萄牙和……荷兰。至于他们的国家种族之详情，则全不了然，往往统称为'西洋人'"。①

角度之三，强调近代中国的落伍，呈现于近代科技与中古科技的比对中。科学革命和技术革命，首先出现在欧洲。其间，中国的科技发展水平尚处于中古时代。近代以来，以英国为代表的欧洲，所以能够冲击世界，在很大程度上是由于借助了科学技术革命的成果。有鉴于此，陈独秀、张君劢和蒋廷黻等都充分肯定科技在西方崛起过程中所发挥的作用。陈独秀说："在欧洲由弱变强的过程中，科学所起的作用，与人权理论所起的作用是同样重要的"②；张君劢强调："欧洲科学发达，由文艺复兴以开其端，而利玛窦到东方来，只有少数人物如徐光启、康熙还能赏识他。到了乾隆以后，士大夫还是麻醉于考古之学，无人感觉世界新潮流之来袭，此亦政府与学人缺少先见之故"③；蒋廷黻则扼腕惋惜地说："19世纪，我民族遭遇空前灾难的原因之一，是科学不及人。""人与人的竞争，民族与民族的竞争，最足以决胜负，莫过于知识的高低。科学的知识与非科学的知识比赛，好像汽车与洋车的比赛。""西洋的科学基础已经打好了，而我们的祖先还在那里作八股文。"④

角度之四，强调近代中国的落伍，呈现于先进文化与落后文化的比对中。当中国还沉溺于八股文章和大兴"文字狱"之时，西方已经开始构建近代文化。蒋廷黻曾基于对中西的比较，从文化层面揭示

---

① 陈致平：《中华通史》第9卷，花城出版社1996年版，第217页。
② [美]郭颖颐：《中国现代思想中的唯科学主义：1900—1950》，雷颐译，江苏人民出版社2005年版，第48页。
③ 《张君劢集》，群言出版社1993年版，第331—332页。
④ 蒋廷黻：《中国近代史》，东方出版社1996年版，第2页。

了"东西方大错位"的因由。他说:"一切的国家能接受近代文化者必致富强,不能者必遭惨败。"19世纪的西方世界,"已经具备了所谓近代文化",而东方世界则"仍滞留于中古"。"西洋人养成了热烈的爱国心,深刻的民族观念。而我们死守着家庭观念和家乡观念。"所以,在19世纪初,西洋的国家虽小,"然团结有如铁石之固";我们的国家虽大,"然如一盘散沙,毫无力量"。①

欧洲的近代文化,交织着各种不同因素。继文艺复兴和宗教改革之后,18世纪后期,又出现了世俗化的启蒙运动,伏尔泰、孟德斯鸠、卢梭、狄德罗等启蒙思想家,高举自由、平等、博爱的旗帜,冲击封建专制主义,使人们的思想获得前所未有的解放。在传播培根、牛顿、洛克的思想,以及英国法律、议会和宪政的整套理论方面,伏尔泰和孟德斯鸠都做出重要贡献,所以他们被称为"为欧洲'发现'了英国"的人②。至19世纪中叶,又有《共产党宣言》行诸于世。

相比之下,当时中国的思想界,尚处于"万马齐喑"的麻木与压抑中,大批知识分子因"文字狱"而备受迫害。中国的思想解放运动,无论是在启动的时间上,还是在内容及深度上,都远远滞后于西方。直到19世纪末,中国才通过戊戌维新运动揭开了中国近代民主启蒙运动的序幕。

例2:以史实诠释命题:"殖民主义充当了历史的不自觉的工具"。③

"殖民主义充当了历史的不自觉的工具"之命题,是马克思在《不列颠在印度的统治》一文中提出的著名论断,其完整表述是:

> 的确,英国在印度斯坦造成社会革命完全是受极卑鄙的利益所驱使,而且谋取这些利益的方式也很愚蠢。但是问题不在这

---

① 蒋廷黻:《中国近代史》,东方出版社1996年版,第2—3页。
② [美]帕尔默、科尔顿:《近现代世界史》上册,孙福生等译,商务印书馆1992年版,第408页。
③ 徐奉臻等:《"中国近现代史纲要"重点难点理论与实践问题析微》,中国社会科学出版社2010年版,第33—36页。

里。问题在于，如果亚洲的社会状况没有一个根本的革命，人类能不能实现自己的命运？如果不能，那么，英国不管干了多少罪行，它造成这个革命毕竟是充当了历史的不自觉的工具。①

理解这一命题，是认识和评价殖民主义的不可逾越的知识环节。关于此问题，学生的疑惑之点是：如何理解殖民主义充当了"历史的不自觉的工具"的内涵？"自觉的工具"是什么？"不自觉的工具"又是什么？依据这段表述，能否认为马克思对殖民主义有赞颂之意？资本—帝国主义的侵略，到底给中国带来了什么？有人说："鸦片战争一声炮响，给中国带来了近代文明"；有人强调："殖民主义在世界范围推动了现代化进程"；还有人断定："没有西方的殖民侵略，东方将永远沉沦"。② 对这些说法，究竟应该如何评价？

史料运用提升法，是笔者构建"回溯提升教学模式"的方法之一。"重读马克思"和"回到马克思"，是时下中国学术界研究马克思思想的一种共识性路向。解读殖民主义"充当了历史的不自觉的工具"之命题，也应该从研究马克思的原始文本入手。

继1853年6月10日撰写《不列颠在印度的统治》之后，马克思又于这一年的7月22日推出《不列颠在印度统治的未来结果》一文，两者可谓研究殖民主义在印度进行统治的姊妹篇。因此，如将马克思的两篇文本放在一起审视殖民主义充当了"历史的不自觉的工具"之内涵，更有助于强化认知的客观性。

在《不列颠在印度统治的未来结果》一文中，马克思明确提出了"双重使命说"，即"英国在印度要完成双重的使命：一个是破坏性的使命，即消灭旧的亚洲式的社会；另一个是重建的使命，即在亚洲为西方式的社会奠定物质基础"。因为英国人"在印度进行统治的历史，除破坏以外很难说还有别的什么内容。他们的重设工作在这大堆大堆的废墟里使人很难看得出来。尽管如此，这种工作还是

---

① 《马克思恩格斯选集》第1卷，人民出版社1995年版，第766页。
② 沙健孙、李捷、龚书铎：《"中国近现代史纲要"教师参考书》，高等教育出版社2007年版，第29页。

开始了"。①

马克思所言的总算已经开始做的"建设性的工作",主要指英国侵略者在印度修筑铁路和使用机器等。在对英国人在印度修筑铁路和使用机器进行评价时,马克思曾指出:

> 英国的工业巨头们之所以愿意在印度修筑铁路,完全是为了要降低他们的工厂所需要的棉花和其他原料的价格。但是,你一旦把机器应用于一个有铁有煤的国家的交通运输,你就无法阻止这个国家自己去制造这些机器了。如果你想要在一个幅员广大的国家里维持一个铁路网,那你就不能不把铁路交通日常急需的各种必要的生产过程都建立起来,而这样一来,也必然要在那些与铁路没有直接关系的工业部门应用机器。所以,铁路系统在印度将真正成为现代工业的先驱。②

之后,马克思话锋一转,对英国在印度的殖民统治进行严厉谴责和深刻揭露:

> 英国资产阶级将被迫在印度实行的一切,既不会使人民群众得到解放,也不会根本改善他们的社会状况,因为这两者不仅仅决定于生产力的发展,而且还决定于生产力是否归人民所有。……当我们把目光从资产阶级文明的故乡转向殖民地的时候,资产阶级文明的极端伪善和它的野蛮本性就赤裸裸地呈现在我们面前,它在故乡还装出一副体面的样子,而在殖民地它就丝毫不加掩饰了。③

很明显,马克思上述分析的显著特点,是严格而明确地区分了三对概念:一是行为者的"行为目的"和"行为功能",也即行为者的

---

① 《马克思恩格斯选集》第1卷,人民出版社1995年版,第768页。
② 同上书,第770—771页。
③ 同上书,第771—772页。

"主观动机"和"客观效果";二是需要辅以个人的主观价值判断,也即分清"正义"和"非正义";三是充分考虑"生产力"与"生产关系"之间的内在逻辑关系。

毫无疑问,这样的分析,为理解殖民主义充当了"历史的不自觉的工具"之内涵提供了方法论上的一般指南。如果忽略了这些基本分析框架,而得出诸如马克思赞颂殖民主义、资本—帝国主义的侵略给中国带来了近代文明等结论,不仅在内容上是非历史主义的,而且在方法上也必然要陷入忽略事物本质的线式历史观之窠臼。

就近代中国而言,资本—帝国主义的侵略,以及他们对中国进行的军事侵略、政治控制、经济掠夺和文化渗透,不仅给中国人民带来深重灾难,而且也使中国逐渐沦为半封建半殖民地社会,严重阻碍了中国社会的进步与发展。但同时,在客观上,西方的坚船利炮迫使中国人放弃了"锁国"迷梦,促进了中国人的不断觉醒。由此可断,"自觉的工具"对应殖民者的"主观动机",即把中国变成原料产地、商品销售市场和资本输出场所,给中国带来贫困、落后和屈辱;而"不自觉的工具"则对应殖民侵略的"客观后果",即促进中国人觉醒,使沉沦中的中国社会生发出一种抗争的力量。

纵观中国人的觉醒历程,主要分两段:一是第一次鸦片战争后中国少数有识之士的觉醒,如林则徐、魏源和徐继畬等;二是中日甲午战争后,中华民族的民族意识的整体觉醒,也即多数人的觉醒。民族觉醒是民族独立的先决条件。而只有摆脱外来民族压迫,民族振兴才有可能。在此,不妨借用马克思在《不列颠在印度统治的未来结果》一文中所作的画龙点睛的结论加以强调:

> 只有在伟大的社会革命支配了资产阶级时代的成果,支配了世界市场和现代生产力,并且使这一切都服从于最先进的民族的共同监督的时候,人类的进步才会不再像可怕的异教神怪那样,只有用被杀害者的头颅做酒杯才能喝下甜美的酒浆。[①]

[①] 《马克思恩格斯选集》第1卷,人民出版社1995年版,第773页。

例3："林则徐实在有两个,一个是士大夫心目中的林则徐,一个是真正的林则徐",请结合史实分析之?①

"两个林则徐"之说,源于著名历史学家蒋廷黻的《中国近代史》。在这段话之后,蒋廷黻进一步解释说:"前一个林则徐是主剿的","真的林则徐是慢慢觉悟了的"②。蒋廷黻所言的前一个林则徐是传统的,后一个林则徐是现代的,也即作为"满清时代开眼看世界第一人"的林则徐。传统与现代的交织,浓缩了19世纪中后期中国有识之士的二重性人格特征。这种人格的形成过程,既体现了近代中国人的思想解放历程,也是中国融入世界的重要环节。因此,理解"两个林则徐",有助于把握近代中国面临的"千年未有之大变局"。

中国的士大夫千千万万,何以林则徐成为满清首先开眼看世界的人?为什么林则徐走出传统,却又不能摆脱传统的窠臼,从而成为集传统与现代于一身的人物?"主剿"的林则徐和"慢慢觉悟了的"林则徐,其思想内涵有哪些不同表征?对于西方文明,林则徐到底在何种程度上对其进行认识?在近代中国人不断觉醒的思想解放之路上,林则徐起到怎样的牵引作用?这些问题,既是学生困惑的,又是学生中学阶段不曾系统思考的。所以,在构建"回溯提升教学模式"过程中,笔者给学生做出如下梳理与分析。

士大夫心目中的林则徐,历任按察使、布政使、巡抚、总督等,走的是传统的"学而优则仕之路"。"忠君"与"爱国",是林则徐思想演进中两条清晰的主线。其所"忠"之"君",是封建专制君主。其所"爱"之"国",是封建的大清帝国。

据学者考证,关于"开眼看世界"的源头,可追溯至19世纪二三十年代商人出身的谢清高在其撰写的《海录》中提及的英、法、美等国的精巧制器③,以及封建知识分子叶钟进提出的"采阅外情"

---

① 徐奉臻等:《"中国近现代史纲要"重点难点理论与实践问题析微》,中国社会科学出版社2010年版,第51—53页。
② 蒋廷黻:《中国近代史》,东方出版社1996年版,第17页。
③ 徐奉臻:《西学东渐冲击下中国的现代化思潮:兼论近代中国的技术文化观》,《哈尔滨工业大学学报》(社会科学版)2002年第3期。

之主张。在《英吉利国夷情记略》一文中，叶钟进强调重视澳门新闻，认为"苟当事留意采阅，亦可觇各国之情形，皆边防所不可忽也"。此认识的可贵之处，在于其将"采阅外情"与国家安全相联系。"采阅外情"的主张本身，则传递出鸦片战争前中国思想界从妄自尊大向"开眼看世界"转化的信息。而林则徐广州禁烟及其"探西事"和"译西书"之举，更集中地反映了"开眼看世界"这股文化思潮崛起的趋势。①

在受命禁烟的过程中，林则徐较早接触西方人。其间，他不仅意识到中国的闭塞，而且以西方之尺量出了中国国力之虚弱。故此，林则徐一改以往中国士大夫的"中央大国"和"天朝上国"之傲见，首先在军事技术和军事装备层面正视西方文明。在致友人的信中，他曾对中西的"器"和"技"之功能进行了形象的比较：

> 彼之大炮远及十里内外，若我炮不能及，彼炮先已及我，是器不良也；彼之放炮如内地之放排枪，连声不断。我放一炮后，须辗转移时，再放一炮，是技不熟也。②

所以，在禁烟之余，他主要做了五件事：一是组织人员摘译英国人慕瑞所著《世界地理大全》，编成《四洲志》。此外，还主持编译了《华事夷言》《各国律例》等书籍。二是购买外国船炮，包括1000吨的"甘米力治号"英国战舰、两艘纵帆船、一艘小火轮等。三是搜集外国战船资料，诸如"花旗船图""知沙碧船图"等，并仿造欧式战船多艘。四是在不断发现世界的过程中，开创性地提出"师夷长技以制夷"的口号，揭开了近代文化变革的序幕。五是把自己在广东搜集到的《四洲志》等资料交给魏源，魏源在此基础上写就探寻、学习西方富国强兵之路的启蒙性代表作《海国图志》，提出"以夷攻夷""以夷款夷""以夷制夷"之主张。③在《道光洋

---

① 黄顺力：《中国近代思想文化史谈论》，岳麓书社2005年版，第4—5页。
② 蒋廷黻：《中国近代史》，东方出版社1996年版，第17—18页。
③ 汪林茂：《晚清文化史》，人民出版社2005年版，第67、79页。

艘征抚记》中,魏源对林则徐多有论述①,足见林则徐对魏源的影响之大。

虽然,林则徐对西方文明的认识,主要局限在自强御侮的器物和技术层面,没有触及中国传统的道统。林则徐的阶级属性,决定了他注定成为集传统的旧学与现代的新学于一身的人物。尽管如此,在风气未开的19世纪中叶,他的思想与作为已为那个时代绝大多数封建知识分子思力之所不能及。其御侮的民族气节,以及他接纳新知的勇气,不仅影响了洋务派,而且为19世纪下半叶先进中国人的早期出路探索做了必要的思想铺垫。

例4:如前所述,在由北京师范大学出版社出版的供八年级使用的《历史》(上册)的"名人名言"栏目中,引用了梁启超的话:"吾国四千年大梦之唤醒,实自甲午战败割台湾、偿二百兆始。"看到这段表述后,学生可能会产生的疑问是:既然"大梦"已"唤醒",今天为何还要提中国梦?习近平总书记又为什么说:"实现中华民族伟大复兴,就是中华民族近代以来最伟大的梦想。"②

不难看出,习近平总书记所言的近代以来的中国梦,充其量不过170余年。但梁启超提到的已经唤醒的大梦,已经有"四千年"。此梦与彼梦,到底有何不同?回答此问题,既是把握中国梦的症结,也是理解中国近现代史的关键。

针对这些问题,在教学中,笔者采用"回溯提升教学模式"中的"史料运用提升法"的理念和路径,采用"长期常规多维提升法"中的"以民族复兴的中国梦贯通教学全程"的理念和路径,采用"近期因时多维提升法"中的"习近平总书记系列重要讲话精神'三进'思政课"的理念和路径,阐释和说明两个中国梦之不同。

笔者以为,在近代中国的大部分时间内,事实上存在着两个中国梦:一个是梁启超所言的"吾国"之大梦(简称"前梦"),另一个是围绕两大历史任务而形成的中国梦(简称"后梦")。

---

① 龚书铎主编:《中国通史参考资料·近代部分》上册,中华书局1965年版,第1—31页。

② 《习近平谈治国理政》,外文出版社2014年版,第36页。

"前梦"是唯我独尊之梦、天朝上国之梦、中央大国之梦、君主天下之梦、御临万方之梦和闭关锁国之梦;"后梦"是自强自立之梦、国家独立之梦、人民解放之梦、国富民强之梦、中华崛起之梦和民族复兴之梦。

"前梦"是仁人志士所弃之梦,此梦由强及弱,直至彻底幻灭。"后梦"是有识之士所逐之梦,此梦从弱至强,直至梦想成真。

"前梦"是中国其亡也忽、步步沉沦的文化阻力,"后梦"是中国其兴也勃、步步崛起的文化助力。两梦之间,此消彼长,互为反作用。"前梦"不仅使中国游离于世界现代化大潮之外,成为近代文明的落伍者,而且也使中国在先行现代化国家的冲击面前旋即失稳失序,沦为半殖民地国家。"后梦"不仅给中国的有识之士注入了回应外来挑战的勇气、信念和决心,使中国启动了后发型和外诱型的社会变迁,而且也大大加快了中华民族整体觉醒的进程,为完成"民族独立和人民解放"的历史任务奠定了不可获取的思想条件。

"前梦"和"后梦",与19世纪中下叶中国社会沉沦与崛起的两个逆向并行的趋势相对应。"前梦"在鸦片战争之前及其更久远的时期,就已根深蒂固地存在;而"后梦"则是在西方殖民势力大举东渐、中国被迫开国以及中国传统社会开始解体的情境之下才形成的中国梦。"前梦"有两个重要的时间节点:一是19世纪中叶中国被迫开国之后,此梦开始松动;二是19世纪末叶甲午中日战争之后,此梦彻底破灭。因为"甲午一役以后,中国人士不欲为亡国之民者,群起以呼啸叫号,发鼓击钲,声撼大地。或主张变法自强之议,或吹煽开智之说,或立危词以警国民之心,或故自尊大以鼓舞国民之志。未几而薄海内外,风靡响应,皆惧为亡国之民,皆耻为丧家之狗;未几有戊戌变法自强之举。此振兴之自上者也"[①]。"后梦"有三个重要的运行路标:一是到中华人民共和国成立,实现了"民族独立与人民解放",这一过程属于完成时;二是到建党百年之时,建成小康社会,

---

① 曾业英编:《蔡锷集1》,湖南人民出版社2008年版,第163页。

实现"中国梦"的近期目标;三是到建国百年之时,建成富强、民主、文明、和谐的社会主义现代化国家,实现中国梦的远期目标。建党百年目标和建国百年目标的实现,属于进行时和将来时。小康社会,以及富强、民主、文明、和谐,既是中国梦的外在标志,又是中国梦的终极旨归。①

除此之外,笔者还依据"以案为例提升法"的理念与路径,为学生推介由史也夫和笔者共同主编的《"中国近现代史纲要"课教学案例参考》中的相关案例,诸如"强权与生命被蹂躏的缩影——东北的鸦片贸易""侵略者的乐园——外侨在哈尔滨""从扩张工具到利权回归——中东铁路的修建与沿革""敲骨吸髓的工具——南满铁道株式会社""沙俄侵华的暴行——血染海兰泡和江东六十四屯""法国传教士肆虐龙江——呼兰教案""东北人民的反洋教运动——金丹道教起义""维护东北领土主权的外交官——杨儒""东北抗俄的一支铁军——忠义军""清末抗俄将领——黑龙江人寿山""东北边陲的反帝怒潮——黑龙江的义和团""日益开放的视野——薛福成眼中的西方文明"等。②

第三节 对国家出路的早期探索

"对国家出路的早期探索",是笔者在"中国近现代史纲要"教学中讲授的第三个专题。该专题设计的主要依据,是"回溯提升教学模式"中的"专题化提升法"的理念与路径。如将该专题"对国家出路的早期探索"作为独立的母系统,那么,太平天国农民战争、洋务运动和戊戌维新运动,则构成其三个有机子系统。在内容上,本专题对应大学的《中国近现代史纲要》教材的第二章"对国家出路的早期探索"。此中的"早期",指19世纪中下叶。

---

① 徐奉臻:《在思政课教学中何以实现中国梦之"三进"》,《思想政治教育研究》2015年第3期。
② 史也夫、徐奉臻:《"中国近现代史纲要"课教学案例参考》,高等教育出版社2010年版,第6—31页。

一　太平天国农民战争

（一）回溯中学的相关内容

在本专题中，笔者围绕概念框架、疑难问题、重点内容与主要方法等，运用"四维多向回溯法"中的"问卷式回溯法""互动式回溯法"和"启发式回溯法"等，回溯与本专题相关的中学的中国近现代史的内容，以便为笔者在大学的"中国近现代史纲要"教学中构建"回溯提升教学模式"奠定基础。

1. 运用的概念框架的回溯

在称谓上，中学的中国近现代史教材大多使用"太平军"和"太平天国运动"等。在定位上，中学的中国近现代史教材基本上框定在"沉沦"与"抗争"的框架之中。

由北京师范大学出版社出版的供八年级使用的《历史》（上册）的"第一单元"，题为"列强的侵略与中国人民的抗争"，包括"鸦片战争的烽烟""劫难中的抗争""甲午中日战争""八国联军侵华战争"等课。其中，与本专题相关的内容，以"太平军痛打洋枪队"的形式出现，设在第二课"劫难中的抗争"中。

由四川教育出版社出版的供八年级使用的《中国历史》（上册）的"第一学习主题"，题为"列强的侵略和中国人民的抗争"，包括"鸦片战争""第二次鸦片战争""左宗棠收复新疆和甲午中日战争""八国联军侵华"等课。其中，题为"第二次鸦片战争"的"第二课"，设置了子题目"太平军抗击洋枪队"。

由人民教育出版社出版的《中国近代现代史》（上册）的"第一章"，题为"清朝晚期中国开始沦为半殖民地半封建社会"，包括"鸦片战争""鸦片战争的影响""第二次鸦片战争""西方资本主义国家经济势力的入侵""太平天国运动的兴起和发展""太平天国后期的保卫战""新思想的萌发"7节。其中的第五节至第七节，是关于太平天国运动的内容。

2. 预设的疑难问题的回溯

由北京师范大学出版社出版的供八年级使用的《历史》（上册）

的"第一单元",仅涉及"太平军痛打洋枪队"。这一内容,只是太平天国农民战争的一个很窄的侧面。并且,关于此部分内容,该教材没有预设任何疑难问题。这样的结构安排,说明此教材把太平天国农民战争作为一个简单的历史事件来处理。

由四川教育出版社出版的供八年级使用的《中国历史》(上册)的"第一学习主题"与由北京师范大学出版社出版的供八年级使用的《历史》(上册)的"第一单元"基本一致,只不过把子题目由富有感情色彩的"太平军痛打洋枪队",换成了更具中性色彩的"太平军抗击洋枪队"。并且,此部分也没有预设相关的思考题目。

相比之下,由人民教育出版社出版的《中国近代现代史》(上册)的"第一章",对太平天国的历史阐释得较为系统,包括"太平天国运动的兴起和发展""太平天国后期的保卫战"和"新思想的萌发"三个部分。该教材围绕此内容所预设的疑难问题有:《天朝田亩制度》的主要内容是什么,你怎样评价它?太平天国失败的原因是什么?与以往农民战争相比,太平天国运动有哪些新特点和新功绩?近代中国"向西方学习"的思想是怎样产生的?鸦片战争期间萌发的新思想有什么特点?此外,还设有两道阅读材料题。

材料题之一:阅读如下材料,请思考:洪秀全受梁发《劝世良言》的影响创立拜上帝教,但洪秀全的思想跟《劝世良言》有哪些本质的区别?

材料1:梁发《劝世良言》:"上不违逆神天上帝之旨,下不干犯王章法度。""勿贪世上之福,克己安贫,以求死后永享天堂之真福。"

材料2:洪秀全《原道觉世训》:"自秦、汉至今一二千年,几多凡人灵魂被这阎罗妖缠捉磨害。""阎罗妖乃是老蛇,妖鬼也……天下凡间我们兄弟姊妹所当共击灭之,惟恐不速者也。"

材料3:洪秀全《钦定前遗照圣书批解》:"天上有天国,地下有天国,天上地下同是神父天国,勿误认单指天上天国。……今日天父天兄下凡创开天国是也。"

材料题之二：阅读如下材料，请回答：《天朝田亩制度》和《资政新篇》都是太平天国颁布的纲领性文件，有人认为《资政新篇》是对《天朝田亩制度》的继承和发展，这种看法是否正确？为什么？

材料1：《天朝田亩制度》：盖天下皆是天父上主皇上帝一大家，天下人人不受私，物物归上主，则主有所运用，天下大家处处平均，人人保暖矣。

材料2：《资政新篇》：兴银行。倘有百万家财者，先将家资契式禀报入库，然后准颁150万银纸，刻以精细花草，盖以国印图章，或银货相易，或纸银相易，皆准每两取息3厘。……此举大利于商贾士民，出入便于携带。

3. 重点内容与方法的回溯

在重点内容与叙事方法上，关于太平天国农民战争，不同版本的中学的中国近现代史教材，侧重点有所不同。归结起来，主要有三个显著特点。

其一，在教材的行文中，主要立足于中国的近代历史视域介绍太平天国农民战争，没有从纵向历时维角度揭示太平天国农民战争与历史上的农民战争的根本不同，也没有从纵向历时维的角度揭示太平天国农民战争与中国共产党领导的土地革命的本质区别。但值得注意的是，由人民教育出版社出版的《中国近代现代史》（上册）的"第一章"，预设了"与以往农民战争相比，太平天国运动有哪些新特点和新功绩"之问题，这样就等于为学生理解和把握太平天国农民战争提供了一个纵向的分析视角，从而为笔者在大学的"中国近现代史纲要"教学中进一步论证"太平天国起义是中国旧式农民战争的最高峰"之命题奠定了基础。

其二，突出太平天国抗击外来侵略等基本史实。诸如，由北京师范大学出版社出版的供八年级使用的《历史》（上册）的"第一单元"，关于太平天国农民战争，仅有的题目是"太平军痛打洋枪队"。还如，由四川教育出版社出版的供八年级使用的《中国历史》（上册）的"第一学习主题",关于太平天国农民战争,仅有的题目是"太平军抗击洋枪队"。

毫无疑问,凸显太平天国农民战争抗击外来侵略的内容,本无可厚非。并且,强调这部分内容,恰恰能够说明太平天国农民战争的时代特点:不仅高于历史上的农民战争,而且其认知也超越了腐败无能的满清专制统治。太平天国抗击外来侵略,与清政府的屈膝投降,与清政府的"借师助剿"等,均形成鲜明反差。

但问题是,抗击外来侵略只是太平天国农民战争的一个侧面,而并非其全部。如将太平天国农民战争简单地归结为反对外来侵略而忽略其反封建的本质内容,则不仅将陷入线性历史观之窠臼,而且也不能从根本上体现太平天国农民战争的特点。

其三,如前所述,由人民教育出版社出版的《中国近代现代史》（上册）的"第一章",对太平天国的历史阐释得较为系统,包括"太平天国运动的兴起和发展""太平天国后期的保卫战"和"新思想的萌发"三个部分。综观该教材,不仅所涉内容较为全面,包括太平天国运动兴起的原因、从金田起义到定都天京、《天朝田亩制度》、太平天国的全盛时期、天京变乱、重建领导核心、太平天国的失败、《资政新篇》等,而且还有"太平天国的悲剧充分说明:由于受阶级和时代的局限,农民阶级不能领导中国革命取得胜利",以及"同中国以往的农民战争相比,在思想上、组织上,它都高出一筹,是几千年来中国农民战争的最高峰"[①] 等表述。但遗憾的是,教材编写者没有将这样的分析纳入"民族独立和人民解放""国家富强和人民富裕"的框架之内,也没有将太平天国农民战争作为19世纪下半叶早期出路探索的有机部分加以推介,这为笔者在中学的"中国近现代史纲要"教学中进一步提升留下了空间。

（二）大学"纲要"教学中的提升

在本专题中,笔者围绕概念框架、疑难问题、重点内容与主要方法等,运用包括"专题化提升法""设问式提升法""问卷式调研法"

---

① 人民教育出版社历史室:《中国近代现代史》,人民教育出版社2003年版,第27页。

"跨时代提升法""跨学科提升法""以案为例提升法""逻辑推理提升法""史料运用提升法"和"多媒体教学提升法"在内的"方法线的多维提升法",以及包括"近期因时多维提升法"和"长期常规多维提升法"在内的"内容线的多维提升法",提升与本专题相关的大学的"中国近现代史纲要"的教学,构建"回溯提升教学模式"。

1. 运用的概念框架的提升

在称谓上,大学的《中国近现代史纲要》教材,使用"太平天国农民战争"。在定位上,"太平天国农民战争"是"对国家出路的早期探索"的有机构成。

需要指出的是,大学的《中国近现代史纲要》教材,并没有把太平天国农民战争与洋务运动和戊戌维新运动并列,而是把"农民群众斗争风暴的起落"与"洋务运动的兴衰"和"维新运动的兴起和夭折"并列,作为"对国家出路的早期探索"的三节子内容。也就是说,太平天国农民战争被置于"农民群众斗争风暴的起落"中。在"农民群众斗争风暴的起落"这节中,又设"太平天国农民战争"和"农民斗争的意义和局限"两个子题目。这样的安排,不仅有助于从更广阔的框架内审视太平天国农民战争,而且也为分析"太平天国是中国旧式农民战争的最高峰"之命题提供了更广阔的分析空间。

虽然,农民群众斗争风暴、洋务运动、戊戌维新运动的视角和内容都有所不同,但由于它们都是"对国家出路的早期探索"的有机部分,因而在宏观上有一致的总体背景。总体背景可以表述为两句话:一是时代变化,二是时代变化所提出的新问题与新任务。

"时代变化"指:19世纪中下叶,中国呈现千年未有之大变局。外国资本主义的入侵,使中国的民族危机和社会危机空前加剧,中国逐渐沦为半殖民地半封建社会。

"时代变化所提出的新问题与新任务"中的"新问题"是:如何抵御外国侵略?如何救亡图存?如何学习西方?如何求强求富?

"时代变化所提出的新问题与新任务"中的"新任务"是:找寻和探索国家的出路,实现"民族独立和人民解放",完成"国家富强和人民富裕"。在此背景下,中国的农民阶级、封建地主阶级、新兴的资产阶级维新派纷纷登上中国的政治舞台，探索救国救民之路。只不过，与洋务派通过学习西方军事技术等方式来挽救封建统治和诉求国家富强不同，与维新派通过自上而下的政治改良道路诉求变法维新救亡图存不同，以洪秀全为代表的中国农民阶级，寄希望用武装斗争和改造社会的方案救亡图存。

以中学的中国近现代史教材为参照，大学的《中国近现代史纲要》教材最值得提及的创新性表述，是系统提出命题"太平天国起义是中国旧式农民战争的最高峰"[①]。围绕这个命题分析太平天国农民战争的特点、进程、意义和失败启示等，有助于体现大学课程与中学的内容不同，也有助于帮助学生提升分析和解决问题的能力。

2. 预设的疑难问题的提升

大学的《中国近现代史纲要》教材，立足于思政课之定位，预设了一个问题：如何认识太平天国农民战争的意义和失败的原因、教训？

基于教材体系向教学体系转换的初衷，在笔者主撰的《"中国近现代史纲要"重点难点理论与实践问题析微》一书中，关于太平天国农民战争，又预设了如下主要问题。

太平天国何以成为"中国旧式农民战争的高峰"？"太平军一坏于杨秀清的专横跋扈，再坏于韦昌辉的疯狂屠杀，最后坏于洪秀全的任用私人，尤其是最后一坏，历时既久，使得太平军最后削弱以至于溃灭"，你认同这些认识吗？蒋廷黻说："太平天国的失败，证明我国旧式的民间运动是不能救国救民的"，请结合史实诠释这一命题。[②]

除此之外，基于运用"问卷式回溯法"所获取的资料，围绕学生的困惑，笔者在教学中还进一步预设了作为"'中国旧式农民战争最高峰'的太平天国运动何以难逃'其兴也勃和其亡也忽'之命运""如何理解太平天国农民战争从反封建开始到走向封建结束的历史怪圈""太平天国失败说明了什么""如何运用破窗效应理论说明太平

[①] 本书编写组《中国近现代史纲要》，高等教育出版社2015年版，第46页。
[②] 徐奉臻：《"中国近现代史纲要"重点难点理论与实践问题析微》，中国社会科学出版社2010年版，第54—65页。

天国农民战争的影响""如何运用路径依赖理论说明太平天国农民战争失败的历史必然性"等具有针对性和启发性的问题。

近代以来，围绕"民族独立和人民解放""国家富强和人民富裕"这两大任务，不同的阶级进行了不屈探索。太平天国农民战争揭开了早期出路探索的序幕，中国的农民阶级率先登上探索的舞台。作为思政课的"中国近现代史纲要"的"纲"中之"要"，就是要用排除法论证：在"对国家出路的早期探索"中，先后登上历史舞台的农民阶级、部分封建地主阶级和新兴资产阶级维新派，都不能肩负起完成"民族独立和人民解放""国家富强和人民富裕"这两大历史任务的使命。因此，太平天国农民战争的失败，从一个侧面反衬出中国共产党被历史和人民选择的历史必然性。上述问题，凸显了大学"中国近现代史纲要"的思政课定位，为后来进一步论证近代中国的"三大历史性选择"做了必要的铺垫。

3. 重点内容与方法的提升

超越中学的中国近现代史推介太平天国农民战争的近代视域，转而着眼于中国通史的宏观框架，运用"三跨教学提升法"中的"跨时代提升法"，围绕"太平天国起义是中国旧式农民战争的最高峰"之命题，对太平天国农民战争进行跨时代的阐释，是笔者在大学的"中国近现代史纲要"教学中提升叙事方式和叙事方法的途径之一。

关于"太平天国起义是中国旧式农民战争的最高峰"之命题，有两个问题必须厘清：一是与"旧式农民战争"对应的"新式农民战争"是什么？二是"最高峰"的参照系是什么？围绕这两个问题，笔者为学生提供了如下具有启发性的分析思路：

"太平天国起义是中国旧式农民战争的最高峰"之命题中的"旧式"，是一个与"新式"对应的表述。"旧式农民战争"指由不代表先进生产力的农民阶级领导的传统农民起义，属于毛泽东在《贺新郎·读史》中所描述的"盗跖庄蹻流誉后，更陈王奋起挥黄钺"之范畴。"新式农民战争"指由先进阶级领导的彻底的社会革命，诸如由中国共产党领导进行的土地革命。

"太平天国起义是中国旧式农民战争的最高峰"之命题中的"最

高峰",可从两个角度理解:如果立足于"短时段"角度,太平天国农民战争是中国近代史上规模巨大、波澜壮阔的一次反封建和反侵略的农民运动,其参照系是近代以来的农民反清起义,比如捻军起义等;如果着眼于"长时段"视野,太平天国农民战争是中国历史上此起彼伏的农民起义的重要里程碑,其参照系是近代以前的农民起义。

"太平天国起义是中国旧式农民战争的最高峰"之命题和定位之所以成立,是因为太平天国农民战争呈现出如下旧式农民战争所不能企及的独到之处和全新特点。

在背景条件上,与"盗跖庄蹻流誉后,更陈王奋起挥黄钺"的旧式农民战争不同,太平天国农民战争生发于近代初期中国社会"千古未有之大变局"之中。鸦片战争后,西方先行现代化国家为寻找原料、商品销售市场和资本输出市场,将其殖民势力大举东渐。长期沉醉于锁国迷梦中的中国,被迫"开国",被强行纳入世界资本主义体系之中,中国社会也由此开始了解体的历程。解体之后的中国社会,呈现出由"独立国"变成"半殖民地"、由"封建社会"变成"半封建社会"的畸形化形态。中华民族与资本—帝国主义的民族矛盾、封建主义与人民大众的民主矛盾,构成近代中国的两大主要矛盾。太平天国农民战争,就是阶级矛盾和民族矛盾同时激化的产物。

在目的诉求上,太平天国农民战争与洋务运动和戊戌维新运动一起,构成19世纪下半叶对国家出路的三大早期探索。"民族独立和人民解放""国家富强和人民富裕"这两个历史任务,是其探索的目的和诉求。三大早期探索角度不同,方案有别。其中,太平天国农民战争是农民阶级用武装斗争和改革方案对社会进行改造的尝试。

在内容水平上,与传统旧式农民战争一样,太平天国农民战争也反对封建专制统治。但同时,太平天国农民战争还有许多传统旧式农民战争所不能企及之处。因为太平天国农民战争不仅反对封建专制统治,而且强烈地反对外来侵略。诸如,以洪秀全为代表的太平天国领袖们意识到鸦片是"害人之物",因而坚决反对鸦片贸易。此外,他们还反对放弃主权、反对清政府与列强签订的一系列不平等条约等。当中外反动势力勾结起来向太平军举起屠刀时，他们不惜牺牲、英勇抗击。太平天国的领袖们对待入侵的洋人的强硬态度，与腐败无能、卑躬屈膝的满清政府的做法大相径庭，形成鲜明而强烈的反差。

  在组织思想上，太平天国由上至下建立了一套严密而系统的政权组织。在太平天国控制的地区之内，无论是经济基础，还是上层建筑，都发生了巨大的变化。虽然，应当承认，太平天国农民政权具有封建性。但同时也该看到，太平天国农民战争也具有革命性。尤其是在太平天国农民政权建立初期，表现出优于满清政府的行政效率和军事效率，这也是太平天国政权能在短时间内以长风破浪和锐不可当之势征服大半个中国的主要原因。不仅如此，太平天国颁布的纲领性文献《天朝田亩制度》和《资政新篇》，以及其所反映的思想与理念，均达到中国历史上历次农民起义所未曾达到的高度。其中，《天朝田亩制度》从根本上否定了封建社会的经济基础，即封建地主的土地所有制，完整地表达了农民拥有土地的强烈愿望和千年理想，既发展又超越了在传统旧式农民战争中已经形成的"均贫富"和"等贵贱"等认识。《资政新篇》是中国近代历史上第一个具有资本主义色彩的系统方案，涉及政治、经济、外交、思想、文化等不同方面的社会改革。《资政新篇》反映了太平天国某些领导人在后期试图通过向西方学习来寻求出路的一种努力，其眼界和认识均为传统旧式农民战争所不能企及。

  在规模影响上，太平天国农民战争历时十余年，其影响波及近20个省，建立了与满清政府对峙的农民革命政权，使中国社会呈现出二元政治格局。谈及太平天国农民战争的影响，有学者将其视为"一次震撼了清朝统治几乎致其覆灭的斗争"①。1860年9月1日的《纽约时报》曾发表题为"太平军挥师北伐，大清朝摇摇欲坠"的文章，断言："叛军又获得了一连串的胜利，这看起来很可能导致鞑靼家族统治历史的终结"，"满清皇室想坐稳江山的希望看来是变得越来

---

  ①　[日]增田涉：《西学东渐与中国事情》，由其民等译，江苏人民出版社2011年版，第125页。

渺茫了"①。太平天国农民战争不仅沉重打击了封建统治阶级，削弱了封建统治的精神支柱，动摇了满清王朝专制统治的基础，而且有力地打击了英国和法国的殖民势力，推动和支持了亚洲的民族解放运动，如印度的民族起义等。并且，还为远东的日本所进行的明治维新创造了有利的国际环境。当时，也有一些西方的正义人士支持太平天国农民战争，甚至参加太平军。譬如，英国海军军官呤唎就参加了太平军，不仅帮助太平军购买船只和军火等，而且还在回国后撰写了《太平天国革命亲历记》，记述了自己在参加太平天国农民战争中的所见、所闻和所感，成为研究太平天国农民战争的珍贵历史资料。不仅如此，太平天国还不同程度地对后世的制度变革产生影响。资产阶级革命派的代表人物孙中山，不仅把自己称为"洪秀全第二"，而且还"接受了太平天国反清的正面影响和因争权夺利而导致分裂火并的反面教训"。②

超越中学的中国近现代史推介太平天国的就事论事风格，转而着眼于"对国家出路的早期探索"的思政课定位，运用"破窗效应理论""路径依赖理论"和"历史周期律"等相关思想，以及"逻辑推理提升法""史料运用提升法"和"跨学科提升法"等，对太平天国农民战争失败的原因与启示进行多维阐释，是笔者在大学的"中国近现代史纲要"教学中提升叙事方式和叙事方法的途径之二。

浮与沉、兴与亡、起与落、喜与悲，是太平天国农民战争的宿命，具有历史的必然性。此中的症结问题是：太平天国的功败垂成之"亡"，原因何在？其浮与沉、兴与亡、起与落、喜与悲之命运给历史留下哪些启示？这些问题，不仅事关对太平天国农民战争本身的理解和认识，而且也是论证近代中国的三大历史性选择之必然性的重要环节。关于此问题，笔者为学生提供了如下具有启发性的思路。

虽然太平天国遭遇中西反动势力的内外夹击，是导致其功败垂成的客观原因。但是，不代表新的生产力和生产关系、没有科学理论的

---

① 郑曦原：《帝国的回忆：〈纽约时报〉晚清观察记（1854—1911）》，当代中国出版社 2007 年版，第 175—176 页。
② 陈旭麓：《近代中国社会的新陈代谢》，中国人民大学出版社 2012 年版，第 85 页。

指导、不能理性地对待传统文化、混淆西方国家的人民与其侵略者之区别，以及农民政权日趋蜕化、封建化与腐朽化等主观原因，才是太平天国由盛及衰的根本原因。

通观太平天国的运行轨迹，不仅呈现出清晰可见的矛盾性，而且形成一个又一个历史循环之怪圈——从反封建开始，到走向封建结束；在否定封建皇帝的同时，又制造了一个新的皇帝。在谈及太平天国农民政权日趋蜕化、封建化与腐朽化之倾向时，历史学家们和观察者们从不同角度加以阐释。其中，范文澜和蒋廷黻的如下表述最具代表性：

> 太平军一坏于杨秀清的专横跋扈，再坏于韦昌辉的疯狂屠杀，最后坏于洪秀全的任用私人，尤其是最后一坏，历时既久，使得太平军最后削弱以至于溃灭。[1]

> 洪秀全得了南京以后，我们更能看出他的真实心志不在建设新国家或新社会，而在建设新朝代。他深居宫中，务求享做皇帝的福，对于政事则不放在心上。宫廷的建筑，宫女的征选，金银的聚敛，官制官制的规定，这些事情是太平天王所最注意的。[2]

此外，呤唎在描写对忠王李秀成的印象时还写道：

> 他戴着一顶华美的金冠，金冠状似老虎，由打成细薄精美绝伦的金枝玉叶做成。虎的眼睛是两只巨大的红宝石，牙由一排排珍珠嵌成。金冠两侧各有一位展翅欲飞的天使，顶端是一只凤凰。整副金冠制作精美绝伦，硕大的珠宝镶嵌在黄金里，四周还挂满了珍珠、蓝宝石以及其他珠宝。忠王手中拿着玉如意，两端有各式各样的蓝宝石、珍珠，还有紫水晶。他雍容华贵的朝服几乎垂到脚面，华美的黄缎子上用金银及猩红的丝线结实地绣着金浮饰及龙，黄色的刺绣裤和黄缎靴与朝服构成一套完

---

[1] 范文澜：《中国近代史》，人民出版社1955年版，第183页。
[2] 蒋廷黻：《中国近代史》，上海古籍出版社2004年版，第74页。

美的装饰组合。①

《天朝田亩制度》具有历史的进步性，但也有显而易见的时代局限性。《天朝田亩制度》不仅在认识上没有跳出传统农民小生产者的狭隘眼界，而且在关于理想天国的构想上依旧囿于闭塞的自给自足的自然经济、小农经济和家庭手工业相结合的传统生活生产方式。由于太平天国所具有的理性化和虚幻性色彩，加之斗争的残酷性现实，决定了《天朝田亩制度》只能是不能实现的一纸空文，"它的价值是为近代思想史提供了一种农民的大同模式"。②

洪仁玕的《资政新篇》，以西资中。但在当时，它是超越农民革命视野的救国方案，而并非太平天国农民运动的题中应有之义。这就决定了它不可能"转化为物质力量"，充其量"只不过为19世纪中国的社会思想留下了一份珍贵的资料"。③

如果说，以康有为为代表的维新派变革中国社会的方式是"托古改制"，那么，以洪秀全为代表的太平天国农民领袖探索中国社会出路的方式则是"托宗改朝"。太平天国的拜上帝教，被西洋人称为"一种特别的东西"，即中国特色的"太平基督教"④。其特点是：宗教服务于政治，宗教思想与反封建思想有机交融，"宗教意义上的天国"与"人间层面的天国"有机统一，"天上的永恒天国"和"地上的太平天国"学理相通。因此，"天上的上帝"也就成为打击"地上的皇帝"的思想武器，宗教教义和宗教仪式也就成为太平天国领袖吸引农民和发动农民参加反清起义的组织工具。反封建的理想赋予拜上帝教以世俗的价值，但当"从反封建开始"到"回到封建结束"的怪圈形成之后，反封建的理想与宗教的世俗力量必然会同步弱化，甚至消逝。

---

① 纪陶然：《天朝的镜像：西方人眼中的近代中国》，江苏人民出版社2014年版，第35页。
② 陈旭麓：《近代中国社会的新陈代谢》，中国人民大学出版社2012年版，第80页。
③ 同上书，第83页。
④ ［日］增田涉：《西学东渐与中国事情》，由其民等译，江苏人民出版社2011年版，第124—125页。

太平天国农民战争的失败说明,尽管农民具有革命潜力,但单纯的农民战争难以突破"路径锁定"的"历史周期律"之窠臼,因而不可能完成"民族独立和人民解放""国家富强和人民富裕"的历史重任。

依据"以案为例提升法"的理念与路径,为学生推介由史也夫和笔者共同主编的《"中国近现代史纲要"课教学案例参考》中的相关案例,是笔者在大学的"中国近现代史纲要"教学中提升叙事方式和叙事方法的途径之三。所推介的案例是:"太平天国的纲领性文件"——《天朝田亩制度》和《资政新篇》。①

依据"名作导读法提升法"的理念与路径,给学生推介《天朝田亩制度》和《资政新篇》的原文内容,让学生形成更直观的认识,是笔者在大学的"中国近现代史纲要"教学中提升叙事方式和叙事方法的途径之四。

推介的《天朝田亩制度》内容如下:

> 凡分田,照人口,不论男妇,算其家人口多寡,人多则分多,人寡则分寡,杂以九等。如一家六人,分三人好田,分三人丑田,好丑各一半。凡天下田,天下人同耕,此处不足,则迁彼处,彼处不足,则迁此处。凡天下田,丰荒相通,此处荒则移彼丰处,以赈此荒处,彼处荒则移此丰处,以赈彼荒处。务使天下共享天父上主皇上帝大福,有田同耕,有饭同食,有衣同穿,有钱同使,无处不均匀,无人不饱暖也。凡男妇,每一人自十六岁以尚(即"上"。"上"是太平天国避讳字,以下同),受田多隃十五岁以下一半。如十六岁以尚分尚尚田一亩,则十五岁以下减其半,分尚尚田五分;又如十六岁以尚分下下田三亩,则十五岁以下减其半,分下下田一亩五分。
>
> 凡天下,树墙下以桑。凡妇蚕绩缝衣裳。凡天下,每家五母鸡,二母彘,无失其时。凡当收成时,两司马督伍长,除足其二

---

① 史也夫、徐奉臻:《"中国近现代史纲要"课教学案例参考》,高等教育出版社2010年版,第32—33页。

十五家每人所食可接新谷外，余则归国库。凡麦、豆、苎麻、布帛、鸡、犬各物及银钱亦然。盖天下皆是天父上主皇上帝一大家，天下人人不受私，物物归上主，则主有所运用，天下大家处处平均，人人饱暖矣。此乃天父上主皇上帝特命太平真主救世旨意也。……

凡二十五家中，设国库一，礼拜堂一，两司马居之。凡二十五家中所有婚娶弥月喜事，俱用国库；但有限式，不得多用一钱。如一家有婚娶弥月事，给钱一千，谷一百斤，通天下皆一式，总要用之有节，以备兵荒。凡天下婚姻不论财。凡二十五家中陶冶木石等匠，俱用伍长及伍卒为之，农隙治事。凡两司马办其二十五家婚娶吉喜等事，总是祭告天父上主皇上帝，一切旧时歪例尽除。其二十五家中童子俱日至礼拜堂，两司马教读旧遗诏圣书新遗诏圣书及真命诏旨书焉。凡礼拜日，伍长各率男妇至礼拜堂，分别男行女行，讲听道理，颂赞祭奠天父上主皇上帝焉。

……

凡天下官民，总遵守十款天条及遵命令。尽忠报国者则为忠，由卑升至高，世其官。官或违犯十款天条及逆命令受贿弄弊者则为奸，由高贬至卑，黜为农。民能遵条命及力农者则为贤为良，或举或赏。民或违条命及惰农者则为恶为顽，或诛或罚。

凡天下每岁一举，以补诸官之缺。举得其人，保举者受赏；举非其人，保举者受罚。……

凡天下诸官，三岁一升贬，以示天朝之公。……

凡天下每一夫有妻子女三、四口，或五、六、七、八、九口，则出一人为兵。其余鳏寡孤独废疾免役，皆颁国库以养。……①

推介的《资政新篇》的内容如下：

---

① 龚书铎：《中国通史参考资料·近代部分》上册，中华书局1965年版，第136—138、140页。

……兹谨将所见闻者条陈于后,以广圣闻,以备圣裁,以资国政……

……兴车马之利,以利便轻捷为妙。倘有能造如外邦火轮车,一日夜能行七八千里者,准自专其利……若彼愿公于世,亦禀准遵行,免生别弊。先于二十一省通二十一条大路,以为全国之脉络,通则国家无病焉。通省者阔三丈,通郡者阔二丈五尺,通县及市镇者阔二丈,通大乡村者阔丈余。……二十里立一书信馆,愿为者请饷而设,以为四方耳目之便,不致上下梗塞,君民不通也。

……兴舟楫之利,以坚固轻便捷巧为妙。或用火用气用力用风,任乎智者自创。首创至巧者,赏以自专其利……若愿公于世,亦禀明发行。兹有火船气船,一日夜能行二千余里者,大商则搭客运货,国家则战守缉捕,皆不数日而成功,甚有神于国焉。……

……兴银行。倘有百万家财者,先将家赀契式禀报入库,然后准颁一百五十万银纸,刻以精细花草,盖以国印图章,或银货相易,或纸银相易,皆准每两取息三厘。或三四富民共请立,或一人请立,均无不可也。此举大利于商贾士民,出入便于携带……

……兴器皿技艺。有能造精奇利便者,准其自售,他人仿造,罪而罚之。即有法人而生巧者,准前造者收为己有,或招为徒焉。器小者赏五年,大者赏十年,益民多者年数加多,无益之物有责无赏。限满他人仿做。

……兴宝藏。凡金、银、铜、铁、锡、煤、盐、琥珀、蚝壳、琉璃、美石等货,有民探出者准其禀报,爵为总领,准其招民采取。总领获十之二,国库获十之二,采者获十之六焉。……

……兴邮亭以通朝廷文书,书信馆以通各色家信,新闻馆以报时事常变、物价低昂。只须实写,勿着一字浮文。倘有沉没书札银信及伪造新闻者,轻则罚,重则罪。邮亭由国而立,余准富民纳饷,禀明而设。或本处刊卖,则每日一篇,远者一礼拜一篇，越省则一月一卷，注明某处某人某月日刊刻，该钱若干，以便远近采买。①

二 洋务运动

（一）回溯中学的相关内容

在本专题中，笔者围绕概念框架、疑难问题、重点内容与主要方法等，运用包括"问卷式回溯法""互动式回溯法""启发式回溯法"和"参与式回溯法"在内的"四维多向回溯法"，回溯与本专题相关的中学的中国近现代史的内容，以便为笔者在大学的"中国近现代史纲要"教学中构建"回溯提升教学模式"奠定基础。

1. 运用的概念框架的回溯

在分析框架上，中学的中国近现代史教材的一种做法，是把洋务运动置于"近代化"的框架之中。诸如，由四川教育出版社出版的供八年级使用的《中国历史》（上册）中的题为"近代化的起步"的"第二学习主题"，就包括"洋务运动"。"洋务运动"还下设两个子题目：一是"洋务派的产生"，二是"洋务派兴办的军用和民用工业"。从这两个子题目看，该教材所论及的洋务运动，主要包括"洋务派兴办的军用和民用工业"。这种把"洋务运动"与"军用和民用工业"等而视之的表述方式，体现了中学的中国近现代史教材的编写特点，也折射出教材编写者对洋务运动内容的线性理解。因为事实上，洋务派兴办的军用和民用工业只是洋务运动的很重要的部分内容。除此之外，还有文化、教育和军事等方面的探索。

还如，由北京师范大学出版社出版的供八年级使用的《历史》（上册）中的题为"近代化的艰难起步"的"第二单元"，也包括洋务运动的相关内容。只不过，此中使用的概念，不是"洋务运动"，而是"近代工业的兴起"。"近代工业的兴起"还下设四个子题目：从"自强"到"求富"；轮船、铁路与电报业的出现；状元实业家；詹天佑与京张铁路。虽然，这些子题目所涉内容，比由四川教育出版

---

① 龚书铎：《中国通史参考资料·近代部分》上册，中华书局1965年版，第141、148—149页。

社出版的供八年级使用的《中国历史》（上册）的内容丰富一些，但也基本上囿于近代工业之框架。

在分析框架上，中学的中国近现代史教材的另一种做法，是把洋务运动置于"中国资本主义的产生"的框架中。诸如，由人民教育出版社出版的《中国近代现代史》的第二章，题目是"中国资本主义的产生、发展和半殖民地半封建社会的形成"，其中就包含"洋务运动"。"洋务运动"还下设三个子题目："洋务派与顽固派""洋务运动的兴起和发展"和"洋务运动的破产"。

2. 预设的疑难问题的回溯

由四川教育出版社出版的供八年级使用的《中国历史》（上册），关于洋务运动，所预设的问题主要有：洋务派掀起洋务运动的目的是什么？洋务运动对中国近代化的进程起了什么作用？洋务运动使中国走上富强道路了吗？洋务运动的积极作用是主要的，还是消极作用是主要的？洋务派认为："中国文武制度，事事远出西人之上，独火器万不能及"，你对这种看法怎么评价？

由北京师范大学出版社出版的供八年级使用的《历史》（上册），关于洋务运动，所预设的问题主要有：清政府中的洋务派为了"师夷"长技以"自强"，学习西方造船制炮的先进技术，开展了洋务运动，中国是否就此繁盛了呢？经过洋务运动，中国社会产生了哪些新的事物，发生了什么变化呢？洋务派创办的军事工业和民用工业与以前的手工作坊相比有什么不同？张謇考中了状元，为什么不做官而去办实业？你知道什么是近代工业吗？甲午中日战争失败后，李鸿章感叹道："我办了一辈子的事，练兵也，海军也，都是纸糊的老虎，何尝能实在放手办理？不过勉强涂饰，虚有其表"，李鸿章为什么说练兵和海军都是"纸糊的老虎"，它揭示出洋务运动哪方面的不足？

由人民教育出版社出版的《中国近代现代史》，关于洋务运动，所预设的问题主要有：结合史实，谈谈你对洋务运动的评价？在引进西方生产技术方面，你认为洋务运动有哪些经验教训值得我们今天借鉴？阅读下面两则材料，请思考：李鸿章和郑观应在探索中国富强之路的问题上有什么相同点和不同点？郑观应对洋务运动提出了怎样的批评？你认为他的批评是否有道理？为什么？

材料1：《江苏巡抚李鸿章致总理衙门原函》："中国文武制度，事事远出西人之上。独火器万不能及。……中国欲自强，则莫如学习外国利器，欲学习外国利器，则莫如觅制器之器，师其法而不必尽用其人。"①

材料2：《盛世危言·自序》："西人立国……育才于学堂，论证于议院，君民一体，上下同心，务实而戒虚，谋定而后动，此其体也。轮船、火炮、洋枪、水雷、铁路、电线，此其用也。中国遗其体而求其用，无论竭蹶趋步，常不相及；就令铁舰成行，铁路四达，果以足恃欤？"②

需要指出的是，虽然中学教材所预设的上述问题，没有立足于思政课的定位，但其中已经事实上含有很多思政课之元素。尤其是，其中的一些材料和问题，已经切中洋务运动时期的文化变革与融合范式，为笔者在大学的"中国近现代史纲要"教学中的进一步提升奠定了必要基础。

3. 重点内容与方法的回溯

在重点内容与方法上，关于洋务运动这部分内容，中学的中国近现代史教材主要有三个特点。

其一，重点介绍洋务派创办的近代工业的相关史实，几乎将洋务运动的内容等同于近代工业的兴起。其所介绍的近代工业主要包括：安庆内军械所、江南制造总局、福州船政局、天津机器制作局、汉阳铁厂、湖北织布局、轮船招商局、开平煤矿等。

其二，在"近代化"框架内诠释洋务运动。由人民教育出版社出版的《中国近代现代史》（上册），将由张之洞在湖北筹办的汉阳铁厂称为"中国第一个近代化钢铁企业"。③ 由北京师范大学出版社出

---

① 沈云龙主编：《近代中国史料丛刊·62辑》，文海出版社1967年版，第2491—2492、2494页。
② 袁飞腾：《袁飞腾讲中国史》下册，湖南人民出版社2013年版，第60页。
③ 人民教育出版社历史室：《中国近代现代史》，人民教育出版社2003年版，第37页。

版的供八年级使用的《历史》（上册），多次使用"近代化"之表述。诸如，"主张学习西方先进生产技术和练兵方法，建设近代化国防"；"洋务运动没有使中国富强起来，但它引进了西方先进的科学技术，使中国出现了第一批近代工业企业，在客观上促进了中国资本主义的发展，推动了中国近代化的进程"；"近代化的军事与国防建设带动了交通和通信事业的发展"；汉阳铁厂是"中国第一个近代化的钢铁工业"等。[①]

其三，部分问题的预设，与大学的"中国近现代史纲要"较为切近。诸如，对近代变革范式的反思，以及对洋务运动失败原因的反思等。尽管，相对于大学的"中国近现代史纲要"课程而言，这部分内容还相对薄弱，但也已经足以让学生围绕近代工业的兴起和发展，形成对洋务运动的基本认识，有助于笔者在大学的"中国近现代史纲要"教学中做进一步的提升。

（二）大学"纲要"教学中的提升

在本专题中，笔者围绕概念框架、疑难问题、重点内容与主要方法等，运用包括"专题化提升法""设问式提升法""以案为例提升法""名作导读提升法""史料运用提升法""跨文化提升法""逻辑推理提升法""减法+加法提升法""多媒体教学提升法"在内的"方法线的多维提升法"，以及包括"近期因时多维提升法"和"长期常规多维提升法"在内的"内容线的多维提升法"，提升与本专题相关的大学的"中国近现代史纲要"的教学，构建"回溯提升教学模式"。

1. 运用的概念框架的提升

在专题"洋务运动"中，笔者在运用的概念上所做的提升努力，主要有三个角度。

一是除了使用中学的中国近现代史提及的"洋务运动"表述之外，还对"洋务运动"的其他称谓加以介绍，明确"同治中兴""同光新政""自强运动""洋务运动""夷务运动""现代化运动"等用

[①] 朱汉国主编：《历史》上册，北京师范大学出版社2007年版，第29—31页。

法的如下演变：

在洋务运动进行的 19 世纪下半叶，人们多使用"同治中兴"和"同光新政"之表述。美国著名汉学家芮玛丽还撰写了名为《同治中兴》的著作。由于"洋务"的别称是"夷务"，林则徐写过《华事夷言》，清政府还出版过官修的对外关系档案资料汇编《筹办夷务始末》，所以还可将"洋务运动"称为"夷务运动"。作为早期出路探索之一，以及为摆脱内忧外患和维护封建统治而进行的自救运动，19世纪 60—90 年代的洋务运动，以"中学为体、西学为用"为最初的文化变革和融合范式，通过学习西方先进技术，以及创办近代军事、民用工业，新式海军和新式学堂等，诉求"求富"和"自强"，以挽救民族危机。所以，港台地区书籍大都将"洋务运动"称为"自强运动"，国内外也有学者将其定位为"现代化运动"。新中国成立以后，"洋务运动"称谓才在大陆著述中普遍通用。

在性质上，"同治中兴""同光新政""自强运动""洋务运动""夷务运动""现代化运动"等表述，并没有根本区别。但在内容和视野上，还是有很大的不同。其中，"洋务运动"重在凸显与国外相关的事务，又称"夷务"。"同治中兴"主要是基于满清统治者的角度强调在同治皇帝在位期间中国所发生的变化，诸如与英、法两国媾和，剿杀太平天国农民战争，开启学习西方器物文明的"师夷之长技"之进程等。严格来说，无论是在时间上，还是在内容上，"同治中兴"都仅仅是"洋务运动"的一部分，不能与洋务运动等而视之。"同光新政"是关于同治和光绪两代皇帝在位期间中国社会变迁的总和，既包括"同治中兴"，又包括"光绪新政"。这种表述，不仅致力于突出"新"字，而且在事实上其外延也已经超越了洋务运动的进程本身，因为"光绪新政"的内涵应延伸至戊戌维新运动。相比之下，"自强运动"侧重展示目的层面的洋务运动，"现代化运动"则是对洋务运动的内容和路径等层面的宏观概括。

二是关于"洋务派"的构成，中学的中国近现代史教材主要提及恭亲王奕䜣和曾国藩、李鸿章、左宗棠、张之洞。但事实上，"洋务派"由四部分构成：中央的奕䜣和文祥；身居要职的地方开明官僚曾国藩、李鸿章、左宗棠、张之洞等；满人代表崇厚；对西方文明有较深了解的薛福成、郭嵩焘、容闳、王韬、郑观应等。

三是关于洋务运动的指导思想，中学的中国近现代史教材较少提及。大学的《中国近现代史纲要》教材也只是提到冯桂芬在《校邠庐抗议》中所写的"以中国之伦常名教为原本，辅以诸国富强之术"，并强调"这个思想后来被进一步概括为'中学为体、西学为用'"①。在此基础上，笔者引介相关的教学科研最新研究成果，强调作为中国应对外来冲击与挑战的最初文化变革方式与文化融合机制的"中学为体、西学为用"，凝结着几代知识精英和政治精英的思想。其中，冯桂芬在《校邠庐抗议》中的阐释，是"中学为体、西学为用"的雏形；李鸿章所言的"中国文武制度。事事远出西人之上。独火器万不能及。……中国欲自强。则莫如学习外国利器。欲学习外国利器。则莫如觅制器之器。师其法而不必尽用其人"②等认识，也体现了"中学为体、西学为用"的基本学理。后来，沈毓桂发表《救时策》，使用"中学为体、西学为用"之术语。再后来，张之洞发表文章《劝学篇》，对"中学为体、西学为用"进行系统阐发，强调用洋器维护中国的封建宗法制度。

在专题"洋务运动"中，笔者在运用的框架上所做的提升努力，表现在两个方面。

一是超越中学的中国近现代史的历史课定位，转而从思政课角度解读洋务派的思想及行动，围绕学生的困惑，运用"设问式提升法""逻辑推理提升法""减法+加法提升法"等，回答"为什么洋务派创建了近代企业及海军但却未实现自强求富之目的"等问题。

二是超越中学的中国近现代史侧重介绍历史人物和历史事件的叙事风格，转而以"中学为体、西学为用"这一文化变革与融合范式为主线，运用"以案为例提升法"和"史料运用提升法"等，揭示导致洋务运动兴与衰的多维原因，为论证近代中国的三大历史性选择

---

① 本书编写组：《中国近现代史纲要》，高等教育出版社2015年版，第49页。
② 沈云龙主编：《近代中国史料丛刊·62辑》，文海出版社1967年版，第2491—2492、2494页。

张目。

2. 预设的疑难问题的提升

大学的《中国近现代史纲要》教材，立足于思政课的基本定位预设了一个问题：如何认识洋务运动的性质和失败的原因、教训？

在笔者主撰的《"中国近现代史纲要"重点难点理论与实践问题析微》一书中，预设的主要问题有：作为外来挑战的第一次鸦片战争于1842年结束，但作为迎接挑战的洋务运动却直至19世纪60年代才拉开帷幕，回应和挑战之间为何间隔如此长时间？梁启超为什么慨叹李鸿章"坐知有洋务，而不知有国务"？"卖国贼""刽子手""现代化的倡行者"都是学界评价李鸿章的词汇，你怎样理解？洋务派所言的"同心少，异议多"和"致多阻格者"该做何解？以薛福成为例，说明洋务运动后期激进派对"中体西用"的偏离，并由此揭示洋务运动与戊戌维新运动的关系。[①]

除此之外，笔者还在教学中预设了洋务运动的模式特点和历史定位？鸦片战争与洋务运动是什么关系？慈禧太后对待洋务运动和戊戌维新运动的态度有何不同？如何评价洋务运动的"功"与"过"？在洋务运动中，洋务派创办了哪些重要的近代企业和海军，这些近代企业和海军有何特点？"同治中兴""同光新政""自强运动""洋务运动"和"现代化运动"等说法有何不同？洋务派创办近代企业和海军的生发机制是什么？为什么洋务派惨淡经营了30多年，既没有实现魏源在《海国图志》中所提出的"师夷长技以制夷"的理想，也没有实现"自强"和"求富"之目标？在"千古未有之大变局"中，洋务派以固守中国的"体"为前提，致力于在"用"的层面累积和获取经济现代性和军事现代性，"体"和"用"的内涵是什么，如何评价"中学为体、西学为用"的功能？有人认为，洋务运动的结果是"破产"而非"失败"，如何理解？从中国学术史的角度看，曾经出现过两种极端的意见，一是"全盘否定"，认为洋务运动百无一可；二是"全盘肯定"，强调可以充分认可洋务运动，对这种意见应

[①] 徐奉臻等：《"中国近现代史纲要"重点难点理论与实践问题析微》，中国社会科学出版社2010年版，第66—90页。

该怎样评价？为什么学术界通常以甲午战争中国的战败，作为洋务运动最终破产的标志？洋务运动没有达至"自强"和"求富"之目标的结果，对洋务运动破产之后中国早期出路探索由器物向制度的转型产生了怎样的影响？日本与中国一样，都在19世纪中叶被迫"开国"，都沦为西方列强的半殖民地，都成为西方殖民者的原料产地、商品销售和资本输出市场，并且为了回应外来冲击和挑战，都在19世纪中下叶启动了外诱型社会变迁的进程，那么为什么中国和日本两国的出路探索结局截然不同？洋务运动的最终破产，给历史留下哪些值得借鉴的重要启示？洋务运动时期的学习西方，与新中国成立后中国在改革开放进程中对西方文明的学习与借鉴有何本质区别？

上述问题，不仅包括洋务运动的生发机制，也涵盖洋务运动的影响、失败原因和启示等。其中，有的问题具有明显的跨文化色彩，有的问题涉及洋务运动与其他社会变迁的关系，有的问题反映学术界的最新成果和主要论争，不仅突破了中学的中国近现代史教材的就事论事的表述方式，而且也突破了中学的中国近现代史教材的狭窄视野，有助于培养学生复杂性和发散性的思维方式。

3. 重点内容与方法的提升

运用"名作导读提升法"，引导学生阅读原典，是笔者在大学的"中国近现代史纲要"教学中讲授"洋务运动"时进行提升努力的方式之一。在教学中，笔者要求学生阅读的原典有很多。在此，不妨撷拾其一，即向学生推介梁启超撰写的《李鸿章传》，并在此基础上帮助学生学习和把握洋务运动。要求学生阅读的《李鸿章传》的内容主要是：

> 谓李鸿章不知洋务乎？中国洋务人士，吾未见有其比也。谓李鸿章真知洋务乎？何以他国以洋务兴，而吾国以洋务衰也？吾一言以断之，则李鸿章坐知有洋务，而不知有国务，以为洋人之所务者，仅于如彼云云也。……李鸿章所办洋务，略具于是矣。综其大纲，不出二端：一曰军事，如购船、购械、造船、造械、筑炮台、缮船坞等是也；二曰商务，如铁路、招商局、织布局、

电报局、开平煤矿、漠河金矿等是也。其间有兴学堂派学生游学外国之事，大率皆为兵事起见，否则以供交涉翻译之用者也。李鸿章所见西人之长技，如是而已。……

吾敢以一言武断之曰：李鸿章实不知国务之人也。不知国家之为何物，不知国家与政府有若何之关系，不知政府与人民有若何之权限，不知大臣当尽之责任。其于西国所以富强之原，茫乎未有闻焉，以为吾中国之政教文物风俗，无一不优于他国，所不及者惟枪耳炮耳船耳铁路耳机器耳，吾但学此，而洋务之能事毕矣。……

李鸿章固知今日为三千年来一大变局，固知狃于目前之不可以苟安，……而又久居要津，柄持大权，而其成就乃有今日者，何也？则以知有兵事而不知有民政，知有外交而不知有内治，知有朝廷而不知有国民。曰责人昧于大局，而已于大局，先自不明；曰责人畛域难化，故习难除，而已之畛域故习，以视彼等，犹不过五十步与百步也。……

吾故曰：李之受病，在不学无术。故曰：为时势所造之英雄，非造时势之英雄也。

虽然，事易地而殊，人易时而异。吾辈生于今日，而以此大业责李，吾知李必不任受。彼其所谓局外之訾议，不知局中之艰难，言下盖有余痛焉。援春秋责备贤者之义，李固咎无可辞，然试问今日四万万人中，有可以 Cast the first stone 之资格者，几何人哉？……要而论之，李鸿章不失为一有名之英雄，所最不幸者，以举国之大，而无所谓无名之英雄以立乎其后，故一跃而不能起也。吾于李侯之遇，有余悲焉耳。①

依据"以案为例提升法"的理念与路径，为学生推介由史也夫和笔者共同主编的《"中国近现代史纲要"课教学案例参考》中的相关案例，是笔者在大学的"中国近现代史纲要"教学中讲授"洋务运

---

① 梁启超：《李鸿章传》，海南出版社1993年版，第37、38、41、43—44页。

动"时进行提升努力的方式之二。

所推介的案例主要包括:"洋务运动时期的变革范式——体用论""近代吉林工业的先驱——吉林机器制造局""东北第一个近代重工业企业——哈尔滨总工厂""黑龙江的洋务官办企业——漠河金矿""维新派对洋务运动的评价——梁启超眼中的李鸿章""李鸿章铸就的又一大错——《中俄密约》""弱国无外交"的真实写照——《马关条约》和三国干涉还辽。①

运用"设问式提升法""逻辑推理提升法""以案为例提升法""减法+加法提升法"等,引导学生思考、分析和回答如下五个问题,是笔者在大学的"中国近现代史纲要"教学中讲授"洋务运动"时进行提升努力的方式之三。

问题1:作为外来挑战的第一次鸦片战争于1842年就已结束,但作为回应挑战的洋务运动却直至19世纪60年代才拉开帷幕,回应与挑战之间为何间隔如此长时间?②

本问题的灵感之源,来自著名史学家蒋廷黻的如下认识:

其一,"我们研究近代史的人所痛心的就是这种新精神(即'洋务精神'——笔者注)不能出现于鸦片战争以后而出现于二十年后的咸末同初。一寸光阴一寸金,个人如此,民族更如此"。

其二,"从民族的历史看,鸦片战争的军事失败还不是民族致命伤。失败以后还不明了失败的理由力图改革,那才是民族的致命伤。倘使同治光绪年间的改革移到道光咸丰年间,我们的近代化就要比日本早二十年。远东的近代史就要完全变更面目。可惜道光咸丰年间的人没有领受军事失败的教训,战后与战前完全一样,麻木不仁,妄自尊大。直到咸丰末年英法联军攻进了北京,然后有少数人觉悟了,知道非学西洋不可。所以我们说,中华民族丧失了二十年的宝贵

---

① 史也夫、徐奉臻:《"中国近现代史纲要"课教学案例参考》,高等教育出版社2010年版,第34—49页。

② 徐奉臻等:《"中国近现代史纲要"重点难点理论与实践问题析微》,中国社会科学出版社2010年版,第66—69页。

光阴"。①

需要指出的是,在定位上,一般认为,洋务运动是技术救国的"器物型现代化"②。蒋廷黻所言的"近代化",即此观点中的"现代化"。如果知晓外来挑战与中国人的回应之间所形成的间距的原因,也即把握了近代中国现代化起飞迟滞的症结,进而也就找出了近代中国落后挨打的部分原因。

关于中国早期现代化延误的原因,学者见解各异。有学者从政治、经济、文化三个层面剖析其中的制约因素,认为东方后进国家的现代化是"外源型现代化",强调在进行外源型现代化的政治变革的启动阶段,国家政权的强弱是引导社会变革的决定性力量。传统中国的权力结构,是高度一元化的金字塔式巨型帝国,具有很高的稳定性,容纳社会变革的能力十分有限。经济上,中国是一个以小农生产方式为核心的大陆型自足经济系统,农业和手工业紧密结合,农业生产力水平低下,视土地为至高财富的地主阶级,又缺少投资于工商业和工业化的眼界与魄力。文化上,科举制度之积弊深藏于中国的政治文化中,文字狱和思想钳制成为思想解放的重要制约要素③。应该说,这样的分析不无道理,但问题是,在19世纪40年代初期到60年代之间,也即从中英《南京条约》的签订到洋务运动开始的18年间,如此的政治、经济和文化景况在中国社会并没有发生多少实质性的变化,那么,为什么洋务运动却能够在19世纪60年代后启动了呢?这是一个耐人寻味的问题,也是学生容易产生困惑的地方。

在现代化学中,由于社会本身并不蕴含现代化成长的成熟条件而须借助"异级异质"文化刺激与作用的现代化范式,为"应激型""外诱型"或"外源型"。相反,现代性的挑战是内在自生的、现代化的原动力由社会内部孕育成长,并由此出现了从传统向现代转型之必然性的现代化范式,则属"本土型""内生型"或"内源型"。在

---

① 蒋廷黻:《中国近代史大纲》,上海古籍出版社2004年版,第56、34—35页。
② 刘伟等:《"中国近现代史纲要"学生辅学读本》,高等教育出版社2007年版,第41—43页。
③ 罗荣渠:《现代化新论》,商务印书馆2004年版,第287—300页。

鸦片战争中兵戎相见的两个国家——中国和英国，恰好是这两种范式的典型代表。

"应激型""外诱型"或"外源型"现代化范式的特点，决定了中国的现代化需要外压的作用，也决定了中国的现代化必然伴随着对外来文化的引进与容纳。而中国人回应外压的姿态与力度，以及引进与容纳外来文化的层面与程度，又都成为审视、解读近代中国现代化起飞迟滞的重要切入点。

除了大框架的政治、经济和文化视野外，外来挑战与中国人的回应之间竟然间隔了近20年，主要原因还在于第一次鸦片战争结束后，中国人的觉醒程度非常有限。换言之，虽然第一次鸦片战争是近代中国历史的起点，是中国沦为半殖民地半封建社会的开始。但是，腐败无能的清朝统治者并没有入木三分地感受到这场战争给中国社会带来的危害。此时，量变的积累还没有发展到质变的程度。

正因为如此，在当时的中国，较早开眼看世界的林则徐、魏源和徐继畬等有识之士的思想，并未形成广泛的社会共识。相反，《海国图志》传到日本之后，却振聋发聩，引起轩然大波。如果说，第一次鸦片战争主要局限于东南沿海一带，那么，在第二次鸦片战争中，英法联军却攻入北京，直捣中国权力中心的心脏。直到这时，惊魂未定的清朝统治者才真正意识到自己国力的虚弱。另外，在剿杀太平天国农民战争中，清朝统治者也尝到了西洋新式武器的厉害和甜头。曾国藩在总结自己所率领的湘军在与太平军作战的时候何以能够转败为胜的原因时，曾直言不讳地公开承认：中国的大刀长矛敌不过西方的坚船利炮。由此可见，只有两次鸦片战争所构成的外部压力的合力，才终于催生了中国的现代化，也即此时的外力，才真正达到使中国必须进行回应的临界点。

对于这种"冲击—反应型"的分析模式，有学者不以为然，担心这样的分析模式会将复杂的历史发展进程简单化。但问题是，从历史发生学的角度看，这样的审视框架的确是最接近近代中国历史发展事实的。作为外源型现代化之尝试，洋务运动是在"内压"和"外压"集于一身的情况下进行的。其中的"内压"，指生产力水平低下、商

第三章 "回溯提升教学模式"的构建与运用

品经济不发达、民主自由传统欠缺、封建主义根深蒂固；其中的"外压"，指欧美先行现代化国家的强大以及西学殖民势力的大举东渐和中国的被迫开国。

因此，对内克服"内压"，即是中国在世界资本主义体系中"自强"的过程；对外克服"外压"，即是中国在世界资本主义体系中"自立"的过程。不过，这样的努力并不成功。不成功重要原因之一，是洋务派把多维的现代化进程线性地理解为经济、技术和军事，这是洋务运动给历史留下的深痛教训。

问题2：梁启超为什么慨叹李鸿章"坐知有洋务，而不知有国务"？[①]

此问题源自梁启超撰写的《李鸿章传》。在该书"洋务时代之李鸿章"一章中，作者写道："洋务二字，不成其为名词也。虽然，名从主人，为李鸿章传，则不得不以洋务二字总括其中世二十余年之事业。李鸿章所以为一世俗儒所唾骂者以洋务，其所以为一世鄙夫所趋重者亦以洋务，吾之所以重李责李而为李惜者亦以洋务。谓李鸿章不知洋务乎？中国洋务人士，吾未见有其比也。谓李鸿章真知洋务乎？何以他国以洋务兴，而吾国以洋务衰也？吾一言以断之，则李鸿章坐知有洋务，而不知有国务，以为洋人之所务者，仅于如彼云云也。"[②]

洋务运动是近代中国回应外来挑战的首次尝试。在"师敌之长技以制敌"或"师夷之长技以制夷"的社会共识中逐渐形成的"中学为体、西学为用"思想，是中国现代化变革的最初的文化融合机制。梁启超所言的李鸿章"坐知有洋务，而不知有国务"，揭示了洋务运动失败的一个重要原因。那么，"洋务"与"国务"的内涵有什么不同？李鸿章"坐知有洋务，而不知有国务"的表现和原因是什么？如何评价"中体西用论"？这些问题，都成为理解洋务运动的不可规避的知识环节。

如果立足于中国，可将"中学"与"西学"分别描述为"主体

---

① 徐奉臻等：《"中国近现代史纲要"重点难点理论与实践问题析微》，中国社会科学出版社2010年版，第70—74页。

② 梁启超：《李鸿章传》，海南出版社1993年版，第37页。

文化"和"客体文化"。如果站在中性立场上,则可借用《简明不列颠百科全书》的说法,将熔冶过程的两个主体表述为"传出文化"和"借入文化"。

从理论上讲,"融合"是"传出文化"和"借入文化"之间冲突与交流的极限,影响两者走向融合的因素主要包括:传出文化的声望,借入文化的保守程度,传出文化对于借入文化的实用价值,传出文化被整合进借入文化的难易程度等。①

"传出文化"之与"借入文化"之间,可以"同级同质",也可以"异级异质"。在中国历史上,汉、魏、隋、唐时代佛教的输入,是封建的印度和封建的中国之间的接触,属于前一种形态;鸦片战争以后西方文化的大举东渐,是资本主义文化与封建文化之间的碰撞,属于后一种形态。在两种异级异质文化接触后,双方的文化成分及结构都会因为在一定程度上偏离原有的运行轨道而更加扑朔迷离、疑窦丛生,从而呈现出一种边界模糊的无序状态。近代中国的现代化思潮,淋漓尽致地体现了上述特点。

虽然冯桂芬并未直接使用"体"和"用"之字样,但其在《校邠庐抗议》中提出的"以中国之伦常名教为原本,辅以诸国富强之术"②的思想,毫无疑问是"体用论"的雏形。后来,沈毓桂、张之洞、王韬、薛福成、郑观应和陈炽等人,都从不同角度阐释"中学为体、西学为用"。王韬断定:"盖万世不变者,孔子之道也";在《筹洋刍议·变法》中,薛福成说:"取西人器数之学以卫吾尧舜禹汤文武周孔之道";在《盛世危言》和《危言新编·凡例》中,郑观应说:"中学其本也,西学其末也,主以中学,辅以西学";"道为本,器为末;器可变,道不可变;庶知所变者,富强之权术而非孔孟之常经也";在《庸书·自强》中,陈炽说:"形而上者谓之道,修道之谓教,自黄帝孔子而来至于今,未尝废也,是天人之极致,性命之大原,亘千万世而不容或变者也"。③

---

① 《简明不列颠百科全书》第 8 卷,中国大百科全书出版社 1986 年版,第 259 页。
② 龚书铎:《中国通史参考资料·近代部分》上,中华书局 1965 年版,第 518 页。
③ 李泽厚:《中国近代思想史论》,人民出版社 1979 年版,第 64 页。

"体"与"用",本是一对中国哲学范畴。一般认为,"体"是内在的、最根本的,"用"是"体"的外在表现。除了"体与用"之外,它们之间的关系还可以表述为"道与器""本与末""主与辅"等。其中,"道"是无形的,含有规律、准则和法则等意义;"器"是有形的,指具体的事物,《易·系辞上》就有"形而上者谓之道,形而下者谓之器"之说法。

需要指出的是,虽然冯桂芬、沈毓桂和张之洞都是"中体西用论"的倡导者,但他们对其内涵的理解却大异其趣。

其中,冯桂芬的"体用模式"是典型的"中国伦理纲常道德"加"西方机器工艺技术",其思维视角所触及的仅仅是现代化的器物层面。在此理论背景下,"西学"和"夷之长技",也只能被狭隘地理解为学习西方的先进技术,以及作为技术背景的科学理论。这时,中国的技术文化观主要表现为:把西方的技术,尤其是将西方的军事和经济技术,以及由此产生的器物成果等,与现代化等而视之,这是一种微观的技术文化观。也正是在此种技术文化观的引领之下,洋务运动以培养人才、发展经济和军事、制造轮船和军火为主旨,始终没有跳出"西学中源""中道西器"之窠臼。因此,尽管冯桂芬的"体用模式"突破了以"中道中器一系"为特色的"我族主义"之藩篱,但却又难免陷入"技术至上",以及军事主义和经济主义之藩篱。虽然早在1879年,洋务派后期代表人物薛福成就在《筹洋刍议》中提出"变法"的主张,但却由于没有赢得广泛认同而终未形成广泛的社会共识。

与冯桂芬不同,沈毓桂深受林乐知"中西并重、毋稍偏颇"及"舍西法而专事中法不可,舍中法而专注重西法亦不可"思想的影响。正因为注意到这一点,有论者认为,沈毓桂的"体用论",是建立在"摆脱原有文化体系的束缚而与客体文化交流"的合理见解之上的,即"阐发和提高中学,是为了更好地理解西学,使西学在更高的层次上得到传播"。[①]

---

① 高瑞泉:《中国近代社会思潮》,华东师范大学出版社1996年版,第506页。

如果说较之于冯桂芬，沈毓桂的认识已经在"中国伦理纲常道德"加"西方机器工艺技术"的轨道上发生了很大偏离，那么张之洞的思想则是对这种"二元范式"的局部突破。虽然张之洞在《劝学篇》中强调了"夫所谓道、本者，三纲四维是也";①"夫不可变者，伦纪也，非法制也；圣道也，非器械也；心术也，非工艺也"②;"中学为内学，西学为外学；中学治身心，西学应世事"③等思想，而且还对"民权"大加贬损。但值得注意的是，他并非完全否定作为民权载体的议院制；相反，他只是强调在"学堂大兴、人才日盛"之前，尚不足以把议院制提到日程。尤为可贵的是，张之洞还在《劝学篇》中提出了"政艺兼学"及"政尤急于艺"④这样的新命题，从而使其固有的突破倾向更具"中西合璧"的折中色彩。

　　因此，如果无视上述论者认识上的差异而一味对其加以否定，那是非历史主义的。更何况，即使是在道统层面裹足不前的"中国伦理纲常道德"加"西方机器工艺技术"的体用公式，也毕竟走出了以"中体西用分裂"取代"中道中器一系"的艰难一步。

　　如同历史的演进具有复杂性一样，人的认识也是复杂而多样的。由于张之洞的《劝学篇》行诸于世的时间恰值洋务运动已经结束，早期出路探索已经进入制度变革阶段。也即，中国的早期出路探索已经从以器物变革为核心的"洋务"阶段，演变至以制度变革为核心的"国务"阶段。所以，严格说来，张之洞此举已经不能划归至洋务运动的变革范式之中。由此可见，同样的思想，在不同的时空条件下，其宗旨和功能都会有所不同。因此，"时间"与"空间"永远是指导学生研究历史、认识历史的建构性因素。

　　唯物主义者认为，"道"不能离开"器"而存在，也即以制度变革为核心的"国务"与以器物变革为核心的"洋务"之间，不能彼

---

① 章权才：《清代经学史》，广东人民出版社 2010 年版，第 239 页。
② 陈泽环：《未来属于孔子》，上海人民出版社 2015 年版，第 335 页。
③ 邢超：《峡谷中的激流　戊戌变法真相》，中国青年出版社 2015 年版，第 223 页。
④ 袁伟时：《晚清大变局》，线装书局出版社 2014 年版，第 377 页。

此分离。明清之际的思想家王夫之,就曾提出"无其器则无其道"[①]之命题。甲午战争之后,维新变法志士谭嗣同又继承了王夫之的"道不离器"的认识,强调"体立而用行,器存而道不亡"[②]。

如果立足于"中学",那么,无论是"体"与"用"之间、"主"与"辅"之间,还是"道"与"器"之间、"本"与"末"之间,都本是有机的整体,是一体性的哲学范畴。

如果着眼于"西学",那么,"夷之长技"是包括思想、宗教、哲学、伦理、文学、艺术、科学及技术等在内的多维概念。

如果立足于母系统,那么,现代化是综合平衡的系统工程,需要各个子系统相对协调而均衡地嬗变。因为文明的演进本是一体的,如果哪个层面过分地超前或滞后,都可能导致现代化变革的中断或夭折。

如果着眼于子系统,那么,无论是"技术系统",还是"经济系统",都不能孤立地存在,都必定要置身于一定的社会环境和制度文化之中。因此,如果以对"中学""西学""现代化母系统"和"现代化子系统"的人为割裂为前提进行现代性之选择,势必陷入"洋务"与"国务"断裂的"中道西器"之窠臼中。

对中国传统纲常而言,用"中体西用分裂"取代"中道中器一系",无疑等于在否定"西体西道"的同时,也承认了"中体中道"为"失用之体""失器之道"。因此,体与用的分化,道与器的裂变,虽有明显的矛盾、偏颇与局限,却也有给西学以"用武之地"的积极意义。

问题3:以薛福成为例,说明洋务运动后期激进派对"中体西用论"的偏离,并由此揭示洋务运动与戊戌变法之间的关系。[③]

薛福成(1838—1894年),字叔耘,号庸庵,江苏无锡人,是洋

[①] 周芳敏:《王船山"体用相涵"思想之义蕴及其开展》,花木兰文化出版社2009年版,第113页。
[②] 高瑞泉主编:《巨变时代的社会思潮与知识分子》,上海古籍出版社2014年版,第214页。
[③] 徐奉臻等:《"中国近现代史纲要"重点难点理论与实践问题析微》,中国社会科学出版社2010年版,第86—90页。

务运动后期激进派的代表人物。他早年潜心于传统的"经世之学"，后盘桓于曾国藩和李鸿章麾下，为他们筹办洋务多方赞襄策划。1884年中法战争期间，任浙江宁绍台道，在镇海参与击退法舰之战。1888年任湖南按察使。1890—1894年，以钦差大臣（公使）的身份出使英、法、意、比四国。当时，这些国家已经或深或浅地实现了现代化。薛福成遍察四国四年有余，其所闻、所见、所感、所思，大至"富强立国之要"，小到"器械利用之原"，涉及社会的方方面面。薛福成将这些笔之于书，行世《出使英法义（意——笔者注）比四国日记》和《出使日记续刻》，为研究洋务运动后期激进派的思想提供了极有价值的资料。同时，揭示薛福成相关认识对"中学为体、西学为用"思想的偏离，也有助于理解洋务运动与戊戌维新运动之间的承继关系。

薛福成眼中的西方文明，既是近代中国人"开眼看世界"的缩影，也反映了洋务运动后期洋务派内部思想的变化。那么，薛福成眼中的西方文明，大体呈现怎样的景况？作为洋务运动的重要代表人物，薛福成是否严格恪守"中学为体、西学为用"这种最初的文化变革和融合范式？除了技术观之外，薛福成在政治上对西方文明到底认识到何种程度？并且，这种认识又在何种程度上影响了之后的戊戌维新运动？这些都是本问题所致力于探讨的。

薛福成的思想变化，折射出洋务派思想的矛盾、嬗变与深化。关于技术及技术思想的缘起，薛福成的"西学中源"思想值得特别关注。

在宏观上，薛福成强调"凡兹西学，实本东来"；"机器之制，肇始三皇"。在微观上，他旁征博引，作了很多具体分析。诸如：西学中的制作因于《考工》，测算昉于《周髀》。"唐一行铜轮之转，效之为车船；无驸马火器之遗，演之为枪炮。由是智创巧述，日异月新。"还如，《墨子》一书"导西学之先者甚多"，第13卷《鲁问》《公输》数篇，机器、船械之学之所自出也。第15卷《旗帜》一篇，西人举旗灯以达言语之法之所自出也。又按《墨子》所云："近中，则所见大，景亦大；远中，则所见小，景亦小。""今之作千里镜、显微镜者，皆不出此言范围。"再如，《庄子·外物》云："木与木相摩，则燃；金与火相守，则流"，此电学、化学之权舆也。《吕氏春秋·似顺论》云："漆淖、水淖，合两淖则为蹇，湿之则为乾。金柔、锡柔，合两柔则为刚，燔之则淖"，此化学之所自出也。①

一般认为，"西学中源"是传统士大夫在西方近代科学技术的巨大威力面前而构建起的一座精神乐园，其实质是一种自我安慰的阿Q精神，其目的是要使其困顿的心灵和失衡的心态得到慰藉。应当承认，作为从旧时代经世殿堂走出来的"学人"，薛福成不可能彻底"数典忘祖"，不可能割舍一切旧传统而丢掉捍卫中国本土文化地位之使命。尽管在西学东渐后，在东、西两极文化相逢的矛盾中，薛福成已经接受了很多"新学"，但在他的潜意识中，难免还有服膺传统观念的文化情结和过高估计中国成就的许多成分。

随着洋务运动的推进，薛福成对技术的功能及意义的关注，由军事技术转向工业技术，由海防技术转向民用技术。1875年，薛福成在《应诏陈言疏》中提出"海防密议十条"，即"择交宜审，储才宜豫，制器宜精，造船宜讲，商情宜恤，茶政宜理，开矿宜筹，水师宜练，铁甲宜购，条约诸书宜颁发州县"。②虽然这十条仍以"坚甲利兵"和"坚船利炮"为主旨，但其中已涉及工商之道，说明薛福成的思想正在发生微妙而深刻的变化。

这种变化由弱变强，最终于1879年凝结、物化为有名的《筹洋刍议》14篇，包括"约章""商政""船政""矿政""利权"和"变法"等内容。所谓"筹洋"，即"筹划洋务"。其中，"商政"是精华篇。

在现代化学中，有"自发型现代化"和"自觉型现代化"。作为"自发型现代化"之典型的英国，在进行产业革命或工业化时，无论在技术上，还是在生产与管理上，都依赖于自己的发明和创造，既没有成功的范例可以遵循，也没有现成的机器与技术可以引进。作为"自觉型现代化"之典型的日本和中国，情况恰恰相反。有鉴于此，

---

① 薛福成：《出使英法义比四国日记》，岳麓书社1985年版，第252、343、451页。
② 薛福成：《出使英法义比四国日记·总序》，岳麓书社1985年版，第15页。

在英国人眼里，产业革命以机器的发明和使用为起点；而在日本人看来，进口机器的稳定化才是产业革命开始的标志。在"商政"篇中，薛福成不仅对这两类现代化范式都给予关注，而且充分肯定产业革命的技术成果，以及工业化在商业发展中所居的基础地位。他写道："英人用机器织造洋布，一夫可抵百夫之力，故工省价廉"；"论西人致富之术，非工不足以开商之源，则工又为其基，而商为其用。迩者英人经营国事，上下一心，殚精竭虑，工商之务，蒸蒸日上，其富强甲于地球诸国。诸国从而效之，迭起争雄，泰西强盛之势，遂为亘古所未有"。[①] 这些认识表明，薛福成已经意识到：仅仅依靠军事技术，不足以使国家富强。

值得注意的是，《筹洋刍议》中还有"变法"篇。该篇从中国历史进化的角度，分析了"变"的必然性，从而首次将"变法"这个词标榜在洋务运动的旗帜上。虽然薛福成的变法主张由于没有赢得广泛同情而终未形成广泛的社会共识，但此举却标志着他已迈出了由洋务派向维新派转变的关键一步。1889年，出使英、法、意、比四国之后，他对西方富强本原的思考逐步深化，审视技术的视野也更加开阔。

出使初期，薛福成惊异于欧洲诸国的"学问日新""工艺日良""制造日宏""销流日广"和"工商日旺"，慨叹"西人之所以横绝宇宙而莫之能御者"，"不过恃火轮舟车及电线诸务"。因此，强调中国"欲图自治，先谋自强；欲谋自强，先求致富"。出使后期，薛福成借用一位随员之笔，将西国富强之源概括为五个方面：一是通民气："设议院，遇事昌言无忌；凡不便于民者，必设法以更张之。"二是保民生："人身家田产器，绝无意外之虞；告退官员，赡以半俸；老病弁兵，养之终身；老幼废疾，阵亡子息，皆设局教育之。"三是牖民衷："年甫孩提，教以认字；稍长，教以文义；量其材质，分习算绘气化各学，或专一事一艺。"四是养民耻："西国无残忍之刑，但国人皆知畏刑，是为养耻之效。"五是阜民财："尽地力，讲水利、

[①] 龚书铎：《中国通史参考资料·近代部分》上册，中华书局1965年版，第447—449页。

种植、气化之学；尽人力，各擅专门，通工易事，济以机器，时省工倍；尽财力，设公司银号，蜘蛛之积，入股生息，汇成大工大贾。"据此，薛福成断言："有此五端，知西国所以坐致富强者，全在养民教民上用功；而世之侈谈西法者，仅曰精制造、利军火、广船械，抑末也。"① 至于西方民主政治是何种景况，薛福成以英国为例做这样描述："议院者，所以通君民之情也。凡议政事，以协民心为本。大约下议院之权，与上议院相维制；上议院之权，与君权相权相维制。英国有公保两党，公党退，则保党之魁起为宰相；保党退，则公党之魁起为宰相。两党互为进退，而国政张弛之道以成。然其人性情稍静，其议论亦较持平，所以两党攻讦倾轧之风，尚不甚炽，而任事者亦稍能久于其位。"②

上述认识显示，此时薛福成的思维视野已经超越了现代化的器物层面，而深入作为"内在文明"的制度层面和精神层面。这时，薛福成对技术的审视开始置于社会背景之下，从而使其技术观具有显见的社会性。

关于如何学习西方文明，薛福成强调力戒四种思想偏向：妄自尊大、妄自菲薄、讳疾忌医和因噎废食。针对前两者，薛福成一语破的地指出："今之议者，或惊骇他人之强盛，而推之过当；或以堂堂中国何至效法西人，意在摈绝，而贬之过严。余以为皆所见之不广也。"针对后两者，薛福成也曾直言不讳地强调："若怵他人我先，而不欲自形其短，是讳疾忌医也。若谓学步不易，而虑终不能胜人，是因噎废食也。"③

可见，随着洋务运动的推进，现代化倡行者的认知水平依次递进，逐渐由抱残守缺的文化守成向接受西学的激进方向发展，致使"体"与"用"的范畴、"认同"与"变革"的观念此消彼长。薛福成认识到西方制度文明的意义，从而使自己的思想在"中学为体、西

---

① 薛福成：《出使英法义比四国日记》，岳麓书社1985年版，第122、132、802—803、930页。
② 同上书，第515页。
③ 同上书，第71—73、132—133、598、927—928页。

学为用"之原有变革范式的轨道上发生了一定程度的偏离,但洋务运动的主脉并没有发生根本性的质变。尽管如此,薛福成对西方政治文明的认识,还是为后来的戊戌维新运动做了必要的思想铺垫。因为在早期出路探索进程中,从洋务运动向戊戌维新运动的转变,即是中国的现代化由器物转型至制度的过程。①

问题4:洋务派所言的"同心少,异议多"和"致多阻格者"应作何解?②

"同心少,异议多";"致多阻格者";"官绅禁用洋法机器";"文人学士动以崇尚异端光怪陆离见责,中国人心真有万不可解者矣"③等,是洋务派的慨叹,也是洋务运动失败的重要原因之一。

历史上,大凡变革,总是有反改革的力量与之相始终。作为中国人应对外来挑战、探索救国救民之道的首次探索,洋务运动尽管只是在"中学为体、西学为用"的框架中踽踽前行,但还是遭遇各方反变革力量的抗制。也正是在这个层面上,执教于芝加哥大学的美国汉学家艾恺(Guy S. Alitto),于20世纪末期在其用汉语撰写的《世界范围内的反现代化思潮——论文化守成主义》一书中提出了"文化辩解说",即"当一个文化单元或民族对峙于现代化时,其知识分子经常感到一种为其向现代化国家做文化引借辩解的必要……19世纪的中国'体'、'用'——精髓与功用,实质与技术——之辩是用来为向西方引借辩解的最适用方式"④。

从"同心少,异议多",以及"致多阻格者"等角度解读洋务运动,不仅可以深化对"中学为体、西学为用"这种中国最初的文化变革和融合范式的理解,而且也有助于揭示近代中国现代化踽踽而行、屡屡受挫的原因。

---

① 徐奉臻:《薛福成的技术观摭论》,《哈尔滨工业大学学报》(社会科学版)2001年第4期。

② 徐奉臻等:《"中国近现代史纲要"重点难点理论与实践问题析微》,中国社会科学出版社2010年版,第79—85页。

③ 中国史学会主编:《洋务运动》第1卷,上海人民出版社1961年版,第26、270页。

④ [美]艾恺:《世界范围内的反现代化思潮》,贵州人民出版社1991年版,第90—92页。

第三章 "回溯提升教学模式"的构建与运用

变革与反变革,是相生相伴的孪生兄弟。但在不同的社会变动中,变革与反变革之间博弈的方式,以及双方的势力对比,都会互有不同。那么,就洋务运动而言,势力对比的格局如何?反变革的力量在何种程度上影响了洋务运动?如何评价"中学为体、西学为用"?如何理解美国汉学家艾恺提出的"文化辩解说"?

在"体用论"中,"中学"以正统儒家伦理名教为核心,"西学"表征西方的文化体系。其中,"体"是内在而根本的,泛指作为中国文化精髓的伦理纲常;"用"是"体"的外在表现,泛指以技术为核心的器物文明。虽然"西学"是一个多维复合概念,包括技术、机器、制度及人心向背等诸多层面,但由于应对外来军事入侵的迫在眉睫,也由于中国始终没有经历一次真正意义上的启蒙运动,"体用论"话语中的"西学"被狭隘地理解为道统之外的先进技术及作为技术背景的科学理论,致使"西方的技术及其器物成果与现代化等而视之"的倾向弥漫在当时的中国社会,中国的现代化也由此陷入现代性与非现代性杂糅混合、同步增长的窘境中。

尽管如此,还是应当承认,"体用论"带来了技术观的根本转型,并由此引发了社会价值观的巨大变化,其主要表现是:首先,在道器关系上,突破了废弃百艺、唯文为尚的"重道轻技"和"重本轻末"的传统,开始对技术的功用有所认识;其次,就西方技术而言,突破了"天朝上国"观念和"奇技淫巧"的思维窠臼,迈出了"师夷之长技以制夷"的实质性步伐;最后,国家的权力与财富受到前所未有的重视,以技术为核心的"目的诉求"终于在统协性和整合能力极强的中国社会拥有了一席之地,使得"重传统而轻变革"的社会价值观发生了松动,从而大大扩展了中国社会出现"结构变革"的张力。

对近代中国而言,"文化辩解说"尚有可以进一步商榷的余地。至少,应该关注下面两个问题。

其一,不能过低估计开新者的保守倾向,不能过低估计中国现代化倡行者的非现代化情愫。传统作为历史文化的积淀,一旦形成,就具有延宕性、顽固性和稳定性。更何况,以伦理为本位的中国传统文化模式又具有很高的同一性，不是说决裂就决裂得了的。因此，即使是义无反顾的反传统者，最终也难以与旧传统一刀两断、彻底决裂。在他们身上，始终交织着开新与保守的矛盾心态，始终体现出现代性与非现代性杂糅复合的双重性格，只不过是这种矛盾心态和双重性格因人而异、彰显的程度不同而已。

虽然都曾是"体用论"的倡导者与支持者，但较之于受传统制约颇深的冯桂芬而言，沈毓桂、张之洞、薛福成、郭嵩焘、王韬、郑观应等人都不同程度地偏离了最初的"中国伦理纲常道德"加"西方机器工艺技术"的二分型构理论框架。随着洋务运动的推进，现代化倡行者的认知也在不断地调适，逐渐由抱残守缺的文化守成向接受西学的激进方向发展，致使"体"和"用"的范畴、"认同"与"变革"的观念此消彼长。

即便是这样，也不能否认，这些现代化倡行者所要克服的，不仅是社会上的保守势力，同时还要面对其自身的传统本能及认识局限，因为这些人大多是饱吸儒墨的旧学产儿，传统的东西已经或深或浅地内化为他们生命的一部分。尽管在东、西文化两极相逢的矛盾中，他们已经不同程度地接受了新学，形成了现代性的主体意识，但这种主体意识还置身于显性的、主导的传统文化氛围中，因而在其骨子里始终潜藏着服膺传统的文化情结。虽然他们在理智上疏远了本国的文化传统，但在感情上却与本国的文化传统紧密相连。虽然曾国藩和李鸿章等人在"表面上压制了倭仁等人的反现代化言论，亦不能不默认'诗书礼仪'为立国之本"。假如他们"不受外界的牵制及自我内心的约束"，其"现代化努力当不止于兵工业"。[①] 因此，"文化辩解说"并非完全出于策略考虑，也存在着中国现代化倡行者认知水平的因素。如果在忽视这一点的前提下强调"文化辩解说"，那就难免陷入思维绝对化的误区。

其二，"文化辩解说"的功用和意义是有限度的，并非适用于社会所有保守人群。以保守人群的保守倾向和保守程度为依据，可将近

[①] 张朋园：《中国现代化初期的助力与阻力》，罗荣渠等：《中国现代化历程的探索》，北京大学出版社1992年版，第68页。

代中国社会的保守人群分为"极端反现代化者""中间摇摆势力"和"二分理论型构群体"三类。

"极端反现代化者"以理学大师倭仁为代表，他们的技术观始终没有实现由传统到现代的转型。在近代中国历史上，有的反现代化者曾经是狂热的现代化支持者，也有现代化反对者在历经思想的渐变之后，又转变成现代化的拥护者或实践者。但极端反现代化者不同，虽然他们不乏民族忠诚，但其民族忠诚往往局限于以抱残守缺的姿态坚守文化"我族主义"，而拒绝认同西方文明的任何合理内核，从而形成阻滞现代化的惰性心态和抗变心理。对于欧美文明，他们不仅无条件地拒绝内含着西人内在价值与信仰的"体"，也拒斥作为技术产品的机器、坚船与利炮，认为立国"根本之图，在人心不在技艺"；西方技术"皆奇巧有余，实用不足"①。因此，竭力以中国的"礼仪"来反对西方的"技艺"，拒绝奉西人为师。

毫无疑问，仅仅是客观的中性描述而不辅以人为的主观价值判断，技术产品在本质上自然是中性的。但如果在"我族主义"的框架内，即使是钟表之类的西式器物文明成就，也难逃"奇技淫巧"的性质定位。更何况机器、坚船与利炮等大规模东渐的强权方式，更使其褪去了中性色彩而成了邪恶、武力的代名词和某种操纵与统治的力量。而"我族主义"和技术功能的色彩化，又都成为"极端反现代化者"对中国本土文明坚牢"认同"、拒绝"变革"顽固心态形成的思想渊源。这种坚牢"认同"和拒绝"变革"的心态，既构成了严重滞后于时代发展的技术观，也构成了近代初期中国现代化难以逾越的障碍。因为"体用论"的实质在于以固守中国的"体"去推介西方的"用"，其前提有二：一是坚守中国的"体"，二是认可西方的"用"。倘若对西方的"用"也持否定怀疑态度，那么"文化辩解说"的功用也难免要大打折扣。

虽然洋务运动仅以制器、学技、操兵为"讲求之要"，始终没有跳出"中体西用""中道西器"之窠臼，并由此陷入技术至上及军事

---

① 中国史学会主编：《洋务运动》第1卷，上海人民出版社1961年版，第122页。

主义和经济主义的窠臼。尽管如此,还是遭到极端反现代化者的顽强抵制。洋务运动之所以没有实现自强求富的目的,除其自身的局限外,在很大程度上,要归咎于"同心少,异议多","致多阻格者"。谈及于此,洋务重臣李鸿章痛心疾首:"官绅禁用洋法机器","文人学士动以崇尚异端光怪陆离见责,中国人心真有万不可解者矣"。对这部分人而言,他们不可调和的保守姿态,既出于缺乏对西方技术功用的客观认识,又源于"外国文化将其同胞完全同化"的深深忧虑。因为"文化为一整全的实体,互连互赖的各部分的整合","即令是采用技术也将影响整个文化",从而在主观精神领域进一步发生"非所欲求的改变"。[1] 由于极端反现代化者既决绝于西方的"体",又斥拒西方的"用",因此,对这部分人而言,"文化辩解说"犹如对牛弹琴而难奏其效。

"中间摇摆势力"以刘坤一等人为代表,他们并非一以贯之地排斥"夷之长技",其技术观具有渐变的特点。在洋务运动初期,他们心仪中国传统技术,反对引进西方的现代化,其思想基调建筑在中国传统儒家名教和华夏文化优越论的民族心理基础之上。正如刘坤一所言,富国强兵之道在"闭门造车",而非"师夷长技",只要积极发展中国固有之技术,并加以不断创新,必能发明足以制服西方船坚炮利之器物;倘若能对创制新器物者给予重赏,那么日积月累定有所成。反之,借"师夷长技"以增强国力,不仅"多糜金钱",而且"徒为洋人所笑",得"受洋人戏弄"之结果。此外,他还以"需费过巨""有妨民间生计"等为由,反对李鸿章等人修建铁路的奏请。[2]但在洋务运动后期,他对西方技术的认识不断深化,其思想也随之发生180度大转弯,不仅一改过去的"卫道"姿态,还把其先前极力反对的许多内容付诸实践,从而成为继李鸿章、张之洞之后的洋务派代表人物。由于这部分人并非一开始就认同西方的技术及其器物成就,因此"西学为用"一度在他们那里成了问题。

---

[1] [美]艾恺:《世界范围内的反现代化思潮》,贵州人民出版社1991年版,第90—91页。
[2] 王玉棠:《刘坤一评传》,暨南大学出版社1990年版,第95—96、104页。

"二分理论型构群体"以洋务派为代表,主要包括身居要职的开明官僚,如曾国藩、左宗棠、李鸿章等,以及对西方文明了解较深的知识分子,如郭嵩焘、薛福成、王韬、郑观应等。虽然这一群体激进、保守程度有别,但他们的思想情感和人格特质都具有"边际人"(marginal man)的共通之处,都呈现出建立在对西方制度文明和西方军事威胁双重恐惧之上的矛盾心态:一方面,他们确信选择性地引进西方物质文明对中国社会发展的积极意义,因而欢迎技术的引进与发展,在技术及器物领域是现代化的热心支持者;另一方面,他们又坚信"中体"优越于"西体","中体"能够肩负起维护、传承中华文化独特性的使命,因而他们又是中国传统文化价值的热心捍卫者,在制度和精神层面是现代化的反对者。

在实践中,他们遵循"体用式"的精神和物质二分法,将文化分为中国和西方两个领域。其中,精神的进步有赖中国自身的文化,但物质的发展则可仰仗选择性地引进西方的技术文明。"体"满足的是文化主义的诉求,而"用"则体现应对外来入侵的民族国家的诉求。这种二分理论型构的妥协立场,实质是要缓解"民族国家的诉求"和"文化价值的诉求"之间存在的根本紧张关系,并试图在引进西方技术和引进西方文化之间寻找一种妥协,在"国家主义"和"文化主义"的诉求之间寻找一种平衡。通过这种妥协与平衡,既获得心所向往的技术现代化成果,又成全维护传统道德力量和中国文化价值的根本目标。虽然在洋务运动后期,一些洋务激进派,诸如郭嵩焘、薛福成、王韬、郑观应等,都已不同程度地认识到西方制度文明的意义,从而使自己的思想在原有的轨道上发生了一定程度的偏离,但洋务运动的主脉并没有发生根本性的质变。从功能上说,"文化辩解说"是"二分理论型构群体"推介现代化的重要手段,他们所面对的是社会各种反现代化的保守势力。

问题5:为什么洋务派创建了近代企业及海军但却未实现自强求富之目的?

19世纪中叶,由于西方殖民势力的大举东渐,中国被迫放弃闭关锁国之迷梦。以"开国"和"西学东渐"为表征的欧美先行现代化国家的挑战和冲击，瓦解了中国的由官僚政治、自足经济和传统道统彼此结合而形成的具有互补性和自洽性的结构，使其开始"失稳"和"失序"，中国逐渐演变为半殖民地半封建社会。民族独立和人民解放、国家富强和人民富裕，不仅是近代以来中国人的梦想，也是近代初期出路探索的主要任务。

由于中国的沉沦和西方的崛起呈同步逆向强化之势，中国累积和启动内生型社会变迁的环境与机遇被彻底消融了，中国的现代化是外诱型和被动型的现代化，诚如美国芝加哥大学汉学家艾恺在其代表作《世界范围内的反现代化思潮》中所言："现代化一旦在某一国家或地区出现，其他国家或地区为了生存和自保，必然采用现代化之道。"因为"现代化本身具有一种侵略能力，而针对这一侵略力量能做的最有效的自卫，则是以其矛攻其盾，即尽快地实现现代化"。[①]

尽管，洋务派先后创办了轮船招商局、开平矿务局、天津电报局、上海机器织布局等具有资本主义性质的近代民用企业，李鸿章创办了近代初期国内最大的兵工厂——上海江南制造总局以及金陵机器局、左宗棠创办了当时中国最大的造船厂——福州船政局、崇厚创办了天津机器局、张之洞创办了湖北枪炮场等具有资本主义性质的军用工业。尽管，洋务派还通过引进和使用西方的坚船利炮，以及聘请外国军事教练等方式，先后创建福建水师、广东水师、南洋水师和北洋水师等。其中，北洋水师不仅实力最强，而且影响最大。一般认为，当时的北洋水师在亚洲独占鳌头，在世界的排名位列第八。但是，洋务派惨淡经营了30多年，不仅没有实现"自强"和"求富"之目的，没有使魏源在《海国图志》中所提出的"师夷长技以制夷"的理想变成现实，而且还在甲午中日战争中败给自己先前的学生日本，使民族危机进一步加深。洋务运动的破产，既由洋务运动的生发机制所决定，又由洋务运动的指导思想及其所创办的近代企业和海军的特点所赋予。

洋务运动的生发机制和外诱性质，决定其绕不过企图把中国变成

[①] [美]艾恺：《世界范围内的反现代化思潮》，贵州人民出版社1991年版，第3页。

殖民地的先行现代化国家。换言之,"师夷之长技以制夷"包含着对"夷"这一同一对象的既"师"又"制"的矛盾。在"师夷之长技以制夷"的实践中,必然导致中西的交汇和碰撞。在交汇和碰撞中,"中学"和"西学"应该如何定位?这是洋务派首先要探索和回答的不可规避的问题。"中学为体、西学为用",既是洋务派给出的关于早期出路探索的现代性选择,又是洋务派应对外来冲击和挑战的文化变革范式与融合机制。而洋务运动破产的根本原因,也正是"中学为体、西学为用"这种牛头马用的文化变革模式与融合机制,以及由这种机制所衍生出来的封建主义和资本主义之间的缠绕扭行。

一方面,中国封建地主阶级中的洋务派创办了一系列近代企业和海军,在一定程度上借鉴和采用西方先进的科技器物成果和经营管理方式,具有近代资本主义色彩。

至于封建主义者何以创办近代资本主义性质的企业,马克思和恩格斯在《共产党宣言》中给出了答案:"资产阶级,由于一切生产工具的迅速改进,由于交通的极其便利,把一切民族甚至最野蛮的民族都卷到文明中来了。它的商品的低廉价格,是它用来摧毁一切万里长城、征服野蛮人最顽强的仇外心理的重炮。它迫使一切民族——如果它们不想灭亡的话——采用资产阶级的生产方式;它迫使它们在自己那里推行所谓的文明,即变成资产者。"[①] 马克思和恩格斯的表述,至少有三层意思:一是对处于上升阶段的资本主义给予充分肯定,特别是肯定资本主义生产方式在发展社会生产力方面所具有的得天独厚的优势;二是强调西方的现代化,以不可遏制的势头向外辐射和扩散,对所有的传统社会构成挑战与冲击,使传统社会难以为继;三是当时欧洲先行现代化国家的变迁方式,为落后国家提供了可资借鉴的启示和经验。

另一方面,洋务派创办的具有资本主义色彩的近代企业和海军,具有显而易见的封建性。封建主义传统和资本主义因素之间杂糅交织,扭行推进。

---

① 《马克思恩格斯选集》第 1 卷,人民出版社 1995 年版,第 276 页。

在行为主体上，洋务派是封建地主阶级的代表人物。洋务派的"自强"和"求富"的探索，以不触动腐朽的封建专制制度为前提。

在目的诉求上，除了抵御列强之外，洋务派还抱有镇压太平天国农民战争等民众反抗以实现封建统治者之自救的强烈愿望。在以奕䜣为代表的洋务派的心目中，"发捻"是"心腹之患"，而俄国和英国等列强不过是"肘腋之患"或"肢体之患"。

在称谓表述上，洋务派所创办的近代企业并非近代意义上的"场"或"厂"，而多被称为"局"，带有明显的封建衙门和官僚体系之味道。

在内容路径上，由于阶级和时代的局限，由于对西方制度文化和西方武力军事同时大举东渐的双重恐惧等原因，洋务运动并未触及中国传统的道统。洋务派企图用西方资本主义之"用"，来维护中国封建专制统治之"体"。

在结果功能上，洋务运动既促进了中国资本主义的发展，又阻碍了中国民族资本主义的发展。促进的表现是：洋务派所创办的企业具有资本主义性质，采用近代资本主义的经营方式。轮船招商局和湖北织布局等企业创办后，在一定程度上抵制了外来资本主义国家的商品冲击。

在经营方式上，洋务派热衷于引入国外技术人员，热衷于引进现成的机器设备和坚船利炮，但并未下功夫关注和研究西方近代资本主义的工厂制度和资本主义的生产经营方式。洋务派所办近代企业基本采行"官办"和"官督商办"两种形式，没有适时实现由"官办"和"官督商办"向"民办"的转型，因而也就不可能建立起真正意义上的近代资本主义企业。在此方面，最具可比性的是日本。在明治维新中，日本所创办的企业，起初也多为"官办"和"官督商办"。但是，日本很快实现了由"官办"和"官督商办"向"民办"的转型，并由此建立起一系列近代资本主义企业。日本不仅踏上了资本主义现代化的末班车，而且在19世纪末20世纪初期随着自由资本主义向垄断资本主义的过渡而进入帝国主义国家之行列。相反，中国却在西方列强和日本帝国主义面前进一步增强其半殖民地的性质。

封建主义传统与资本主义因素的杂糅交织和扭行推进，不仅使洋务运动具有封建性，而且具有对外的依附性、运行中的腐朽性、嬗变中的失衡性等偏颇。这些因素组合在一起，最终导致洋务运动功败垂成。

洋务运动具有依附性的历史逻辑与表现是：对入侵中国的列强，洋务派既"师"又"制"，既"学习"又"抵抗"。由于缺少自主创新的能力与实力，洋务派在兴办军用和民用企业，以及在打造陆海军的过程中，一直在技术和机器等方面严重依赖西方。毫无疑问，西方列强到中国的真实目的，是要通过军事侵略、政治控制、经济掠夺和文化渗透等方式，使中国变成其原料产地、商品销售市场和资本输出市场。而西方列强要实现其持续掠夺和控制中国的目的，又至少需要两个前提和条件：一是中国始终积贫积弱，不能从半封建社会成功地转型至资本主义社会；二是中国继续沉沦，处于半殖民地社会，甚至由半殖民地社会沉沦至实实在在的殖民地社会。这样的前提和动因组合在一起，决定了西方列强不可能真心实意地帮助中国发展经济和军事。相反，抑制中国近代资本主义的发展，把中国从半殖民地拉向殖民地，才是他们想要达至的终极目的。中国的被迫"开国"，已经在事实上将中国纳入西方资本主义体系之中。清政府被迫与西方列强签订的一系列不平等条约，使中国被强行置于不平等的国家关系体系与格局中。在此情境下，企图依赖列强实现"自强"和"求富"之目标，无异于与虎谋皮。

洋务运动具有腐朽性的历史逻辑与表现是：在洋务运动中，有些封建官僚把洋务派所创办的近代企业作为牟利的工具，贪腐现象十分严重。在《商务叹》中，郑观应就曾以诗言愤，写下了"名为保商实剥商，官督商办势如虎"的诗句。[①] 马良在《改革招商局建议》中所揭示的如下问题，也折射出洋务运动所具有的腐朽性："一、用人之弊，失之太滥。各局船栈，人浮于事"；"二、分局之弊，失之太纵……出入不明……薪欠"；"三、总局之弊，失之太浮。举措无当，

---

① 刘崇敬译注：《早期改良思想家诗文选译》，巴蜀书社1997年版，第242页。

全凭私臆";"四、账目之弊,失之太浑。不外四柱,有账无实,而每年结账又徒务虚名,纷然划抵,究难取信。患在公私混乱,挪欠自如"。① 在总结中国在甲午战争中失败原因时,美国著名汉学家费正清从管理的腐朽性角度入手给予揭示:李鸿章任人唯亲,让"一个老式骑兵将军"统领北洋舰队。"中国的现代化成为少数高官玩弄的一种游戏。他们认识到现代化的必要性,因此也试着筹措资金,罗致人才,在一种虽不能说不友善,但毫无热情的环境下拟订规划。个人的利禄和权力的希望引导着他们前进,而慈禧太后的朝廷跟日本的明治天皇不同,不给他们切实可靠的支持。相反,慈禧认为让那些意识形态的保守派遏制住革新派,才更能使她掌握平衡。"②

洋务运动具有失衡性的历史逻辑与表现是:洋务派所办企业,无论是军事企业,还是民用企业,大多局限于中部和东南沿海一带。而且,企业的数量十分有限,不足以从量变演进为质变。在探析洋务运动破产原因时,有一个问题不可规避:日本与中国一样,都在19世纪中叶被迫"开国",都沦为西方列强的半殖民地,都成为西方殖民者的原料产地、商品销售和资本输出市场。并且,为了回应外来冲击和挑战,都在19世纪中下叶启动了外诱型现代化。那么,为什么中日的现代化结果截然不同?虽然,这个问题的答案不止一端,但有一点可以确认,即19世纪下半叶中日两国早期出路探索和现代化进程大相径庭的不同结局,归根结底在于文化变革和融合范式不同。中国恪守"中学为体、西学为用",没有突破"主"与"辅"断裂、"道"与"器"分离、"本"与"末"倒置、"体"与"用"相悖的经济性及技术性的线性视野与框架。而日本则倡导"富国强兵""殖产兴业"和"文明开化",其视野和认识涉及文明的不同层面,体现了系统的和协调的变革理念。早在1879年,洋务派后期代表人物薛福成就在《筹洋刍议》中提出了"变法"的主张。由于没有赢得广

---

① 翦伯赞、郑天挺主编:《中国通史参考资料·近代部分》上册,中华书局1965年版,第325—327页。
② [美]费正清:《伟大的中国革命:1800—1985年》,刘尊棋译,世界知识出版社2000年版,第146、139—140页。

泛认同，这些认识难以形成普遍社会共识，难以从根本上改变洋务运动的"中学为体、西学为用"之脉相。但如果立足于早期出路探索的关系，则不难看出：这些认识为19世纪末叶中国早期出路探索由器物路径向制度路径的转型奠定了必要的基础。

从中国学术史的角度看，关于对洋务运动的评价，曾经出现过两种极端的意见：一是"全盘否定"，认为洋务运动百无一可；二是"全盘肯定"，强调可以充分认可洋务运动。这两种意见，都既有合理因子，又有明显偏颇，因而都是非辩证的历史观。

"全盘否定"的主要偏颇，是漠视洋务运动所具有的进步意义。"中学为体、西学为用"思想出台的前提有二：一是认可中国的"体"，诸如中国的文化和中国的制度等；二是承认西方的"用"，诸如西方的经济和西方的技术等。当时，中国所以能够率先从"用"的层面打开一扇向西方学习之门，既源于早期开眼看世界的林则徐、魏源、徐继畬等有识之士，又与李鸿章、曾国藩、左宗棠、张之洞等洋务派代表人物的思想肯綮相连。如期所述，林则徐认为近代中国对外战争失败的根本原因，是"器不良"和"技不熟"。曾国藩在总结自己所率领的湘军在与太平军作战转败为胜的原因时承认："实赖洋炮之力。"

不仅如此，"中学为体、西学为用"还带来了技术观的根本转型，并由此引发了社会价值观的巨大变化。其主要表现如下。

第一，在道与器的关系上，突破了废弃百艺、唯文为尚的"重道轻技"和"重本轻末"的传统，开始对技术的功用有所了解和认识。

第二，就西方技术而言，突破了"天朝上国"观念和"奇技淫巧"的思维窠臼，迈出了"师夷之长技以制夷"的实质性步伐，在"用""辅""器""末"之经济和技术层面，打开了中国向西方学习的门扇，体现了民族主义之诉求。

第三，国家的权力与财富受到前所未有的重视，以技术为核心的"目的诉求"终于在统协性和整合能力极强的中国社会拥有了一席之地。这样，就使"重传统而轻变革"的社会价值观开始发生松动，从而大大扩展了中国社会出现结构变革的张力。

第四，在"体""主""道""本"之文化和制度等层面，保全传统，可以减轻来自反改革的保守派的抗制，从而最大限度地舒缓了近代初期中国社会变迁所面临的内部压力。

"全盘肯定"的主要偏颇，是忽略洋务运动所具有的历史局限性。如前所述，洋务运动具有封建性、依附性、腐朽性和失衡性。如果说，第一次鸦片战争的失败，是前现代化的中国败给了人类历史上的第一个现代化国家英国的话；那么，甲午中日战争的失败，则是洋务运动破产的中国，败给了明治维新成功的日本。中国在甲午战争中的惨败，既是对洋务运动成果的检验，又进一步强化了中华民族的危机意识。因为在经历了这场战争后，冲击和欺凌中国的列强，已经从西方的英国、美国、法国等先行现代化国家，扩展至曾经是中国学生的近邻日本，从而给中国人带来更大的刺激和更深的刺痛。

洋务运动的破产，说明封建主义的枯树难以结出资本主义的硕果；没有国家的独立和完整，没有富于竞争的自主创新，任何国家和社会都难以在激烈竞争的国际舞台上拥有一席之地；洋务运动的器物定位，决定其不仅具有单维性，而且具有浅表性。事实上，社会变迁是复杂的系统工程，不仅具有结构的系统性与多维性，而且具有变迁的整体性及协调性。如果哪一层面过分地超前或滞后，都可能导致变迁的失调、中断或夭折。

三 戊戌维新运动

（一）回溯中学的相关内容

在本专题中，笔者围绕概念框架、疑难问题、重点内容与主要方法等，运用包括"问卷式回溯法""互动式回溯法""启发式回溯法"和"参与式回溯法"在内的"四维多向回溯法"，回溯与本专题相关的中学的中国近现代史的内容，以便为笔者在大学的"中国近现代史纲要"教学中构建"回溯提升教学模式"奠定基础。

1. 运用的概念框架的回溯

"戊戌维新运动"，又称"戊戌变法"或"变法维新"。在分析框架上，中学的中国近现代史教材的一种做法，是把戊戌维新运动置于

"近代化"的框架中。诸如,由四川教育出版社出版的供八年级使用的《中国历史》(上册)中的题为"近代化的起步"的"第二学习主题",就包括"戊戌变法"。"戊戌变法"还下设三个子题目:一是"维新变法运动的兴起",二是"百日维新",三是"戊戌六君子"。综观该教材,虽然在本内容结尾呈现的"戊戌变法失败的血的教训,促使资产阶级的政治斗争由改良转向革命"之表述,已经点出了戊戌维新运动失败后中国社会变革由改良转向革命的历史必然性,也就是已经触及大学的"中国近现代史纲要"课程所要特别强调的戊戌维新运动的启示,但由于该教材没有对戊戌维新运动失败的原因作系统的分析,从而使这一启示部分的内容有唐突之感。

由北京师范大学出版社出版的供八年级使用的《历史》(上册)中的题为"近代化的艰难起步"的"第二单元",也包括"戊戌维新运动"。并且"戊戌维新运动"也下设三个子题目:一是"康有为发起公车上书",二是"警示洪钟《天演论》",三是"短暂的'百日维新'"。综观此内容,基本上局限于对最基本的史实的介绍,没有关于失败原因和启示的表述。就中学课程与大学课程的关系而言,中学介绍的基本史实,为笔者在大学的"中国近现代史纲要"教学中的提升奠定了基础;中学薄弱的失败原因与启示,恰好是笔者在大学的"中国近现代史纲要"教学中所要重点着墨及添加的部分。

在分析框架上,中学的中国近现代史教材的另一种做法,是把"戊戌变法"与"洋务运动"一起,都置于"中国资本主义的产生"的框架中。诸如,由人民教育出版社出版的《中国近代现代史》(上册)的第二章,题目是"中国资本主义的产生、发展和半殖民地半封建社会的形成",其中就包含"戊戌变法"。"戊戌变法"还下设五个子题目:一是戊戌变法的背景,二是康、梁的维新思想,三是百日维新,四是戊戌政变,五是戊戌变法的历史意义和教训。

2. 预设的疑难问题的回溯

在由四川教育出版社出版的供八年级使用的《中国历史》(上册)中,关于戊戌变法,所预设的问题主要有:维新派"有心杀贼",为什么却"无力回天","回天"之力在哪里,救国之路在何方？公车上书产生了怎样的影响？袁世凯为什么要出卖维新派？

在由北京师范大学出版社出版的供八年级使用的《历史》（上册）中，关于戊戌变法，所预设的问题主要有：维新变法这条路能行得通吗？光绪帝的变法措施为什么会在官员中引起极大震动？戊戌变法为什么会失败？谭嗣同为什么说自己"死得其所"？你知道什么是君主立宪制吗？光绪帝为什么决心变法维新？

在由人民教育出版社出版的《中国近代现代史》（上册）中，关于戊戌变法，所预设的问题有二：一是通过新政内容分析戊戌变法的进步意义；二是分析戊戌变法失败的原因。

上述问题，基本上立足于中学历史课的定位，侧重对历史人物和历史事件的介绍与分析。尽管如此，还是为笔者在大学的"中国近现代史纲要"教学中的进一步提升奠定了基础。因为大学提升的主要路径，就是以学生中学阶段学过的相关史实为基础，从思政课的角度，解读戊戌维新运动的性质、失败原因和失败启示等。

3. 重点内容与方法的回溯

在重点内容与方法上，关于戊戌维新运动，中学的中国近现代史教材有三个特点。

一是直接介绍相关的历史人物和历史事件，缺少对戊戌维新运动生发的背景、维新派与守旧派的论证，以及维新派为推介变法主张所做的思想启蒙的诸多努力等内容的介绍。至于康有为的《新学伪经考》和《孔子改制考》、梁启超的《变法通议》、谭嗣同的《仁学》等振聋发聩的宣传变法的力作，除了由人民教育出版社出版的《中国近代现代史》（上册）稍有涉猎外，笔者作为重点研究对象的由北京师范大学出版社出版的供八年级使用的《历史》（上册）和由四川教育出版社出版的供八年级使用的《中国历史》（上册），均未提及。

二是或以"近代化"为框架，或以"中国资本主义的产生"为框架阐释戊戌维新运动，而没有以"民族独立和人民解放""国家富强和人民富裕"这两大历史任务为主线揭示戊戌维新运动在"对国家出路的早期探索"中的地位和作用。

三是关于戊戌维新运动的意义、失败的原因和失败的启示等与论证近代中国的三大历史性选择之必然性有关的内容,中学的中国近现代史教材都着墨较少或根本没有提及,这是笔者在大学的"中国近现代史纲要"教学中需要进一步提升的。

(二)大学"纲要"教学中的提升

在本专题中,笔者围绕概念框架、疑难问题、重点内容与主要方法等,运用包括"专题化提升法""设问式提升法""名作导读提升法""史料运用提升法""跨文化提升法""跨时代提升法""逻辑推理提升法""减法+加法提升法""多媒体教学提升法"在内的"方法线的多维提升法",以及包括"近期因时多维提升法"和"长期常规多维提升法"在内的"内容线的多维提升法",提升与本专题相关的大学的"中国近现代史纲要"的教学,构建"回溯提升教学模式"。

1. 运用的概念框架的提升

基于中学的中国近现代史教材,扩展大学课程的内容,将中学的中国近现代史的片段性介绍,转变为大学的"中国近现代史纲要"的系统性推介,是笔者的提升努力之一。诸如,从教材角度看,大学的《中国近现代史纲要》,包含"维新派倡导救亡和变法的活动""维新派和守旧派的论战""昙花一现的百日维新""戊戌维新运动的意义""戊戌维新运动失败的原因和教训"等内容。在教学中,笔者又围绕洋务运动后中国民族危机进一步激化、民族资本主义进一步发展、中华民族进一步觉醒三条线索,阐释戊戌维新运动的背景,介绍当时中国社会挑战与机遇并存的现状。

基于中学的中国近现代史教材的基础性内容做"加法",引介学术界的相关论争,添加学术界的最新研究成果,将中学的"定论式表述"转变为大学的"研讨式分析",是笔者的提升努力之二。诸如,在教学中,笔者围绕学术界关于戊戌维新运动的性质所形成的多种不同意见,介绍"改良主义运动说""资产阶级革命运动说"和"政治改良运动说"等,并基于对"改革""革命""改良""改良主义"等表述的辨析,帮助学生形成客观而系统的认识。

基于中学的中国近现代史教材,明确大学课程的定位,将中学的中国近现代史教材的历史课定位，转变为大学"中国近现代史纲要"的思政课定位，是笔者的提升努力之三。诸如，从"戊戌维新运动是爱国的救亡运动"和"中国近代民主启蒙运动的真正起点"两个命题入手，阐释当时中国救亡唤起启蒙的历史逻辑，明确"变法"与"救亡"之间的关系，以及"改良"与"革命"的关系，为阐释后来辛亥革命登堂入室的历史必然性做必要的铺垫。

依循笔者在构建"回溯提升教学模式"过程中所强调的"长期常规多维提升法"中的"将中华优秀传统文化有机融入教学"的理念与路径，分析以康有为为代表的维新派的"托古改制"思想，帮助学生理解制度变革之艰，是笔者的提升努力之四。介绍"托古改制"，离不开对康有为的《新学伪经考》和《孔子改制考》的推介。而推介《新学伪经考》和《孔子改制考》等著作，必然涉及对中华传统文化的介绍，也必然涉及对孔子思想的理解等。

2. 预设的疑难问题的提升

大学的《中国近现代史纲要》教材，立足于思政课定位，预设了一个问题：如何认识戊戌维新运动的意义和失败的原因、教训？

基于教材体系向教学体系转换的初衷，在笔者主撰的《"中国近现代史纲要"重点难点理论与实践问题析微》一书中，关于戊戌维新运动又预设了如下主要问题。

1898年，在康有为、梁启超和"戊戌六君子"中，不仅年龄在23—49岁，而且他们多为那个时代"金榜题名"的才俊。如果按照世俗的观念混迹官场，走传统的"学而优则仕"之路，他们或许会有光明的前途，或许会有享不尽的荣华富贵，但他们最终选择的都是充满荆棘的改制之路，尤其是戊戌六君子选择的是"舍生取义"的不归路，为什么？康有为"能融合各种思想于一炉"，"能根据中国当时的各种思潮开出立足于孔孟之道而又适应中国当前需要的处方。这样他就领头打开了一个现代化的突破口"[①]，如何理解费正清的上

---

① [美]费正清：《伟大的中国革命：1800—1985年》，刘尊棋译，世界知识出版社2001年版，第159页。

述评价？以谭嗣同的"有心杀贼，无力回天"①为基点，分析戊戌变法失败的原因。②

在笔者参撰的马克思主义理论研究和建设工程重点教材配套用书《"中国近现代史纲要"课重点难点解析》中，笔者结合学术界的相关研究成果，运用"跨文化提升法""跨时代提升法"等，又预设了如下问题。

把握戊戌维新运动的性质，是解读资产阶级维新派的出路探索在中国行不通的基本出发点。关于戊戌维新运动的性质，学术界有多种不同意见，其中最主要的有三种：一是"改良主义运动说"；二是"资产阶级革命运动说"；三是"政治改良运动说"。马克思主义理论研究和建设工程重点教材《中国近现代史纲要》，采用"资产阶级性质的政治改良运动"之表述③，与"政治改良运动说"高度切近，那么，"资产阶级性质的政治改良运动"之表述的合理性是什么？"改革"与"改良"有何关联？"改良"和"改良主义"有何区别？"改革"与"革命"有何不同？关于戊戌维新运动失败的原因，学术界曾流行一种说法，认为主要是因为"急于事功""急于求成"。在戊戌维新运动进行的103天之内，光绪皇帝如急风暴雨般颁布了那么多改革诏令，企图"立竿见影""一步到位"，完全不顾社会各方的承受能力和各个不同利益集团的反应，结果必然是欲速则不达。这种观点能成立吗？为什么作为早期出路探索之一的洋务运动，能够在遇到各种阻力的情况下惨淡经营了几十年，而戊戌维新运动却昙花一现，仅仅存在103天？洋务运动和戊戌维新运动有何关联与不同？在戊戌维新运动酝酿和进行的过程中，维新派的变法思想和维新派的变法行动之间是否发生过错位或偏离？如果确实发生了错位或偏离，是由什么原因造成的？新中国成立后，曾经有过一种对戊戌维新运动持"全盘否定"的意见。改革开放之后，戊戌维新运动又逐渐得到肯定性评

---

① 蒋广学、朱维宁主编：《中华箴言》，南京大学出版社1995年版，第515页。
② 徐奉臻等：《"中国近现代史纲要"重点难点理论与实践问题析微》，中国社会科学出版社2010年版，第91—104页。
③ 本书编写组：《中国近现代史纲要》，高等教育出版社2015年版，第56页。

价。既然戊戌维新运动没有建立起资产阶级君主立宪制，没有完成"民族独立和人民解放""国家富强和人民富裕"的两大历史任务，为什么还要对其给予肯定，肯定的角度和内容是什么？有"中国问题观察家"美誉的美国汉学家费正清说：康有为"有一种极强的自信心……他决不以自己的见解来适应现实，而常引据事实来支持他的见解"。康有为所具有的"能融合各种思想于一炉"的特点，以及他所拥有的"绝妙的自信心"，使他"能根据中国当时的各种思潮开出立足于孔孟之道而又适应中国当前需要的处方。这样他就领头打开了一个现代的突破口"①，费正清所言的"处方"是什么，为什么这个"处方"不灵验，不能救国救民？如何基于费正清所言的这个"处方"，理解康有为的"托古改制"的理念、路径与局限性？费正清还说：戊戌维新运动的失败说明，"中国不能实现自上而下的改造，至少不能很快改造"，此一表述中的"自上而下的改造"指什么？失败的戊戌维新运动，对后来中国的出路探索向资产阶级民主革命的政治转型产生了哪些影响？将戊戌维新运动与明治维新进行比较研究，是中外学术界方兴未艾的课题，是什么原因导致日本和中国的变革一成一败？

如将上述问题串联起来，便可看到，这些问题已经构成了较为全面地理解和认识戊戌维新运动的知识链条。并且，在该知识链条中，既有纵向的跨时代的梳理，又有横向的跨文化的分析。因此，无论是在立意上，还是在眼界上，这些问题都体现了大学课程的品位与高度。

3. 重点内容与方法的提升

在大学的"中国近现代史纲要"教学中，笔者主要围绕课程的思政课定位，从宏观上勾勒戊戌维新运动生发的背景与概况，明确"改革""革命""改良""改良主义"的联系与区别，在此基础上重点分析维新派的"托古改制"，并由此揭示戊戌维新运动不能完成"民族独立和人民解放""国家富强和人民富裕"这两大历史任务的原

---

① ［美］费正清：《伟大的中国革命：1800—1985》，刘尊棋译，世界知识出版社2001年版，第159页。

因，进而为进一步论证近代中国的三大历史性选择所具有的必然性做必要的知识铺垫。为此，笔者结合自己的研究成果，主要引导学生思考和分析如下五个问题。

问题1：基于复杂性思维，阐释和描述戊戌维新运动生发的背景与概况。针对此问题，笔者给学生提供的分析思路如下。

洋务运动后，中国社会的生存和发展呈现出挑战与机遇并存的局面。主要有三大线索：一是民族危机进一步加深，二是中国民族资本主义进一步发展，三是中华民族进一步觉醒。依据马克思在《不列颠在印度的统治》中给出的殖民主义"充当了历史的不自觉的工具"[①]之论断，可以将这三者演进的辩证关系和历史逻辑表述为：进一步加深的民族危机，促进了中国民族资本主义的进一步发展和中华民族的进一步觉醒。中国民族资本主义的进一步发展，为戊戌维新运动准备了必要的经济基础和阶级条件。中华民族的进一步觉醒，是维新派继续探索救国救民之路不可或缺的思想条件。

在民族危机进一步加深的背景下，以张謇为代表的"中了状元不做官"的爱国的民族企业家和工商界人士，痛感中国战败之辱，发出"实业救国"之呼声。由于洋务派在洋务运动后已无法垄断近代工业，清政府也根本无力再投资兴办"官办"和"官督商办"的新式企业，所以只好放松限制，允许民间自行设厂。在甲午中日战争结束之后的几年，出现了民间设厂的高潮，中国的民族资本主义进一步发展。伴随着中国民族资本主义的进一步发展，中国社会的阶级构成和阶级关系开始发生新的变化，产生了无产阶级和资产阶级。围绕"民族独立和人民解放""国家富强和人民富裕"这两大历史任务，中国民族资产阶级这支新生力量首次登上中国的政治舞台，于1898年领导进行了戊戌维新运动，通过自上而下的改良方式探索救国救民之路。以康有为、梁启超、谭嗣同、康广仁、林旭、杨深秀、杨锐、刘光第等为代表的戊戌维新运动的发起者和实践者，被统称为"维新派"。他们通过上书皇帝，以及"托古改制"等方式，提倡变法、西

---

① 《马克思恩格斯选集》第1卷，人民出版社1995年版，第766页。

学和民权，宣传和推介自己的变法思想，大胆地批判封建专制制度，希望仿效国外资产阶级民主政治，建立资产阶级君主立宪制。光绪皇帝站在维新派一方，发布《明定国是》诏书，宣布"以变法为号令之宗旨，以西学为臣民之讲求"，并在此思想引领下颁布系列相关变革措施。由于遭到以慈禧太后为首的满朝守旧派的强烈反对与抗制，戊戌维新运动昙花一现，仅仅存在103天就淹没在戊戌政变之中。结果，"帝党"失败，光绪皇帝被囚禁于中南海的瀛台，包括谭嗣同、康广仁、林旭、杨深秀、杨锐、刘光第在内的"戊戌六君子"惨遭屠戮，为中国最初的制度变革献出了年轻宝贵的生命。与此同时，以慈禧太后为首的"后党"，则由此实行彻底的封建独裁专制。

问题2：结合学术界的相关论争，明确"改革""革命""改良""改良主义"四个表述之间的联系与区别。针对此问题，笔者给出如下意见。

在关于戊戌维新运动性质争论的诸多不同意见中，有"改革""革命""改良""改良主义"四个关键词。围绕这四个关键词，厘清"改革"与"改良"的关联，辨析"改良"与"改良主义"的区别，阐释"改革"与"革命"的不同，既是把握戊戌维新运动性质的症结，又是理解马克思主义理论研究和建设工程重点教材《中国近现代史纲要》采用"资产阶级性质的政治改良运动"之表述所具有的合理性的关键。

应当承认，在很多情况下，"改革"与"改良"确实有非常接近之处。它们都以渐进的自上而下的斗争形式，促使旧观念和旧事物向新观念和新事物转化，含义十分宽泛。正因为如此，有学者认为，"改革"与"改良"是并无二致的同义词，在具体的学术研究中完全可以把"改革"与"改良"等同或混用。

"改良"或"改革"，是与"革命"相对应的表述。无论是在走势上，还是在方式上，"改良"或"改革"都与"革命"互有不同。其中，"改良"或"改革"多是温和的和自上而下的，而"革命"则是自下而上的暴力变迁方式。由于"改良""改革"和"革命"，均是社会新陈代谢的基本手段，都是政治力量的重新组合和社会利益的再分配过程，其目的也都是扫除发展社会生产力的障碍，使中国摆脱贫穷落后的状态，因而"改良"或"改革"也常常被定性为"革命"。有鉴于此，邓小平曾说："我们把改革当作一种革命。"① 1985年3月，邓小平在会见日本自由民主党副总裁二阶堂进时又进一步明确表示："改革是中国的第二次革命。"② 他所说的"第二次革命"，是相对于"第一次革命"而言的。"第一次革命"是指把半殖民地半封建的旧中国变成社会主义新中国，"第二次革命"则以把经济和文化都比较落后的社会主义新中国变成一个现代化的社会主义强国为宗旨。比较而言，无论是在目标诉求上，还是在路径选择上，这两次革命均有根本差异。其中，"第一次革命"是通过武装斗争的方式推翻旧的社会制度，进而建立崭新的社会主义制度；而"第二次革命"，则是对已经建立的社会主义制度的进一步完善与巩固。

需要指出的是，在上述概念中，最具本质不同的表述是"改良"和"改良主义"，因而绝不能将两者混为一谈。通常，"改良主义"的对应概念是"暴力革命"（武装斗争）。"上层不能"和"下层不愿"，即上层统治者不能照旧统治下去，下层老百姓不愿照旧生活下去，是革命形势成熟的标志。当革命形势尚未成熟之时，马克思主义者承认"改良"的价值，认为"改良"是"革命"的必要累积和准备。但当革命形势完全成熟之后，马克思主义者就会义无反顾地采行暴力革命这种社会变迁方式。相反，"改良主义"则将"改革"或"改良"所具有的功能至上化和绝对化，在任何时空条件下都坚决反对进行社会革命，即使是在反动统治岌岌可危，以及"上层不能"和"下层不愿"的革命形势已经完全成熟的情况下，依旧固执己见，不思改变，这便是"改良主义"的外在形态。

在戊戌维新运动酝酿准备和具体实施过程中，革命形势还没有完全成熟。采用"改良"的方式进行渐进的政治变革，既由当时的内外环境所使然，也由初登政治舞台的中国民族资产阶级所具有的特点所决定。因此，如前所述，马克思主义理论研究和建设工程重点教材

---

① 《邓小平文选》第3卷，人民出版社1993年版，第81页。
② 同上书，第113页。

《中国近现代史纲要》将戊戌维新运动称为"资产阶级性质的政治改良运动"。这样的表述，既注意到"改良"或"改革"与"革命"的不同，也充分考虑到"改良"和"改良主义"之间所具有的本质区别。

问题3：在《伟大的中国革命：1800—1985年》一书的第二部分"晚清帝国秩序的变革（1895—1911年）"中，美国著名汉学家费正清曾这样评价康有为：他"有一种极强的自信心……他决不以自己的见解来适应现实，而常引据事实来支持他的见解"。他"能融合各种思想于一炉"，"能根据中国当时的各种思潮开出立足于孔孟之道而又适应中国当前需要的处方。这样他就领头打开了一个现代化的突破口"①。费正清所言的"各种思想"包括哪些？康有为"能根据中国当时的各种思潮开出立足于孔孟之道而又适应中国当前需要的处方"是什么？康有为领导进行的现代化与洋务运动有什么不同？如何评价康有为等维新志士的变法改制思想？戊戌变法失败的原因到底在哪里？②围绕这些问题，笔者引导学生从如下角度加以思考和分析。

首先，明确费正清所言的"现代化"，是致力于政治变革的戊戌维新运动，是继太平天国农民战争和洋务运动后中国的又一个救国方案。

其次，明确费正清所言的"各种思想"包括两部分：一是中国传统的道统；二是从西方借鉴的制度文明。康有为"能根据中国当时的各种思潮开出立足于孔孟之道而又适应中国当前需要的处方"，即是推介变法的独特方式——"托古改制"。"托古改制"的学理路径，主要反映在康有为的代表作《新学伪经考》和《孔子改制考》中。如果立足于对国家出路的早期探索，那么，不难看出，康有为所领导进行的现代化变革，已经从洋务运动时期的器物层面转型和深入至制度层面。作为一种文化变迁模式，"托古改制"这种推介方式的合理

---

① [美]费正清：《伟大的中国革命：1800—1985年》，刘尊棋译，世界知识出版社2001年版，第159页。
② 徐奉臻等：《"中国近现代史纲要"重点难点理论与实践问题析微》，中国社会科学出版社2010年版，第95—100页。

性与有效性,由当时维新派所处的历史境遇所赋予。

再次,明确维新派的思想和他们的活动之间,是相互寓于的,而不是泾渭分明的。其中,维新派的思想支配着维新派的活动;反过来,维新派的活动又反映了维新派的思想。

历史上,大凡"变革",总有"反变革"与之共生共存,戊戌维新运动也不例外。因此,在戊戌维新运动酝酿和进行过程中,一直有一条一以贯之的主线,那就是"维新派"与"守旧派"之间的对立、抗制与论争。其对立、抗制和论争的焦点有三:一是要不要兴变法;二是要不要兴民权;三是要不要兴新学。

毫无疑问,"变法""民权"和"西学"是维新派所诉求的,同时也都是守旧派所抗制的。这种"诉求"与"抗制"的共时性,一方面决定了戊戌维新运动道路的艰巨与坎坷,另一方面又要求维新派在推介自己的变法思想时,必须借助有效的工具或手段。"工具"和"手段"的创制与运用的过程,即是戊戌维新运动不断推进的过程,是维新派的变法思想和维新派的变法行动不断行诸于世的过程。这个过程主要包括:创设包括学会、学堂、书局、报纸在内的各种使变法思想得以栖息的载体,如万木草堂、时务学堂、大同译书局、强学会、保国会、南学会、《湘报》《国闻报》和《中外纪闻》等;撰写包括文章、著作、奏折、译作在内的各种宣传变法思想的著述,如康有为的《新学伪经考》《孔子改制考》《日本政变考》《应诏统筹全局折》等著作和奏折,以及梁启超的著作《变法通议》、谭嗣同的著作《仁学》、严复的译作《天演论》等;通过给皇帝上书的方式,反映维新派的变法思想,如"公车上书"等。

最后,推介和分析维新派的主要代表作。由于康有为是变法的主要领袖,所以他的认识反映了戊戌维新运动的主要思想。因此,笔者在教学中主要给学生重点介绍被梁启超称为"飓风"和"火山喷发"的《新学伪经考》与《孔子改制考》。

《新学伪经考》中的"伪经"指儒家古文经典,"新学"指"王莽改制之学"。以往,"王莽改制"常被表述为"王莽篡位"。康有为以"改制"置换"篡位",是其托古改制的独特方式。所以,在"新学"和"伪经"的学理上,康有为给出这样的逻辑:儒家古文经典是西汉人刘歆伪造的,与孔子无关。刘歆之所以伪造儒家古文经典,其主要目的是帮助王莽实现改制。因此,儒家古文经典不是旧学,而是王莽改制之新学。

事实上,儒家古文经典并非伪造。而且,历代封建统治者都把儒家古文经典奉为神圣不可侵犯的至尊。康有为之所以敢冒天下之大不韪,公开宣布儒家古文经典为"新学"和"伪经",其着眼点不在"古",而在"今"。因为假如被奉为"至尊"的儒家古文经典都是可变的,那么,在这个世界上,还有什么是一成不变的呢?其言外之意是变法是大势所趋。所以,"新学伪经"之说的功用,是为戊戌维新运动张目。作为变法领袖的康有为,通过这种独特的方式显示出其与传统进行抗争的勇气与智慧。

关于《孔子改制考》,看到这个书名,就往往会让人本能地形成最初的疑问:在19世纪末期搞变法,为什么要搬出几千年前的思想贤哲孔子?众所周知,在文明的结构中,有器物、制度和心性等维度。其中,器物层面的变革,对社会核心价值观的冲击最弱,而制度变革恰好相反。理解了这一点,也就不难理解为什么在洋务运动时期,尽管也遇到各种阻力,但还是持续几十年。也正因为意识到搞制度变革要比器物变革面临更大的阻力,所以在变法过程中,维新派需要打造一位变法先师,需要运用这位变法先师的霸权话语去推介自己的改制思想,即所谓"托古改制"。综观康有为在《孔子改制考》中所表达的"托古改制"思想,主要有如下两条阐释路径。

路径之一,康有为强调孔子作"六经"——《诗》《书》《礼》《乐》《易》《春秋》,目的是要改当时的"乱世之制"。事实上,"六经"并非都由孔子所作。康有为家学渊远,有深厚的国学根底,对于这些不可谓不知。他之所以要把孔子虚构为中国历史上首倡改制的变法先师,其目的是要向世人传递这样的信息:以我康有为为代表的维新派的主张,完全符合孔子的道统真谛;维新变法的行动,在本质上是继承孔子的衣钵,因此维新变法无可厚非。可见,康有为在运用孔子的话语霸权来证明自己思想的合理性的过程中,事实上已经把孔子变成了维新派的精神傀儡。

路径之二，运用最能反映《春秋》之真义的《公羊传》中的两个思想来推介变法。一是"通三统"思想，即夏、商、周三代的法制并无沿袭，各代因时制宜，造出属于各代的法制。其弦外之音是，戊戌维新时代的中国，也没有必要沿用祖制，也要因时制宜，造出属于这个时代的法制。二是推介"三世"学说，即与封建君主专制政体对应的"据乱世"、与君主立宪政体对应的"升平世"、与民主共和政体对应的"太平世"。尽管这种认识有牵强之嫌，但由于其中包含了君主专制政体被其他政体所取代的必然性，这就等于变相地论证了变法的必然性。如此，在融合各种思想于一炉的过程中，康有为就开出了一剂既合乎古训又适应中国当时需要的处方，从而打开了中国制度现代化的突破口。

纵观戊戌维新运动的全过程，维新派实际上抓住了两条线：一条线是思想线——孔子，另一条线是政治线——光绪皇帝。一般而论，专制君主大多抵制制度性变革。近代俄国和近代德国的专制君主，都属于这种情况。在中国，作为皇帝的光绪，之所以能有悖常理地站在维新派一方，主要是基于两个考虑：一是他不愿做"亡国之君"，寄希望于通过成功地变法来实现国家的救亡图存；二是他不愿做"虚位之君"和"傀儡之君"，寄希望于通过成功地变法摆脱慈禧太后的操纵与控制。在多次上书之后，康有为提出《应诏统筹全局折》，阐释了"开制度局而定宪法"的变法真义。但遗憾的是，这种进步的政治变革理念最终被戊戌政变所锢塞。

问题4：自上而下的改良道路在半殖民地半封建的中国为什么行不通？

在半殖民地半封建的中国社会，自上而下的资产阶级改良道路行不通，其原因不止一端，既有国际因素和国内因素的相互交织，又有客观因素与主观因素的彼此作用。

客观原因之一，是存在着变法维新的抗制力量。在戊戌维新运动酝酿和进行过程中，始终存在着"维新派"和"守旧派"之间的对立、抗制和论争。守旧派不仅攻击康有为等维新派是"名教罪人"

和"士林败类",而且将变法维新思想咒骂为"异端"和"邪说"。守旧派鼓吹:"天下之祸,不在夷狄,而在奸党。"① 其中的"奸党",即指"维新派"。

客观原因之二,是制度变革的理念尚未形成普遍共识。应当承认,维新派推出的变法力作,的确振聋发聩。诸如,康有为的《新学伪经考》《孔子改制考》和《应诏统筹全局折》,梁启超的《变法通议》和谭嗣同的《仁学》等,都充溢着政治变革的智慧与理念,在当时中国的知识界掀起轩然大波。尽管梁启超等维新派已经充分意识到洋务运动失败的主要原因,是李鸿章等洋务派坐知有"洋务",而不知有"国务",但由于近代中国思想启蒙运动的迟滞,制度变革的理念还没有形成广泛的社会共识。诚如梁启超所言:"盖当时之人,绝不承认欧美人除能制造能测量能驾驶能操练之外,更有其他学问,而在译出西书中求之,亦确无他种学问可见。康有为、梁启超、谭嗣同辈,则生育于此种'学问饥荒'之环境中,冥思苦索,欲以构成一种'不中不西即中即西'之新学派,而已为时代所不容,盖固有之旧思想,既深根固蒂,而外来之新思想,又来源浅觳,汲而易竭,其支绌灭裂,固宜然矣。"② 从"知"与"行"的关系角度看,没有认识上的共识,必定难有行动上的共为。

主观原因之一,是维新派蔑视和惧怕人民群众。维新派既看不到民众的力量,也不敢放手去发动民众。并且,过分依赖虚位之君光绪皇帝。在维新变法实践中,维新派蔑视人民群众,仅仅依靠少数所谓有教养的人来推行变法。维新派惧怕人民群众,是由中国民族资产阶级的来源和特点所决定的。中国的民族资产阶级,由官僚、地主、买办、商人和工厂主所组成。无论是在政治上,还是在思想上,均与封建统治阶级有着千丝万缕的联系。这决定了他们既具有进步性和革命性,又具有软弱性和妥协性。也正因为中国的民族资产阶级兼具两面性,在戊戌维新运动中,以康有为为代表的维新派的思想及其行动之间,发生了严重的偏离和错位。偏离和错位的主要表现是:在实际的

---

① 李侃等:《中国近代史》,中华书局1994年版,第251页。
② 梁启超:《清代学术概论》,中华书局2011年版,第146页。

变法措施中，政治方面的变革主要包括提倡廉政、裁汰冗员、取消闲散重叠机构、准许旗人自谋生计、准许百姓向朝廷上书等内容，没有维新派在宣传变法思想时多次提到的"设议院""开国会""定宪法"等政治主张，也只影不见康有为在《应诏统筹全局折》中所阐释的体现了变法之真义的"开制度局而定宪法"等内容。不仅如此，康有为还一再提醒光绪皇帝，在"设议院""开国会""定宪法"等方面不要操之过急，强调由于"民智不开"和"守旧愈甚"，在中国"设议院""开国会""定宪法"等"尚非其时也"。

　　主观原因之二，是维新派没有自己的武装。维新派们都是书生议政，坐而论道。谈及变法思想，他们往往头头是道。但是，一旦遇到武力威胁，就会一筹莫展。谭嗣同的"有心杀贼，无力回天。死得其所，快哉快哉"①的悲怆呼号与呐喊，不仅反映了维新志士壮志未酬的失望和无奈之心态，而且也道出了他们对变法失败原因的深度思索。

　　主观原因之三，是维新派不敢否认封建主义。在理论上，不敢否认旧权威，运用"托古改制"来推介自己的变法思想。事实上，对以康有为为代表的维新派而言，实行"托古改制"，固然有守旧派抗制力量强大的因素存在，但也应该看到，维新派身上的确还残留着封建士大夫的痕迹。那种认为戊戌维新运动失败的原因，是"急于事功"和"急于求成"，完全不顾社会的承受能力和各个不同利益集团的反应，企图"立竿见影""一步到位"，结果却欲速则不达等说法，的确恐难成立。虽然光绪皇帝在103天内如急风暴雨般颁布了诸多改革诏令，但并没有从根本上否定旧权威和旧制度。在经济上，一方面，维新派要求发展资本主义；另一方面，维新派又不敢触动作为封建统治根基的封建土地所有制。在定位上，戊戌维新运动主要凸显文明的制度维度，但事实上的变法内容并不仅限于制度和政治，还包括经济、军事和文化等层面。就政治而言，维新派不敢否认封建制度。在行诸于世的政治变法举措中，没有维新派过去多次提到的"设议

---

① 蒋广学、朱维铮主编：《中华箴言》，南京大学出版社1995年版，第515页。

院""开国会""定宪法"和"兴民权"等主张。"托古改制"既体现了新兴资产阶级变革现实的政治要求,又折射出中国民族资产阶级维新派的两面性与矛盾性。

主观原因之四,是维新派没有掌握政府实权。维新派多为文弱书生,没有实际权力。作为维新变法之主体,维新派本身结构松散,缺乏与封建顽固势力相抗衡的实力。不得已,他们只能依靠光绪皇帝,把所有的筹码都押在光绪皇帝身上。事实上,光绪皇帝却是一位"上制于西后,下壅于大臣,不能有其权,不能行其志"①的傀儡。但在光绪皇帝的身后,却有以慈禧太后为代表的强大的反改革的"后党"保守集团。这种情况的存在,从一开始就注定了戊戌维新运动失败的命运。不仅如此,维新派还对曾经混入维新阵营的封建军阀头领袁世凯抱有幻想。在"帝党"和"后党"矛盾白热化之时,寄希望得到袁世凯的支持和帮助,结果袁世凯玩弄政治手腕,一方面应允维新派的要求,另一方面又在暗中投靠"后党"保守集团。

主观原因之五,是维新派对帝国主义国家缺乏理性认识。反对中国独立、反对中国发展资本主义,是资本—帝国主义侵略、奴役和控制中国的基础与前提。如果中国崛起,获得了民族独立,并实现了由半封建主义向资本主义的转型,资本—帝国主义国家不仅不能继续扩大自己的在华利益,而且还要吐出已经到嘴的肥肉,同时还会增加一个新的竞争者。日本等实行君主立宪的国家,所以在表面上表示支持中国维新派的变法活动,在本质上是基于其自身利益考虑的政治上的权宜之计。维新派不仅看不到这一层,而且还幻想列强会因中国推行资产阶级性质的变法而对维新派鼎力相助,结果只能是竹篮打水一场空。

问题5:如何评价和反思戊戌维新运动。针对此问题,笔者围绕学术界的理论论争,给出如下思路。

新中国成立之后,曾经有过一种对戊戌维新运动持"全盘否定"的意见。改革开放之后,学术界开始拨乱反正,戊戌维新运动逐渐得

---

① 梁启超:《戊戌政变记 外一种》,上海古籍出版社2014年版,第21页。

到肯定性评价。戊戌维新运动并没有建立起资产阶级君主立宪制度，也未能完成"民族独立和人民解放""国家富强和人民富裕"的历史任务。在此情况下，还要肯定戊戌维新运动的意义和价值，至少有如下三个角度和层面的原因。

其一，戊戌维新运动是诉求制度文明的政治变革。从洋务运动到戊戌维新运动的嬗变，意味着中国的出路探索已经从"器物"转型至"制度"。当时，制度变革的终极关怀，是要建立类似于英国或日本那样的资产阶级君主立宪制。这种理念，又集中体现在1898年康有为撰写的《应诏统筹全局折》中。其中，"开制度局而定宪法"反映了戊戌维新运动的真义。同时，也意味着维新派的思想，突破了"中体西用"和"中道西器"之窠臼，是中国历史上有史以来资产阶级向封建制度发出的第一次冲击与挑战。有鉴于此，国外学者视戊戌维新运动为"中国从传统中华秩序向近代国民国家体制转变的最初尝试"。[①]

其二，戊戌维新运动是重要的思想启蒙运动。基于"救亡唤起启蒙"之主线，维新派明确了"变法"与"救亡"之间的关系。这种关系，又集中体现在康有为的一个命题中："夫使能守祖宗之法，而不能守祖宗之地，与稍变祖宗之法，而能守祖宗之地，孰得孰失，孰重孰轻，殆不待辨矣。"[②] 康有为这段表述的弦外之音是：如果把"地"和"法"之间的关系，比作"皮"和"毛"之间的关系，那么，皮之不存，毛将焉附！接下来，康有为拿出两个方案：一是"使能守祖宗之法，而不能守祖宗之地"，这是守旧派所坚守的"宁可亡国，不可变法"的思想；二是"稍变祖宗之法，而能守祖宗之地"，这是维新派的救国方案。从这个意义上说，戊戌维新运动是"中国近代民主启蒙运动的真正起点"。

其三，戊戌维新运动是救亡图存的爱国运动。以"救亡图存"作为"爱国运动"之主旨，是由洋务运动后中国社会所面临的挑战与

---

① 王晓秋：《戊戌维新一百周年国际学术讨论会综述》，《历史研究》1998年第6期。
② 姜义华、张荣华选注：《大同梦幻：康有为文选》，百花文艺出版社2002年版，第55页。

机遇并存的局面所决定的。在甲午战争之后短短几年间，中国面临着沦为殖民地的危机，面临着亡国灭种的危险。吴玉章在回忆录中写道："甲午战败的消息传到我家乡的时候，我和我的二哥（吴永锟）曾经痛哭不止。""从前我国还只是被西方大国打败过，现在竟被东方的小国打败了，而且失败得那样惨。"[①] 可见，"救亡"是"民族危机进一步加深"的客观需求，而"图存"则是"中华民族进一步觉醒"的集中体现。理解了这个问题，也就不难回答为什么才华横溢的维新志士们放弃走传统的"学而优则仕"之路，反而迎难而上，选择充满荆棘的改制之路。尤其是"戊戌六君子"，最终选择了舍生取义的不归之路。

　　关于戊戌维新运动与明治维新何以一败一成，综合中外学术界的意见，可概括如下：在时间上，日本的明治维新早于中国的戊戌维新运动。明治维新进行之时，列强尚处于以开辟市场、倾销商品为主要侵略方式的自由资本主义发展阶段。并且，大规模地侵略中国，也极大地牵制了列强的力量，为日本的明治维新提供了有力的国际环境。但在戊戌维新运动进行的19世纪末期，情况有很大的不同。当时恰值自由资本主义过渡到垄断资本主义阶段，即帝国主义阶段。以自由竞争阶段的资本主义为参照，垄断资本主义或帝国主义具有资本输出有了特别的意义，以及最大的资本主义列强已经把世界的领土瓜分完毕等特点。在此期间，帝国主义国家纷纷调整对华侵略策略。在掠夺方式上，由以往的以向中国输出商品为主，变成以向中国输出资本为主。在掠夺程度和规模上，由以往的直接割让中国局部土地演变至强占"租界"和划分"势力范围"。"租界"和"势力范围"的呈现，形成了各帝国主义国家共同瓜分中国的危局。恶劣的国际环境、列强的瓜分狂潮及其所造成的民族危机，既是戊戌维新运动进行的重要原因，又使戊戌维新运动面临更大的外来压力。在经济上，日本的封建专制统治相对薄弱，工厂手工业和商品经济发展比较充分。相比之下，一方面，中国的封建势力和反变革的保守势力十分强大；另一方

[①] 《吴玉章回忆录》，中国青年出版社1978年版，第2页。

面，中国的民族资本主义发展相对薄弱，中国民族资产阶级在政治上和思想上均与封建统治阶级之间有着千丝万缕的联系，既具有进步性和革命性，又具有软弱性和妥协性。所以，在维新变法中，维新派既不掌握政府实权，又不敢放手发动群众，这些都与日本通过倒幕运动奠基铺路形成鲜明的反差。

虽然戊戌维新运动以失败告终，虽然谭嗣同的"各国变法，无不从流血而成，今中国未闻有因变法而流血者，此国之所以不昌也。有之，请自嗣同起"[①]的舍生取义之呐喊，都已经浓缩为尘封在典籍中的历史文字。但毋庸置疑的是：维新派充满荆棘的探索，既为后人带来了精神激励，也为后人留下了值得思考的变革启示。

在半殖民地半封建的旧中国，企图通过自上而下的资产阶级改良道路救国救民，是根本行不通的。要想完成"民族独立和人民解放"与"国家富强和人民富裕"这两大历史任务，必须采用革命方式和手段，推翻帝国主义和封建主义联合统治下的半殖民地半封建的社会制度。在谈及戊戌维新运动失败带来启示时，费正清曾直言不讳地一言以断之：维新变法的失败说明："中国不能实现自上而下的改造，至少不能很快改造。"[②] 毫无疑问，其中的"自上而下的改造"，指"改革"或"改良"。反过来，"自下而上的改造"，则是社会变迁的另外一种形式——"革命"。既然"改革"或"改良"有辱使命，那么"革命"必然登堂入室。理解了这一点，也就不难理解：为什么后来孙中山领导的政治改造，采取的是暴力"革命"的形式？为什么在20世纪初期，很多维新派纷纷告别"改良"或"改革"，转而走上"革命"之路。这样的启示，不仅有助于论证和揭示辛亥革命的历史必然性，而且也意味着彻底否定了"告别革命论"。从这个角度看，虽然戊戌维新运动失败了，但却对后来中国出路探索之路径向资产阶级民主革命的政治转型奠定了基础。也正是基于这样的认识，梁启超说："戊戌维新虽时日极短，现效极少，而实二十世纪新中国

[①] 鲍延毅编：《死雅》，中国大百科全书出版社2007年版，第786页。
[②] [美] 费正清：《伟大的中国革命：1800—1985年》，刘尊棋译，世界知识出版社2001年版，第164页。

史开宗明义第一章也。"①

依据"以案为例提升法"的理念与路径，为学生推介由史也夫和笔者共同主编的《"中国近现代史纲要"课教学案例参考》中的相关案例，是笔者的重要提升方式。所推介的案例主要是"制度变革思想的嬗变轨迹——康有为的系列上书"。②

依据"名作导读提升法"的理念与路径，推介《上清帝第二书》和《天演论》的重要内容，帮助学生进一步把握维新变法的学理依据，也是笔者的重要提升方式。

所推介的《上清帝第二书》的主要内容是：

> 夫中国大病，首在壅塞，气郁生疾，咽塞致死。欲进补剂，宜除喧疾，使血通脉畅，体气自强。今天下事皆文具而无实，吏皆奸诈而营私。上有德意而不宣，下有呼号而莫达。同此兴作，并为至法，外夷行之而致效，中国行之而益弊者，皆上下隔塞，民情不通所致也。夫以一省千里之地，而惟督抚一二人仅通章奏，以百僚士庶之众，而惟枢轴三五人日见天颜。然且堂廉迥隔，大臣畏谨而不敢尽言；州、县专城，小民冤抑而末③由呼吁。故君与臣隔绝，官与民隔绝，大臣小臣又相隔绝，如浮屠百级，级级难通，广厦千间，重重并隔。夫天下万物之繁，封圻千里之广，使督抚枢轴皆是大贤，然是数人者，心思耳目所及，必有未周，才力精神之运，必有不逮，以之运骤④四海，措置百务，已狭隘不广矣。况知人之哲，自古为难，……天下人民四万万，庶士亿万，情伪百端，才智甚广，皇上仅寄耳目于数人，而数人者又畏懦保禄，不敢竭尽，甚且炀灶蔽贤，壅塞圣聪，皇上虽欲通中外之故，达小民之厄，其道无由。名虽尊矣，实则独立于上，

---

① 康有为：《中国学人自述丛书》，江苏人民出版社 1999 年版，第 246 页。
② 史也夫、徐奉臻：《"中国近现代史纲要"课教学案例参考》，高等教育出版社 2010 年版，第 53—55 页。
③ 似为"未"字，笔者注。
④ 似为"筹"字，笔者注。

遂致有割地弃民之举。皇上亦何乐此独尊为哉？

　　夫先王之治天下，与民共之，《洪范》之大疑大事，谋及庶人为大同。《孟子》称进贤、杀人，待于国人之皆可。……尝推先王之意，非徒集思广益，通达民情，实以通忧共患，结合民志。……伏乞特诏颁行海内，令士民公举博古今，通中外，明政体，方正直言之士，略分府、县约十万户，而举一人，不论已仕未仕，皆得充选，因用汉制，名曰议郎。皇上开武英殿，广悬图书，俾轮班入值，以备顾问。并准其随时请对，上驳诏书，下达民词。凡内外兴革大政，筹饷事宜，皆令会议于太和门，三占从二，下施部行。所有人员，岁一更换，若民心推服，留者领班。著为定制，宣示天下。上广皇上之圣聪，可坐一室而知四海；下合天下之心志，可同忧乐而忘公私。皇上举此经义，行此旷典，天下奔走鼓舞，能者竭力，富者纾财，共赞富强，君民同体，情谊交孚，中国一家，休戚与共。以之筹饷，何饷不筹？以之练兵，何兵不练？合四万万人之心以为心，天下莫强焉！然后用府兵之法，而民皆知兵，讲铁舰之精，而海可以战。于以恢复琉球，扫荡日本，大雪国耻，耀我威棱。[①]

所推介的《天演论》的主要内容是：

　　虽然天运变矣。而有不变者行乎其中。不变惟何。是名天演。以天演为体。而其用有二。曰物竞。曰天择。此万物莫不然。而于有生之类为尤著。物竞者。物争自存也。以一物以与物物争。或存或亡。而其效则归于天择。天择者。物争焉而独存。则其存也。必有其所以存。必其所得于天之分。自致一己之能。与其所遭值之时与地。及凡周身以外之物力。有其相谋相剂者焉。夫而后独免于亡。而足以自立也。而自其效观之。若是物特为天之所厚而择焉以存也者。夫是之谓天择。天择者择于自然。虽择

---

① 谢遐龄选编：《变法以致升平：康有为文选》，上海远东出版社1997年版，第285—286页。

而莫之择。犹物竞之无所争。而实天下之至争也。斯宾塞尔曰。天择者。存其最宜者也。夫物既争存矣。而天又从其争之后而择之。一争一择。而变化之事出矣。……

考天演之学。发于商周之间。欧亚之际。而大盛于今日之泰西。此由人心之灵。莫不有知。而死生荣悴。昼夜相代夫前。妙道之行。昭昭若揭日月。所以先觉之俦。玄契同符。不期自合。分涂异唱。殊致同归。凡此二千五百余载中。泰东西前识大心之所得。微言具在。不可诬也。虽然其事有浅深焉。……

以天演言之。则善固演也。恶亦未尝非演。若本天而言。则尧桀夷跖。虽义利悬殊。固同为率性而行。任天而动也。亦其所以致此者异耳。用天演之说。明殃庆之各有由。使制治者知操何道焉。而民日趋善。动何机焉。而民日竞恶。则有之矣。必谓随其自至。则民群之内。恶必自然而消。善必自然而长。吾窃未之敢信也。且苟自心学之公例言之。则人心之分别见。用于好丑者为先。而用于善恶者为后。好丑者其善恶之萌乎。善恶者其好丑之演乎。是故好善恶恶。容有未实。而好好色恶恶臭之意。则未尝不诚也。学者先明吾心忻好厌丑之所以然。而后言任自然之道。而民群善恶之机。孰消孰长可耳。……

挂帆海。风波茫茫。或沦无底。或达仙乡。二者何择。将然未然。时乎时乎。吾奋吾力。不竦不蹶。丈夫之必。吾愿与普天下有心人。共矢斯志也。[①]

第四节　辛亥革命：近代中国的第一次巨变

"辛亥革命：近代中国的第一次巨变"，是笔者讲授"中国近现代史纲要"课程所设计的第四个专题。设计的主要依据，是"回溯提升教学模式"中的"专题化提升法"的理念与路径。在内容上，本专题对应大学《中国近现代史纲要》教材的第三章"辛亥革命与

[①] [英]赫胥黎：《天演论》，严复译，北京时代华文书局2014年版，第4—5、67、112、121页。

君主专制制度的终结"。

此中的"第一次巨变",为后来生发的巨变做了铺垫。如果说辛亥革命是近代以来中国的第一次历史性巨变,那么,中华人民共和国的成立和社会主义制度的建立则是第二次历史性巨变。历史步入现代之后,起于20世纪70年代末期的中国的改革开放及其成果,是第三次历史性巨变。如果立足于将来时,21世纪上半叶的中国,至少还将发生两次历史性巨变:一次是实现建党百年目标,全面建成小康社会;另一次是实现建国百年目标,建成富强、民主、文明、和谐的社会主义现代化国家,使中华民族伟大复兴的中国梦梦想成真。

一　回溯中学的相关内容

在本专题中,笔者围绕概念框架、疑难问题、重点内容与主要方法等,运用包括"问卷式回溯法""互动式回溯法""启发式回溯法"和"参与式回溯法"在内的"四维多向回溯法",回溯与本专题相关的中学的中国近现代史的内容,以便为笔者在大学的"中国近现代史纲要"教学中构建"回溯提升教学模式"奠定基础。

(一) 运用的概念框架的回溯

在分析框架上,中学的中国近现代史教材的一种做法,是把辛亥革命置于"近代化"的框架中。诸如,由四川教育出版社出版的供八年级使用的《中国历史》(上册)中的题为"近代化的起步"的"第二学习主题",就包括"辛亥革命"。"辛亥革命"下设三个子题目:辛亥革命的酝酿;武昌起义;辛亥革命的历史意义。还如,由北京师范大学出版社出版的供八年级使用的《历史》(上册)中的题为"近代化的艰难起步"的"第二单元",也包括"辛亥革命"。"辛亥革命"下设三个子题目:孙中山创立同盟会;武昌起义;中华民国的成立。

在分析框架上,中学的中国近现代史教材的另一种做法,是把辛亥革命作为中国近代历史上的重大变迁加以独立阐释。譬如,由人民教育出版社出版的《中国近代现代史》(上册),就围绕辛亥革命的内容专设第三章"资产阶级民主革命和清朝的覆亡",其中包含"资产阶级民主革命的兴起""同盟会的建立和革命形势的发展""清朝统治危机的加深和辛亥革命的爆发",以及"中华民国的成立"等子内容。

虽然,这三个版本的教材的分析框架有所不同,但其均有两个显而易见的共性特点。

其一,都使用"狭义"的"辛亥革命"概念,几乎都把"武昌起义"等同于"辛亥革命"。需要指出的是,由人民教育出版社出版的《中国近代现代史》(上册),除了设第三章"资产阶级民主革命和清朝的覆亡"外,还设第四章"北洋军阀的统治"(内含"袁世凯的独裁统治""军阀割据下的中国政局""中国民族资本主义的进一步发展"和"活动课:你怎样评价辛亥革命")。该教材将"活动课"安排在第四章"北洋军阀的统治"中,说明教材编写者有广义的辛亥革命之理念。但如果由此断定教材编写者将"北洋军阀的统治"视为广义的辛亥革命的一部分,又感觉不恰当。因为就一册中学的中国近现代史教材而言,关于辛亥革命一个内容,就专设两章,显然并不合适。

其二,都没有围绕近代以来的"民族独立和人民解放""国家富强和人民富裕"这两大历史任务分析辛亥革命失败的原因,及其给历史留下的启示。因此,这两部分内容,都有待笔者在大学的"中国近现代史纲要"教学中进一步加以调适或增容。

需要指出的是,部分中学的中国近现代史教材,通过推介一些重要的史料,对不同类型的革命加以区分,不仅开阔了学生的眼界,而且也为大学的提升做了必要的铺垫。诸如,由人民教育出版社出版的《中国近代现代史》(上册),就通过推介孙中山的认识,明确革命有"政治革命"和"社会革命"之分:"近时志士,舌敝唇枯,唯企强中国以比欧美。然而欧美强矣,其民实困,吾国纵能媲迹于欧美,尤不能免于第二次革命……睹其祸害于未萌,诚可举政治革命、社会革命毕其功于一役。"[①]

[①] 人民教育出版社历史室:《中国近代现代史》上册,人民教育出版社2003年版,第77页

除"政治革命"和"社会革命"外,由北京师范大学出版社出版的供八年级使用的《历史》(上册),在介绍孙中山的"三民主义"思想时,还注意区分"民族革命"与"政治革命"和"社会革命"的不同,并为此引述了孙中山的经典表述:"我们革命的目的,是为中国谋幸福,因不愿少数满洲人专制,故要民族革命;不愿君主一人专制,故要政治革命;不愿少数富人专制,故要社会革命。"[①] 虽然,此中的"民族革命"是一种以反满为主旨的狭义表述,与本书先前所及的以反抗外来侵略为旨归的广义的"民族革命"有本质的不同,但这种认识不仅有助于理解孙中山的三民主义救国方案,而且也为笔者在大学的"中国近现代史纲要"教学中分析辛亥革命失败的原因奠定了必要基础。

(二)预设的疑难问题的回溯

在由四川教育出版社出版的供八年级使用的《中国历史》(上册)中,围绕辛亥革命所预设的问题主要有:孙中山为什么选择革命之路?什么是三民主义?革命党人为武昌起义做了哪些准备?武昌起义成功的原因是什么?各省代表为什么推举孙中山为中华民国临时大总统?有人说辛亥革命成功了,有人说辛亥革命失败了,你怎么看?

在由北京师范大学出版社出版的供八年级使用的《历史》(上册)中,围绕辛亥革命所预设的问题主要有:人们称孙中山是中国民主革命伟大的先行者,是20世纪中国走在时代前列的第一个伟人,你知道这是为什么吗?孙中山的"振兴中华"的口号,指的是什么?武昌起义为什么能够得到各省的迅速响应?你知道什么是共和制吗?《中华民国临时约法》是怎样限制临时大总统的权力的,它与封建君主专制有什么不同?

由人民教育出版社出版的《中国近代现代史》(上册),在第三章"资产阶级民主革命和清朝的覆亡"中,围绕辛亥革命所预设的问题主要有:简述并评价孙中山的三民主义?简述辛亥革命首先在武昌取得成功的原因。为什么说《中华民国临时约法》具有反对封建

---

① 朱汉国主编:《历史》上册,北京师范大学出版社2007年版,第40页。

专制制度的进步意义？结合史实说明辛亥革命没有完成反帝反封建的任务。

阅读材料，并回答：（1）"民族革命""政治革命"和"社会革命"的内容是什么？孙中山为什么主张进行这三种革命？（2）孙中山以什么为借鉴，提出"举政治革命、社会革命毕其功于一役"，他想以此解决中国社会的什么问题？

材料1："孙中山《民报·发刊词》：今者中国以千年专制之毒而不解，异族残之，外邦逼之，民族主义、民权主义，殆不可以须臾缓。而民生主义欧、美所虑积重难返者，中国独受病未深，而去之易……吾国治民生主义者，发达最先，睹其祸害于未萌，诚可举政治革命、社会革命毕其功于一役。"①

材料2："孙中山《三民主义与中国前途》：我们革命的目的是为中国（原文是'众生'——笔者注）谋幸福，因不愿少数满洲人专制（原文是'专利'——笔者注），故要民族革命；不愿君主一人专制（原文是'专利'——笔者注），故要政治革命；不愿少数富人专制（原文是'专利'——笔者注），故要社会革命。"②

阅读材料，回答问题：（1）结合材料1、材料2，解释孙中山为什么在《大总统誓词》中要承诺"斯时文当解临时大总统之职"？（2）在材料3中，孙中山提出解职的条件是什么？（3）从材料1和材料3中，分析孙中山与立宪派代表人物张謇在对袁世凯的态度上有何不同？

材料1：甲日满退，乙日拥公，东南诸方，一切通过。——

---

① 戴逸主编：《辛亥百年名家经典导读　孙中山文选》，巴蜀书社2011年版，第60—61页。
② 孙中山：《孙中山自述》，人民日报出版社2014年版，第154页。

张謇给袁世凯的密电。①

材料2：1911年12月20日，南北和谈双方签署草约五条，主要内容为：确定共和政体；优待清皇室；先推覆清政府者为大总统。——钱基博《辛亥南北议和别记》。②

材料3：倾覆满洲专制政府，巩固中华民国，图谋民生幸福，此国民之公意（原文是"公章"——笔者注），文实尊之，以忠于国，为众服务。至专制政府既倒，国内无变乱，民国卓立于世界，为列邦公认，斯时文当解临时大总统之职。谨以此誓于国民。——孙中山《大总统誓词》。③

基于孙中山《中华民国临时大总统宣言书》中的如下表述，思考作为中华民国临时大总统的孙中山提出了怎样的行政方针？请作一简评。

国家之本，在于人民。合汉、满、蒙、回、藏诸地为一国，即合汉、满、蒙、回、藏诸族为一人——是曰民族之统一。

武汉首义，十数行省先后独立。所谓独立，对于清廷为脱离，对于各省为联合。蒙古、西藏，意亦同此。行动既一，决无歧趋，枢机成于中央，斯经纬周于四至。——是曰领土之统一。

血钟一鸣，义旗四起，拥甲带戈之士遍于十余行省。虽编制或不一，号令或不齐，而目的所在则无不同。由共同之目的，以为共同之行动，整齐划一，夫岂其难？——是曰军政之统一。

国家幅员辽阔，各少自有其风气所宜。前此清廷强以中央集权之法行之，遂其伪立宪之术；今者各省联合，互谋自治，此后行政，期于中央政府与各省之关系调剂得宜。大纲既挈，条目自举。——是曰内治之统一。

满清时代，借立宪之名，行敛财之实，杂捐苛细，民不聊

---

① 章开沅：《章开沅文集》第3卷，华中师范大学出版社2015年版，第37页。
② 蒙木：《危巢卵梦　晚清民初六十年》，中国文史出版社2016年版，第262页。
③ 孙中山：《孙中山自述》，人民日报出版社2014年版，第205页。

生。此后国家经费,取给于民,必期合于理财学理,而尤在改良社会经济组织,使人民知有生之乐。——是曰财政之统一。①

此外,由人民教育出版社出版的《中国近代现代史》(上册),还在第四章"北洋军阀的统治"中,预设了一些与辛亥革命相关的问题:

阅读材料,并回答:(1)宋教仁主张的责任内阁制的实质是什么?对袁世凯的权力有何威胁?(2)宋教仁为政党政治奋斗,是否能把袁世凯"摆在无权无勇的位置上"?为什么?

材料1:宋教仁《国民党欢迎会演说词》:盖责任内阁之要义,即总统不负责任,而内阁代总统对于议会负责任是也。②

材料2:袁世凯:我现在不怕国民党以暴力夺取政权,就怕他们以合法手段夺取政权,把我摆在无权无勇的位置上。③

上述问题,虽然也基本囿于中学的历史课之定位,突出孙中山、武昌起义、三民主义和中华民国的建立等主要的历史人物与历史事件。但是,与前面的太平天国农民战争、洋务运动、戊戌维新运动所预设的问题相比,这些设问的问题意识更加突出,资料更加丰富。并且,有些内容,已经非常贴近大学的"中国近现代史纲要"课程所要特别强调的思想性、政治性与理论性。诸如:"孙中山为什么选择革命之路"这一问题,就在一定程度上触及关于辛亥革命的历史必然性等内容。虽然,关于此问题的分析,该教材还较为单薄,只论及孙中山上书李鸿章和清王朝的腐败两个角度,但该设问的确为笔者在大学的"中国近现代史纲要"教学中进一步评价"告别革命论"等不可规避的重要而敏感的问题奠定了基础。

---

① 谭合成等主编:《世纪档案 影响20世纪中国历史进程的100篇文章》,中国档案出版社1995年版,第113—114页。
② 王汝丰:《黄兴宋教仁朱执信诗文选》,巴蜀书社2011年版,第116页。
③ 关河五十州:《民国总理段祺瑞》,现代出版社2016年版,第54页。

此外，中学的中国近现代史教材阐释得并不充分的关于辛亥革命何以失败，以及辛亥革命给历史留下了什么启示等问题，也都是笔者立足于思政课的基本定位，在大学的"中国近现代史纲要"教学中进一步提升的主要内容。

（三）重点内容与方法的回溯

教材的内容安排与方法运用，在一定程度上折射出教材编写者的历史观。综观中学的中国近现代史教材，关于辛亥革命的重点内容和所运用的方法，具体情况如下。

一是由北京师范大学出版社出版的供八年级使用的《历史》（上册）和由四川教育出版社出版的供八年级使用的《中国历史》（上册），关于辛亥革命的背景的分析，较为线性。事实上，导致辛亥革命爆发的原因不止一端，是帝国主义列强对中国侵略的强化、中国民族资本主义的进一步发展、资产阶级民主革命思想的形成、清末新政及其破产、清末预备立宪及其破产、人民群众反抗斗争的日益高涨等因素相互交织和有机作用的结果。但在由北京师范大学出版社出版的供八年级使用的《历史》（上册）和由四川教育出版社出版的供八年级使用的《中国历史》（上册）中，基本没有对这些内容作系统介绍。相比之下，由人民教育出版社出版的《中国近代现代史》（上册），阐释较为全面，其阐释的角度有：历史背景、兴中会的成立和广州起义、革命思想的传播和革命团体的建立、同盟会的建立及其政治纲领、革命党人发动的武装起义、清政府的"新政"和"预备立宪"、武昌起义和湖北军政府的成立等。

二是关于辛亥革命的过程的介绍，较为简化。除了由人民教育出版社出版的《中国近代现代史》（上册）外，由北京师范大学出版社出版的供八年级使用的《历史》（上册）和由四川教育出版社出版的供八年级使用的《中国历史》（上册）基本不涉及革命与改良的辩论，而不了解资产阶级改良与资产阶级革命的区别，则很难正确认识资产阶级民主革命的必要性和正义性。此外，中学的中国近现代史教材，也没有从广义的辛亥革命的角度，介绍孙中山为坚持民主共和、反对帝制和反对专制而继续奋斗的历程。虽然由人民教育出版社出版的《中国近代现代史》（上册）提及相关内容，但这部分内容并未置于第三章"资产阶级民主革命和清朝的覆亡"中，而是置于第四章"北洋军阀的统治"中。

三是关于辛亥革命的评价的阐释，较为缺失。除了由人民教育出版社出版的《中国近代现代史》（上册）外，由北京师范大学出版社出版的供八年级使用的《历史》（上册）和由四川教育出版社出版的供八年级使用的《中国历史》（上册），较少或根本没有关于辛亥革命的意义、辛亥革命失败原因和教训启示的分析。而不了解辛亥革命胜利的历史意义，就很难正确认识资产阶级民主革命的进步性；不了解辛亥革命失败的原因和教训，就很难正确认识资产阶级民主革命的局限性。

二 大学"纲要"教学中的提升

在本专题中，笔者围绕概念框架、疑难问题、重点内容与主要方法等，运用包括"专题化提升法""设问式提升法""名作导读提升法""史料运用提升法""逻辑推理提升法""多媒体教学提升法"在内的"方法线的多维提升法"，以及包括"近期因时多维提升法"和"长期常规多维提升法"在内的"内容线的多维提升法"，提升与本专题相关的大学的"中国近现代史纲要"的教学，构建"回溯提升教学模式"。

（一）运用的概念框架的提升

在大学的"中国近现代史纲要"教学中，笔者使用"广义的辛亥革命"概念。如果从大学的《中国近现代史纲要》教材和中学的中国近现代史教材对应的角度看，笔者使用的广义辛亥革命，应该涵盖由人民教育出版社出版的《中国近代现代史》（上册）的第三章"资产阶级民主革命和清朝的覆亡"与第四章"北洋军阀的统治"两部分内容。

在分析框架上，笔者将广义的辛亥革命的内容划分为如下三个阶段。

第一阶段，从1894年兴中会的建立，到1911年10月武昌起义的爆发，这是资产阶级民主革命运动的兴起与发展时期，主要历史事件有：兴中会的建立、同盟会的建立和三民主义学说的提出等。

第二阶段，从1911年10月武昌起义的爆发，到1912年4月孙中山正式辞去临时大总统职务，这是狭义的辛亥革命的发动、胜利与失败的时期，主要历史事件有：武昌起义、南京临时政府的建立和袁世凯窃取临时大总统职务等。

第三阶段，从1912年4月孙中山正式辞去临时大总统职务，到1919年5月五四运动前夕，这是孙中山为坚持民主共和、反对帝制和反对专制而继续抗争，并最后归于失败的时期，主要历史事件有：二次革命、护国战争和护法战争等。

此外，笔者还结合大学的《中国近现代史纲要》教材，基于对新旧民主主义革命的划分，将广义的辛亥革命作为中国旧民主主义革命失败的标志。

（二）预设的疑难问题的提升

大学的《中国近现代史纲要》教材，立足于思政课的基本定位，预设了三个问题：革命派在与改良派论战中是如何论述革命的必要性、正义性、进步性的？为什么说孙中山领导的辛亥革命引起了近代中国的历史性巨大变化？辛亥革命为什么失败？它的失败说明了什么？

在笔者主撰的《"中国近现代史纲要"重点难点理论与实践问题析微》一书[1]中，关于辛亥革命，又预设了中学的中国近现代史教材较少触及或没有设问的如下问题：为什么20世纪初期的"清末新政"和"清末预备立宪"不能挽救清王朝覆灭的命运？孙中山并未直接参加武昌起义，他何以成为辛亥革命的领导者和中国革命的先行者？孙中山为什么说"二次革命"的失败"非袁氏兵力之强，实同党人心之涣"？[2] 有"一代枭雄"或"乱世奸雄"之称的袁世凯，如何发迹和如何窃取革命果实？孙中山慨叹的"曾几何时，自己为形势所

---

[1] 徐奉臻等：《"中国近现代史纲要"重点难点理论与实践问题析微》，中国社会科学出版社2010年版，第105—130、283—287页。
[2] 张华腾：《中国1913》，陕西人民出版社2014年版，第212页。

迫，不得已而与反革命的专制阶级谋妥协，此种妥协实间接与帝国主义相调和"①，反映了怎样的历史景况？在评价军阀时，孙中山为什么说"南与北，一丘之貉"？②在中国近现代史研究中出现过"唯革命论"和"告别革命论"，结合中国近现代史的有关史实对两者加以评价。

在教学实践中，笔者又结合学生的困惑，预设了如下问题："辛亥革命"到底指什么？为什么广义的辛亥革命要从兴中会算起？何以解释资本—帝国主义侵略对作为民主革命的辛亥革命的影响？邹容为什么要创作《革命军》？《革命军》具有什么样的历史意义？如何基于替代理论和催化理论理解"告别革命论"？为什么孙中山能够提出"三民主义"？为什么说辛亥革命的失败既说明资产阶级共和国的方案不符合中国的基本国情，又说明中国的民族资产阶级不能肩负起反帝反封建的历史使命？

上述设问的功能不止一端，它们组合在一起，主要回答了如下三个问题：一是明确了资产阶级改良与资产阶级革命的区别，有助于帮助学生正确认识资产阶级民主革命的必要性；二是明确了辛亥革命胜利的历史意义，有助于帮助学生正确认识资产阶级民主革命的进步性，以及辛亥革命成为近代中国的第一次历史性巨变之因由；三是明确了辛亥革命失败的原因和教训，有助于帮助学生正确认识资产阶级民主革命的局限性，为进一步论证历史和人民选择中国共产党、马克思主义和社会主义道路的必然性做了前期的学理铺垫。而凸显近代中国的三大历史性选择，恰恰是作为思政课的"中国近现代史纲要"与作为历史课的中学的中国近代史的主要不同。

（三）重点内容与方法的提升

提升和创新性的表现之一，是运用"名作导读提升法"的理念和

---

① 沙健孙、李捷等主编：《"中国近现代史纲要"教师参考书》，高等教育出版社2007年版，第105页。

② 沈洁：《社会变迁与百年转折丛书 1912 颠沛的共和》，东方出版中心2015年版，第418页。

路径，指导学生阅读《告别革命》①；运用"逻辑推理提升法"和"史料运用提升法"的理念与路径，就如何认识及评价"告别革命论"进行指导。

"告别革命论"于1995年出现在李泽厚和刘再复的对话录《告别革命》一书中。该书的主要基调是：改良优越于革命，所以否定革命，并主张"告别革命"。该书问世后，始终褒贬不一，毁誉交织，既为学者所关注，又成为学者乐此不疲地讨论的热点和研究的课题。

"告别革命论"不仅是中国理论界论争的热点，而且也事关对作为中国民主革命先行者的孙中山的评价，事关对作为近代中国的第一次历史性巨变的辛亥革命的评价，事关对近代中国的三大历史性选择的认识。因而，正确认识和评价"告别革命论"，是学习辛亥革命的不可规避的教学重点与难点。也正因为如此，在教育部下发的关于"中国近现代史纲要"课程的年度教学建议中，多次提到"告别革命论"，要求教师明确自己的态度，帮助学生形成正确的认识。

在笔者所在的哈尔滨工业大学，"中国近现代史纲要"课程的教学对象，是入学第一年的下半个学期的大一新生。一方面，他们正经历由中学学习方式向大学学习方式的转型；另一方面，他们的世界观、人生观和价值观等都还处于正在形成过程之中。因此，处于这一成长阶段的莘莘学子，既充溢着青春和热情，又比较容易走极端，呈现出愤青的状态。今年为止，笔者已经在三尺讲台上连续站了30年，对学生的情况有一些接触性的直观了解。在以往与学生的课间交流中，就有学生坦然："自己比较喜欢敢说真话，能够在课堂上公开发表与官方相左的观点的老师"，认为"这样的老师，才是有血性的好老师"。所以，在讲"告别革命论"之前，笔者与学生之间进行了沟通，旗帜鲜明地向学生表明自己的看法："作为教师，我本人完全认同官方的主流观点。"也就是说，我反对"告别革命论"，我认为"告别革命论"需要"告别"。并且强调：我的这些观点，完全基于本人的研究和对学术界相关意见的吸纳。在有了这样的前期铺垫后，

---

① 李泽厚、刘再复：《告别革命》，香港天地图书有限公司2011年版。

笔者开始对自己反对"告别革命论"的原因和学理进行逻辑化的推导。

对于"告别革命论",无论是赞成,还是反对,都要奠基在对"告别革命论"本身的理解上。只有如此,才能把握"告别革命论"的内涵本质。因此,笔者首先采用"名作导读提升法",通过引用、学习和分析《告别革命》这本书中的重要原始表述的方式,与学生一起走进"告别革命论"。

在宣传"告别革命论"时,李泽厚、刘再复在《告别革命:回望二十世纪中国》中给出的基本命题是:"解决阶级矛盾可以是阶级调和、协商互让,进行合作,即改良而非革命。"① 这段话的核心意思是:在社会变迁的手段上,告别革命论者的态度很明确:肯定改良,而反对革命。之后,围绕这一命题,笔者指导学生思考两个具体问题:一是告别革命论者赞成的"改良"指什么?二是告别革命论者反对的"革命"又指什么?

关于告别革命论者赞成的"改良"指什么?笔者给学生引介李泽厚、刘再复的表述:"20世纪中国的第一场暴力革命,是孙中山领导的辛亥革命。当时中国可以有两种选择。一是康梁所主张的'君主立宪'之路;一是孙中山主张的暴力革命道路。现在看来,中国当时如果选择康梁的改良主义道路会好得多。"② 显然,这段表述说明,告别革命论者赞成的"改良"之一,是19世纪末期的淹没在戊戌政变中的戊戌维新运动。

关于告别革命论者赞成的"改良"指什么?笔者给学生引介李泽厚、刘再复的表述:"辛亥革命是搞糟了,是激进主义思潮的结果:清朝的确是已经腐败的王朝,但是这个形式存在仍有很大意义,宁可慢慢来,通过立宪派所主张的改良来逼着它迈上现代化和救亡的道路;而一下子痛快地把它搞掉,反而糟了,必然军阀混战。"③ 显然,

---

① 张海鹏:《张海鹏自选集》,学习出版社2012年版,第303页。
② 同上书,第306页。
③ 本书课题组:《为什么不对:论历史虚无主义》,浙江工商大学出版社2015年版,第13页。

这段表述说明，告别革命论者赞成的"改良"之二，是20世纪初期的清末预备立宪。

至此，可以确认：告别革命论者所肯定的"改良"，主要包括两个部分：一是19世纪末期的戊戌维新运动，二是20世纪初期的清末预备立宪。

关于告别革命论者反对的"革命"指什么？笔者给学生引介李泽厚、刘再复的表述："我们所说的革命，是指以群众暴力等急遽方式推翻现有制度和现有权威的激烈行动（不包括反对侵略的所谓'民族革命'）。"① 据此表述可断，告别革命论者所反对的"革命"，具体指"民主革命"，而不包括"民族革命"。也即，在反对"民主革命"的同时，李泽厚和刘再复对民族革命持赞成态度。所以，正确区分"民族革命"和"民主革命"非常必要。

从结构上看，无论是"民族革命"，还是"民主革命"，都是"革命"的有机构成。其中，"民族革命"是对外的，以反对外来侵略和实现民族独立为宗旨。"民主革命"是对内的，以反对封建专制统治和实现人民解放为己任。而"民族独立"和"人民解放"，又都是近代以来的两大历史任务的重要内容，是近代以来仁人志士所诉求的中国梦的题中应有之义。

关于告别革命论者反对的"革命"指什么？笔者给学生重申前文已经引介过的李泽厚、刘再复的表述："20世纪中国的第一场暴力革命，是孙中山领导的辛亥革命。当时中国可以有两种选择。一是康梁所主张的君主立宪之路；一是孙中山主张的暴力革命道路。中国当时如果选择康梁的改良主义道路会好得多。"据此可断，从革命的内容上看，告别革命论者反对的"革命"，具体指"辛亥革命"。也就是说，孙中山领导的辛亥革命，才是告别革命论者所要"告别"的革命。在他们看来，如果没有这场寄望"一下子痛快地"把腐败的清王朝"搞掉"的辛亥革命，如果不是辛亥革命打断了清末预备立宪的进程，那么，清末预备立宪就可以把中国带入政治现代化。

---

① 本书课题组：《为什么不对：论历史虚无主义》，浙江工商大学出版社2015年版，第13页。

在明确了告别革命论者到底赞成什么样的"改良",到底反对什么样的"革命"之后,学生一定会有这样的疑问:告别革命论者宣传"告别革命论",到底要干什么?其目的和本质是什么?围绕这个问题,笔者给学生引介李泽厚、刘再复的表述:"这套思想,恰恰是'解构'21世纪的革命理论和根深蒂固的正统意识形态最有效的方法和形式。"[1] 显然,此中的解构20世纪的"革命理论和根深蒂固的正统意识形态",一语破的地回答了这个问题。因为这段话揭示了"告别革命论"的两个主要本质:一是否定马克思主义;二是否定社会主义。由于马克思主义和社会主义,都是近代中国的重要历史性选择。因而,在本质上,否定马克思主义和否定社会主义,归根结底是否定近代中国的历史性选择的必然性。

之所以说"否定马克思主义"是"告别革命论"的本质,是因为这一表述中的20世纪中国的"革命理论",是马克思主义中国化的理论。在马克思的社会建设思想中,革命理论占有很重要的位置。并且,马克思本人还严格地区分了"政治革命"和"社会革命"的不同。其中,"政治革命"是夺取政权的革命,"社会革命"是捍卫政权的革命。习近平总书记曾指出:"历史虚无主义的要害,是从根本上否定马克思主义指导地位和中国走向社会主义的历史必然性,否定中国共产党的领导。"笔者以为,这样的认识,有助于理解"告别革命论"的本质。[2]

之所以说"否定社会主义"是"告别革命论"的本质,是因为社会主义是中国共产党的"正统意识形态"。在讲辛亥革命失败启示的时候,笔者给学生做出的总结性结论是:辛亥革命的失败,说明中国的旧民主主义革命已经陷入绝境,说明西方资产阶级共和国方案在中国行不通,说明中国的民族资产阶级不可能领导反帝反封建的革命取得胜利。

也正因为西方资产阶级共和国的方案在中国行不通,中国的历史

---

[1] 张海鹏:《张海鹏自选集》,学习出版社2012年版,第310页。
[2] 中共中央党史研究室编:《历史是最好的教科书 学习习近平同志关于党的历史的重要论述》,中共党史出版社2014年版,第8页。

和人民才最终选择了社会主义；也正因为中国的民族资产阶级不能领导反帝反封建的革命取得胜利，中国的历史和人民才最终选择了中国共产党。不难设想，假若不承认辛亥革命的历史必然性，那么基于辛亥革命失败启示所做的选择也就无从谈起。相应地，选择马克思主义、选择社会主义，也就没有必然性与合理性。这就是"告别革命论"的基本逻辑。

针对这样的逻辑错误，习近平总书记曾说："一个国家实行什么样的主义，关键要看这个主义能否解决这个国家面临的历史性课题。"① 当时中国的历史性课题是什么？答案很简单：就是笔者在教学中多次提及的两个历史任务——"民族独立和人民解放""国家富强和人民富裕"。

如果说，前面的分析所回答的是"为什么"反对"告别革命论"的问题，那么，其接踵而至的问题必然是："怎么样"反对"告别革命论"，反对"告别革命论"的理念与路径是什么？

告别革命论者的许多表述，都奠基于对历史的逆推理的基础之上。从"方法论"的角度看，历史研究所依据的，应该是发生学意义上的真实史实。历史研究不支持"逆推理"，因为逆推理不仅不会得出理性的结论，而且逆推理还最终难免会陷入历史虚无主义之窠臼。所以，在系列重要讲话中，习近平总书记也多次明确表示"反对历史虚无主义"，要求警惕和抵制历史虚无主义的影响。②

告别革命论者强调"改良优于革命"，奠基于对戊戌维新运动的肯定和对辛亥革命的否定基础之上。因此，从戊戌维新运动与辛亥革命的关系入手评价"告别革命论"，不失为认识"告别革命论"的一种理性的打开方式。

在讲授戊戌维新运动昙花一现的启示的时候，笔者曾给学生推介美国著名汉学家费正清的表述：戊戌维新运动的失败说明："中国不

---

① 本书编写组编：《新思想　新观点　新论断　新要求　深入学习习近平同志重要讲话精神》，中共中央党校出版社2014年版，第6页。
② 中共中央党史研究室编：《历史是最好的教科书　学习习近平同志关于党的历史的重要论述》，中共党史出版社2014年版，第8页。

能实现自上而下的改造,至少不能很快改造。"① 显然,此中的"自上而下的改造",指"改良"。与它对应的"自下而上的改造",则指"革命"。既然改良有辱使命,革命必然登堂入室。因此,费正清的认识,等于回答了为什么20世纪初期中国的政治现代化要采取革命的形式,这也就等于论证了辛亥革命所具有历史的必然性,就等于否定了"告别革命论"。

众所周知,孙中山起初也倡导改良,他给李鸿章上书的主要内容,多为"人能尽其才,地能尽其利,物能尽其用,货能畅其流"②等改良思想。但是,在甲午中日战争和戊戌维新运动后,他迅速地由温和的"改良者"变成了激进的"革命者"。因为他深深意识到:中国问题的真解决,改良无济于事,归根结底有赖于革命,归根结底要"以一个新的、开明的、进步的政府来代替旧政府","把过时的满清君主政体改变为'中华民国'"。③ 孙中山的这些认识,与邹容在《革命军》中对"革命"所进行的讴歌异曲同工。

如前所述,告别革命论者强调:"清朝的确是已经腐败的王朝,但是这个形式存在仍有很大意义,宁可慢慢来,通过立宪派所主张的改良来逼着它迈上现代化和救亡的道路。"在告别革命论者看来,假若没有辛亥革命,立宪派可通过改良逼迫腐败的清政府走向现代化。所以,笔者选择的第三个分析角度,是清末预备立宪。也即,从清末预备立宪与辛亥革命的关系入手,评价"告别革命论"。在《历史视野:改革与现代化研究》一书中,笔者结合中外学术界的相关研究成果,系统阐释了两个理论:一是"替代理论",二是"催化理论"。此中的"替代理论",是改良家的信条。因为替代理论的根本诉求,就是用改良阻止革命和用改良替代革命。

要践行"替代理论",也就是用改良阻止革命和用改良替代革命,是有前提的。前提有两个:一是统治者能够实行相对开明的统治,不

---

① [美]费正清:《伟大的中国革命:1800—1985年》,刘尊棋译,世界知识出版社2001年版,第164页。
② 韩广富:《小康中国》,吉林大学出版社2014年版,第8页。
③ 《孙中山选集》,人民出版社1956年版,第68页。

过分地激怒民众，使社会要求变革的压力始终保持在临界点以下，这个时候不会发生革命。二是当革命形势成熟的时候，也就是出现了"上层统治者不能照旧统治下去""下层老百姓不愿照旧生活下去"的时候，统治者能够做出适当的妥协和让步，通过妥协和让步使民众日益增长的不满得以消解和释怀。这个时候，也不会发生革命。①

20世纪初期的"清末预备立宪"，就是在革命形势成熟的情况下，已经成为"洋人的朝廷"的清政府，不得已而为之，被迫做出的妥协与让步。当时，革命形势成熟的标志主要有三：一是义和团农民运动的冲击；二是以孙中山为代表的资产阶级革命力量的兴起；三是各地民众起义的此起彼伏。正是在这些力量的共同作用之下，才有了"清末预备立宪"。但遗憾的是，慈禧太后是"假立宪"而"真专制"。慈禧太后立宪的真正动因，是想扑灭革命，进而实现封建专制统治的自救。用她自己的话说："立宪一事，可使我满洲朝基础永久确固，而在外革命党亦可因此消灭。"②

通观发生学意义上的"清末预备立宪"，是一个实实在在的骗局。骗局的表现包括：有很长的立宪预备期；在黄花岗之役的压力下，才被迫设立责任内阁；责任内阁的成员，都是皇族和满族，可以说是"有其名"而"无其实"。所以，在预备立宪期还没有结束，就爆发了武昌起义。武昌起义意味着"替代理论"的失败，意味着当时的改良不仅没有阻止革命，反而还催生了革命。此时，"替代理论"已经演化为"催化理论"。

所谓的"催化理论"，就是老百姓不满足于现有的改良。改良激发了民众的革命意识，民众要起来推翻这个他们不满意的政府。所以，西方有一句格言："对于一个坏政府来说，最危险的时刻通常就是它开始改革的时刻。"③ 当时的满清政府，就是这样一个坏政府。

---

① 徐奉臻：《历史视野：改革与现代化研究》，黑龙江人民出版社1999年版，第24—27页。
② 陈旭麓主编：《宋教仁集》上，中华书局2011年版，第16页。
③ 徐奉臻：《历史视野：改革与现代化研究》，黑龙江人民出版社1999年版，第26页。

诚如孙中山所言:"满清王朝可以比作一座即将倒塌的房屋,整个结构已从根本上彻底地腐朽了,难道有人只要用几根小柱子斜撑住外墙就能够使那座房屋免于倾倒吗?我们恐怕这种支撑行为的本身反要加速其颠覆。历史表明,在中国,朝代的生命正像个人的生命一样,有其诞生、长大、成熟、衰老和死亡;当前的满清统治自 19 世纪初叶即已开始衰微,现在则正迅速地走向死亡。"① 孙中山所言的"几根小柱子",就包括清末预备立宪等。也正因为看到了革命的大势所趋,在辛亥革命后,许多立宪派都纷纷告别改良而走上了革命之路。

"在纪念孙中山先生诞辰 150 周年大会上的讲话"中,习近平总书记指出:"孙中山先生的伟大……在于他毫不妥协同逆时代潮流而动的各种势力进行斗争。"这句话中的两个表述值得注意:一是"时代潮流",二是"逆时代潮流"。

"时代潮流"是什么?是肯定资产阶级民主革命之历史必然性的潮流。因为当时的中国,内忧外患,清政府已经成了"洋人的朝廷"。戊戌维新运动和清末预备立宪的失败都说明:中国的顽固的专制统治者们,绝不会拱手让出权力。因此,推翻满清专制统治,必须依靠资产阶级民主革命。辛亥革命的爆发,归根结底是当时民族危机加深、社会矛盾激化的产物,具有历史的必然性。

"逆时代潮流"是什么?是否认资产阶级民主革命之历史必然性的潮流。如果对号入座的话,"告别革命论"所体现的,恰恰是"逆时代潮流"的思想。或许,正是基于这样的认识,孙中山才说:"世界潮流,浩浩荡荡,顺之则昌,逆之则亡。"②

提升和创新性的表现之二,是依据"以案为例提升法"的理念与路径,为学生推介由史也夫和笔者共同主编的《"中国近现代史纲要"课教学案例参考》中的相关案例。所推介的案例包括:"近代中国的革命元勋——孙中山""在哈尔滨和长春策划反清起义的义

---

① 孙中山:《志节者万世之业 孙中山励志文选》,中华工商联合出版社 2014 年版,第 43 页。
② 习近平:《出席第三届核安全峰会并访问欧洲四国和联合国教科文组织总部、欧盟总部时的演讲》,人民出版社 2014 年版,第 33 页。

士——熊成基""辛亥革命没有遗忘的角落——黑龙江""掀起东北的革命风暴——蓝天蔚北伐""民国初年创办的民族资本企业——双合盛火磨""哈尔滨的老字号——秋林公司""20世纪初期哈尔滨的外资企业——老巴夺烟草公司""域外文化交流的中心——马迭尔影剧院""风气开化的折射——反缠足运动""灭亡中国的霸权条约——'二十一条'""清末第一任东三省总督——徐世昌"。[①]

提升和创新性的表现之三,是以笔者在构建"回溯提升教学模式"过程中所使用的"近期因时多维提升法"的理念与路径,将习近平总书记系列重要讲话精神"三进"思政课。

"中国近现代史纲要"的"纲"中之"要"之一,是论证历史和人民选择社会主义的必然性。坚持和发展中国特色的社会主义,是习近平总书记系列重要讲话的一以贯之的主线。习近平总书记曾说:"中国特色社会主义,是科学社会主义理论逻辑和中国社会发展历史逻辑的辩证统一。"[②] 因此,分析"中国社会发展历史逻辑"和"科学社会主义理论逻辑",就成为理解习近平总书记关于社会主义的著名命题的症结所在。

中国社会发展的历史逻辑,可以以辛亥革命为例。毛泽东指出:辛亥革命"有它胜利的地方,也有它失败的地方。你们看,辛亥革命把皇帝赶跑,这不是胜利了吗?说它失败,是说辛亥革命只把一个皇帝赶跑,中国仍旧在帝国主义和封建主义的压迫之下,反帝反封建的革命任务并没有完成"。[③] 具体而言,辛亥革命胜利的主要表现是:建立了中国历史上的第一个资产阶级共和国——中华民国,颁布了中国历史上的第一部资产阶级性质的法案——《中华民国临时约法》;失败的主要表现是:以孙中山为代表的革命派,书生议政,坐而论道,没有力量迫使清帝退位,没有捍卫革命果实的坚实的经济基础与军事实力,最后不得已让位于封建势力的代表人物袁世凯。辛亥革命

[①] 史也夫、徐奉臻:《"中国近现代史纲要"课教学案例参考》,高等教育出版社2010年版,第56—84页。
[②] 《习近平谈治国理政》,外文出版社2014年版,第21页。
[③] 吴玉才编著:《毛泽东思想文献解读》,安徽师范大学出版社2015年版,第122页。

的失败说明：资产阶级民主主义思想在中国行不通，资产阶级共和国的方案不符合中国的基本国情，资产阶级不能肩负起完成"民族独立和人民解放""国家富强和人民富裕"的历史重任。最后，历史和人民选择了社会主义、选择了中国共产党、选择了马克思主义，这三大选择具有历史的必然性。

科学社会主义的理论逻辑，可通过对世界社会主义500年历史进程的回顾加以理解。如前所述，纵观世界社会主义500年历史，到目前为止，已经和正在经历六个发展阶段："空想社会主义产生和发展""马克思、恩格斯创立科学社会主义理论体系，社会主义由空想变为科学""列宁领导十月革命胜利并实践社会主义，社会主义由理论变为现实""苏联社会主义制度的建立和苏联模式的形成，社会主义由一国实践发展为多国实践""以毛泽东为主要代表的中国共产党人领导中国革命取得胜利并进行社会主义建设的探索和实践""中国共产党作出改革开放的历史性决策，领导人民开创和发展中国特色社会主义，社会主义从抛弃单一发展模式到探索各国具体实现形式"。[①]需要指出的是，第二个阶段的主要探索者是马克思和恩格斯。在20世纪行将结束的时候，在盘点千年文明成就的时候，马克思被评为"千年伟人"和"千年最伟大的思想家"。但是，马克思也没有遇到怎么在世界上人口最多的国家建设社会主义现代化的问题。因此，世界社会主义发展的水平和高度，归根结底要由中国所决定。

提升和创新性的表现之四，是笔者为了切中学生的困惑和开阔学生的视野，运用"名作导读提升法"，给学生推介孙中山在《〈民报〉发刊词》中的重要表述，以及邹容的《革命军》的重要表述。

推介孙中山在《〈民报〉发刊词》中的重要表述，主要围绕"什么是三民主义""为什么只有孙中山能够提出'三民主义'"等问题而展开。引介的孙中山的《〈民报〉发刊词》的重要表述如下：

    余维欧美之进化，凡以三大主义：曰民族，曰民权，曰民

[①]《世界社会主义500年》编写组：《世界社会主义500年》，新华出版社2014年版，第1—4页。

生。罗马之亡,民族主义兴,而欧洲各国以独立。洎自帝其国,威行专制,在下者不堪其苦,则民权主义起。十八世纪之末,十九世纪之初,专制仆而立宪政体殖焉。世界开化,人智益蒸,物质发舒,百年锐于千载,经济问题继政治问题之后,则民生主义跃跃然动,二十世纪不得不为民生主义之擅场时代也。是三大主义皆基本于民,递嬗变易,而欧美之人种陶冶化焉。其他旋维于小己大群之间而成为故说者,皆此三者之充满发挥而旁及者耳。

今者中国以千年专制之毒而不解,异种残之,外邦逼之,民族主义、民权主义殆不可以须臾缓。而民生主义,欧美所虑积重难返者,中国独受病未深,而去之易。是故或于人为既往之陈迹,或于我为方来之大患,要为缮吾群所有事,则不可不并时而弛张之。嗟夫!所陟卑者其所视不远,游五都之市,见美服而求之,忘其身之未称也,又但以当前者为至美。近时志士舌敝唇枯,惟企强中国以比欧美。然而欧美强矣,其民实困,观大同盟罢工与无政府党、社会党之日炽,社会革命其将不远。吾国纵能媲迹于欧美,犹不能免于第二次革命,而况追逐于人已然之末轨者之终无成耶!夫欧美社会之祸,伏之数十年,及今而后发见之,又不能使之遽去。吾国治民生主义者,发达最先,睹其祸害于未萌,诚可举政治革命、社会革命毕其功于一役。还视欧美,彼且瞠乎后也。

翳我祖国,以最大之民族,聪明强力,超绝等伦,而沉梦不起,万事堕坏;幸为风潮所激,醒其渴睡,旦夕之间,奋发振强,励精不已,则半事倍功,良非夸嫚。惟夫一群之中,有少数最良之心理能策其群而进之,使最宜之治法适应于吾群,吾群之进步适应于世界,此先知先觉之天职,而吾《民报》所为作也。抑非常革新之学说,其理想输灌于人心而化为常识,则其去实行也近,吾于《民报》之出世觇之。[1]

---

[1] 戴逸主编:《辛亥百年名家经典导读 孙中山文选》,巴蜀书社2011年版,第60—61页。

推介邹容的《革命军》中的重要表述，主要围绕"邹容为什么要创作《革命军》""《革命军》具有什么样的历史意义"等问题而展开。推介邹容的《革命军》的重要表述如下：

  扫除数千年种种之专制政体，脱去数千年种种之奴隶性质，诛绝五百万有奇披毛戴角之满洲种，洗尽二百六十年残惨虐酷之大耻辱，使中国大陆成干净土，黄帝子孙皆华盛顿，则有起死回生，还魂返魄，出十八层地狱，升三十三天堂，郁郁勃勃，莽莽苍苍，至尊极高，独一无二，伟大绝伦之一目的，曰"革命"。巍巍哉！革命也。皇皇哉！革命也。
  吾于是沿万里长城，登昆仑，游扬子江上下，溯黄河，竖独立之旗，撞自由之钟，呼天吁地，破嗓裂喉，以鸣于我同胞前曰：呜呼！我中国今日不可不革命；我中国今日欲脱满洲人之羁缚，不可不革命；我中国欲独立，不可不革命；我中国欲与世界列强并雄，不可不革命；我中国欲长存于二十世纪新世界上，不可不革命；我中国欲为地球上名国，地球上主人翁，不可不革命。革命哉！革命哉！我同胞中，老年、中年、壮年、少年、幼年、无量男女，其有言革命而实行革命者乎？我同胞其欲相存、相养、相生活于革命也。吾今大声疾呼，以宣布革命之旨于天下。
  革命者，天演之公例也。革命者，世界之公理也。革命者，争存争亡过度时代之要义也。革命者，顺乎天，而应乎人者也。革命者，去腐败而存良善者也。革命者，由野蛮而进文明者也。革命者，除奴隶而为主人者也。是故一人一思想也，十人十思想也，百千万人百千万思想也，亿兆京垓人亿兆京垓思想也，人人虽各有思想也，即人人无不同此思想也。居处也，饮食也，衣服也，器具也，若善也，若不善也，若美也，若不美也，皆莫不深潜默运，盘旋于胸中，角触于脑中，而辨别其孰善也，孰不善也，孰美也，孰不美也。善而存之，不善而去之，美而存之，不美而去之，而此去存之一微识，即革命之旨所出也。①

第五节 开天辟地的大事变

"开天辟地的大事变",是笔者讲授"中国近现代史纲要"课程所设计的第五个专题。设计的主要依据,是"回溯提升教学模式"中的"专题化提升法"的理念与路径。如将本专题作为独立的母系统,那么,"新文化运动:思想解放与马克思主义传播""五四运动:新民主主义革命的开端"和"中国共产党建立与中国革命新局面",是其三个子系统。在内容上,本专题对应大学《中国近现代史纲要》教材中的第四章"开天辟地的大事变"。

一 新文化运动:思想解放与马克思主义传播

(一)回溯中学的相关内容

在本专题中,笔者围绕概念框架、疑难问题、重点内容与主要方法等,运用包括"问卷式回溯法""互动式回溯法""启发式回溯法"和"参与式回溯法"在内的"四维多向回溯法",回溯与本专题相关的中学的中国近现代史内容,以便为笔者在大学的"中国近现代史纲要"教学中构建"回溯提升教学模式"奠定基础。

1. 运用的概念框架的回溯

在概念框架上,中学的中国近现代史教材有如下情况。

一是立足于"近代化"的框架,突出介绍"新文化运动"这一历史事件本身的演变。比如,由四川教育出版社出版的供八年级使用的《中国历史》(上册)中的题为"近代化的起步"的"第二学习主题",就包括"新文化运动"。"新文化运动"下设三个子题目,新文化运动兴起、新文化运动前期的主要内容、新文化运动的新阶段。

二是立足于"近代化"的框架,主要阐释"新文化运动"所具

---

① 邹容:《革命军》,冯小琴评注,华夏出版社2002年版,第7—8页。

有的思想解放之功能。比如，由北京师范大学出版社出版的供八年级使用的《历史》（上册）的"第二单元"，题为"近代化的艰难起步"。在该单元中，"近代工业的兴起""维新变法运动""辛亥革命"之后的内容，就是"新文化运动"。只不过该教材没有使用"新文化运动"之表述，而是使用了"开启思想解放的闸门"。"陈独秀创办《新青年》""胡适发表《文学改良刍议》""新文学的巨匠——鲁迅"，是"开启思想解放的闸门"的三个子题目。

三是立足于"拯救国家、改造社会"的框架，重点解读"新文化运动"所具有的思想解放的功能。比如，由人民教育出版社出版的《中国近代现代史》（上册）的第五章的题目，是"新文化运动和中国共产党的诞生"，包括"新文化运动""五四爱国运动""中国共产党的诞生"三个子节，"新文化运动"是其中的"第一节"。在该节中，还有"新文化运动的背景""新文化运动的兴起""新文化运动的内容及其影响"三个子题目，"新文化运动"被视为"拯救国家、改造社会"的"思想武器"。①

上述三个版本的教材，虽然视角不同，内容有别，但都有显而易见的共性特点。

一是立足于中学的中国近现代史的历史课定位，阐释新文化运动的背景、内容和影响，并对其中的重要的历史人物加以特别推介。

二是没有特别突出强调新文化运动与马克思主义传播之间的关系，没有完整地勾勒和回答"中国的先进分子为什么选择马克思主义和怎样选择了马克思主义"等问题。

三是有些具体表述有待商榷。比如，关于"打倒孔家店"的口号。在北京师范大学出版社出版的供八年级使用的《历史》（上册）中，有"新文化运动的倡导者们向封建礼教发动猛烈攻击，斗争锋芒直指封建儒家思想，提出了'打倒孔家店'的口号"②之表述；在人民教育出版社出版的《中国近代现代史》（上册）中，有"新文化运

---

① 人民教育出版社历史室：《中国近代现代史》上册，人民教育出版社2003年版，第111页。

② 朱汉国主编：《历史》上册，北京师范大学出版社2007年版，第46页。

动猛烈批判旧道德,提出了'打倒孔家店'的口号"①之表述。就笔者眼界所及,并结合学生界的最新研究成果,可以认为:这些表述不够妥当,尚有需要进一步商榷的余地。关于如何理解当时的思想精英对待儒家思想的态度,也即,到底是"打孔家店",还是"打倒孔家店",这是笔者在大学的"中国近现代史纲要"教学中需要进一步澄明的。

2. 预设的疑难问题的回溯

在四川教育出版社出版的供八年级使用的《中国历史》(上册)中,关于"新文化运动",所预设的问题主要有:新文化运动兴起的原因?新文化运动兴起的时间和标志?新文化运动前期的主要内容?新文化运动新阶段的新特点?新文化运动的影响?

在北京师范大学出版社出版的供八年级使用的《历史》(上册)中,关于介绍新文化运动的"开启思想解放的闸门",所预设的问题主要有:民主与科学是近代以来中国人不懈追求的目标,你知道这是为什么吗?文言文在我们生活中早已不用了,我们口头和书面使用的语言都是白话文,你知道白话文是怎么普及的吗?"孔家店"指的是什么?你知道新文化运动时期"德先生"和"赛先生"是指什么吗?在新文化运动中,陈独秀等人为什么要拥护德先生和赛先生?

在人民教育出版社出版的《中国近代现代史》(上册)中,关于"新文化运动",所预设的问题主要有:新文化运动前期的指导思想是什么?新文化运动的主要内容是什么?新文化运动对后世有什么影响?新文化运动时提出"打倒孔家店"的口号对不对,这个口号还适用不适用于今天?依据下面两则材料,思考新文化运动的内容,以及胡适和陈独秀两人思想之不同。

材料1:胡适《文学改良刍议》:"一曰,须言之有物。二曰,不摹仿古人。三曰,须讲求文法。四曰,不作无病之呻吟。五曰,务去滥调套语。六曰,不用典。七曰,不讲对仗。八曰,不避俗字俗语。"……"吾所谓'物',非古人所谓'文以载道'之说也。吾所

---

① 人民教育出版社历史室:《中国近代现代史》上册,人民教育出版社2003年版,第110页。

谓'物',约有二事:(一)情感。……情感者,文学之灵魂。文学而无情感,如人之无魂,木偶而已,行尸走肉而已(今人所谓'美感'者,亦情感之一也)。(二)思想。吾所谓'思想',盖兼见地、识力、理想三者而言之。……思想之在文学,犹脑筋之在人身。人不能思想,则虽面目姣好,虽能笑啼感觉,亦何足取哉?文学亦犹是耳。文学无此二物,便如无灵魂无脑筋之美人,虽有秾丽富厚之外观,抑亦末矣。"①

材料二:陈独秀《文学革命论》:"文学革命之气运,酝酿已非一日……余甘冒全国学究之敌,高张文学革命军大旗……旗上大书特书吾革命军三大主义:曰,推倒雕琢的阿谀的贵族文学,建设平易的抒情的国民文学;曰,推倒陈腐的铺张的古典文学,建设新鲜的立诚的写实文学;曰,推倒迂晦的艰涩的山林文学,建设明了的通俗的社会文学。""今欲革新政治,势不得不革新盘踞于运用此政治者精神界之文学。"②

上述问题,具有基础性和知识性。在内容上,基本围绕"新文化运动"本身而设定。没有或少有关于马克思主义传播的问题,而这一论域恰好是笔者在大学的"中国近现代史纲要"教学中要进一步加强和提升的。

3. 重点内容与方法的回溯

中学的中国近现代史的叙事方式和方法是:基本围绕"新文化运动"的背景、内容和影响等,做基础性和常识性的铺陈,缺少逻辑化的学理推导。由历史课的定位所决定,中学的中国近现代史教材没有从中国思想解放的历程,以及近代以来的出路探索和中国现代化变迁的实践等角度诠释新文化运动。

完整意义上的新文化运动,包括前期和后期两个阶段。前期是反封建的文化革命,后期的主要内容就是马克思主义的传播。早期的马克思主义信仰者和传播者主要包括:前期的新文化运动的领袖、五四

---

① 胡适:《胡适谈教育》,辽宁人民出版社2015年版,第72—73页。
② 陈独秀:《民国文化名家经典书馆 陈独秀经典》,滕浩主编,当代世界出版社2016年版,第9、12页。

运动的左翼骨干、辛亥革命时期的活动家。但中学的中国近现代史教材，或基本不涉及这些内容，或只是片段地提及李大钊的贡献。这样的内容安排，不利于学生形成系统的知识链条。

纵观中国的近代历史，新文化运动是中国的有识之士对文明认识不断深入的产物。从思想演变的角度看，新文化运动是近代中国思想解放潮流中的一支溪流。其中的"潮流"，指有识之士开眼看世界，围绕着"民族独立和人民解放""国家富强和人民富裕"这两大历史任务，围绕国家的出路所进行的不懈的探索。其中的"溪流"，包括洋务运动、戊戌维新运动、辛亥革命、新文化运动、五四运动、马克思主义的传播、中国共产党的建立等。中学的中国近现代史教材，大多没有关注"潮流"和"溪流"之间的关系，也没有基于"潮流"和"溪流"之间关系的线索，解读近代中国的历史变迁。

从现代化连续性的角度看，新文化运动是继洋务运动、戊戌维新运动和辛亥革命后中国现代化的又一次转型。也就是说，新文化运动标志着中国的现代化首次转向精神和文化领域。此前的"开眼看世界""维新变法思想""走向共和思想"等，虽然也涉及思想领域，但这些思想归根结底是为器物现代化和制度现代化做铺垫的，而并不是思想文化领域本身的现代化进程。由于中学的中国近现代史教材，具有就事论事之特点，所以自然较少关注不同变革方式的转型与转向。

（二）大学"纲要"教学中的提升

在本专题中，笔者围绕概念框架、疑难问题、重点内容与主要方法等，运用包括"专题化提升法""设问式提升法""名作导读提升法""史料运用提升法""跨时代提升法""跨文化提升法""跨学科提升法""逻辑推理提升法""多媒体教学提升法"在内的"方法线的多维提升法"，以及包括"近期因时多维提升法"和"长期常规多维提升法"在内的"内容线的多维提升法"，提升与本专题相关的大学的"中国近现代史纲要"的教学，构建"回溯提升教学模式"。

1. 运用的概念框架的提升

将中学的中国近现代史教材所采用的"近代化"框架，一并改为大学的"中国近现代史纲要"的"现代化"框架。换言之，在概念的使用上，将 modernization 统一翻译成"现代化"，而不再使用"近代化"之表述。

中学的中国近现代史教材，大多强调军阀的黑暗统治，是新文化运动的重要背景。但如何理解"军阀"概念，"传统军阀"与"近代军阀"有何不同，"旧军阀"与"新军阀"有何区别，"北部旧军阀"和"南部旧军阀"之间又有何差异等，这些都是笔者在大学的"中国近现代史纲要"教学中帮助学生进一步辨析的概念。

如前所述，中学的中国近现代史教材，大多给出肯定性口号——"打倒孔家店"，并围绕这个口号预设了"'孔家店'指的是什么""新文化运动时提出'打倒孔家店'的口号对不对""这个口号还适用不适用于今天"等问题。但在大学的"中国近现代史纲要"教学中，笔者更倾向于使用"打孔家店"之表述。变"打倒孔家店"为"打孔家店"，虽然仅仅一字之差，但其内涵已经有了本质的不同。

中学的中国近现代史教材，大多把"新文化运动"和"五四运动"分开。在大学的"中国近现代史纲要"教学中，笔者也在"开天辟地的大事变"的专题下，分设两个子专题"新文化运动：思想解放与马克思主义传播"和"五四运动：新民主主义革命的开端"，也试图将两者分开加以阐述。但事实上，分开阐述很困难。因为"新文化运动"和"五四运动"的很多创新性元素，都是彼此交织和扭行的，并非泾渭分明。周策纵的代表作《五四运动：现代中国的思想革命》，其副题是"现代中国的思想革命"，是很能说明问题的。

在该著作中，周策纵给"五四运动"下的定义是："它是一种复杂的现象，包括新思潮、文学革命、学生运动、工商界的罢市罢工、抵制日货以及新式知识分子的种种社会和政治活动。这一切都是由以下两方面因素促发的：一方面是由'二十一条'和巴黎和会的山东决议所激发起的爱国热情；另一方面是有一种学习西方、试图从科学和民主的角度重估中国的传统以建设一个新中国的企望。它不是一个统一的有严密组织的运动，而是许多通常具有不同思想的活动的结合,尽管这个运动并非没有其主流。"①

所以,在大学的"中国近现代史纲要"教学中,笔者也会结合学术界的研究成果,使用"五四新文化运动"之表述,并围绕这一表述预设了一些供学生进一步思考的问题。

在框架上,将新文化运动与马克思主义传播联系起来,将新文化运动视为近代中国思想解放潮流中的一支溪流,将新文化运动作为近代以来中国现代化探索的有机部分,都是笔者在大学的"中国近现代史纲要"教学中进一步提升的主要内容。通过这些提升的努力,揭示和回答中国的思想解放和现代化探索何以由浅入深、步步深入,论证历史和人民选择马克思主义和社会主义的历史必然性。

2. 预设的疑难问题的提升

大学的《中国近现代史纲要》教材,立足于思政课定位,预设一个问题:中国的先进分子为什么和怎样选择了马克思主义?

在笔者主撰的《"中国近现代史纲要"重点难点理论与实践问题析微》一书中,关于"新文化运动:思想解放与马克思主义传播",预设的主要问题有②:梁启超为什么说鸦片战争后,"中国人渐渐知道自己的不足了。……第一期,先从器物上感觉不足。……第二期,是从制度上感觉不足。……第三期,便是从文化根本上感觉不足。……革命成功将近十年,所希望的件件都落空,渐渐有点废然思返,觉得社会文化是整套的,要拿旧心理运用新制度,决计不可能,渐渐要求全人格的觉醒"?③ 中国的新文化运动与西方的启蒙运动有何不同?为什么西方学者将"五四新文化运动"视为"中国的文艺复兴"?五四新文化运动后期"科玄之争"的内容是什么,如何评价之?选择马克思主义,是"中国近现代史纲要"的"纲"中之"要",中国的先进分子为何选择马克思主义,怎样选择了马克思主

---

① [美]周策纵:《五四运动:现代中国的思想革命》,周子平等译,江苏人民出版社1999年版,第5页。

② 徐奉臻等:《"中国近现代史纲要"重点难点理论与实践问题析微》,中国社会科学出版社2010年版,第133—163页。

③ 梁启超:《饮冰室合集》第5卷,中华书局1989年版,第43—45页。

义？在马克思主义传入中国和在中国广泛传播的过程中，李大钊何以成为"中国最早的马克思主义者"？毛泽东所言的"自从中国人学会了马克思列宁主义后，中国人在精神上就由被动转为主动。从这时起，近代世界历史上那种看不起中国人，看不起中国文化的时代应当完结了"①的这段话，依据是什么？

除此之外，笔者还在教学中预设了"如何认识马克思主义""马克思主义是否过时了、失败了、终结了、无效了""如何理解军阀的结构和演变""如何运用'差序格局理论'分析军阀的特点""怎样评价儒家思想的作用""马克思主义如何传入中国""中国早期马克思主义信仰者有哪三个群体，其代表人物及主要贡献有哪些""旧民主主义革命和新民主主义革命的异与同是什么"等问题。

上述问题中，既运用"跨时代提升法"的理念和路径进行纵向设问，将中华传统文化中的孔学与新文化运动联系起来，又运用"跨文化提升法"的理念和路径进行横向设问，将中国近代史与世界近代史联系起来，将西方的文艺复兴、启蒙运动，以及产生在欧洲的马克思主义，与20世纪上半叶中国的思想解放运动联系起来，同时还运用"跨学科提升法"的理念和路径进行多学科的设问，将历史学、政治学、社会学等不同学科的成果涵盖其中，既突出了"中国近现代史纲要"课程的主题，即历史和人民最终选择马克思主义，又有助于培养学生整体和系统的思维方式。

3. 重点内容与方法的提升

引介相关的教学科研最新研究成果，将中华优秀传统文化有机融入教学，帮助学生辨析"打孔家店"和"打倒孔家店"两个表述之间的联系与区别，是笔者在大学的"中国近现代史纲要"教学中进行进一步提升努力的途径之一。

如前所述，中学的中国近现代史教材，有多个版本使用"打倒孔家店"之表述。但在大学的"中国近现代史纲要"教学中，笔者使用的是"打孔家店"。"打孔家店"和"打倒孔家店"之间，有相同

---

① 《毛泽东选集》第4卷，人民出版社1991年版，第1516页。

之处，也有本质的区别。其相同点在于：两者的行为方式都是"打"，而且两者"打"的对象都是"孔家店"；其本质区别在于："打倒孔家店"侧重于"否定"，其所体现的是否定性的思维方式。"打孔家店"侧重于"反思"和"批判"，其所体现的是反思性和批判性的思维方式。如果说，"打倒孔家店"的认知基础是中国的孔学百无一可，那么，"打孔家店"的认知基础则是中国的孔学，有精华，也有糟粕，需要秉承去其糟粕和取其精华的态度，汲取中华优秀传统文化的精华。

虽然，笔者使用的《中国近现代史纲要》教材，既没有"打孔家店"之表述，也没有"打倒孔家店"之表述，但基于教材的互文性，可以一言以断之：该教材所持的观点是"打孔家店"，而非"打倒孔家店"。因为该教材中的下面文字，是"打孔家店"思想的集中写照。

新文化运动的倡导者并没有因为批判孔学就否定中国的全部传统文化。首先，他们指出，孔学并不等于全部国学。"非孔学之小，实国学范围之大也。"其次，他们并没有否定孔学的历史作用。李大钊说，"孔子于其生存时代之社会，确足为其社会之中枢，确足为其时代之圣哲，其说亦确足以代表其社会其时代之道德"。最后，他们也没有把孔学说得一无是处。陈独秀就说过"孔学优点，仆未尝不服膺"这样的话。他们批判孔学，是为了指明它在根本上已经不适于现代生活，是为了反对孔学对人们思想的禁锢，是为了动摇孔学的绝对权威地位，从而使人们敢于冲破封建思想的牢笼，去进行独立思考，以求得"真实合理的信仰"。[1]

由上可见，《中国近现代史纲要》教材是在明确了"孔学"与"国学"的关系、在肯定了孔学的优点的基础之上对孔学进行反思和批判的。这样的认识，不符合笔者如前所述的"打倒孔家店"所具有的种种特点，但却与笔者如前所述的"打孔家店"的内涵完全一致。

---

[1] 本书编写组：《中国近现代史纲要》，高等教育出版社2013年版，第97页。

需要指出，在五四新文化运动的领导人的思想中，的确有"全盘西化"的倾向或内容。① 在 20 世纪 20 年代末期，胡适曾用英文发表文章《今日中国的文化冲突》，公开反对"选择性现代化"，强调毫无保留地接受西洋文明的重要性和必要性，并为此使用了 whole-hearted modernization 和 whole-sale modernization 之术语，即"全心全意的现代化"和"全盘西化"。后来，胡适又发表文章《充分世界化与全盘西化》，明确表示：可用"充分世界化"表述"全盘西化"。因为"我们自己百事不如人，不但物质上不如人，不但机械上不如人，并且政治社会道德都不如人"。因此，"我们不须怕模仿"，我们必须"死心塌地地去学人家"。② 此外，关于"全盘西化"，还有"彻底的现代化"（thorough modernization）③ 之表述。

在本质上，上述四种表述——"全心全意的现代化""全盘西化""充分世界化"和"彻底的现代化"，意思大体相近。但如仔细区分，无论是在语义学上，还是在现代化的主体定位上，抑或是在现代化的目标或内涵指向性上，均有些许差异。

"全心全意的现代化"，主要着眼于现代化的行为主体。在内涵指向上，这种表述具有明显的否定性。其所否定的，是以选择西方器物层面之现代性为旨归的"半心半意的现代化"，也即洋务运动时期的"中学为体"和"西学为用"。

"全盘西化"，主要立足于现代化的观点与内容。在目标指向上，这种表述具有明显的肯定性。其所肯定的，是西方文明的所有部分。全盘"拷贝"，或实行全盘的"拿来主义"，就是以此种肯定性为基础或前提的。

"充分世界化"，主要对应作为"过程"的现代化。在语义学上，这种表述具有明显的含混性。其原因是：从内涵与外延的逻辑角度

---

① 徐奉臻：《发展观的嬗变与中国新型现代化的理论建构》，中国环境出版社 2014 年版，第 116—118 页。
② 徐奉臻：《现代化：历史的困窘与困窘的思考》，哈尔滨工业大学出版社 2009 年版，第 186 页。
③ ［美］周策纵：《五四运动：现代中国的思想革命》，周子平等译，江苏人民出版社 1999 年版，第 19 页。

看，世界包括西方，也包括位于远东的中国。西方与中国一样，都是世界的有机组成部分。那么，中国的现代化要"充分世界化"，也就意味着中国的现代化既要"西方化"，又要"中国化"，抑或"东方化"。显然，这样的意涵，与五四新文化运动时期的主流语境大相径庭。

"彻底的现代化"，主要对应作为"产物"的现代化。其所描述的，是现代化之西化的程度。比较而言，"彻底的现代化"与"全心全意的现代化"两个表述较为接近。所不同的是，"彻底的现代化"中的"彻底的"之用法，主要表述作为"产物"的现代化之客体。而"全心全意的现代化"中的"全心全意"之词汇，则主要用于揭示作为现代化倡行者的行为主体的投入程度。

"全心全意的现代化""全盘西化""充分世界化"和"彻底的现代化"等思想，奠基于对中国传统文化的反思与批判的基础之上。其共同的理论旨趣是：以西方的"德先生"和"赛先生"为工具，颠覆中国传统伦理和传统思想的统治地位。

结合中外学术界和笔者本人的研究成果，围绕"怎样评价儒家思想的作用"，给学生介绍两种截然不同的意见，是笔者在大学的"中国近现代史纲要"教学中进行进一步提升努力的途径之二。

2009年，笔者出版《现代化：历史的困窘与困窘的思考》一书，曾以"争鸣：中国传统文化之现代化功能"为题，介绍中外学术界围绕儒家的作用所形成的各种僵持不下的意见。在教学中，笔者将自己的研究和自己的教学紧密结合，重点向学生推介其中的四种具有代表性的意见，使学生既了解学术界的研究动态，又能在短时间内形成较为完整的认识。[①]

意见之一，是肯定儒学在现代化中的作用，但肯定的角度有所不同，诸如肯定儒家的"仁学""天人合一"和"中庸"等思想。

肯定儒家"仁学"的学者认为：当今世界，物欲横流、功利滔滔，肯定和光大儒家的"仁学"，有助于克服物质主义和功利主义，

[①] 徐奉臻：《现代化：历史的困窘与困窘的思考》，哈尔滨工业大学出版社2009年版，第296—309页。

也有助于弱化各种现代性之危机。

肯定儒家"天人合一"思想的学者认为："天人合一"有助于沟通人与自然，使两者之间的关系走向和谐。特别是在生态平衡遭受严重破坏、在环境污染日益严重的今天，儒家的"天人合一"思想可以警示人类，使人类不至于在危险的道路上越走越远。因此，"'天人合一'才能拯救人类"。①

肯定儒家的"中庸"思想的学者认为："中庸"既是思维方式和价值诉求，又是行为准则和办事规范。

肯定儒家思想本身，认为其既不反对技术和贸易，也无碍与外国之间的交往，因此其本无可厚非。但是，由于在专制的社会氛围中，儒学不仅是一种哲学，更是进入官场的通行证和派别斗争的武器、统治的工具、地位的标记。如此，儒学不仅有了西方学问所没有的功能，而且儒学也由此具有显而易见的"服从性"。"服从性"显示的过程，既是文人学士反复研习传统儒学的道德标准，以及按儒家规范撰写程式化文章的过程，也是学者们的思想被纳入儒学权威的官方意识形态，并由此丧失了学者独立思想和研究的闲暇的过程。② 这样，儒学被历代统治阶级利用了。历代统治阶级把儒学与专制政治相结合，并利用它来强化宗族制度、权威主义和家长制。而宗族制度、权威主义和家长制，又都是阻碍中国现代化的结构性因素。

肯定日本和"亚洲四小龙"的儒家思想。美国学者赫尔曼·卡恩的著作《1979年及其后的世界经济发展》，就以儒家伦理释读"东亚经济奇迹"，认为日本和"亚洲四小龙"是"新儒教地区"。它们之所以能够创造经济奇迹，是因为在儒家思想的熏陶之下，形成一些有助于现代化的共同文化特征，诸如重视人际关系的互补性；强调以严肃的态度对待工作、家庭和义务；肯定自制、教育和学习技艺的价值等。③ 因此，儒家伦理也应该成为解释东亚地区经济发展和现代化变

---

① 季羡林：《"天人合一"才能拯救人类》，《东方》1993年创刊号。
② [美]吉尔伯特·罗兹曼主编：《中国的现代化》，国家社会科学基金"比较现代化"课题组译，江苏人民出版社2003年版，第175页。
③ 王家骅：《儒家思想与日本的现代化》，浙江人民出版社1995年版，第5页。

迁的一个重要变项。

肯定日本儒家思想所具有的积极意义。在著作《日本为什么"成功"?》中，日本学者森岛通夫运用比较研究方法，阐释了中国儒家思想与日本儒家思想的不同，认为儒学从中国传到日本。起初，日本的儒教与中国的儒教信奉同样的准则。但后来，由于日本人对这些准则作出不同的解释，使日本的儒教发生变异，有了与中国儒教不同的内涵。结果，在日本产生了一种完全不同于中国的民族精神。在这种与日本的成功相联系的民族精神中，"忠"（忠于国家或主人）、"孝"（孝敬父母）、"信"（取信朋友）、"尊"（尊敬师长）、"节俭"、"集体主义"等，都是其重要表征。虽然日本没有发生宗教改革运动，但日本人通过改变异族宗教的方式，获取了一种完全不同于中国的民族精神。这种民族精神，有利于日本文化与经济的发展。[①]

意见之二，是否定儒学的现代化功能，认为儒家思想与飞速发展的现代化并非彼此相容。持此观点的最著名学者，是德国的马克斯·韦伯。此外，还有美国学者约瑟夫·列文森和斯塔夫里阿诺斯等。

马克斯·韦伯的研究，建立在与西方新教伦理（the Protestant Ethic）的比较基础之上。代表作是《新教伦理与资本主义精神》[②] 和《中国的宗教：儒教和道教》[③]。

约瑟夫·R. 列文森在其《儒教中国及其现代命运》[④] 中强调：在西方文化冲击下的中国知识分子，虽然对传统文化难以忘情，但由于儒家思想与封建宗法社会密不可分，在中国从封建社会进入社会主义社会之后，马列主义当然要取代儒家思想，儒家思想也由此难逃进入博物馆的历史宿命。[⑤]

---

① [日] 森岛通夫：《日本为什么"成功"?》，胡国成译，四川人民出版社1986年版，第22—23、127、286、287页。

② Max Weber, *The Protestant Ethic and the Spirit of Capitalism*, Translated by Talcott Parsoas, New York, 1958.

③ [德] 马克斯·韦伯：《中国的宗教：儒教和道教》，王容芬译，商务印书馆1995年版。

④ [美] 约瑟夫·R. 列文森：《儒教中国及其现代命运》，郑大华等译，中国社会科学出版社2000年版。

⑤ 王家骅：《儒家思想与日本的现代化》，浙江人民出版社1995年版，第3页。

在《全球通史——1500年以后的世界》中，斯塔夫里阿诺斯从思维方式入手，否定儒家与科技和现代化的正度量关系：

> 在中国，儒教继续在社会中居支配地位。它尊崇老年人，轻视年轻人；尊崇过去，轻视现在；尊崇已确认的权威，轻视变革；从而，使它成为保持各方面现状的极好工具。最终，导致了处处顺从、事事以正统观念为依据的气氛，排除了思想继续发展的可能；这一点有助于说明为什么中国尽管最初在发明造纸、印刷、火药和指南针方面取得了辉煌成就，但后来却在技术上落后于西方。中国人在作出这些早期的发明之后，未能提出一系列科学原理。①

运用"名作导读提升法"的理念与路径，立足于近代以来中国出路探索和思想解放的历程，给学生推介梁启超《五十年来中国进化概论》，在宏观上帮助学生把握近代中国社会变迁的基本脉络，是笔者在大学的"中国近现代史纲要"教学中进行进一步提升努力的途径之三。

在《五十年来中国进化概论》中，梁启超的如下表述既明示了对国家出路探索的不同形式，又揭示了中国的仁人志士选择不同的探索方式的原因：

> 近五十年来，中国人渐渐知道自己的不足了。这点子觉悟，一面算是学问进步的原因，一面也算是学问进步的结果。第一期，先从器物上感觉不足。这种感觉，从鸦片战争后渐渐发动，到同治年间借了外国兵来平内乱，于是曾国藩、李鸿章一班人，很觉得外国的船坚炮利，确是我们所不及，对于这方面的事项，觉得有舍己从人的必要，于是福建船政学堂、上海制造局等等渐次设立起来。但这一期内，思想界受的影响很少，其中最可纪念

---

① [美]斯塔夫里阿诺斯：《全球通史——1500年以后的世界》，吴象婴、梁赤民译，上海社会科学院出版社1992年版，第17页。

的，是制造局里头译出几部科学书。这些书现在看起来虽然很陈旧、很肤浅，但那群翻译的人，有几位颇忠实于学问。他们在那个时代，能够有这样的作品，其实是亏他。因为那时读书人都不会说外国话，说外国话的都不读书，所以这几部译本书，实在是替那第二期"不懂外国话的西学家"开出一条血路了。

第二期，是从制度上感觉不足。自从和日本打了一个败仗下来，国内有心人，真象睡梦中着一个霹雳，因想道，堂堂中国为什么衰败到这田地，都为的是政制不良，所以拿"变法维新"做一面大旗，在社会上开始运动，那急先锋就是康有为、梁启超一班人。这班人中国学问是有底子的，外国文却一字不懂。他们不能告诉人"外国学问是什么，应该怎么学法"，只会日日大声疾呼，说："中国旧东西是不够的，外国人许多好处是要学的。"这些话虽然象是囫囵，在当时却发生很大的效力。他们的政治运动，是完全失败，只剩下前文说的废科举那件事，算是成功了。这件事的确能够替后来打开一个新局面，国内许多学堂，外国许多留学生，在这期内蓬蓬勃勃发生。第三期新运动的种子，也可以说是从这一期播殖下来。这一期学问上最有价值的出品，要推严复翻译的几部书，算是把十九世纪主要思潮的一部分介绍进来，可惜国里的人能够领略的太少了。

第三期，便是从文化根本上感觉不足。第二期所经过时间，比较的很长——从甲午战役起到民国六七年间止。约二十年的中间，政治界虽变迁很大，思想界只能算同一个色彩。简单说，这二十年间，都是觉得我们政治、法律等等，远不如人，恨不得把人家的组织形式，一件件搬进来，以为但能够这样，万事都有办法了。革命成功将近十年，所希望的件件都落空，渐渐有点废然思返。觉得社会文化是整套的，要拿旧心理运用新制度，决计不可能，渐渐要求全人格的觉悟。恰值欧洲大战告终，全世界思潮都添许多活气，新近回国的留学生，又很出了几位人物，鼓起勇气做全部解放的运动。所以最近两三年间，算是划出一个新时期来了。……这种新陈代谢现象，可以证明这五十年间思想界的血液流转得很快，可以证明思想界的体气实已渐趋康强。①

基于"史料运用提升法"和"逻辑推理提升法"的理念与路径，围绕学生思想中存在的"马克思主义过时论""马克思主义无效论"和"马克思主义失败论"等偏颇和错误，就"如何认识马克思主义"进行学理分析，努力帮助学生建立起对马克思主义的信仰，是笔者在大学的"中国近现代史纲要"教学中进行进一步提升努力的途径之四。

多年的教学实践，使笔者深刻体会到：强权性的思想推介，远不及逻辑化的推导。所以，在分析"如何认识马克思主义"的问题时，笔者基于大量史料，给出了环环相扣的逻辑链条。②

链条的第一环是：指出两个特别值得关注的现象，并对现象的表现和成因加以分析及评价。

现象之一：创立马克思主义的卡尔·马克思本人，在经济上没有丰厚的财产，在政治上没有显赫的权势与地位。但他的著作与思想，却可以超越民族国家和不同地域的限制，在世界各地赢得广泛信众，用戴维·麦克莱伦的话说：马克思不仅"把欧洲、北美视为世界舞台的中心和未来革命的战场"，而且在现在，马克思又被"第三世界各国人民广为尊崇"，并被"尊为导师"。③ 马克思所以有这样的名望和地位，归根结底是其思想和理论所具有的力量。

现象之二：20世纪90年代末，在英国路透社和英国广播公司的"千年伟人"和"千年第一思想家"的评选中，马克思分别位于第二和名列榜首。需要指出的是，作为评选组织者的英国路透社和英国广播公司，皆为西方世界有资望的媒体。而评选活动举办的20世纪90年代末，又刚好是马克思主义受到东欧巨变、苏联解体的严重冲击之

---

① 梁启超：《五十年来中国进化概论》，《梁启超史学论著四种》，岳麓书社1998年版，第7—9页。
② 徐奉臻：《教学改革：理念创新与模式构建》，中国社会科学出版社2009年版，第47—56页。
③ ［英］戴维·麦克莱伦：《马克思以后的马克思主义》，李智译，中国人民大学出版社2004年版，第3页。

时。这些情况足以说明：马克思主义是经受住时间和空间考验的有生命力的思想。有鉴于此，雅克·德里达把马克思视为无所不在的"幽灵"，强调"不能没有马克思，没有马克思，没有对马克思的回忆，没有马克思的遗产，也就没有将来"。"地球上所有的人，所有的男人和女人，不管他们愿意与否，知道与否，他们今天在某种程度上都是马克思和马克思主义的继承人。"[1]

有鉴于此，美国学者詹姆斯·格拉斯曼把马克思视为"无形的手"。众所周知，作为经济领域的专门性学术用语，"无形的手"通常用来表述看不见、摸不着，虽然不以人的意志为转移但却规约着经济发展的经济规律。在《卡尔·马克思无形的手》中，虽然詹姆斯·格拉斯曼承认：在柏林墙被推倒之后，卡尔·马克思的确成了人们打趣、讽刺和表达怀旧情绪的对象。但他话锋一转，又进一步慨叹："不错，马克思主义——在苏联、阿尔巴尼亚和一些东方国家实行的那种马克思主义——确已不复存在了，但是，马克思的影响力依旧相当大。事实上，包括我们自己的政治制度在内的世界各国的政治制度都是极其恭维马克思的。"[2]

链条的第二环是：围绕学生耳熟能详的命题"马克思是资本主义社会的掘墓人"，揭示马克思与资本主义之间的关系。在教学中，笔者指出：在主观上，马克思是"资本主义社会的掘墓人"，因为他以"从批判旧世界中发现新世界"为使命。但在客观上，马克思又是"资本主义社会的功臣"。因为马克思是一位批判资本主义的斗士，他以"劳动异化"思想揭露资本主义社会的弊端。近代以来，资本主义所以呈现"腐而不朽"和"垂而不死"的发展态势，与其自身的不断调整和不断更新不无关系。而资本主义的调整与更新，又在很大程度上得益于思想家的批判。理解了这一点，也就不难理解：为什么马克思能够在"千年伟人"和"千年第一思想家"的评选中脱颖

---

[1] [法]雅克·德里达：《马克思的幽灵》，何一译，中国人民大学出版社1999年版，第21、127页。
[2] 刘伟：《美国正在溜向"社会主义"：庞卓恒教授访谈录》，《理论参考》2002年第1期。

而出。

链条的第三环是：既然马克思主义依旧富有生命力，那么，为什么"马克思主义过时论""马克思主义无效论"和"马克思主义失败论"等错误认识，还时常会浮出水面。固然，这个问题的原因不止一端。但有一点可以确认，即在马克思主义中国化过程中，的确出现了习近平总书记所批评的"教条主义"和"实用主义"之倾向。对此，在《在哲学社会科学工作座谈会上的讲话》中，习近平总书记指出：

> 对待马克思主义，不能采取教条主义的态度，也不能采取实用主义的态度。如果不顾历史条件和现实情况变化，拘泥于马克思主义经典作家在特定历史条件下、针对具体情况作出的某些个别论断和具体行动纲领，我们就会因为思想脱离实际而不能顺利前进，甚至发生失误。什么都用马克思主义经典作家的语录来说话，马克思主义经典作家没有说过的就不能说，这不是马克思主义的态度。同时，根据需要找一大堆语录，什么事都说成是马克思、恩格斯当年说过了，生硬"裁剪"活生生的实践发展和创新，这也不是马克思主义的态度。①

链条的第四环是：关于如何弱化和克服在马克思主义中国化过程中呈现的"教条主义"和"实用主义"倾向，笔者给出如下建议：基于时代的批判意识和批判精神，是马克思主义在中国运用和发展的理论实质。马克思主义中国化理论成果的共性特点是：产生于批判，发展于批判，完善于批判。在马克思主义中国化过程中，所以会有"教条主义"和"实用主义"的元素，在很大程度上是由于以"教条主义"代替了"批判精神"，以"实用主义"代替了"批判方法"。在"坚持"与"发展"并重的原则下，基于批判审视马克思主义中国化，并由此步入马克思主义中国化的"批判诠释学"之路，是研

---

① 习近平：《在哲学社会科学工作座谈会上的讲话》，人民出版社2016年版，第13—14页。

究马克思主义中国化的有价值的路径。[①]

二 五四运动：新民主主义革命的开端

（一）回溯中学的相关内容

在本专题中，笔者围绕概念框架、疑难问题、重点内容与主要方法等，运用包括"问卷式回溯法""互动式回溯法""启发式回溯法"和"参与式回溯法"在内的"四维多向回溯法"，回溯与本专题相关的中学的中国近现代史的内容，以便为笔者在大学的"中国近现代史纲要"教学中构建"回溯提升教学模式"奠定基础。

1. 运用的概念框架的回溯

在分析框架上，中学的中国近现代史教材的一种做法，是基于新民主主义革命与旧民主主义革命的转换，把五四运动置于"新民主主义革命"的框架中。诸如，在由四川教育出版社出版的供八年级使用的《中国历史》（上册）中，有题为"新民主主义革命的兴起"的"第三学习主题"，其中就包括"五四运动"。只不过，该教材把"五四运动与中国共产党的成立"放在一起，作为第9课的内容，并强调五四运动揭开了中国新民主主义革命的序幕。在该教材中，五四运动下设"北京学生的爱国斗争""爱国运动的初步胜利"两个子题目。

由北京师范大学出版社出版的供八年级使用的《历史》（上册）的"第三单元"的题目，也是"新民主主义革命的兴起"。该单元第13课"伟大的开端"，包括"五四风雷"。在该教材中，"五四风雷""五四运动"和"五四爱国运动"三个表述都有呈现。虽然这三个表述并没有本质上的区别，但如果仔细辨析，还是各自有所侧重。其中，"五四运动"是一种较为中性的表述，"五四风雷"重在强调处于正在进行时的运动所呈现的激烈程度，"五四爱国运动"重在凸显运动的诉求及性质。

在分析框架上，中学的中国近现代史教材的另一种做法，是把"五四爱国运动"纳入"新文化运动和中国共产党的诞生"之框架

[①] 徐奉臻：《从批判视阈审视马克思主义中国化的理论实质》，《马克思主义与现实》2007年第1期。

中。比如，由人民教育出版社出版的《中国近代现代史》（上册）的第五章，题目是"新文化运动和中国共产党的诞生"，下设"新文化运动""五四爱国运动"和"中国共产党的诞生"三节。在第二节"五四爱国运动"中，又设"五四爱国运动爆发的背景""五四爱国运动的爆发和经过""五四爱国运动的历史意义"三个子题目。从内涵和外延的逻辑角度看，严格意义上的"新文化运动和中国共产党的诞生"，并不包括"五四爱国运动"。但在该章之下，事实上又有"新文化运动"和"中国共产党的诞生"之外的"五四爱国运动"。这种看似不合逻辑的表述，其实内含着教材编写者的一些基本认知，即"五四爱国运动"与"新文化运动"和"中国共产党的诞生"这三大历史事件之间，并非泾渭分明，而是彼此交织，并相互寓于。

在概念使用上，以上三个版本的教材所具有的共性特点显而易见，即都使用"狭义"的"五四运动"概念，认为"五四运动"的起点是"五四事件"，后期扩展至工人的罢工和商人的罢市。这样的认识，与笔者在大学的"中国近现代史纲要"教学中的认知方式与处理方式有很大的不同。而这些不同的存在，恰恰是笔者在大学教学中提升的主要表现形式。

2. 预设的疑难问题的回溯

在由四川教育出版社出版的供八年级使用的《中国历史》（上册）中，关于"五四运动"，所预设的问题主要有：在巴黎和会上，以战胜国与会的中国，为什么却蒙受了战败国的耻辱？五四运动爆发的时间和地点？从6月起，五四爱国运动出现了哪些新特点？五四运动为什么能取得初步胜利？

在由北京师范大学出版社出版的供八年级使用的《历史》（上册）中，关于"五四运动"，所预设的问题主要有：你知道五四青年节吗？五四运动后期，斗争的形式和斗争的主力发生了哪些变化？《北京学界全体宣言》中的"中国的土地可以征服而不可以断送！中国的人民可以杀戮而不可以低头"的这则材料，反映了五四运动中北京学生什么样的斗争精神？

在人民教育出版社出版的《中国近代现代史》（上册）中，关于

"五四运动",所预设的问题主要有:试分析五四运动的伟大历史意义。6月10日北洋军阀政府罢免曹、章、陆三人职务的主要原因是什么?1919年6月12日的《上海学联告同胞书》中的"学生罢课半月,政府不惟不理,且对待日益严厉。乃商界罢市不及一日,而北京被逮之学生释;工商罢工不及五日,而曹、章、陆去"的内容,指的是五四运动中的哪一件事,这个材料说明了什么问题?请依据陈独秀起草的《北京市民宣言》中的"中国民族乃酷爱和平之民族,今虽备受内外不可忍受之压迫,仍本斯旨,对于政府提出最后最低之要求如左:一、对日外交,不抛弃山东省经济上之权利,并消除民国四年七年两次密约。二、免除树铮、曹汝霖、陆宗舆、章宗祥、段芝贵、王怀庆六人官职,并驱逐出北京。三、取消步军统领及警备司令两机关。四、北京保安队改由市民组织。五、市民须有绝对集会、言论自由权。我市民仍希望和平方法达此目的,倘政府不顾和平,不完全听从市民之希望,我等学生商人劳工军人等,惟有直接行动,以图根本之改造,特此宣告,敬求内外士女谅解斯旨"之内容,思考(1)"我等学生商人劳工军人等,惟有直接行动,以图根本之改造"是什么意思?(2)从这个"宣言"看,陈独秀、李大钊在五四运动中起着怎样的作用?[①]

虽然,上述问题是立足于中学的中国近现代史的历史课定位所预设的,但笔者感觉这些问题不仅具有基础性和知识性,而且具有启发性与发散性。尤其是,基于原始资料的问题设定,有助于培养学生的分析与解决问题的能力。这对于中学的中国近现代史教材而言,已属难能可贵。学生有了这样的中学学习的经历和基础,意味着减少了笔者在大学的"中国近现代史纲要"教学中进一步提升的难度。

3. 重点内容与方法的回溯

中学的中国近现代史教材的叙事方法是:基于中学的中国近现代史的历史课定位,从巴黎和会的召开和中国外交的失败,阐释五四事件的背景;从北京学生的集会和游行等抗议活动,以及全国多

---

① 人民教育出版社历史室:《中国近代现代史》,人民教育出版社2003年版,第116页。

个城市的工人和商人通过罢工与罢市等方式所做的响应及声援，描述五四运动的进程，勾勒五四运动的斗争地域由北京转到上海等地、斗争主力由学生转向工人和商人等阶层的基本脉络；从五四运动反帝反封建的彻底性和爱国运动规模的广泛性，揭示五四运动所具有的历史意义。

中学的中国近现代史教材的叙事方法所存在的主要偏颇是：对五四运动的缘起、演变和意义所作的介绍，多为基础性和常识性；其所使用的"五四运动"的概念，内涵较为狭窄；四川教育出版社出版的供八年级使用的《中国历史》（上册）和北京师范大学出版社出版的供八年级使用的《历史》（上册），都将促成五四运动的多维背景线性地简化为中国在巴黎和会上外交的失败；关于五四运动与马克思主义传播之间的关系，或不提及，或只有片言只语；至于五四运动何以成为中国新民主主义革命的开端，以及"新民主主义革命"之"新"的具体体现是什么，更是缺少深入的剖析。这些偏颇的存在，为笔者在大学的"中国近现代史纲要"教学中进一步提升提供了空间。

（二）大学"纲要"教学中的提升

在本专题中，笔者围绕概念框架、疑难问题、重点内容与主要方法等，运用包括"专题化提升法""设问式提升法""名作导读提升法""以案为例提升法""史料运用提升法""三跨教学提升法""逻辑推理提升法""减法＋加法提升法""多媒体教学提升法"在内的"方法线的多维提升法"，以及包括"近期因时多维提升法"和"长期常规多维提升法"在内的"内容线的多维提升法"，提升与本专题相关的大学的"中国近现代史纲要"的教学，构建"回溯提升教学模式"。

1. 运用的概念框架的提升

在大学的"中国近现代史纲要"教学中，笔者结合中外学术界的研究成果，使用了"广义五四运动"的概念。

"广义五四运动"的时间跨度较大，在内容上远远超越了中学的中国近现代史教材所重点介绍的"五四事件"，以及工人的罢工和商人的罢市等。周策纵的代表作《五四运动：现代中国的思想革命》①，其副题"现代中国的思想革命"，就是基于广义角度使用"五四运动"之概念的。

在该书中，周策纵指出：广义的"五四运动"的时间跨度大致是1917—1921年，其所包括的主要事件和重点内容应该有："日本早先于1915年提出的'二十一条'以及后来1919年凡尔赛和会所作的关于山东决议，激发起中国民众高涨的爱国和反列强情绪，在这种情绪的支配下，学生和新知识分子领导人掀起了一场反日活动和一个大规模的现代化运动，试图通过思想和社会改革建设一个新中国。"关于为什么会有人把内涵完全不同的"五四运动"与"五四事件"等而视之，周策纵的认识是：当时学生们和新闻界使用"五四运动"，"仅指5月4日北京学生的示威游行"。1919年6月3日以后发生的大规模的逮捕，则被类似地称为"六三运动"。②

从互文性角度可断，周策纵更倾向于把5月4日北京学生的示威游行和6月3日以后发生的大规模的逮捕，分别称之为"五四事件"和"六三事件"。并且，"五四事件"和"六三事件"都是"五四运动"的有机构成。可见，不能把"五四事件"和"六三事件"与"五四运动"等而视之。因为"五四运动"的内涵要比"五四事件"和"六三事件"大得多，它们之间呈现包含与被包含的关系。如果将"五四事件"和"六三事件"与"五四运动"等而视之，就等于用过程的某一要素去指称过程本身，从而难免要在方法论上陷入以偏概全之窠臼。

2. 预设的疑难问题的提升

大学的《中国近现代史纲要》教材，立足于思政课的定位预设了一个问题：中国的先进分子为什么和怎样选择了马克思主义？严格说来，这个问题是"开天辟地的大事变"中的两个子专题"新文化运动：思想解放与马克思主义传播"和"五四运动：新民主主义革命

---

① ［美］周策纵：《五四运动：现代中国的思想革命》，周子平等译，江苏人民出版社1999年版。
② 同上书，第1—2页。

的开端"所共有的问题。因为无论是"新文化运动",还是"五四运动",都与马克思主义的传播有着千丝万缕的联系。

在笔者主撰的《"中国近现代史纲要"重点难点理论与实践问题析微》一书①中,关于五四运动又预设了如下主要问题:为什么中国的新民主主义革命必须把帝国主义、封建主义和官僚资本主义作为革命对象？1919年《上海学联告同胞书》中的如下内容说明什么:"学生罢课半月,政府不惟不理,且对待日益严厉。乃商界罢市不及一日,而北京被逮之学生释；工商罢工不及五日,而曹、章、陆去"？毛泽东为何断言:"五四运动的杰出的历史意义,在于它带着为辛亥革命还不曾有的姿态,这就是彻底地不妥协地反帝国主义和彻底地不妥协地反封建主义"？②"'旧民主主义革命'和'新民主主义革命'的异与同"？

除此之外,笔者还在教学中预设了"陈独秀所言的'巴黎和会,各国都重在本国的权利,什么公理,什么永久和平,什么威尔逊总统十四条宣言,都成了一文不值的空话'。巴黎和会'与世界永久和平,人类真正幸福,隔得不止十万八千里,非全世界的人民都站起来直接解决不可'",③说明什么？如何理解五四运动所具有的彻底性、群众性、独立性、标志性和理性化等特点？如何理解习近平总书记所言的"五四精神",其内涵是什么？

3. 重点内容与方法的提升

提升的角度之一,是引入中外学术界的研究成果,对"狭义五四运动"和"广义五四运动"两个概念加以辨析,明确使用"广义五四运动"之表述的合理性,引导学生在更加广阔的时空范畴内审视五四运动,帮助学生树立宏观的和整体的历史观。

提升的角度之二,是从在第一次世界大战中日本和美国加紧侵略中国的国际因素、国内军阀混战和赋税增加的社会条件、中国民族资

---

① 徐奉臻:《"中国近现代史纲要"重点难点理论与实践问题析微》,中国社会科学出版社2010年版,第136—139、164—171、177—180页。
② 《毛泽东选集》第2卷,人民出版社1991年版,第699页。
③ 王桧林主编:《中国现代史》上册,高等教育出版社2003年版,第22页。

本主义工业的发展和工人阶级队伍的壮大所奠定的阶级基础、由新文化运动和俄国十月革命的影响所形成的思想前提等层面，还原五四运动爆发的多维背景。

提升的角度之三，是运用"名作导读提升法"和"史料运用提升法"的理念和路径，引导学生阅读毛泽东于1939年5月初为纪念五四运动20周年撰写的题为"五四运动"的文章，引导学生基于毛泽东的"五四运动，表现中国反帝反封建的资产阶级民主革命已经发展到了一个新阶段。五四运动的成为文化革新运动，不过是中国反帝反封建的资产阶级民主革命的一种表现形式。由于那个时期新的社会力量的生长和发展，使中国反帝反封建的资产阶级民主革命出现一个壮大了的阵营，这就是中国的工人阶级、学生群众和新兴的民族资产阶级所组成的阵营。而在'五四'时期，英勇地出现于运动先头的则有数十万的学生。这是五四运动比较辛亥革命进了一步的地方"[①]之表述，对五四运动和辛亥革命进行比较。

提升的角度之四，是运用"回溯提升教学模式"中的"习近平总书记系列重要讲话精神'三进'思政课"的理念和路径，围绕习近平总书记所说的"五四运动形成了爱国、进步、民主、科学的五四精神，拉开了中国新民主主义革命的序幕，促进了马克思主义在中国的传播，推动了中国共产党的建立"，以及"五四精神体现了中国人民和中华民族近代以来追求的先进价值观。爱国、进步、民主、科学，都是我们今天依然应该坚守和践行的核心价值，不仅广大青年要坚守和践行，全社会都要坚守和践行"[②]等表述，阐释五四运动的现实意义及其当代价值。

提升的角度之五，是运用"以案为例提升法"的理念与路径，给学生推介由哈尔滨医科大学的史也夫教授和笔者一同主编的《"中国近现代史纲要"课教学案例参考》中的案例，诸如"近水楼台先得月——20世纪初马克思主义在哈尔滨的传播""哈尔滨工人运动的缘

---

① 《毛泽东选集》第2卷，人民出版社1991年版，第558页。
② 习近平：《青年要自觉践行社会主义核心价值观：在北京大学师生座谈会上的讲话》，《人民日报》2014年5月5日第2版。

起——三十六棚工人的抗争""同起力争　保我主权——五四运动在黑龙江"等。上述案例中,"近水楼台先得月——20世纪初马克思主义在哈尔滨的传播"较为典型,所以笔者重点加以推介,寄希望通过这样的努力帮助学生把握马克思主义在哈尔滨传播的意义,了解马克思主义在哈尔滨传播的如下特点。

在传播的背景上,当时的哈尔滨,沙俄残余势力与封建军阀当道,特务横行,哈尔滨殊少言论自由,因此马克思主义是在极端艰难困苦的白色恐怖中传播的。在传播的条件上,受十月革命的影响,哈尔滨工人队伍的觉悟程度较高,工人运动有一定的基础,且不断出现罢工新浪潮,这是马克思主义传入哈尔滨的有利条件和雄厚的阶级基础。在传播的主体上,马克思主义传入哈尔滨的时间较早,是在中国共产党建党之前。传播过程中,布尔什维克起到了积极作用,并且布尔什维克传播马克思主义的活动,是与中俄工人运动相结合进行的。归国华工在苏俄接受马克思主义以后,又回国进行了马克思主义的宣传活动,其作用不可低估。马克思主义在哈尔滨的传播,与当地的先进分子的活动紧密地结合在一起。在革命实践中,这些先进分子逐渐锻炼成为革命运动的骨干分子。诸如,赵尚志、韩铁声、张有仁等人,后来都成为革命中的重要领导人。正因为有这样一大批优秀人物的奋斗,才使东北地区革命斗争轰轰烈烈地开展起来。①

三　中国共产党建立与中国革命新局面

（一）回溯中学的相关内容

在本专题中,笔者围绕概念框架、疑难问题、重点内容与主要方法等,运用包括"问卷式回溯法""互动式回溯法""启发式回溯法"和"参与式回溯法"在内的"四维多向回溯法",回溯与本专题相关的中学的中国近现代史的内容,以便为笔者在大学的"中国近现代史纲要"教学中构建"回溯提升教学模式"奠定基础。

---

① 史也夫、徐奉臻:《"中国近现代史纲要"课教学案例参考》,高等教育出版社2010年版,第89—96页。

第三章 "回溯提升教学模式"的构建与运用

1. 运用的概念框架的回溯

在分析框架上，中学的中国近现代史教材的基本做法，是基于旧民主主义革命与新民主主义革命的转换，把中国共产党的建立置于"新民主主义革命"的框架中。诸如，由四川教育出版社出版的供八年级使用的《中国历史》（上册），有题为"新民主主义革命的兴起"的"第三学习主题"，其中就包括"中国共产党的成立"。只不过该教材把"五四运动与中国共产党的成立"放在一起，作为第9课的内容，并强调中国共产党的成立，是开天辟地的大事变。自从有了中国共产党，中国革命的面貌焕然一新。在该教材中，"中国共产党的成立"下设"中国共产党早期组织的建立"和"中国共产党的成立"两个子题目。

还如，北京师范大学出版社出版的供八年级使用的《历史》（上册）的"第三单元"的题目，也是"新民主主义革命的兴起"。在该单元第13课"伟大的开端"中，除了"五四风雷"外，还有"中国共产党的诞生"。也即，该教材把五四运动和中国共产党的建立，都视为标志着中国新民主主义革命伟大开端的重要历史事件。

再如，由人民教育出版社出版的《中国近代现代史》（上册）的第五章，题目是"新文化运动和中国共产党的诞生"。其中，第三节"中国共产党的诞生"，下设"中国共产党的成立"和"民主革命纲领的制定"两个子题目。

在章节设定上，上述三个版本的教材主要有两种安排方式：一是将"五四运动"与"中国共产党的成立"并列，二是将"新文化运动"与"中国共产党的诞生"并列。两者的共同特点是：突出中国共产党的建立这一重大的历史事件，这为笔者在大学的"中国近现代史纲要"教学中进一步论证历史和人民选择中国共产党的必然性奠定了基础。

2. 预设的疑难问题的回溯

在四川教育出版社出版的供八年级使用的《中国历史》（上册）中，关于中国共产党的建立，所预设的问题主要有：中国共产党成立的历史条件？中国共产党成立的时间和地点？中国共产党诞生的历史意义？

在北京师范大学出版社出版的供八年级使用的《历史》（上册）中，关于中国共产党的建立，所预设的问题主要有：中国共产党与近代中国其他政党有什么不同？简述中国共产党第一次全国代表大会的主要过程和主要内容。你知道中国共产党创建时期的"南陈北李"指的是谁吗？

在人民教育出版社出版的《中国近代现代史》（上册）中，关于中国共产党的建立，所预设的问题主要有：中共"二大"制定的民主革命纲领是什么？为什么说中国共产党的成立使中国革命的面貌焕然一新？

上述问题，多常识性，少发散性；多关于中国共产党建立的内容，少关于马克思主义与中国工人运动相结合，以及关于中国革命的新面貌的设问。其中，"多"的部分，是笔者在大学讲授"中国近现代史纲要"的基础；"少"的部分，是笔者在讲授"中国近现代史纲要"时进行的提升努力的立足点。

3. 重点内容与方法的回溯

在内容和方法方面，中学的中国近现代史教材的特点之一，是基于中学的中国近现代史的历史课定位，讲述中国共产党诞生的背景、过程和意义。比如，由四川教育出版社出版的供八年级使用的《中国历史》（上册），只包括中国共产党诞生的背景、过程和意义这三部分内容。

在内容和方法方面，中学的中国近现代史教材的特点之二，除了介绍中国共产党诞生的背景、过程和意义外，还简单提及"工人运动的高潮"，体现了将中国共产党的建立与中国革命的新局面相联系的意识。但或由于版面的限制，或由于中学教材特点的规约，关于这种联系的阐释还很单薄。比如，由北京师范大学出版社出版的供八年级使用的《历史》（上册）中，只用200字左右的一段表述论及"工人运动的新高潮"。

相比之下，由人民教育出版社出版的《中国近代现代史》（上册）的内容较为全面。除了前面两个版本的教材所涉及的内容外，该教材还有关于中国共产党"二大"纲领的介绍,揭示了中国革命出现新面貌的原因,这是在内容和方法方面中学的中国近现代史教材的特点之三。

关于实行国共合作、掀起大革命高潮等内容,以上三个版本的教材的共同安排是:单设一章或一课加以阐述,但侧重点有所不同。

由四川教育出版社出版的供八年级使用的《中国历史》(上册)的题目是"国民革命运动",下设"黄埔军校的创立""北伐战争"和"南京国民政府的建立"三个子题目,并预设了"国共两党第一次合作是怎样实现的""黄埔军校在国民革命中起了什么作用""北伐战争为什么势如破竹""蒋介石怎样在人民的血泊中建立起南京国民政府""第一次国共合作时期,黄埔军校为什么能培养出大批优秀的军事和政治人才""北伐军取得胜利的原因有哪些""为什么说南京国民政府是大地主大资产阶级性质的政权""为什么要进行北伐""中国共产党对北伐军的胜利进军起了怎样的作用"等能够体现该教材教学难点与重点的问题。

由北京师范大学出版社出版的供八年级使用的《历史》(上册)的题目是"国民革命的洪流",下设"黄埔军校的创立""光荣北伐武昌城下"和"南京国民政府的成立"三个子题目,并预设了"与旧式军校相比,黄埔军校最大的特点是什么""叶挺独立团及其隶属的第四军为什么被称为'铁军'""南京国民政府代表的是什么人的利益""你知道孙中山'新三民主义'和'三大政策'的主要内容吗""孙中山为什么要创建黄埔军校""黄埔军校为国民革命作出了哪些贡献"等能够体现该教材的教学难点及重点的问题。

由人民教育出版社出版的《中国近代现代史》(上册)的题目是"国民革命运动的兴起和失败",下设"第一次国共合作的实现"(内含"国共合作的条件与方针""国民党'一大'的举行""黄埔军校的建立"三个子题目)、"国民革命运动的兴起"(内含"冯玉祥北京政变""孙中山北上和国民会议运动""五卅反帝爱国运动高潮"和"广东革命根据地的巩固"四个子题目)、"国民革命运动的发展"(内含"北伐军胜利进军""工农革命运动蓬勃发展""汉口、九江人民收回英租界"三个子题目)、"国民革命运动的失败"(内含"帝国主义的干涉""国民党右派阴谋夺取领导权""'四一二''七一五'反革命政变""大革命失败的原因和经验教训"四个子题目)四节,并预设了"国共两党为什么能实现合作""广东革命根据地得到巩固的原因""国民革命军北伐后,中国人民收回汉口租界的直接原因""帝国主义是怎样干涉中国革命的""国民党右派为什么敢于发动革命政变""大革命失败的主要原因是什么,有什么经验教训"等能够体现该教材之教学难点与重点的问题。

(二)大学"纲要"教学中的提升

在本专题中,笔者围绕概念框架、疑难问题、重点内容与主要方法等,运用包括"专题化提升法""设问式提升法""名作导读提升法""以案为例提升法""史料运用提升法""三跨教学提升法""逻辑推理提升法""减法+加法提升法""多媒体教学提升法"在内的"方法线的多维提升法",以及包括"近期因时多维提升法"和"长期常规多维提升法"在内的"内容线的多维提升法",提升与本专题相关的大学的"中国近现代史纲要"的教学,构建"回溯提升教学模式"。

1. 运用的概念框架的提升

以如前所述不同版本的中学的中国近现代史教材框架为参照,大学的《中国近现代史纲要》教材的框架有两个显而易见的特点。

在宏观上,将新文化运动、五四运动、中国共产党的建立、马克思主义的传播、中国革命的新局面等内容,都置于第四章"开天辟地的大事变"中。

在微观上,大学的《中国近现代史纲要》教材既不单列、也不突出强调"国民革命运动"。相反,把中学的中国近现代史教材中的属于"国民革命运动"范畴的工农运动的高潮、国共合作、反帝反封建的大革命等,都纳入"中国革命的新局面"范畴之内。

在教学中,笔者基于《中国近现代史纲要》教材,尽量简化中学的中国近现代史教材已经涉及的中国共产党诞生的背景、过程和意义等内容,强化中国共产党建立之后中国革命呈现新面貌的原因与表现。此举的目的，是凸显"中国近现代史纲要"的思政课定位，突出历史和人民选择中国共产党的必然性。而这一问题，恰好也是近代中国的三大历史性选择之一，是"中国近现代史纲要"的"纲"中之"要"。

2. 预设的疑难问题的提升

大学的《中国近现代史纲要》教材，立足于思政课之定位预设了两个问题：为什么说中国共产党的成立是"开天辟地的大事变"？中国共产党成立后，中国革命呈现了哪些新面貌？

在笔者主撰的《"中国近现代史纲要"重点难点理论与实践问题析微》一书①中，关于中国共产党的建立又预设了如下主要问题：胡乔木曾说"一大开过了，似乎什么也没有发生，连报纸上也没有一点报道。但是，中国的伟大事变在实质上却开始了"，其中的"伟大事变"指什么？为什么说中国共产党的成立是"开天辟地的大事变"？中国共产党的发展史如何验证了"星星之火，可以燎原"的道理？为什么说中国的先进分子与工人群众相结合，就是马克思主义与中国工人运动相结合的过程？关于第一次国共合作，需要思考的问题是：为什么合作？与谁合作？孙中山为什么欢迎合作？怎样合作？戴季陶于1926年发表演说，强调"中国共产党好像机关车（指'火车头'），国民党好像货车，中国共产党加入国民党，好像人车货车套上机关车"② 以此认识为基点，阐释中国共产党在第一次国共合作中的作用。"新三民主义"何以被视为"革命的三民主义"和"新民主主义的三民主义"？

除此之外，笔者还在教学中预设了"1921 年，中国共产党第一次全国代表大会召开的时间并非 7 月 1 日，为什么这一天被定为党的生日"？"中国共产党早期建立的组织何以成为中国共产党建立的不可或缺的条件"？"为什么说中国共产党的成立是中国革命发展和中

---

① 徐奉臻：《"中国近现代史纲要"重点难点理论与实践问题析微》，中国社会科学出版社 2010 年版，第 172—198 页。

② 沙健孙等：《"中国近现代史纲要"教师参考书》，高等教育出版社 2008 年版，第 176 页。

国社会发展的客观要求"?"如何理解孙中山的遗嘱:'余致力国民革命,凡四十年,其目的在求中国之自由平等。积四十年之经验,深知欲达到此目的,必须唤起民众,及联合世界上以平等待我之民族,共同奋斗'①"?毛泽东为什么说"既要革命,就要有一个革命党,没有一个革命的党,没有一个按照马克思列宁主义的革命理论和革命风格建立起来的革命党,就不可能领导工人阶级和广大人民群众战胜帝国主义及其走狗"②等问题,并将对这些问题的分析与回答作为"中国近现代史纲要"教学的重点及难点。

3. 重点内容与方法的提升

提升的角度之一,是针对中学的中国近现代史教材对中国共产党成立背景的相对线性的陈述,从中国共产党早期组织的建立、马克思主义的广泛传播、中国民族资本主义的发展、工人阶级作为独立的政治力量登上中国的政治舞台、马列主义和中国工人运动的结合等角度,阐释中国共产党成立的组织条件、思想条件、经济条件、阶级条件和干部条件等,论证中国共产党被历史和人民选择的必然性。

提升的角度之二,是围绕"中国共产党的成立是中国社会发展和革命发展的客观要求"之命题,运用"回溯提升教学模式"中的"逻辑推理提升法"和"史料运用提升法"的理念与路径,引用孙中山所言的辛亥革命的失败,"非袁氏兵力之强,实同党人心之涣"③、毛泽东所言的"既要革命,就要有一个革命党,没有一个革命的党,没有一个按照马克思列宁主义的革命理论和革命风格建立起来的革命党,就不可能领导工人阶级和广大人民群众战胜帝国主义及其走狗"④、蔡和森所言的"五四运动时,整个说来,国民党是站在群众运动之外的。这个趋势可以说明国民党已'不能领导革命了,客观的革命势力发展已超过它的主观力量了'""一个革命的政党在革命的

---

① [美]鲍威尔:《我在中国的二十五年》,刘志俊译,译林出版社2015年版,第122页。
② 《毛泽东选集》第4卷,人民出版社1991年版,第1357页。
③ 张华腾:《中国1913》,陕西人民出版社2014年版,第212页。
④ 《毛泽东选集》第4卷,人民出版社1991年版,第1357页。

高潮中完全不能领导，可能它快要死亡了。故此次运动中一般新领袖对国民党均不满意"① 等表述，进一步论证中国共产党被历史和人民选择的必然性。

提升的角度之三，是运用"回溯提升教学模式"中的"习近平总书记系列重要讲话精神'三进'思政课"的理念和路径，围绕习近平总书记《在庆祝中国共产党成立95周年大会上的讲话》，阐释中国共产党为中华民族做出的三个"伟大历史贡献"，进一步论证中国共产党被历史和人民选择的科学性与正确性。在教学中，笔者向学生推介的习近平总书记总结的三个"伟大历史贡献"及其"意义"在于：

> 团结带领中国人民进行28年浴血奋战，打败日本帝国主义，推翻国民党反动统治，完成新民主主义革命，建立了中华人民共和国。
>
> 团结带领中国人民完成社会主义革命，确立社会主义基本制度，消灭一切剥削制度，推进了社会主义建设。
>
> 团结带领中国人民进行改革开放新的伟大革命，极大激发广大人民群众的创造性，极大解放和发展社会生产力，极大增强社会发展活力，人民生活显著改善，综合国力显著增强，国际地位显著提高。

上述第一个贡献的意义是"彻底结束了旧中国半殖民地半封建社会的历史，彻底结束了旧中国一盘散沙的局面，彻底废除了列强强加给中国的不平等条约和帝国主义在中国的一切特权，实现了中国从几千年封建专制政治向人民民主的伟大飞跃"；

上述第二个贡献的意义是"完成了中华民族有史以来最为广泛而深刻的社会变革，为当代中国一切发展进步奠定了根本政治前提和制度基础，为中国发展富强、中国人民生活富裕奠定了坚实基础，实现了中华

---

① 沙健孙、李捷等主编：《"中国近现代史纲要"教师参考书》，高等教育出版社2007年版，第164页。

民族由不断衰落到根本扭转命运、持续走向繁荣富强的伟大飞跃";

上述第三个贡献的意义是"开辟了中国特色社会主义道路,形成了中国特色社会主义理论体系,确立了中国特色社会主义制度,使中国赶上了时代,实现了中国人民从站起来到富起来、强起来的伟大飞跃"。[1]

第六节　中国革命的新道路

"中国革命的新道路",是笔者讲授"中国近现代史纲要"课程所设计的第六个专题。设计的主要依据,是"回溯提升教学模式"中的"专题化提升法"的理念与路径。在内容上,本专题对应大学《中国近现代史纲要》教材中的第五章"中国革命的新道路"。

一　回溯中学的相关内容

在本专题中,笔者围绕概念框架、疑难问题、重点内容与主要方法等,运用包括"问卷式回溯法""互动式回溯法""启发式回溯法"和"参与式回溯法"在内的"四维多向回溯法",回溯与本专题相关的中学的中国近现代史的内容,以便为笔者在大学的"中国近现代史纲要"教学中构建"回溯提升教学模式"奠定基础。

（一）运用的概念框架的回溯

在概念和框架上,中学的中国近现代史教材的做法之一是:不使用"中国革命的新道路"之表述,而是基于旧民主主义革命向新民主主义革命的过渡,把与"中国革命的新道路"相关的内容置于"新民主主义革命"的框架之中。诸如,由四川教育出版社出版的供八年级使用的《中国历史》（上册）中,有题为"新民主主义革命的兴起"的"第三学习主题",其中就包括第 11 课"人民军队的建立"（内含"南昌起义""井冈山会师"和"革命根据地和红军的发展"）与第 12 课"红军长征"（内含"长征的开始""遵义会议"和"长

---

[1] 习近平:《在庆祝中国共产党成立 95 周年大会上的讲话》,人民出版社 2016 年版,第 2—4 页。

征的胜利"）。

又如，由北京师范大学出版社出版的供八年级使用的《历史》（上册），"第三单元"的题目也是"新民主主义革命的兴起"。在该单元第15课"星星之火，可以燎原"中，包括与大学的《中国近现代史纲要》教材中的"中国革命的新道路"相关的内容，诸如"八一南昌起义""革命摇篮井冈山"和"红军不怕远征难"等。

在概念和框架上，中学的中国近现代史教材的做法之二是：不使用"中国革命的新道路"之表述，而是基于中国共产党和国民党之间的关系，把与大学的《中国近现代史纲要》教材中的"中国革命的新道路"相关的内容，纳入"国共的十年对峙"的框架中。比如，由人民教育出版社出版的《中国近代现代史》（下册）的第一章，题目是"国共的十年对峙"，下设"国民政府前期的统治""'工农武装割据'的形成""'九一八'事变""红军的长征"和"抗日民族统一战线的初步形成"五节。

关于"九一八"事变、西安事变等内容，中学的中国近现代史教材有不同的安排。其中，由人民教育出版社出版的《中国近代现代史》（下册），放在第一章"国共的十年对峙"之框架中。但由四川教育出版社出版的供八年级使用的《中国历史》（上册）和由北京师范大学出版社出版的供八年级使用的《历史》（上册），则均把这些内容作为"抗日战争"的有机部分，纳入抗日战争的框架中。

（二）预设的疑难问题的回溯

在由四川教育出版社出版的供八年级使用的《中国历史》（上册）中，关于与"中国革命的新道路"相关的内容，所预设的问题主要有：南昌起义有什么重大意义？中国共产党为什么要在南昌发动武装起义？为什么毛泽东主张由进攻大城市转到向农村进军？中央红军为什么要进行战略转移？红军过草地面临怎样的危险？为什么遵义会议是中国共产党历史上生死攸关的转折点？你认为红军长征胜利的原因有哪些？伟大的"长征精神"包含着哪些深刻的内涵？1935年10月，毛泽东写的《七律·长征》中有"更喜岷山千里雪，三军过后尽开颜"的诗句，诗中的"三军"指什么？

"中国近现代史纲要"教学中的"回溯提升教学模式"研究

  在由北京师范大学出版社出版的供八年级使用的《历史》（上册）中，关于与"中国革命的新道路"相关的内容，所预设的问题主要有：为什么"八一"作为人民解放军建军节？毛泽东为什么要到农村建立革命根据地？红军为什么要进行长征？你知道什么是长征精神？结合中共中央给红四军前委的指示信中的"先有农村红军，后有城市政权，这是中国革命的特征，这是中国经济基础的产物，如果有人怀疑红军的存在，他就是不懂得中国革命的实际，就是一种取消观念"①之表述，说一说中国共产党领导的中国革命为什么必须先有农村根据地，才能最后夺取城市政权？

  在由人民教育出版社出版的《中国近代现代史》（下册）中，关于与"中国革命的新道路"相关的内容，所预设的问题主要有：毛泽东指出："如果我们能够普遍地彻底地解决土地问题，我们就获得了足以战胜一切敌人的最基本的条件"②，请结合史实，说明毛泽东的这一思想为什么是正确的？简述"九一八"事变后，抗日救亡运动兴起的情况。

  根据以下四则材料，回答"九一八"事变发生以后，蒋介石和国民政府为什么实行不抵抗政策？

    材料1：冯玉祥《我所认识的蒋介石》："九一八"事变时，蒋介石说，中国"枪不如人，炮不如人，训练教育不如人，机器不如人，工人不如人，拿什么和日本打仗呢？若抵抗日本，顶多三天就亡国了"。③

    材料2：国民政府《告全体民众书》：政府现时即以此次案件诉之于国联行政会，以待公理之解决，故已严格命令全国军队，对日避免冲突，对于国民亦一致告诫，务必续持严肃镇静之

---

 ① 柯延主编：《毛泽东的历程 一个伟人和他的辉煌时代》，解放军文艺出版社2001年版，第196—197页。
 ② 陶永祥等编著：《历史足迹 中国共产党重要会议纪实》，贵州人民出版社2014年版，第101页。
 ③ 唐晓辉：《历史不能忘记系列2 九一八事变》，中国民主法制出版社2015年版，第82页。

态度。①

材料3：1931年8月22日，蒋介石在南昌讲话说："中国亡于帝国主义，我们还能当亡国奴，尚可苟延残喘；若亡于共产党，则纵肯为奴隶不可得。"②

材料4：1931年10月，国民政府密使许世英赴日本谈判。许世英代表蒋介石声称："如果日本能担保中国本土十八行省的完整，则国民党同意向日本……让出东北。"③

为什么说遵义会议是我党历史上一个生死攸关的转折点？1933年4月7日，蒋介石对"剿共"军高级将领训词："要专心一致剿匪，要为国家定长治久安的大计，为革命立根深蒂固的基础，皆不能不消灭这个心腹之患，如果在这个时候只是好高骛远，侈谈抗日，而不实事求是，除灭匪患，那就是投机取巧……无论外面怎样批评谤毁，我们总是要以先清内匪为唯一要务，如果不是这样，那就是本末倒置，先后倒置"④，此材料中的"匪""匪患""内匪"指的是什么？这个材料反映蒋介石又提出了什么政策？他为什么会提出这个政策？1933年9月23日，蒋介石在南京市国民党党员大会上讲话强调："我国民此刻必须上下一致，先以公理对强权，以和平对野蛮，忍痛含愤，暂时逆来顺受态度，以待国际公理之判断"⑤，此材料反映蒋介石对"九一八"事变采取了什么样的态度？"一二·九"运动是在什么情况下爆发的，有什么意义？西安事变是在什么情况下发生的？为什么说西安事变的和平解决是扭转时局的关键？

需要指出的是，由于不同版本的中学的中国近现代史教材的框架不同，其所预设的问题也有所不同。框架较为宏观的教材，其所预设

---

① 王爱飞：《张学良幽禁秘史》，北方文艺出版社2014年版，第9页。
② 雪岗、阮家新主编：《神圣抗战图文版》，中国少年儿童出版社2015年版，第58页。
③ 苏明刚、苏良才：《李宗仁身边的中共地下党员　夏次叔传》，中共党史出版社2010年版，第40页。
④ 罗玉明：《西安事变新论》，中央文献出版社2000年版，第7页。
⑤ 王晓华：《蒋介石日记秘档》，台海出版社2014年版，第280页。

的问题的时间跨度较大，内容也较丰富，反之亦然。

还需指出的是，虽然中学的中国近现代史教材没有使用"中国革命的新道路"之表述和框架，但上述问题基本上对应大学的《中国近现代史纲要》教材第五章"中国革命的新道路"的内容。虽然这些问题还比较初级，但却能够使学生围绕本章涉及的相关内容形成基本的认识，为笔者在大学"中国近现代史纲要"教学中的提升奠定了基础。

（三）重点内容与方法的回溯

由于与笔者在大学的"中国近现代史纲要"教学中讲授的"中国革命的新道路"相对应的中学教材的相关内容，被置于不同的框架和不同的历史时段中，所以不同版本的中学的中国近现代史教材的重点内容和叙事方法，尽管也有相同或相近之点，但同时更有体现其各自特点的不同之处。

不同版本的中学的中国近现代史教材的重点内容和叙事方法的共同之处是：基于中学的中国近现代史的历史课定位，厘定教学的重点内容，继而采用以重要历史事件为线索的叙事方法加以介绍；通过对国民党反动统治之表现的分析，揭示中国共产党选择武装起义这一斗争形式的必要性与迫切性；通过对八一南昌起义、在革命摇篮井冈山的会师、革命根据地的建立和红军的发展、红军长征、遵义会议等历史事件的介绍，揭示中国革命的创新性和"星星之火，可以燎原"的革命逻辑。

不同版本的中学的中国近现代史教材的重点内容和叙事方法的不同之处主要有二：一是在"新民主主义革命"的框架内，解读农村包围城市、武装夺取政权的壮举；二是基于国共之间的十年对峙，诠释以毛泽东为代表的中国共产党人创造性地运用马克思主义的背景条件、历史进程和后果影响，并把"九一八"事变和西安事变等内容也融入其中。

二 大学"纲要"教学中的提升

在本专题中，笔者围绕概念框架、疑难问题、重点内容与主要方法等，运用包括"专题化提升法""设问式提升法""名作导读提升法""以案为例提升法""史料运用提升法""逻辑推理提升法""减法+加法提升法""多媒体教学提升法"在内的"方法线的多维提升法"，以及包括"近期因时多维提升法"和"长期常规多维提升法"在内的"内容线的多维提升法"，提升与本专题相关的大学的"中国近现代史纲要"的教学内容，构建"回溯提升教学模式"。

（一）运用的概念框架的提升

与如前所述不同版本的中学的中国近现代史教材不同，大学的"中国近现代史纲要"教材使用的标题是"中国革命的新道路"。笔者运用"专题化提升法"的理念与路径所进行的专题讲座，使用的也是这个名称。

在教学中，笔者运用"逻辑推理提升法"的理念与路径，围绕"中国革命的新道路"中的"新"字做文章，回答了新道路"新"的表现有哪些、为什么要探索新路、怎样探索新路、探索新路给历史留下哪些经验和教训等问题。

在框架结构上，不再如中学的中国近现代史教材那样把与本专题相关的内容，或纳入"新民主主义革命的兴起"的范畴之中，或纳入"国共的十年对峙"的框架之内，而是把"国共的十年对峙"作为中国共产党人探索革命新道路的主要背景条件，把"新民主主义革命的兴起"作为中国共产党人探索革命新道路的必然逻辑后果。在此基础上，把教学的重点放在以毛泽东为代表的中国共产党人所进行的以农村包围城市、武装夺取政权的创举上，放在中国共产党人所倡导的马列主义与中国革命实践相结合的原则上，放在作为中国化的马克思主义理论成果的毛泽东思想的诞生上。

在教学中，在研究《中国近现代史纲要》教材的基础上，笔者运用"减法+加法提升法"的理念与路径，"减去"中学的中国近现代史已经涉及的"国民政府前期的统治""南昌起义""井冈山会师""革命根据地和红军的发展""工农武装割据的形成""长征的开始""遵义会议""长征的胜利"等内容，基于"中国近现代史纲要"的思政课定位，"加上"能够体现"中国革命的新道路"之"新"的内容,包括"加上"目前为止《中国近现代史纲要》教材尚未收入的习近平总书记关于长征精神、长征的意义与影响的重要论述,明确历史上的长征与今天的"新的长征"的联系与区别,帮助学生把握历史和人民选择中国共产党的必然性。

(二)预设的疑难问题的提升

大学的《中国近现代史纲要》教材,立足于思政课定位,预设了三个问题:以毛泽东为主要代表的中国共产党人是如何探索和开辟中国革命新道路的?20 世纪 20 年代后期 30 年代前中期,中国共产党内为什么连续出现"左"倾错误?中国共产党是如何总结历史经验、加强党的思想理论建设的?

在笔者主撰的《"中国近现代史纲要"重点难点理论与实践问题析微》一书[①]中,关于"中国革命的新道路",又预设了如下问题:以毛泽东为代表的中国共产党人,如何基于大革命失败的教训,从武装起义、农村包围城市和武装夺取政权等维度探索和开辟中国革命的新道路?在谈及"第二次国内革命战争"原因时,毛泽东说蒋介石靠第一次国内革命战争和第一次国共合作上台,但他"非但不感谢人民,还把人民一个巴掌打了下去,把人民推入了十年内战的血海"[②],还原相关史实,并加以评价。"在历史上,无论古今中外都找不到农村包围城市的经验。"基于对当时革命经验的总结,以及以毛泽东为代表的中国共产党人创造性运用马克思主义两方面的相关史实,分析创举形成的原因。在三次国内革命战争中,有"最优秀的白话文导师"之称的毛泽东,写了哪些代表性的论著,其创新性何以体现?遵义会议确立毛泽东的领导地位,但会后成立的"中共中央三人军事小组"的排序,则是周恩来、毛泽东、王稼祥,关于周恩来在 1935 年的角色定位,应该如何理解?1927—1937 年南京国民政府之科技政策的出台背景、主要内容及意义局限。1933 年《申报月刊·中国现

---

① 徐奉臻:《"中国近现代史纲要"重点难点理论与实践问题析微》,中国社会科学出版社 2010 年版,第 199—233 页。

② 中共中央文献研究室编:《毛泽东著作专题摘编》,中央文献出版社 2003 年版,第 2312 页。

代化问题号》的主要内容及其特点。

除此之外，笔者还在教学中预设了"国民党政府是如何实行一党专政的军事独裁统治的""如何理解习近平总书记于《在纪念红军长征胜利80周年大会上的讲话》中总结的关于长征的意义和影响的四句话——长征是一次理想信念的伟大远征、长征是一次检验真理的伟大远征、长征是一次唤醒民众的伟大远征、长征是一次开创新局的伟大远征""如何理解习近平总书记于《在纪念红军长征胜利80周年大会上的讲话》中总结的'长征精神'的内涵，以及为什么要弘扬'长征精神'和如何弘扬'长征精神'""习近平总书记所强调的'不忘初心，走好新的长征路'的时代内涵是什么"等问题。

（三）重点内容与方法的提升

提升的角度之一，是以"国民党一党专政""蒋介石个人独裁统治""国民党在全国统治的确立"为核心词，分析国民党统治状态的变化，阐释中国共产党人探索"中国革命的新道路"的复杂背景。

提升的角度之二，是运用"名作导读提升法"的理念与路径，指导学生阅读毛泽东的《中国的红色政权为什么能够存在？》《星星之火，可以燎原》《反对本本主义》等，论证以农村包围城市和武装夺取政权的必要性、可能性、可行性与首创性，揭示中国化的马克思主义，即毛泽东思想形成的思想历程。

提升的角度之三，是运用"回溯提升教学模式"中的"史料运用提升法"和"减法+加法提升法"的理念与路径，以及将"习近平总书记系列重要讲话精神'三进'思政课"的理念和路径，指导学生阅读习近平总书记《在纪念红军长征胜利80周年大会上的讲话》中的如下表述：

——长征是一次理想信念的伟大远征。崇高的理想，坚定的信念，永远是中国共产党人的政治灵魂。中国共产党从成立之日起，就把共产主义确立为远大理想，始终团结带领中国人民朝着这个伟大理想前行。党和红军几经挫折而不断奋起，历尽苦难而淬火成钢，归根到底在于心中的远大理想和革命信念始终坚定执着,始终闪耀着火热的光芒。

——长征是一次检验真理的伟大远征。真理只有在实践中才能得到检验,真理只有在实践中才能得到确立。长征途中,红军面临着凶恶残暴的追兵阻敌,面临着严酷恶劣的自然环境,还面临着同党内错误思想的激烈斗争。经过长征,党和红军不是弱了,而是更强了,因为我们党找到了中国革命的正确道路,找到了指引这条道路的正确理论。

——长征是一次唤醒民众的伟大远征。红军打胜仗,人民是靠山。长征是历史纪录上的第一次,长征是宣言书,长征是宣传队,长征是播种机。面对正义和邪恶两种力量的交锋、光明和黑暗两种前途的抉择,我们党始终植根于人民,联系群众、宣传群众、武装群众、团结群众、依靠群众,以自己的模范行动,赢得人民群众真心拥护和支持,广大人民群众是长征胜利的力量源泉。

——长征是一次开创新局的伟大远征。长征的胜利,是方向和道路的胜利。长征的过程,不仅是战胜敌人、赢得胜利、实现战略目标的过程,而且是联系实际、创新理论、探索革命道路的过程。长征出发前,由于党内"左"倾教条主义的错误领导,中央革命根据地第五次反"围剿"失败,其他根据地也遭受挫折,中国革命面临着方向和道路的抉择。面对乱云飞渡、惊涛骇浪,我们党表现出无所畏惧的伟大实践精神,表现出浴火重生的伟大创造精神,在血与火中蹚出了一条走向新生、走向胜利的革命道路。[①]

通过学习习近平总书记的这段原典,既帮助学生进一步认识长征的意义与影响,又让学生真切感受到"中国近现代史纲要"课程所具有的鉴往知来与启迪民智的现实功用。

提升的角度之四,是运用"回溯提升教学模式"中的"史料运用

[①] 习近平:《在纪念红军长征胜利80周年大会上的讲话》,《人民日报》2016年10月22日,第2版。

提升法"和"减法+加法提升法"的理念与路径，以及将"习近平总书记系列重要讲话精神'三进'思政课"的理念和路径，指导学生阅读习近平总书记《在纪念红军长征胜利80周年大会上的讲话》中关于"长征精神"的如下表述：

> 伟大长征精神，就是把全国人民和中华民族的根本利益看得高于一切，坚定革命的理想和信念，坚信正义事业必然胜利的精神；就是为了救国救民，不怕任何艰难险阻，不惜付出一切牺牲的精神；就是坚持独立自主、实事求是，一切从实际出发的精神；就是顾全大局、严守纪律、紧密团结的精神；就是紧紧依靠人民群众，同人民群众生死相依、患难与共、艰苦奋斗的精神。伟大长征精神，是中国共产党人及其领导的人民军队革命风范的生动反映，是中华民族自强不息的民族品格的集中展示，是以爱国主义为核心的民族精神的最高体现。①

如果说，明确了什么是"长征精神"，就等于解决了"知"的问题，那么，如何弘扬"长征精神"，就是必须思考的"行"的问题。只有"知行合一"，方能既内化于心又外化于行。因此，在教学中，笔者又和学生一起学习习近平总书记《在纪念红军长征胜利80周年大会上的讲话》中的如下原典：

> ——弘扬伟大长征精神，走好今天的长征路，必须坚定共产主义远大理想和中国特色社会主义共同理想，为崇高理想信念而矢志奋斗。长征胜利启示我们：心中有信仰，脚下有力量；没有牢不可破的理想信念，没有崇高理想信念的有力支撑，要取得长征胜利是不可想象的。邓小平同志说："过去我们党无论怎样弱小，无论遇到什么困难，一直有强大的战斗力，因为我们有马克思主义和共产主义的信念。有了共同的理想，也就有了铁的纪

---

① 习近平：《在纪念红军长征胜利80周年大会上的讲话》，《人民日报》2016年10月22日，第2版。

律。无论过去、现在和将来，这都是我们的真正优势。"

——弘扬伟大长征精神，走好今天的长征路，必须坚定中国特色社会主义道路自信、理论自信、制度自信、文化自信，为夺取中国特色社会主义伟大事业新胜利而矢志奋斗。长征胜利启示我们：只有掌握科学理论才能把握正确前进方向；只有立足实际、独立自主开辟前进道路，才能不断走向胜利。长征走过的道路，不仅翻越了千山万水，而且翻越了把马克思主义当做一成不变的教条的错误思想障碍。长征给我们的根本经验和启示，就是要坚持马克思主义基本原理同中国具体实际相结合，坚定不移走符合中国国情的革命、建设、改革道路。

——弘扬伟大长征精神，走好今天的长征路，必须把人民放在心中最高位置，坚持一切为了人民、一切依靠人民，为人民过上更加美好生活而矢志奋斗。长征胜利启示我们：人民群众有着无尽的智慧和力量，只有始终相信人民，紧紧依靠人民，充分调动广大人民的积极性、主动性、创造性，才能凝聚起众志成城的磅礴之力。一部红军长征史，就是一部反映军民鱼水情深的历史。在湖南汝城县沙洲村，3名女红军借宿徐解秀老人家中，临走时，把自己仅有的一床被子剪下一半给老人留下了。老人说，什么是共产党？共产党就是自己有一条被子，也要剪下半条给老百姓的人。同人民风雨同舟、血脉相通、生死与共，是中国共产党和红军取得长征胜利的根本保证，也是我们战胜一切困难和风险的根本保证。中国共产党之所以能够发展壮大，中国特色社会主义之所以能够不断前进，正是因为依靠了人民。中国共产党之所以能够得到人民拥护，中国特色社会主义之所以能够得到人民支持，也正是因为造福了人民。

——弘扬伟大长征精神，走好今天的长征路，必须把握方向、统揽大局、统筹全局，为实现我们的总任务、总布局、总目标而矢志奋斗。长征胜利启示我们：一个党要立于不败之地，必须立于时代潮头，紧扣新的历史特点，科学谋划全局，牢牢把握战略主动，坚定不移实现我们的战略目标。长征走的是高山峻

第三章 "回溯提升教学模式"的构建与运用

岭,渡的是大河险滩,过的是草地荒原,但每一个行程、每一次突围、每一场战斗都从战略全局出发,既赢得了战争胜利,也赢得了战略主动。这既是一种精神,也是一种智慧。

——弘扬伟大长征精神,走好今天的长征路,必须建设同我国国际地位相称、同国家安全和发展利益相适应的巩固国防和强大军队,为维护国家安全和世界和平而矢志奋斗。长征胜利启示我们:人民军队是革命的依托、民族的希望,党对军队绝对领导是人民军队赢得胜利的根本保证。长征锻炼了人民军队,长征磨炼了人民军队,长征成就了人民军队,长征开启了人民军队发展的新起点。长征是人民军队的光荣,光荣的人民军队必须永远继承红军长征的伟大精神和优良作风。

——弘扬伟大长征精神,走好今天的长征路,必须加强党的领导,坚持全面从严治党,为推进党的建设新的伟大工程而矢志奋斗。长征胜利启示我们:党的领导是党和人民事业成功的根本保证。毛泽东同志指出:"谁使长征胜利的呢?是共产党。没有共产党,这样的长征是不可能设想的。中国共产党,它的领导机关,它的干部,它的党员,是不怕任何艰难困苦的。"中国共产党的领导,是中国革命、建设、改革不断取得胜利最根本的保证,是中国特色社会主义最本质的特征,也是中国特色社会主义的最大优势,必须毫不动摇坚持和完善。[①]

通过学习习近平总书记的这段原典,既有助于学生理解"长征精神"的内涵,又可以帮助学生明确今天为什么要弘扬"长征精神",以及如何弘扬"长征精神"。

提升的角度之五,是运用"以案为例提升法"的理念与路径,给学生推介由哈尔滨医科大学的史也夫教授和笔者一同主编的《"中国近现代史纲要"课教学案例参考》一书中的地方案例,诸如"日本占领东北的狼子野心——皇姑屯事件始末""惊天动地的壮举——张

---

① 习近平:《在纪念红军长征胜利80周年大会上的讲话》,《人民日报》2016年10月22日,第2版。

学良东北易帜""20世纪20年代东北的缩影——奉系军阀统治下的黑龙江""风雨中的红色驿站——哈尔滨的中共六大接待站""临危不乱——周恩来大连遇险与脱险""窗台上的红玫瑰——忆中共满洲省委""肩负党的重托　高举反帝大旗——哈尔滨反帝大同盟""我党在东北策略方针的重大转折——《一·二六指示信》""一座挖不尽的精神富矿——长征"等。[①]

第七节　中华民族的抗日战争

"中华民族的抗日战争",是笔者讲授"中国近现代史纲要"课程所设计的第七个专题。设计的主要依据,是"回溯提升教学模式"中的"专题化提升法"的理念与路径。在内容上,本专题对应大学《中国近现代史纲要》教材中的第六章"中华民族的抗日战争"。

一　回溯中学的相关内容

在本专题中,笔者围绕概念框架、疑难问题、重点内容与主要方法等,运用包括"问卷式回溯法""互动式回溯法""启发式回溯法"和"参与式回溯法"在内的"四维多向回溯法",回溯与本专题相关的中学的中国近现代史的内容,以便为笔者在大学的"中国近现代史纲要"教学中构建"回溯提升教学模式"奠定基础。

（一）运用的概念框架的回溯

综观中学的中国近现代史教材,关于中华民族的抗日战争所历经的总体时间,还都是传统的认识,即"八年抗战"。所以,教材的内容阐释和问题预设,都立足于"八年抗战"框架之内。

综观中学的中国近现代史教材,关于对中华民族的抗日战争的概念和框架的理解,主要有宏观层面的理解和微观层面的理解两种。

其中,从宏观的层面理解抗日战争,主要是基于更广阔的视野界定抗日战争的内涵与范畴。诸如,由四川教育出版社出版的供八年级

[①] 史也夫、徐奉臻：《"中国近现代史纲要"课教学案例参考》,高等教育出版社2010年版,第106—124页。

使用的《中国历史》（上册），将"抗日救亡运动"（内含"九一八"事变、全国抗日救亡运动的高涨、西安事变）、"全国抗日战争的开始"（内含"七七"事变、淞沪抗战、南京大屠杀）、"国共合作抗日"（内含国共两党合作抗日的实现、台儿庄战役、百团大战）、"抗日战争的胜利"（内含巩固抗日根据地的艰苦斗争、中国共产党第七次全国代表大会、抗日战争的胜利），都作为题为"中华民族的抗日战争"的"第四学习主题"的有机内容。

还如，由北京师范大学出版社出版的供八年级使用的《历史》（上册）的"第四单元"，是"伟大的抗日战争"。该单元包括"中华民族到了最危险的时候"（内含"九一八"事变、不朽的民族战歌、西安事变）、"全民族抗战的兴起"（内含卢沟桥事变、南京大屠杀、共赴国难）、"让我们的血肉筑成新的长城"（内含血战台儿庄、百团大战、众志成城）、"抗日战争的胜利"（内含团结的大会和胜利的大会、日本无条件投降、台湾光复）。

其中，从微观的层面理解抗日战争，主要是基于相对狭窄的视野界定抗日战争的内涵和范畴。诸如，由人民教育出版社出版的《中国近代现代史》（下册），题目为"中华民族的抗日战争"的第二章，就不包含"九一八"事变和西安事变等内容。因为该章的开篇，就是"抗日战争的爆发"（内含"七七"事变和第二次国共合作的实现、正面战场的抗战、敌后抗日根据地的开辟、毛泽东《论持久战》的发表），之后是"日本帝国主义在沦陷区的殖民统治"（内含汪精卫集团建立伪政权、野蛮的经济掠夺、推行奴化教育、日伪的残暴统治和沦陷区人民的反抗斗争）、"国民政府的内外政策"（内含国民党政策转向反动、皖南事变、正面战场形势的恶化、独裁统治和经济掠夺）、"共产党坚持抗战和抗日战争的伟大胜利"（内含百团大战、敌后军民的艰苦斗争、抗日根据地的建设、中共七大的召开、日本无条件投降）。

（二）预设的疑难问题的回溯

在由四川教育出版社出版的供八年级使用的《中国历史》（上册）中，关于"中华民族的抗日战争"，所预设的问题主要有：什么是"九一八"事变？3000万东北同胞怎样沦为亡国奴？张学良、杨虎城将军为什么不顾个人安危发动逼蒋抗日的"兵谏"？为什么西安事变的和平解决会迎来抗日战争的新局面？如果不是国民党的不抵抗政策，日本能否侵占东北？你听说过日本"731"部队吗，说说他们在"防疫"的外衣下是怎样残害中国人民的？全国各界人民同仇敌忾掀起抗日救亡运动，说明了什么？偌大一个华北，居然安放不下一张平静的书桌，这说明了什么？张学良、杨虎城是怎样走上逼蒋抗日道路的？中国共产党为什么主张和平解决西安事变？西安事变发生后，有人主张释放蒋介石，也有人主张杀掉蒋介石，你认为呢？蒋介石在1931年11月30日的演讲中所说的"攘外必先安内，统一方能御侮，未有国不统一而能取胜于外者。故今日之对外，无论用军事方式解决，或用外交方式解决，皆非先求国内统一，不能为功"① 的话中，"攘外必先安内"是什么意思？"先求国内统一"的实质是什么？"九一八"事变后，国民党政府采取不抵抗政策的原因是什么？什么是卢沟桥事变？卢沟桥事变前日本已侵占我国哪些地方？日寇是怎样残酷屠杀我南京同胞的？日本右翼分子为什么至今否定南京大屠杀的史实？日本右翼分子谎称日军攻击驻卢沟桥的中国军队的行为完全是为了"自存自卫"，请你用具体史实加以驳斥。中国共产党为什么同意将红军改编为国民革命军？台儿庄是一个小镇，为什么在这里发生了大规模的战役？台儿庄战役胜利的意义是什么？分析中国共产党深入敌后创建抗日根据地的原因？八路军为什么要发动百团大战？为什么说百团大战的胜利提高了共产党和八路军的威望？台儿庄战役和百团大战的胜利说明了什么？抗日根据地的困难局面是怎样出现的？中共七大是在怎样的历史转折关头召开的？这次会议的目的是什么？你认为中共七大取得的最重要的成就是什么？为什么？从鸦片战争开始的一百多年来，中华民族主要进行过哪些反抗外来侵略的战争？为什么都失败了？抗日战争胜利的伟大历史意义是什么？中华民族为世界反法西斯战争的胜利

---

① 王桧林主编：《中国现代史参考资料》，高等教育出版社1988年版，第110页。

第三章 "回溯提升教学模式"的构建与运用

做出了怎样的贡献？

在由北京师范大学出版社出版的供八年级使用的《历史》（上册）中，关于"伟大的抗日战争"，所预设的问题主要有：西安事变时，中国共产党为什么主张释放进行了十年"剿共"战争的蒋介石？蒋介石屠杀了成千上万的共产党人，中国共产党为什么还主张和平解决西安事变，并释放蒋介石？民族战歌《义勇军进行曲》是怎样诞生的？你唱《义勇军进行曲》时感受最深的是什么？什么是国耻？国耻纪念日意味着什么？你知道什么是战争罪吗？侯德榜的科技发明对于坚持抗战有什么作用？你知道世界反法西斯同盟是怎样的一个国际组织吗？1945年，中国共产党召开第七次全国代表大会，第一次鲜明地确立了自己的指导思想，你知道这个指导思想是什么吗？为什么说抗日战争的胜利洗雪了中华民族百年来的民族耻辱？你知道日本侵华战争给中国人民造成了多么巨大的灾难和损失吗？在八年抗战中，国共两党为什么能够再度走在一起，并肩抗战？国共两党的合作对抗日战争胜利起了什么作用？在不到半个世纪的时间内，日本就发动了两次大规模侵华战争。在甲午中日战争中，中国惨败，中国的国际地位一落千丈；在抗日战争中，中华民族同仇敌忾，坚持八年，取得最后胜利。你能比较一下两次战争的异同，并简单总结抗日战争胜利的历史意义吗？

在由人民教育出版社出版的《中国近代现代史》（下册）中，关于"中华民族的抗日战争"，所预设的问题主要有：毛泽东的《论持久战》是在什么情况下发表的？它有什么重大意义？

阅读下面材料，试比较：卢沟桥事变发生以后，国民党和共产党在对待日本帝国主义侵略的态度上有什么异同？

材料1：1937年7月8日《中国共产党为日军进攻卢沟桥通电》："全中国的同胞们！平、津危急！华北危急，中华民族危急！只有全民族实行抗战，才是我们的出路！我们要求立刻给进攻的日军以坚决的反攻，并立刻准备应付新的大事变。全国上下应该立刻放弃任何与日寇和平苟安的希望与估计。"①

材料2：1937年7月17日，蒋介石庐山谈话（抗日谈话）："我们希望和平而不求苟安，准备应战而决不求战。我们知道全国应战以后之时势，就只有牺牲到底，无丝毫侥幸求免之理。如果战端一开，那就是地无分南北，年无分老幼，无论何人，皆有守土抗战之责任，皆应抱定牺牲一切之决心。所以，政府必特别谨慎，以临此大事。"②

日本帝国主义是怎样对沦陷区进行经济掠夺的？为什么说国民党五届五中全会确定的反动方针标志着国民政府自抗战以来在政策上的重要转变？它产生了什么后果？运用所学的知识，分析说明抗日战争胜利的历史意义。为什么说抗日战争的胜利是"中华民族百年来未有的大事"？这一胜利是怎样取得的？

一般而论，教材所预设的问题，反映了教材关注的重点和难点。应该看到，在中学的中国近现代史教材中，围绕"中华民族的抗日战争"所预设的问题，较为全面和多样，涉及诠释抗日战争的多个角度。这些问题的预设，为笔者在大学的"中国近现代史纲要"教学中进行进一步提升奠定了较为扎实的基础。

（三）重点内容与方法的回溯

关于"中华民族的抗日战争"，虽然中学的中国近现代史教材的版本不同，但其叙事方法基本一致，即都基于中学的历史课的定位，对其中重要的历史进程、历史事件、历史著论等进行知识性的介绍，帮助学生对中华民族的抗日战争形成基本的认识；都立足于百年以来的中华民族的屈辱史，强调抗日战争所具有的创始性的意义与价值，并由此增强学生的民族自信心和自豪感。

关于"中华民族的抗日战争"的重点内容，不同版本的中学的中

---

① 《中国现代史资料汇编（1919—1945）》，文化资料供应社1978年版，第353—354页。
② 魏宏运：《中国现代史资料选编4 抗日战争时期》，黑龙江人民出版社1981年版，第587页。

国近现代史教材,有相同之处,也有侧重点不同的地方。

相同之处的表现是:都基于"八年抗战"的框架,把七七事变或卢沟桥事变作为抗日战争开始的标志,把日本的无条件投降作为抗日战争结束的标志。只不过,关于抗日战争的开始,使用的名称有所不同。有的从国家角度,使用"全国抗日战争的开始"之表述;有的从民族的角度,使用"全民族抗战的兴起"之表述。在过程上,都把第二次国共合作、百团大战、中国共产党第七次全国代表大会等重要历史事件作为抗日战争的重要路标。

侧重点不同的表现是:由四川教育出版社出版的供八年级使用的《中国历史》(上册),将"九一八"事变、"全国抗日救亡运动的高涨""西安事变""淞沪抗战""南京大屠杀""台儿庄战役""巩固抗日根据地的艰苦斗争"等,都作为抗日战争的主要内容加以介绍。由北京师范大学出版社出版的供八年级使用的《历史》(上册),除了提及由四川教育出版社出版的供八年级使用的《中国历史》(上册)的大部分重点内容外,还介绍了《义勇军进行曲》《黄河大合唱》"台湾光复"等内容。由人民教育出版社出版的《中国近代现代史》(下册),重点强调了"正面战场的抗战""毛泽东《论持久战》的发表""汪精卫集团建立伪政权""野蛮的经济掠夺""推行奴化教育""日伪的残暴统治和沦陷区人民的反抗斗争""国民党政策转向反动""皖南事变""正面战场形势的恶化""独裁统治和经济掠夺""敌后军民的艰苦斗争""抗日根据地的建设"等内容。

二 大学"纲要"教学中的提升

在本专题中,笔者围绕概念框架、疑难问题、重点内容与主要方法等,运用包括"专题化提升法""设问式提升法""名作导读提升法""以案为例提升法""史料运用提升法""三跨教学提升法""逻辑推理提升法""减法+加法提升法""多媒体教学提升法"在内的"方法线的多维提升法",以及包括"近期因时多维提升法"和"长期常规多维提升法"在内的"内容线的多维提升法",提升与本专题相关的大学的"中国近现代史纲要"的教学内容,构建"回溯提升教学模式"。

(一) 运用的概念框架的提升

本专题对应大学的《中国近现代史纲要》教材的第六章"中华民族的抗日战争"。《中国近现代史纲要》教材的第六章，基于宏观层面界定抗日战争的内涵和范畴，包括五节："日本发动灭亡中国的侵略战争""从局部抗战到全国性抗战""国民党与抗日的正面战场""中国共产党成为抗日战争的中流砥柱""抗日战争的胜利及其意义"。

通常，笔者所言的提升，大多都是虽然在中学的中国近现代史教材中有所涉及，但却较为初级，具有知识性、基础性或常识性。所以，进入大学之后，在继续学习"中国近现代史纲要"课程时，就需要教师以中学的教材为基础进行进一步的提升。

但关于"中华民族的抗日战争"专题，中学的中国近现代史教材的框架和大学的《中国近现代史纲要》教材的框架，需要同步提升。也就是说，目前的中学的中国近现代史教材，以及目前的大学的《中国近现代史纲要》教材，都是传统的旧框架——八年抗战。后续，中学的中国近现代史教材和大学的《中国近现代史纲要》教材，要同步修订，都需将"八年抗战"改成"十四年抗战"。

在中学和大学的教材的修订尚未完成之时，就需要包括笔者在内的大学的"中国近现代史纲要"的任课教师，通过自己的研究，或结合和借鉴学术界已有的相关研究成果，进行从无到有的创新性的添加与融通，从而使"十四年抗战"的框架与内容都逐渐完备和丰富。

(二) 预设的疑难问题的提升

大学的《中国近现代史纲要》教材，立足于思政课定位，预设了四个问题：为什么说中国的抗日战争是神圣的民族解放战争？为什么说中国共产党是中国人民抗日战争的中流砥柱？怎样评价国民党政府在抗日战争中执行的路线和正面战场的地位与作用？为什么说中国人民抗日战争是弱国战胜强国的范例？其基本经验是什么？

在笔者主撰的《"中国近现代史纲要"重点难点理论与实践问题析微》一书中，关于"中华民族的抗日战争"，预设的主要问题有：

毛泽东基于何种考虑强调"如果没有12月25日张汉卿送蒋介石先生回京一举，如果不依照蒋先生处置西安事变的善后办法，则和平解决就不可能，兵连祸结，不知要弄到何种地步"？为什么关于"西安事变"，海峡两岸对张学良的评价如黑白一样两极分明：大陆把他誉为"民族英雄"，台湾则定其为"历史罪人"？以第一次国共合作为参照，第二次国共合作有哪些特点？中国的抗日战争是第二次世界大战的重要组成部分，关于中国在反法西斯战争中的作用，丘吉尔曾说："中国一崩溃，至少可使日本十五个师团、也许会有二十个师团腾出手来。其后，大举进攻印度，就确实可能了"①，如何理解之？在抗日战争中，国民党军队与日军进行大会战22次，重要战斗1100余次，小规模战斗38000余次，消灭日军100余万人，阵亡将士380余万人，内有少将以上150余名，团、营、连、排长数万，为什么还说中国共产党是抗日战争的中流砥柱？有人说八路军在抗日战争中"游而不击"，对此该如何评价？②

除此之外，笔者还在教学中预设了"促成抗日战争的多维背景""张学良为什么采取不抵抗政策""西安事变爆发的复杂原因""《在纪念中国人民抗日战争暨世界反法西斯战争胜利70周年大会上的讲话》中，习近平总书记引用古训'靡不有初，鲜克有终'的良苦用心是什么""试比较胡锦涛的《在中国人民抗日战争暨世界反法西斯战争胜利六十周年纪念大会上的讲话》与习近平的《在纪念中国人民抗日战争暨世界反法西斯战争胜利70周年大会上的讲话》的异同"等问题。

（三）重点内容与方法的提升

重点内容与方法的提升途径之一，是对抗日战争进行相对系统而全面的分析与解读。主要包括：通过对"九一八"事变、华北事变、卢沟桥事变的介绍，阐释日本灭亡中国的计划及其实施情况；通过对日本在其占领区的残暴统治，以及侵华日军罪行的介绍，揭露日本侵

---

① 金冲及：《五十年变迁》，中央文献出版社2004年版，第610页。
② 徐奉臻等：《"中国近现代史纲要"重点难点理论与实践问题析微》，中国社会科学出版社2010年版，第234—260页。

略者的残暴统治，及其给中华民族带来的深重灾难；通过对中国共产党发表的旨在揭露日本帝国主义企图把中国东北变成其殖民地的抗日宣言，以及对由中国共产党直接领导的东北人民的抗日武装斗争的介绍，明确中国共产党率先举起了抗日义旗；通过对国民党第十九路军和察哈尔民众抗日同盟军抗日活动的介绍，阐释当时的抗日救亡运动；通过对"一二·九"运动和中国共产党抗日民族统一战线新政策的介绍，阐释中国共产党的停止内战和一致对外的主张；通过对西安事变及其和平解决的方式的介绍，明确第二次国共合作已经成为不可抗拒的历史潮流；通过对《中国共产党为公布国共合作宣言》，以及蒋介石以发表讲话的方式承认中国共产党的合法地位的介绍，明确全民族同仇敌忾的抗日民族统一战线的正式形成；通过对战略防御阶段的正面战场的淞沪、忻口、徐州、武汉等会战，以及台儿庄战役、八百壮士的介绍，明确国民党实行过若干有利于抗战的政策；通过对国民党五届五中全会的介绍，阐释国民党在战略相持阶段的退缩与转变；通过对洛川会议抗日救国纲领的制定和毛泽东的《论持久战》的介绍，阐释中国共产党全面抗战的路径和持久战的方针；通过对中国共产党开辟敌后抗日战场的战略政策、游击战的地位及作用、统一战线中的独立自主原则、巩固抗日民族统一战线的策略总方针、抗日根据地的"三三制"的民主政权建设原则、以减租减息为内容的独特的土地政策、抗战文化工作的开展等内容的介绍，论证"中国共产党是抗日战争的中流砥柱"之命题的合理性；通过对"马克思主义的中国化"之命题提出的原因和过程的介绍，阐释中国共产党在战争中加强自身建设的历史意义；通过对毛泽东的《〈共产党人〉发刊词》《中国革命和中国共产党》《新民主主义论》等重要理论著作的介绍，阐释中国共产党的新民主主义理论；通过对毛泽东的《改造我们的学习》《整顿党的作风》《反对党八股》等重要理论著作的介绍，阐释中国共产党确立的实事求是的思想路线；通过对抗日战争胜利的过程、地位、意义和经验的介绍，明确抗日战争所具有的神圣的民族解放战争的性质。

重点内容与方法的提升途径之二，是围绕学生的困惑，运用"史料运用提升法"和"逻辑推理提升法"的理念与路径,从如下角度论证"中国共产党是抗日战争的中流砥柱"之命题的合理性。

首先,笔者阐释论证"中国共产党是抗日战争的中流砥柱"之命题的意义和价值。"中国共产党的中流砥柱作用是中国人民抗日战争胜利的关键"[①],是习近平总书记系列讲话的重要命题。阅兵前夕举行的"抗战胜利70周年纪念活动新闻中心发布会",也以"中国共产党在抗日战争中中流砥柱作用不容置疑"为主题。回应质疑,论证"中国共产党是抗日战争的中流砥柱"之命题的合理性,是本科思政课"中国近现代史纲要"教学的不可规避的重要课题。由于受到社会和网络上一些混乱认识的影响,有些学生对"中国共产党是抗日战争的中流砥柱"之命题不以为然,认为这样的说法夸大了共产党的功绩而低估了国民党的作用。这个问题不仅事关抗日战争中国共两党的定位,而且也会直接影响学生对中国共产党最终被历史和人民选择的必然性的认识。

其次,笔者分析学生产生困惑的具体原因,并基于对原因的分析给出具体的解决方案。在教学中,笔者思考问题的基点是:在现有研究成果中,多有关于中国共产党是抗日战争的中流砥柱的著论,但为什么学生却难以入耳入心。想必其中的重要因素之一,是方法论问题。只有运用科学的方法,复杂的历史才有可能被充分认识。方法之科学性的衡量标准,是针对性、有效性和可操作性。作为"中国近现代史纲要"主要内容的中华民族的抗日战争所具有的复杂性,决定了任何一种单一的方法都难以独立着手成春。但如将史料运用与逻辑推理等方法有机结合,则不失为化腐朽为神奇的科学方法。运用史料进行步步递推,进而揭示中国共产党是抗日战争中流砥柱的历史逻辑,体现为如下七个环环相扣的环节。

第一环:界定基本概念,确立立言之起点。让学生知道,作为概念的"中流砥柱"中的"中流"指"河流中间急流处","砥柱"是山名,在三门峡东,立于黄河急流之中,形如柱,故名。"中流砥

---

① 习近平:《在纪念中国人民抗日战争暨世界反法西斯战争胜利69周年座谈会上的讲话》,《人民日报》2014年9月4日第2版。

柱"比喻在艰难险阻中能支撑危局、力挽狂澜的重要人物或坚强力量。①

第二环：推介著名命题，提供分析之思路。德国军事理论家克劳塞维茨（Carl Von Clausewitz）说："战争不仅是一种政治行为，更是一种真正的政治工具，是政治交往的延续，是通过另一种手段实现的政治交往。"② 在方法论上，此命题给学生提供了如下启示：战争并非纯粹的军事行为，不能唯军事而军事。因此，研究抗日战争需要多维的系统思维，而不是单维的线性思维。

第三环：还原历史图景，重现中共之风采。以国民党为参照，中国共产党的抗日内容具有多角度和全方位之特点，主要包括：率先举起武装抗日之义旗，制定全面全民族的抗战路线，既揭开世界反法西斯战争的序幕，又明确了抗战的方向和道路；八路军、新四军开赴华北和华中战场，配合国民党正面战场作战，以抗战首捷平型关战役打破了日军不可战胜的神话，极大地鼓舞了中国军民的抗战斗志；开展地雷战、地道战、麻雀战、破袭战、伏击战等，开辟敌后战场，建立敌后根据地，在抗战新形势下继续走以农村包围城市的道路，使日军陷入人民战争的汪洋之中；毛泽东以笔代剑，围绕当时流行的"亡国论"和"速胜论"撰写《论持久战》，预测战争走势，揭示弱国战胜强国的规律，牢牢占据理论制高点，不仅在共产党内部产生巨大反响，而且也被国民党高层视为克敌制胜的法宝；开展有条件的运动战，百团大战打破日军对华北抗日根据地实行的"囚笼政策"，提高了共产党和八路军的威望；基于民族矛盾的首位性，制定"发展进步势力，争取中间势力，孤立顽固势力"的策略方针；在政治上实行"三三制"民主政权建设原则，在经济上制定地主减租减息和农民交租交息的温和的土地政策，最大限度地巩固和扩大了抗日民族统一战线；加强抗日民主政府建设，在政治上厉行精兵简政，在经济上开展为抗战提供物质保障的大生产运动；加强党的自身建设，毛泽东不仅

---

① 《十用成语词典》，上海辞书出版社2012年版，第766页。
② ［德］克劳塞维茨：《战争论》，王小军译，陕西师范大学出版社2008年版，第20页。

提出"马克思主义的中国化",而且撰写了《〈共产党人〉发刊词》《中国革命和中国共产党》《新民主主义论》《改造我们的学习》《整顿党的作风》《反对党八股》等经典著作,创造和发展了毛泽东思想,为抗日战争提供了思想和战略指导;组织和推动国民党统治区的抗日民主运动和进步文化运动,激发大后方人民的爱国热情,为坚持国共合作、团结抗日发挥了重要作用。

第四环:运用经典论断,给予理论上的提升。恩格斯曾提出有名的"合力论",强调:"历史是这样创造的:最终的结果总是从许多单个的意志的相互冲突中产生出来的,而其中每一个意志,又是由于许多特殊的生活条件,才成为它所成为的那样。这样就有无数互相交错的力量,有无数个力的平行四边形,由此就产生出一个合力,即历史的结果。"① 依此理论可断:中国共产党的中流砥柱定位,恰恰是中国共产党多角度和全方位抗战图景的不同景点之间彼此合力作用并最终聚点成面的产物。对此,毛泽东曾肯定地说:"只有这种全面的全民族的抗战,才能使抗战得到最后的胜利。"② 其弦外之音是:走线性片面抗战之路、走消极抗战之路的国民党,注定难以肩负这样的历史使命。

第五环:提供敌方素材,进行反衬性的分析。在教学中,笔者在课件上展示了《汉书》中的论断:"水至清则无鱼,人至察则无徒。"③ 然后自己再续加一句话:"人至贱则无敌。"这种表述的良苦用心,是引导学生做这样的思考:倘若日本不重视中国共产党的军队,说明中国共产党的军队无所作为。反之亦然。在有了这样的心灵沟通后,再进一步提供大量日本重视中国共产党军队的史料,包括日本把中国共产党军队视为"最大癌患"、编辑《剿共指南》通报全军、大量可以证明中国共产党军队交战意识昂扬的数字、日本军人所表达的对中国共产党军队的恐惧等,就能收到不言自明之功效。

第六环:展示正面资料,确认中国共产党在抗日战争中的贡献。

---

① 《马克思恩格斯选集》第4卷,人民出版社1995年版,第697页。
② 《毛泽东选集》第2卷,人民出版社1991年版,第514页。
③ 丁伟编译:《增广贤文》,天地出版社2013年版,第86页。

在教学中，展示八路军副总司令彭德怀在《八路军七年来在华北抗战的概况》中所提供的作战方式和战况介绍①，让学生在会心的微笑中充分理解共产党的游击战在何种程度上对日本关东军的机械化部队造成致命打击；展示八路军总司令朱德在《论解放区战场》的军事报告中给出的关于抗战以来八路军、新四军和华南抗日纵队战果方面的如下数字，使学生充分认识中国共产党积小胜为大胜、由量变到质变的抗战历程：

> 从1938年10月武汉失守之后，一直到1944年日寇重新向国民党战场作了一次带战略性的进攻为止，其间共5年半之久；在这样长久的时间之内，日寇在华的主力是在对着解放区作战，解放区战场抵抗的敌伪力量，到1943年，竟占侵华日军的64%、伪军的95%，而在这同一期间，国民党战场并没有严重的战争。这就是相持阶段的实际。……
>
> 八路军、新四军和华南抗日纵队，在1937年9月到1945年3月的7年半（华南抗日纵队缺1943年以前的数字）中，总计对敌大小战斗11.5万余次，击毙和杀伤敌伪军计96万余名，俘虏敌伪军计28万余名，争取投诚反正敌伪军计10余万名，敌伪总共损失136万余名。②

第七环：厘清四对关系，进一步夯实学生已经形成的基本认知。这样的努力，不仅使论证过程有力、有理、有节，而且有助于帮助学生树立正确的历史观。

一是肯定与否定的关系。肯定中国共产党是抗日战争的中流砥柱，并不意味着对国民党作用的完全否定。由于国共两党合作建立抗日民族统一战线，在战略防御阶段，国民党军队不仅是日本侵略者作战的主要对象，而且担负抗击日军战略进攻的主要任务。国民党不仅

---

① 中国人民解放军历史资料丛书编审委员会：《八路军回忆史料（1）》，解放军出版社1988年版，第13—39页。
② 同上书，第3、8页。

在淞沪、忻口、徐州、武汉等组织一系列大战役，而且取得了台儿庄战役的胜利，爱国的国民党将士表现出可歌可泣的民族义愤和抗争热情。此时的国民党军队，事实上发挥了筑堤防洪的作用。有鉴于此，习近平总书记说："正面战场和敌后战场相互配合、协同作战，都为抗战胜利作出了重要贡献。"①

二是一般与特殊的关系。在军事史上，游击战是在敌我力量特别悬殊时使用的战法，通常是配合正规战的辅助性作战形式。但在抗日战争中，中国共产党的游击战却呈现许多与一般游击战不同的特殊之处。在规模上，由局部转向全局；在方式上，由防守转向进攻；在功能上，由辅助转向正规；在角色上，由次要转向主导；在状态上，由劣势转向优势；在定位上，由弱者转向强者。到1944年春，解放区战场成为抗战的主战场，敌后战场的人民军队抗击着64%的侵华日军和绝大部分伪军。故此，毛泽东在言及游击战功能时说："大半个中国将变为敌人的后方，如果没有最广大的和最坚持的游击战争，而使敌人安稳坐占，毫无后顾之忧，则我正面主力损伤必大，敌之进攻必更猖狂，相持局面难以出现，继续抗战可能动摇。"②

三是动态与静态的关系。中国共产党成为抗日战争的中流砥柱，是历史动态演变的产物。由于敌我力量对比悬殊、未能充分发动群众、片面依靠政府和正规军、战略上一味进行单纯的阵地防御战等原因，国民党军队不仅未能有效筑堤防洪，反而还屡屡溃堤，在短时间内丧失大片国土。进入战略相持阶段后，国民党右转，不仅成立"防共委员会"，而且制造皖南事变，由片面抗战转向消极抗战。豫湘桂战役的惨败，意味着国民党这道防洪大堤的彻底坍塌。与国民党一败涂地形成鲜明反差的是，在残酷战争的激流中，中国共产党如同砥柱山一样岿然屹立，成为坚持抗战直至取得最后胜利的中坚力量。

四是片面与整体的关系。中国共产党成为抗日战争的中流砥柱，

---

① 吴储岐：《习近平总书记会见台湾各界代表人士》，《人民日报》2015年9月2日第1版。
② 《毛泽东选集》第2卷，人民出版社1991年版，第552页。

并非仅由军事所决定。毛泽东深谙战争规律，不仅在《论持久战》中强调"战争就是政治""战争是政治的继续""战争本身就是政治性质的行动，从古以来没有不带政治性的战争"① 等，揭示军事因素和非军事因素之间的互动关系，而且从军事、理论、政治、经济、文化等不同层面，推出系列具有创新性和全局性的战略与思想，不仅形成超越国民党的群集优势和整体合力，而且开辟了马克思主义中国化的新境界，为历史最终选择中国共产党奠定了坚实基础。

重点内容与方法的提升途径之三，运用"名作导读提升法"的理念与路径，指导学生阅读毛泽东的《论持久战》中的如下经典分析：

> "为什么是持久战"这一个问题，只有依据全部敌我对比的基本因素，才能得出正确的回答。例如单说敌人是帝国主义的强国，我们是半殖民地半封建的弱国，就有陷入亡国论的危险。因为单纯地以弱敌强，无论在理论上，在实际上，都不能产生持久的结果。单是大小或单是进步退步、多助寡助，也是一样。大并小、小并大的事都是常有的。进步的国家或事物，如果力量不强，常有被大而退步的国家或事物所灭亡者。多助寡助是重要因素，但是附随因素，依敌我本身的基本因素如何而定其作用的大小。因此，我们说抗日战争是持久战，是从全部敌我因素的相互关系产生的结论。敌强我弱，我有灭亡的危险。但敌尚有其他缺点，我尚有其他优点。敌之优点可因我之努力而使之削弱，其缺点亦可因我之努力而使之扩大。我方反是，我之优点可因我之努力而加强，缺点则因我之努力而克服。所以我能最后胜利，避免灭亡，敌则将最后失败，而不能避免整个帝国主义制度的崩溃。……
>
> 中日战争既然是持久战，最后胜利又将是属于中国的，那末，就可以合理地设想，这种持久战，将具体地表现于三个阶段之中。第一个阶段，是敌之战略进攻、我之战略防御的时期。第

---

① 《毛泽东选集》第2卷，人民出版社1991年版，第479页。

二个阶段,是敌之战略保守、我之准备反攻的时期。第三个阶段,是我之战略反攻、敌之战略退却的时期。三个阶段的具体情况不能预断,但依目前条件来看,战争趋势中的某些大端是可以指出的。客观现实的行程将是异常丰富和曲折变化的,谁也不能造出一本中日战争的"流年"来;然而给战争趋势描画一个轮廓,却为战略指导所必需。所以,尽管描画的东西不能尽合将来的事实,而将为事实所校正,但是为着坚定地有目的地进行持久战的战略指导起见,描画轮廓的事仍然是需要的。……

中国由劣势到平衡到优势,日本由优势到平衡到劣势,中国由防御到相持到反攻,日本由进攻到保守到退却——这就是中日战争的过程,中日战争的必然趋势。……中国会亡吗?答复:不会亡,最后胜利是中国的。中国能够速胜吗?答复:不能速胜,必须是持久战。①

实践表明,学生阅读《论持久战》中的上述经典,不仅能够就抗日战争的性质和抗日战争的力量对比形成更系统的认识,而且也由此深刻感受到以毛泽东为代表的中国共产党人的卓越智慧。

重点内容与方法的提升途径之四,是运用"名作导读提升法"的理念与路径,指导学生阅读习近平总书记在《在纪念全民族抗战爆发七十七周年仪式上的讲话》《在纪念中国人民抗日战争暨世界反法西斯战争胜利69周年座谈会上的讲话》《在南京大屠杀死难者国家公祭仪式上的讲话》《在纪念中国人民抗日战争暨世界反法西斯战争胜利70周年大会上的讲话》《在纪念中国人民抗日战争暨世界反法西斯战争胜利七十周年招待会上的讲话》等,使学生能够围绕中华民族的抗日战争形成更加理性和更加系统的认识。

重点内容与方法的提升途径之五,基于"十四年抗战"的框架,运用"以案为例提升法""减法+加法提升法",以及"长期常规多维提升法"中的"引介相关的教学科研最新研究成果"的理念与路

---

① 《毛泽东选集》第2卷,人民出版社1991年版,第459—460、462—463、468—469页。

径,从地方史的角度,添加了有助于学生理解"十四年抗战"的如下背景资料:①

东北抗战既是中国抗战的历史起点,又是中国抗战的有机组成部分。在中共领导下,东北抗战开辟抗日御侮的胜利之路,其功绩彪炳中国抗战史册,在世界反法西斯战争史上写下光辉的一页。

1931年,日本军国主义悍然发动"九一八事变",占领东北全境,这"成为中国人民抗日战争的起点,并揭开了世界反法西斯战争的序幕"②。正如毛泽东同志指出的,"从日寇侵入之日起",中共即高举抗日大旗,"领导东北人民"③,沉重打击日本侵略者,揭开中国人民抗日战争光辉的第一页,开辟走向全国团结一致、抗日御侮的胜利之路,其功绩彪炳中国抗战史册,在世界反法西斯战争史上写下光辉的一页。从现有研究来看,主要侧重于探析中共在东北抗战中的领导地位和作用,其最大缺憾是鲜见对中共领导下东北抗战的历程研究。

第一阶段:1931—1933年的兴起与挫折

1931—1933年,既是东北抗日救亡运动兴起的时期,也是中共逐步掌握东北抗战领导权的时期。"九·一八事变"后,在蒋介石"攘外必先安内"方针的影响下,十几万东北军不战而退,东北很快沦为日本的殖民地。在这个危急的时刻,"九·一八事变"第二天——1931年9月19日,中共满洲省委发表《反对日本帝国主义武装占领满洲宣言》,指出:"只有共产党领导的工人、农民等劳苦大众自己的武装,才是真正的反对帝国主义的力量……只有工人、农民等劳苦大众自己的政府(苏维埃政府),才是彻底的,反对帝国主义的政府。只有在共产党领导之下,才

---

① 黄进华、徐奉臻:《悲壮的历程:东北抗战14年》,《党史文汇》2015年第7期。
② 习近平:《在纪念中国人民抗日战争暨世界反法西斯战争胜利69周年座谈会上的讲话》,《人民日报》2014年9月4日。
③ 《毛泽东文集》第4卷,人民出版社1996年版,第150页。

能将日本帝国主义赶出中国"①，旗帜鲜明地表明中共的严正立场，积极宣传党的抗日救国主张，在思想上极大地推动东北抗日救亡运动的兴起。

1931年11月，马占山领导江桥抗战，震惊中外。次年2月，东北军将领李杜、冯占海等人进兵哈尔滨，讨逆抗日。一时间，东北人民抗日热情高涨，各地纷纷组织抗日义勇军，以各种形式打击日寇，几乎遍及东北：在东北全境154个县中，93个县有抗日义勇军活动②。1932年夏，东北各地义勇军达到30万③，一度对日寇在东北的殖民统治造成严重威胁。在领导关系上，各路义勇军各自为战，互不相下，而义勇军将领又以军官、警官和绿林首领居多，著名将领有马占山、李杜、丁超、冯占海、苏炳文、唐聚伍、王凤阁、邓铁梅、苗可秀、孙朝阳等人。由于敌强我弱，义勇军各部没有明确的政治纲领和长远的战斗目标，缺乏统一组织与指挥系统，又军纪败坏，脱离群众；在军事上，墨守成规，沿用正规军的"阵地战"战术；加之国民党政府实行"不抵抗主义"，拒绝或很少给予应有的支持，导致各路义勇军很快就被日伪军各个击破。到1933年夏，东北抗日义勇军主力或被敌伪消灭，或告瓦解，其余部大多退入苏联境内。

与此同时，中共逐步走到前台，扛起武装反抗日本侵略的大旗，开辟东北抗战的"主战场"和"第二战场"，成为东北抗战的领导力量。一方面，中共领导东北人民，积极开展武装反抗日寇的英勇斗争。东北党组织先后派遣李兆麟、赵尚志、周保中、童长荣、李延禄、冯仲云等一批党员、干部到抗日义勇军开展工作，又派大量干部和党员到农村发动广大群众，创立磐石、海龙、延吉、和龙、珲春、汪清、安图、巴彦、汤原、饶河、珠

---

① 中央档案馆等：《东北地区革命历史文件汇集》甲9，内部资料1988年版，第47—50页。
② 东北抗日联军史料编写组：《东北抗日联军史料》上册，中共党史资料出版社1987年版，第3页。
③ 同上书，第43页。

河、密山、宁安等十几支反日游击队,在东满、南满、北满和吉东等地建立抗日游击区①,到 1933 年后,成为东北抗战的"主战场"。另一方面,在中共领导下,东北各地人民采取多种形式,如采用罢工、罢课、罢市和游行示威等手段,反抗日寇的侵略,逐步成为东北抗战的"第二战场",在日伪后方对其殖民统治造成很大威胁。

就在中共领导的东北抗日烽火如火如荼地开展时,受到"北方会议"的冲击。1932 年 6 月下旬,王明主导下的中共临时中央召开"北方会议",认为日本侵略东北是"向反苏战争又前进了一步",提出"打倒一切帝国主义",号召"开展广大群众的保卫无产阶级祖国(苏联)的运动"②,要求东北党组织把"反日战争与土地革命密切地联系起来",并提出一系列"左"倾冒险主义和关门主义的工运策略③,使东北抗战受到很大危害。

第二阶段,1933—1937 年的联合与高潮

1933—1937 年,在中共领导下,东北各路抗日武装逐渐走向联合,东北抗战"主战场"日渐繁荣、"第二战场"逐步发展,东北抗日游击战争进入高潮期。

1933 年 1 月 26 日,中共驻共产国际代表团向满洲省委发出《中央给满洲各级党部及全体党员的信》,即《一·二六指示信》,提出党在东北总策略方针是"建立全民族的(计算到特殊的环境)反帝统一战线,来聚集和联合一切可能的,虽然是不可靠的动摇力量,共同的与共同敌人——日寇及其走狗斗争",建立东北反日统一战线。④ 这是党在东北建立抗日民族统一战线的一份重要文件,是党在实践中灵活运用马克思主义的光辉范例。随后,各地党组织逐步停止实行土地革命的政策,陆续组建东北

---

① 刘庭华:《中国局部抗战史略》,军事科学出版社 1995 年版,第 186—187 页。
② 中共中央书记处:《六大以来》上,人民出版社 1981 年版,第 235 页。
③ 同上书,第 265 页。
④ 东北抗日联军史料编写组:《东北抗日联军史料》上册,中共党史资料出版社 1987 年版,第 41—57 页。

人民革命军、东北抗日同盟军和东北反日联合军,东北抗战翻开新的一页。

1935年春,在满洲省委领导下,起草《东北人民革命政府纲领(草案)》,明确东北人民革命政府性质是"抗日救中国的革命政府",是广大民众选举产生的政府,其任务是领导和组织"民族革命战争,推翻日寇和'满洲国'在东北的统治,收回东北失地,保护中华祖国,争取大中华民族独立解放和国家的统一"①,成为东北抗日民族统一战线的基本纲领,极大推动东北人民抗日运动进入高潮阶段,也为第二次国共合作和全国抗日民族统一战线积累宝贵经验。

1935年6月3日,中共驻共产国际代表团发出《给吉东负责同志的秘密信》,即《六三指示信》。8月1日,中共驻共产国际代表团又以"中共中央"名义发表《为抗日救国告全体同胞书》,即《八一宣言》。这两份文件的基本思想一致——号召建立广泛的抗日民族统一战线,共御外侮,一致抵抗日寇的侵略,推动东北抗日救亡运动迅速发展。到1936年初,基本形成南满、东满、吉东、北满四大抗日游击区,大约50余个县,并建立十几块抗日游击根据地。同年2月,中共驻共产国际代表团发表《东北抗日联军统一军队建制宣言》,决定以党领导的武装为基础,吸收其他抗日队伍参加,组建东北抗日联军。1936年初至1937年11月,东北抗联陆续编成11个军,达3000余人,并逐渐联合,组建第1、2、3路军。

此外,中共对日伪统治区的城乡工作也很重视。"九一八事变"后,满洲省委从沈阳迁至哈尔滨,直接领导东北抗战的"第二战场"。根据《一·二六指示信》精神,省委提出"扩大工农兵士学生革命军官反日统一战线.扩大反日民族革命战争"的口号,将省委机关报《满洲红旗》改为《东北民众报》,"每期最多发行到800份,在城乡广为传播"。1933年5月1日,哈尔滨

---

① 中央档案馆等:《东北地区革命历史文件汇集》甲21,内部资料1989年版,第141—145页。

总工厂工人柴好、电车厂工人杨兆顺和党员张敬山在哈尔滨火车站伪"满洲国"建国纪念碑上书写"打倒日寇"的大字标语,轰动全市,日伪大为震惊。仅这一年,东北各主要城市和工矿企业就举行27次较大规模的罢工、怠工斗争,参加者达3万余人次,有力打击日伪统治,其中最有代表性的是哈尔滨电车工人两次罢工。①1935年,在大连活动的"中共胶东临时支部"领导下,甘井子工人进行两次大罢工,参加者达到大约6000人,并取得了斗争的胜利。

第三阶段,1937—1940年的重挫与转战

1937—1940年,既是东北抗战最为艰苦的时期,也是东北抗战"第二战场""主战场"相继遭受严重挫折的时期。

1937年全面抗战爆发后,日寇侵占关内大片中国领土,东北抗日斗争处于孤立无援的境地。为巩固东北这一整个侵略战争的总后方,日本大规模向东北增兵,加之武装移民等准军事力量,日本在东北实际总兵力不少于100万,并大力加强对东北的殖民统治:一方面,竭力加强对东北人民的奴化宣传,企图泯灭其反抗意志,甘当"亡国奴";另一方面,调动大批军警宪特,对东北党组织和群众抗日组织实行疯狂破坏。在日伪残酷统治下,多个党组织遭到破坏,"(满洲)省委领导党、团组织发生困难"②。

首先,受到严重冲击的是"第二战场"。1936年1月,中共哈尔滨特委成立后,成为党在日伪统治区主要领导机关,其工作重心放在中东铁路和南满铁路沿线,但各地党组织往往"没有独立工作能力",经常依靠上级指示,而哈尔滨特委地处北满,要领导"如大连这些辽远的地方",就"有些顾不过来",无法真正、有效领导白区对敌斗争③。1937年4月,哈尔滨特委书记韩

---

① 陆毅等:《中国共产党东北地方组织的活动概述:1919.5—1945.10》,黑龙江人民出版社1994年版,第52—54、66—72页。

② 张鸿文等:《东北大事记:1840—1949》下卷,吉林文史出版社1987年版,第865页。

③ 中央档案馆等:《东北地区革命历史文件汇集》甲22,内部资料1988年版,第415—417页。

守魁被捕叛变，日伪军警在哈尔滨、滨绥、滨北各铁路沿线及各大、中城市进行大搜捕，制造"四一五"事件，先后逮捕745人。次年3月，日伪又对伪三江省汤原、依兰、桦川、富锦、勃利等5县及佳木斯市党组织和抗日团体进行大搜捕，是为"三一五"事件，共逮捕365人。经过两次大逮捕，东北地下党组织损失殆尽，幸存的党员大多转移到抗联和抗日游击区，许多地方党的工作基本中断①。

其次，受到极大冲击的是"主战场"。由于日伪调集重兵，采用保甲连坐、经济封锁和"三光政策"等残酷手段，并强制推行"集团部落"政策，对东北抗联进行大规模"讨伐"和"扫荡"。仅从1937年7月到次年12月，大约一年半里，日伪警察、自卫团出动"讨伐"达到2777次，共约90562人次；若加上伪军独立的"讨伐"行动，这一数字得扩大"三倍"。总计，东北抗日军被杀死7400名，被俘虏960名，被抓捕1480名，被诱扣2700名，东北抗日武装从15000名锐减到1300名。②在敌我力量过分悬殊的形势下，东北抗战形势日趋艰苦，抗联遭受空前的严重困难和挫折，南满、东满、吉东、北满四大游击区相继失守。为保存抗日火种，1940年前后，东北党组织在与苏联方面协商后，将剩余的抗联主力陆续转移到苏联境内整训，但仍留下一些小部队坚持东北游击斗争。

第四阶段：1941—1944年的低潮与新路

1941—1944年，既是东北抗战的低潮时期，也是中共继续坚持东北地下斗争，并从北面、南面两个方向开辟东北抗战"新战场"的时期。

在屡遭日伪破坏后，东北一些党、团员和爱国组织成员采取多种形式，坚持开展抗日斗争，最活跃的是三肇地区（肇东、肇州、肇源）和龙江、讷河等地。1941年后，三肇有一些失联的

---

① 陆毅等：《中国共产党东北地方组织的活动概述：1919.5—1945.10》，黑龙江人民出版社1994年版，第91、391—392、396—397页。

② 解学诗：《伪满洲国史新编》，人民出版社1995年版，第471页。

中共党、团员坚持游击斗争，如党员、原抗联独立师二旅五团团长韩立中领导的"地下破坏队"在肇东多次烧毁日伪仓库，捣毁军列，张贴抗日标语①。同年7月，抗联三军九支队政委郭铁军、军医王耀钧领导成立"北满省委第一执委部"（又称"北满执行部"），发动齐齐哈尔铁路工人和职工家属，进行抗日斗争，后根据抗联第二路军第九支队参谋长郭铁坚指示，改称"抗日救国会齐齐哈尔分会"，并拟定《反日十大纲领》，主要是搜集和侦察敌情，发展反日会员，开展抗日活动。② 这一时期，由于缺乏党组织的坚强领导，东北境内虽有一些零星、分散的反日斗争，但总体上较为沉寂。

1940年后，抗联大部入苏整训，于1942年组成东北抗日联军教导旅，周保中为旅长，并召开两次"伯力会议"，决定统一东北党组织，先后成立"留X（即伯力——哈巴罗夫斯克第一个字母）东北党领导干部临时支部"（1941年4月）和"中共东北党组织特别支部局"（1942年8月，又称"中共东北党委会"）。在东北党委会领导下，抗联加紧整训，并派遣小部队返回东北，开展敌后侦察，发动人民群众，继续进行游击战。据不完全统计，1941年春至1945年8月，抗联教导旅共派遣30余支小部队，总人数在300人以上，从北面对日伪在东北殖民统治构成一定威胁。

东北抗战受到关内党组织的密切关注和支持。根据中共中央"多线派遣、单线领导"的方针，1936—1945年，中共中央社会部、情报部、中央东北工作委员会，北京市委东北特别支部，冀热辽解放区第四公署，华北局社会部和胶东区党委等多个系统向东北派遣许多党员和干部，从事地下斗争。如1942—1945年，

---

① 任希贵：《绥化地区革命斗争史（民主革命时期）》，黑龙江人民出版社1997年版，第235—238页；崔文才：《地下抗日破坏队大闹肇东城：抗联老战士韩立中在肇东坚持地下斗争的事迹》，《肇东党史资料》第2辑，中共肇东市委党史研究室编印，内部资料1991年版，第110—127页。

② 陆毅等：《中国共产党东北地方组织的活动概述：1919.5—1945.10》，黑龙江人民出版社1994年版，第102—104、411页。

胶东区党委北海地委先后派胡铁桥、李守山等人到哈尔滨,建立松浦、三棵树铁路工厂、江北造船所、鸡鸭公司4个党支部;在此基础上,成立"中共胶东北海地委东北工作委员会",胡铁桥任书记,共发展党员40余名。① 从1942年起,八路军晋察冀军区第十三军分区多次派遣队伍和干部进军东北,于1943年秋建立凌(源)青(龙)绥(中)联合县,这是八路军在东北开辟的首个抗日游击区,成为冀热辽抗日根据地的一部分②,从南面对日伪在东北的殖民统治造成较大威胁。

第五阶段:1945年的拐点与胜利

1945年,既是东北抗战的历史"拐点",也是东北抗战迎来久违胜利的时刻。同年2月,苏、美、英三国首脑斯大林、罗斯福、丘吉尔召开雅尔塔会议,苏联同意在德国投降后3个月内对日宣战。在这种有利形势下,抗联教导旅加紧军事训练,加强政治教育和政治工作的领导,并向东北派遣多支先遣小分队,执行战前侦察和配合苏军作战的任务。

8月9日,苏联对日宣战,150万苏军进入东北,日本在东北的殖民统治土崩瓦解。随着苏联出兵东北,中共从中、南、北三路进军东北:一是中路,中共在东北的地下工作人员积极组织革命武装,打击日伪军,并配合抗联教导旅和关内出关部队,开展建党、建军和建政工作。二是南路。根据中共中央指示,8月13日,冀热辽军区组成"东进工作委员会",向东北挺进,于8月30日配合苏军攻克战略重镇——山海关,占据进入东北的先机,并于9月5日进入东北最大的城市——沈阳,沿途受到东北民众热烈欢迎。③ 三是北路。9月初,根据苏军要求,抗联教导旅共300余人分4批返回东北,占领长春、哈尔滨、沈阳等57

---

① 李述笑:《哈尔滨历史编年:1896—1949》,哈尔滨市人民政府地方志编纂办公室编印,内部资料1986年版,第287、289、297页。
② 邓一民:《热河革命史稿:1919—1955》,文化艺术出版社1988年版,第186—197页。
③ 金冲及:《较量:东北解放战争的最初阶段》,《近代史研究》2006年第4期。

个战略要点，分别担任各大、中城市城防副司令，控制要害部门，恢复社会治安，并更名为"东北人民自卫军"，成为党在东北一支重要武装力量。①

1945年，苏联出兵东北后，中共从中路（东北地下工作人员）、南路（关内出关部队）和北路（东北抗联教导旅）三个方向同时并进，既促使东北抗战迎来新的历史"拐点"，取得最终胜利，又抢先挺进东北，在战后国共关于东北的角逐中抢占先机，为东北解放战争胜利创造历史条件。

第八节 为作为近代第二次巨变的新中国而奋斗

"为作为近代第二次巨变的新中国而奋斗"，是笔者讲授"中国近现代史纲要"课程时所设计的第八个专题。设计的主要依据，是"回溯提升教学模式"中的"专题化提升法"的理念与路径。在内容上，本专题对应大学《中国近现代史纲要》教材中的第七章"为新中国而奋斗"。

此中的"第二次巨变"，指中华人民共和国的成立和社会主义制度的建立，是承接第一次巨变的一种特殊表述方式。如前所述，近代中国的第一次历史性巨变，是推翻了帝制、建立了中国历史上第一个资产阶级共和国的辛亥革命。

一 回溯中学的相关内容

在本专题中，笔者围绕概念框架、疑难问题、重点内容与主要方法等，运用包括"问卷式回溯法""互动式回溯法""启发式回溯法"和"参与式回溯法"在内的"四维多向回溯法"，回溯与本专题相关的中学的中国近现代史的内容，以便为笔者在大学的"中国近现代史纲要"教学中构建"回溯提升教学模式"奠定基础。

（一）运用的概念框架的回溯

综观不同版本的中学的中国近现代史教材，其所运用的概念与框

---

① 李惠：《东北抗日联军斗争史简编》，解放军出版社1987年版，第162—165页。

架基本一致。概念上，都以"解放战争"为关键词。只不过，具体表述有"人民解放战争"和"人民解放战争的胜利"而已。框架上，都把与笔者在大学的"中国近现代史纲要"教学中讲授的"为作为近代第二次巨变的新中国而奋斗"之专题相关的内容，框定在"解放战争"的范畴之内。

在本质上，"人民解放战争""人民解放战争的胜利""为作为近代第二次巨变的新中国而奋斗"三个表述之间，没有根本的区别，但其侧重点有所不同。其中，"人民解放战争"和"人民解放战争的胜利"侧重突出历史事件本身，体现了中学的中国近现代史的历史课定位。所不同的是，"人民解放战争"能够涵盖事件的全过程，"人民解放战争的胜利"则重在强调作为历史事件的人民解放战争的结果。相比之下，"为作为近代第二次巨变的新中国而奋斗"则致力于凸显两层意思：一是凸显解放战争的目的，也即为新中国的建立而奋斗；二是凸显作为历史趋势的人民解放战争取得胜利之后的后果，也即凸显近代中国的第二次历史性巨变。

虽然，由四川教育出版社出版的供八年级使用的《中国历史》（上册）和由北京师范大学出版社出版的供八年级使用的《历史》（上册）一样，都以"人民解放战争的胜利"作为"第五学习主题"或"第五单元"的题目与框架，但其具体内容还是有所不同。

其中，由四川教育出版社出版的供八年级使用的《中国历史》（上册），有题为"人民解放战争的胜利"的"第五学习主题"，其中包括两课：一是"全面内战的爆发"，内含"重庆谈判""全面内战的爆发""转战陕北"和"挺进大别山"；二是"国民党在大陆统治的覆灭"，内含"解放区的土地改革""三大战役的胜利"和"百万雄师过大江"。

由北京师范大学出版社出版的供八年级使用的《历史》（上册），有题为"人民解放战争的胜利"的"第五单元"，其中包括三课：一是"全面内战的爆发"，内含"谈判桌上的较量""蒋介石加快内战步伐""全面内战的烽火"；二是"走向战略进攻"，内含"中共中央转战陕北""孟良崮上火如潮""千里跃进大别山"；三是"国民党政权的崩溃",内含"'关门打狗'决战东北""大军合力战淮海""兵临城下　直取平津"和"百万雄师过大江"。

相比之下,由人民教育出版社出版的《中国近代现代史》(下册)的相关内容较为丰富。该教材的第三章"人民解放战争",包括"争取和平民主的斗争和内战的爆发""国民党统治区政治经济危机的加深""解放战争的胜利发展""人民解放战争的胜利"等四节。其中,第一节包括"国民党发动内战的阴谋""重庆谈判和《双十协定》""政治协商会议""全面内战的爆发"等子题目;第二节包括"国民党'制宪国大'的破产""第二条战线的形成""民主党派同蒋介石集团的决裂""国统区严重的经济危机"等子题目;第三节包括"解放区的土地改革""解放区的战略反攻""战略决战的胜利"等子题目;第四节包括"将革命进行到底"和"人民解放战争迅速取胜的原因"等子题目。

(二) 预设的疑难问题的回溯

在由四川教育出版社出版的供八年级使用的《中国历史》(上册)中,在"人民解放战争的胜利"的"第五学习主题"中,所预设的问题主要有:蒋介石三次电邀毛泽东到重庆谈判的目的是什么?毛泽东明知去重庆谈判有危险,也明知蒋介石并无谈判的诚意,为什么还是毅然要去?中国共产党为避免内战、争取和平进行了怎样的努力?美蒋是怎样相互勾结,加紧进行内战准备的?国民党怎样撕毁和平协议,把人民推入内战的血海?在解放战争中,中国共产党为什么要进行土地改革?土地改革同人民解放战争的胜利有什么关系?为什么把国统区人民的爱国民主运动称为反对国民党统治的"第二条战线"?人民解放军为什么首先发动辽沈战役?北平和平解放最重要的意义是什么?毛泽东怎样高瞻远瞩,用兵如神,使人民解放军由战略防御转入战略进攻?南京国民政府22年的统治是从哪一年开始的?

在由北京师范大学出版社出版的供八年级使用的《历史》(上册)中,关于"人民解放战争的胜利"的"第五单元",所预设的问题主要有:1945年8月,中国民主同盟发表题为"中国民主同盟在抗战胜利声中的紧急呼吁"的声明:"毫无疑问,我们坚决地要求民主,一切反民主的都是我们所不赞成的。毫无问题,我们要求一个完整的国家,凡一切可以制造分裂或引起内战的姿态和措施,也是我们要坚决地排除的。我们现在的口号是民主统一,和平建国"①,结合这段材料,说一说,为什么蒋介石打内战不得人心?精通中国历史的毛泽东,为什么甘冒巨大的风险去赴蒋介石的"鸿门宴"?人们为什么说毛泽东的重庆之行是"弥天大勇"?重庆谈判取得了什么成果?国共谈判后,蒋介石为什么还敢冒天下之大不韪发动全面内战?毛泽东曾说:延安是我们的,我们在这里开了窑洞,种了小米,学习的马列主义。延安有着"革命圣地"的美誉,但为什么中共中央还要撤离延安呢?毛泽东等为什么要留在陕北?为什么说刘邓大军挺进大别山是人民解放军转入战略进攻的开始?蒋介石在不无得意地踏上延安这块土地后,为什么一听到刘邓大军挺进中原的消息,就坐卧不宁呢?解放军同国民党军的战略决战为什么首先在东北战场展开?你知道中国近代社会经历了哪两次历史性的巨大变化吗?战略和战术是战争中常用的军事术语,你知道它们有什么不同吗?马叙伦为什么说中国的希望只能寄托在共产党身上?

  在由人民教育出版社出版的《中国近代现代史》(下册)中,关于"人民解放战争"的"第三章"中所预设的问题主要有:中国共产党为什么同意同国民党当局举行重庆谈判?为什么说《双十协定》的签订是人民力量的胜利?三大战役是在什么形势下发动的?三大战役胜利有什么重要意义?结合毛泽东在《解放战争第二年的战略方针》中所言的"我军第二年作战的基本任务是:举行全国性的反攻,即以主力打到外线去,将战争引向国民党统治区域,在外线大量歼敌,彻底破坏国民党将战争继续引向解放区、进一步破坏和消耗解放区的人力物力、使我不能持久的反革命战略方针。我军第二年作战的部分任务是:以一部分主力和广大地方部队继续在内线作战,歼灭内线敌人,收复失地"② 之表述,回答"国民党军队什么时候把战争引向解放区""解放战争第二年解放军外线作战的情况怎样""解放战

---

① 左玉河编:《民盟历史文献 张东荪年谱》,群言出版社2014年版,第350页。
② 《毛泽东选集》第4卷,人民出版社1991年版,第1230页。

争第二年解放军内线作战的情况怎样"等问题。

由上可见，虽然不同版本的中学的中国近现代史教材，无论是在设问的方式上，还是在设问的侧重点上，均有所不同。但同时也该看到，其中还是有一些重复或相近问题。可以断定，教材中重复度或相近度较高的问题，往往是教材的重点或难点之渊薮。相应地，学生也往往会对这部分问题有较好的认知与把握。作为大学的"中国近现代史纲要"教师，拥有这样的判断之所以很重要，是因为这样的判断有助于使大学的教学更加具有针对性。

尤其值得强调的是，尽管中学的中国近现代史教材以"人民解放战争"为框架，而不是以"为新中国而奋斗"为框架，也没有如大学的《中国近现代史纲要》教材那样展示出强烈的论证历史和人民选择社会主义之必然性的强烈意图，但其中的"你知道中国近代社会经历了哪两次历史性的巨大变化吗"的设问，已经触及大学的"中国近现代史纲要"教材所要凸显的为"新中国"这一"近代中国的第二次巨变"而奋斗的重要维度。如此的内容安排，会使大学的提升变得更加容易。

(三) 重点内容与方法的回溯

虽然不同版本的中学的中国近现代史教材，在概念的使用和框架的设定上，都有一些不同。但其所涉及的重点内容和叙事方式较为接近，即都立足于中学的中国近现代史的历史课定位，依据时间与事件的先后顺序，介绍人民解放战争全面爆发的历史背景、战争的大致进程，以及战争的最后结果等。

综观不同版本的中学的中国近现代史教材，都涉及的重要历史事件有：重庆谈判、全面内战的爆发（有的称之为"全面内战的烽火"）、中共中央转战陕北、千里跃进大别山、三大战役、百万雄师过大江、国民党政权的崩溃等。

此外，有的教材还介绍了解放区的土地改革、第二条战线的形成、民主党派同蒋介石集团的决裂、国民党"制宪国大"的破产、国统区严重的经济危机等内容。

虽然，中学的中国近现代史教材的这些内容及其所采用的叙事方法，基本上都囿于"人民解放战争"的框架内就事论事，但却为笔者在大学的"中国近现代史纲要"教学中围绕"为新中国而奋斗"这一历史主题大做文章奠定了基础。

二 大学"纲要"教学中的提升

在本专题中，笔者围绕概念框架、疑难问题、重点内容与主要方法等，运用包括"专题化提升法""设问式提升法""名作导读提升法""以案为例提升法""史料运用提升法""三跨教学提升法""逻辑推理提升法""减法+加法提升法""多媒体教学提升法"在内的"方法线的多维提升法"，以及包括"近期因时多维提升法"和"长期常规多维提升法"在内的"内容线的多维提升法"，提升与本专题相关的大学的"中国近现代史纲要"的教学，构建"回溯提升教学模式"。

（一）运用的概念框架的提升

如前所述，大学的"中国近现代史纲要"的"纲"中之"要"，是论证四大历史性选择的必然性。就近代中国历史而言，有三大历史性选择。其中，选择社会主义是三大历史性选择之一。虽然近代以来的中国历史演进的基本逻辑，就是用排除法先后排除了农民阶级、封建地主阶级、资产阶级维新派、资产阶级革命派等有识之士围绕着"民族独立和人民解放""国家富强和人民富裕"这两大历史任务所进行的道路选择，并由此揭示历史和人民选择社会主义的必然性。但相比之下，笔者在大学所讲授的本专题，是论证历史和人民选择社会主义之必然性的最直接的部分。因此，在教学中，笔者在概念的使用和框架是设定上，均围绕此问题而展开。

在概念上，不再如中学的中国近现代史教材那样，特别突出强调作为历史事件的人民解放战争。相反，把人民解放战争作为"为新中国而奋斗"的主要途径加以介绍。其立足点，不是人民解放战争本身，而是为新中国而奋斗。笔者之所以在讲授本专题时以"为新中国而奋斗"为核心表述，是因为这样的安排与《中国近现代史纲要》的教材完全一致。与此同时，本着"源于教材"而又"高于教材"

的原则，笔者又将专题的题目定位为"为作为近代第二次巨变的新中国而奋斗"。在"新中国"之前，添加定词"近代第二次巨变"。这样的表述，既从思政课角度对"新中国"进行了定位，又很好地体现了近代中国历史发展的连续性与承继性。

在框架上，不再如中学的中国近现代史教材那样，基于"人民解放战争"的范畴，对其中重要的历史进程加以介绍。相反，以"为新中国而奋斗"为一以贯之的主线，分"从争取和平民主到进行自卫战争""国民党政府处在全民的包围中""中国共产党与民主党派的合作""创建人民民主专政的新中国"四节加以阐述，环环相扣地推导出社会主义被历史和人民选择的最终结果。

（二）预设的疑难问题的提升

大学的《中国近现代史纲要》教材，立足于思政课定位预设五个问题：抗日战争胜利后，国民党政府为什么会陷入全民的包围中并迅速走向崩溃？如何认识民主党派的历史作用？中国共产党领导的多党合作、政治协商的格局是怎样形成的？为什么说"没有共产党就没有新中国"？中国共产党领导中国革命取得胜利的基本经验是什么？

在笔者主撰的《"中国近现代史纲要"重点难点理论与实践问题析微》一书中，关于"为作为近代第二次巨变的新中国而奋斗"，预设的主要问题有：蒋介石集团在抗战中没有脱离抗日营垒，原沦陷区的人们也对其抱有希望，但为什么其在抗战结束后几年间就陷入全民的包围中并走向崩溃？国共"重庆谈判"和"北平谈判"有哪些异同？通过对"中国近现代史纲要"的学习，对"没有共产党就没有新中国"之命题有何新感悟？在近代中国，取得政权和失去政权的"终极原因"，是看谁搞了"土地改革"，如何理解这种认识，以中国共产党颁布的若干土地纲领为依据加以分析。1939年毛泽东在《〈共产党人〉发刊词》中指出："中国革命和中国共产党的发展道路，是在这样同中国资产阶级的复杂关联中走过的"[1]，结合新民主主义革命相关史实，阐述中国共产党处理同资产阶级关系的历史

---

[1]《毛泽东选集》第2卷，人民出版社1991年版，第604页。

经验。①

除此之外，笔者还在教学中预设了"如何理解近代中国的三种建国方案，两个中国之命运""中间路线何以幻灭""为什么中国共产党的建国方案最终成为中国人民的共同选择""谁提出重庆谈判，国民党为什么要谈，中共为什么愿意与国民党谈，重庆谈判有什么结果，还有哪些问题没有解决""如何理解蒋梦麟的'中国国民党过去领导了一场政治革命（指辛亥革命推翻帝制），但是没有认识到中国正在进行一场社会革命。共产党认识到了这一点，并且抓住了这场革命的领导权。所以，美国无论怎样做，最多能推迟国民党的失败，却不能改变其结局'"②之表述、"如何理解张治中的'我居留北平已80多天了。以我所见所闻的，觉得处处显露出一种新的转变、新的趋向，象征着我们国家民族的前途已显露出新的希望。……我以国民党员一分子的立场只有感到无限的惭疚，但是站在国民一分子的立场说，又觉得极大的欣慰。我们中国人毕竟还有能力把国家从危机中挽救过来，还可希望把国家搞好，断不是一个没出息的民族，已可得到证明。我多年来内心所累积的苦闷，为之一扫而空，真是精神上获得了解放'"③之表述等问题。

上述问题，既反映了大学"中国近现代史纲要"的教学重点和难点，又有助于论证历史和人民选择中国共产党的必然性。因此，教师在课堂上运用"设问式提升法"的理念和路径提出这些问题，并运用"史料运用提升法"和"逻辑推理提升法"的理念与路径对这些问题加以解析和回答的过程，就是笔者在大学的"中国近现代史纲要"教学中进一步提升的必要环节。

（三）重点内容与方法的提升

本专题围绕"为作为近代第二次巨变的新中国而奋斗"的主题，

---

① 徐奉臻等：《"中国近现代史纲要"重点难点理论与实践问题析微》，中国社会科学出版社 2010 年版，第 261—282 页。
② 沙健孙主编：《"中国近现代史纲要"课学习参考文选》，高等教育出版社 2007 年版，第 225 页。
③ 李成山、马力主编：《国共关系：过去、现在与未来》，陕西人民出版社 1989 年版，第 300 页。

从宏观和微观两个角度进行了教学的重点内容和叙事方法的提升努力。

宏观上，提升的思路之一，是在当时中国社会所形成的三种政治力量和三种建国方案的框架内，基于"当时中国所处的时代条件"和"国内阶级关系的状况"两个角度，回答为什么毛泽东在《论人民民主专政》中说"就是这样，西方资产阶级的文明，资产阶级的民主主义，资产阶级共和国的方案，在中国人民的心目中，一齐破了产。资产阶级的民主主义让位给工人阶级领导的人民民主主义，资产阶级共和国让位给人民共和国"[①]，并由此进一步论证中间道路难逃幻灭之命运的历史必然性，也即用排除法排除了以民族资产阶级为主体的中间势力所倡导的建立资产阶级共和国，并由此使中国成为独立的资本主义社会的建国方案。

宏观上，提升的思路之二，是在"两种基本的选择"和"两个中国之命运"的框架内，即在"地主阶级与买办性的大资产阶级的方案"和"工人阶级和其他进步势力的方案"之间，阐释中国人民民主统一战线得到进一步巩固和加强，以及国民党反动派众叛亲离、陷入全民的包围中，并迅速走向崩溃的原因和具体表现，从而又用排除法排除了地主阶级与买办性的大资产阶级的方案付诸实施的可能性。

宏观上，提升的思路之三，是在"人民共和国：中国人民的历史性选择"的框架内，通过对新中国成立前中国共产党人的革命任务、抗战后中国共产党为实现和平建国的方案所做的努力、人民解放战争爆发后粉碎国民党的全面进攻和重点进攻、国民党统治区形成了配合人民解放战争的第二条战线、中国共产党在解放区通过土地改革所进行的社会革命、工农联盟的加强、城市小资产阶级和民族资产阶级及其知识分子向共产党的靠拢、中国共产党领导的多党合作和政治协商格局的形成、毛泽东的经典著作《论人民民主专政》的问世、中国人民政治协商会议的召开、开国大典的举行和新中国

---

① 《毛泽东选集》第4卷，人民出版社1991年版，第1471页。

的成立等内容的阐释，论证"没有共产党就没有新中国"之命题的合理性和科学性，以及中国共产党的建国方案最终成为中国人民的共同选择的历史必然性，并从建立广泛的统一战线、坚持革命的武装斗争和加强中国共产党自身的建设等方面总结中国革命取得胜利的宝贵的经验。

微观上，提升的角度之一，是运用"名作导读提升法"的理念与路径，向学生推介毛泽东为纪念中国共产党28周年于1949年6月30日发表的经典著作《论人民民主专政》，指导学生阅读其中的如下内容：

> 孙中山死去二十四年了，中国革命的理论和实践，在中国共产党领导之下，都大大地向前发展了，根本上变换了中国的面目。到现在为止，中国人民已经取得的主要的和基本的经验，就是这两件事：（一）在国内，唤起民众。这就是团结工人阶级、农民阶级、城市小资产阶级和民族资产阶级，在工人阶级领导之下，结成国内的统一战线，并由此发展到建立工人阶级领导的以工农联盟为基础的人民民主专政的国家；（二）在国外，联合世界上以平等待我的民族和各国人民，共同奋斗。这就是联合苏联，联合各人民民主国家，联合其他各国的无产阶级和广大人民，结成国际的统一战线。……
>
> 中国人民在几十年中积累起来的一切经验，都叫我们实行人民民主专政，或曰人民民主独裁，总之是一样，就是剥夺反动派的发言权，只让人民有发言权。
>
> 人民是什么？在中国，在现阶段，是工人阶级，农民阶级，城市小资产阶级和民族资产阶级。这些阶级在工人阶级和共产党的领导之下，团结起来，组成自己的国家，选举自己的政府，向着帝国主义的走狗即地主阶级和官僚资产阶级以及代表这些阶级的国民党反动派及其帮凶们实行专政，实行独裁，压迫这些人，只许他们规规矩矩，不许他们乱说乱动。如要乱说乱动，立即取缔，予以制裁。对于人们内部，则实行民主制度，人民有言论集

会结社等项的自由权。选举权,只给人民,不给反动派。这两方面,对人民内部的民主方面和对反动派的专政方面,互相结合起来,就是人民民主专政。……

人民民主专政的基础是工人阶级、农民阶级和城市小资产阶级的联盟,而主要是工人和农民的联盟,因为这两个阶级占了中国人口的百分之八十到百分之九十。推翻帝国主义和国民党反动派,主要是这两个阶级的力量。由新民主主义到社会主义,主要依靠这两个阶级的联盟。

人民民主专政需要工人阶级的领导。因为只有工人阶级最有远见,大公无私,最富于革命的彻底性。整个革命历史证明,没有工人阶级的领导,革命就要失败,有了工人阶级的领导,革命就胜利了。在帝国主义时代,任何国家的任何别的阶级,都不能领导任何真正的革命达到胜利。中国的小资产阶级和民族资产阶级曾经多次领导过革命,都失败了,就是明证。……

总结我们的经验,集中到一点,就是工人阶级(经过共产党)领导的以工农联盟为基础的人民民主专政。这个专政必须和国际革命力量团结一致。这就是我们的公式,这就是我们的主要经验,这就是我们的主要纲领。①

通过以上阅读,帮助学生进一步理解和回答:作为历史和人民最终选择的新中国,到底"新"在哪里,以及中国共产党为什么能够创造出继辛亥革命之后的近代中国的第二次历史性巨变等问题。

微观上,提升的角度之二,是运用"以案为例提升法"的理念与路径,为学生推介由史也夫和笔者共同主编的《"中国近现代史纲要"课教学案例参考》中的相关案例,诸如"重大的战略决策——'向南防御,向北发展'""解放战争的著名战役——'三下江南,四保临江'""林海雪原——黑龙江剿匪""暴风骤雨——黑龙江土地改革""'谋国在公预商筹'——民主人士在哈尔滨""威武雄师——翻

---

① 《毛泽东选集》第4卷,人民出版社1991年版,第1472、1475、1478—1480页。

身农民参军参战""可靠的战略后方——黑龙江农业工商业的蓬勃发展""黑土地兴起的文化大军——黑龙江文化教育事业的大发展"等。①

---

① 史也夫、徐奉臻:《"中国近现代史纲要"课教学案例参考》,高等教育出版社2010年版,第163—179页。

第四章 "回溯提升教学模式"的研究及推广

　　本书是笔者主持的"教育部高校思想政治理论课教学方法改革项目'择优推广计划项目'"的结题成果。该课题于 2014 年获批，题目是"回溯提升教学模式"在"中国近现代史纲要"教学中的构建与运用"。

　　本课题所要解决的核心问题，是中学的中国近现代史和大学的"中国近现代史纲要"之间的关系。在包括本、硕、博在内的中国高校思想政治理论课课群体系中，"中国近现代史纲要"的独特性在于：作为笔者之教学对象的莘莘学子，带着中学学习中国近现代史的记忆步入大学，开始自己的全新生活。激活学生的中学记忆，并把这种记忆融入大学的"中国近现代史纲要"教学之中，帮助学生构建一以贯之的和梯级型的知识结构、认知水平和辨识能力，既是"回溯提升教学模式"的基本目的及诉求，又是"中国近现代史纲要"教学的不可规避的问题。可以说，在"中国近现代史纲要"课程开始以来，这个问题一直存在。所以，尽管"'回溯提升教学模式'在'中国近现代史纲要'教学中的构建与运用"的课题获批的时间是 2014 年，但事实上从课程启动的 2006 年起，笔者及笔者所带领的课题组就已经开始了"回溯提升教学模式"的实践探索。

　　将研究与构建相结合，将运用与推广相结合，是笔者推进"教育部高校思想政治理论课教学方法改革项目'择优推广计划项目'"的基本路径。理论上，这个路径的逻辑顺序是：研究→构建→运用→推广。但在实践上，研究、构建、运用和推广之间，并非接踵而至，而是呈现相互交织、互相促进的态势。基于这样的认识，笔者将本书的第三章和第四章的题目分别设定为"回溯提升教学模式"的构建与运用、"回溯提升教学模式"的研究及推广。其中的"构建与运用"，立足于笔者及笔者所在的教学团队教师的教学过程本身；其中的"研究及推广"，包括笔者自身围绕课题所进行的相关研究和笔者应邀在全国各地进行的推广活动。

如前所述，"回溯提升教学模式"的构建路径包括两部分：一是围绕中学的中国近现代史所实施的"四维多向回溯法"；二是围绕大学的"中国近现代史纲要"所实施的"两线多维提升法"，即"方法线的多维提升法"和"内容线的多维提升法"。在此，不妨以"方法线"和"内容线"两个方面为例，介绍笔者围绕"回溯提升教学模式"所进行的研究与推广情况。

第一节 "回溯提升教学模式"的研究情况

严格说来，此中的"研究"应该包括四个部分：一是对主要的不同版本的中学的中国近现代史教材的研究，二是对自己授课对象，即学习"中国近现代史纲要"课程的学生的研究，三是围绕"回溯提升教学模式"所涉及的教学方法所进行的教改方面的研究，四是围绕"回溯提升教学模式"所涉及的教学内容所进行的学术方面的研究。由于其中的前两部分内容，本书前三章已有论及，故此，本章中的研究主要侧重后两部分。

一 方法线的研究及其成果

"回溯提升教学模式"的构建路径之一，是"方法线的多维提升法"。"方法线的多维提升法"，由一个彼此关联的"方法链条"所构成。"方法链条"中的主要方法包括："专题化提升法""设问式提升法""名作导读提升法""以案为例提升法""史料运用提升法""跨时代提升法""跨文化提升法""跨学科提升法""逻辑推理提升法"

"减法+加法提升法""多媒体教学提升法"等。就笔者而言，围绕这些提升方法所进行的研究，主要体现在笔者所主持的课题和所发表的著论中。

相关的课题主要有："'回溯提升教学模式'在'中国近现代史纲要'教学中的构建与运用"：教育部高校思想政治课教学方法改革项目择优推广计划项目（2014），主持人；"文化素质教育课群建设"：黑龙江省新世纪高等教育教改工程重点项目（8427），主持人；"5M教学模式：博士生思政课内容体系和教学方法的探索"：黑龙江省高等教育"十二五"教育科学研究规划课题（HGJXH B2110324），主持人；"以案例和名篇名著破解'中国近现代史纲要'重点难点问题的教学改革探索"：黑龙江省新世纪高等教育教改工程一般项目（5182），主持人；"RMSD教学模式的构建"：黑龙江省新世纪高等教育教改工程一般项目（3708），主持人。

相关的著论主要有：《教学改革：理念创新与模式构建》，中国社会科学出版社2009年版，独著；《"中国近现代史纲要"重点难点理论与实践问题析微》，中国社会科学出版社2010年版，主著；《"中国近现代史纲要"课教学案例参考》，高等教育出版社2010年版，主编；《"中国近现代史纲要"名篇名著导读》，中国社会科学出版社2009年版，副主编。《"中国近现代史纲要"课学生辅学读本》（马克思主义理论研究和建设工程重点教材配套用书），高等教育出版社2016年版，参著；《"中国近现代史纲要"课教学基本要求》（马克思主义理论研究和建设工程重点教材配套用书），高等教育出版社2016年版，参著；《"中国近现代史纲要"课疑难问题解析》（马克思主义理论研究和建设工程重点教材配套用书），高等教育出版社2017年版，参著；《"四进四信"是教学"提升"的必要环节》，载《光明日报》2015年7月25日，独撰；《"科学发展观"何以进思想政治理论课之课堂》，载《教学与研究》2010年第8期，独撰；《"一元三线梯级型教学模式"的构建与思考：有关博士生"现代科技革命与马克思主义"课程内容与体系的一项探索》，载《自然辩证法研究》2001年第7期，独撰；《现代化：重构自然辩证法的新学术

第四章 "回溯提升教学模式"的研究及推广

生长点》,载《自然辩证法研究》2002年第12期,独撰;《中国近现代史纲要的非线性关系分析及对策预设》,载《历史教学》2007年第1期,独撰;《在思政课教学中何以实现中国梦之"三进"》,载《思想政治教育研究》2015年第3期,独撰;《参与—体验式教学法》,载《黑龙江高教研究》2009年第12期,独撰;《"MSD教学模式"与"中国近现代史纲要"课程体系的构建》,载《黑龙江高教研究》2007年第2期,独撰;《基础课专题化:"中国近现代史纲要"教学改革尝试》,载《教育探索》2009年第5期,独撰;《现代化:思政课"三进"之新学术生长点》,载《教育探索》2013年第12期,独撰;《"研究型—开放式—动态性"社会实践模式的构建》,载《高校教育研究》2008年第4期,独撰;《中国近现代史纲要的回溯提升教学法探微》,载《吉林教育》2007年第1期,独撰;《"学生课前五分钟演讲"的可操作性分析》,载《科学教育家》2008年第8期,独撰;《既要横贯中西 又要逻辑为王:哈工大教授徐奉臻谈"四进四信"教学》,载《黑龙江日报》2015年7月24日;《让"四进四信"唱响青春校园》,载《哈尔滨日报》2015年7月16日,独撰;《试论"一元三线梯级型教学模式"》,"中国第八届理工农医类院校博士生教学模式研讨会"论文,2000年·北京,独撰;《有关博士生"现代科技革命与马克思主义"课程理论主线的思考》,"中国第九届理工农医类院校博士生教学模式研讨会"论文,2002年·重庆,独撰;《基础课专题化:思想政治理论课入耳入心的尝试》,"第一届吉林省高校思想政治理论课教学交流与学术研讨会"论文,2007年·长春,独撰;《"中国近现代史纲要"案例教学的一则示例分析》,"首届全国高校思想政治理论课案例教学研讨会"论文,2008年·大连,独撰;《纵横双向多维整合:中外近代史教学鲜活之途》,"中国世界近代史研究会第六届年会暨学术研讨会"论文,2008年·武汉,独撰;《从库恩的范式理论看"现代化范式"与"革命史范式"之争》,"纪念改革开放三十年暨第十二届全国技术哲学年会"论文,2009年·哈尔滨,独撰;《博士生、硕士生、本科生公共理论课何以有机衔接》,"全国自然辩证法课程与学科建设学术研讨会"论文,2009

年·南京，独撰；《新体系框架内博士生思政课建设构想》，"全国自然辩证法教学与学科建设学术研讨会"论文，2011年·郑州，独撰；《博士生思政课"中国马克思主义与当代"的有关问题解读》，哈尔滨工业大学研究生培养模式改革与实践成果评选优秀论文，2013年·哈尔滨，独撰；《人格培育：一个被工具主义遮蔽的研究生培养维度》，"黑龙江省高等教育学会2010年学术会议"论文，2010年·哈尔滨，独撰；《博士生思政课"中国马克思主义与当代"需要践行"九个不同于"》，"黑龙江省高等教育学会2012年学术会议"论文，2012年·哈尔滨，独撰；《"中国近现代史纲要"何以由"教材体系"向"教学体系"转换》，"高等学校思政课教指委分委员会'中国近现代史纲要'教学研讨会"论文，2013年·福州，独撰；《以系统思维深化马克思主义学院建设浅议：以教学为基点的相关思考》，"哈尔滨工业大学党建与思想政治工作研究会第25届年会"论文，2013年·哈尔滨，独撰；《基于中国近现代史进程的"中国梦"之解读》，全国"中国近现代史纲要"课教学观摩和学术研讨会，2014年·昆明，独撰；《思政课教师何以成为教学能手》，黑龙江省高校中国近现代史纲要课教学研究会第二次年会，2014年·齐齐哈尔，独撰；《"回溯提升教学模式"在"纲要"教学中的构建运用的理念思路》，"全国高校思想政治理论课创新体系建设研讨会"论文，2015年·成都，独撰；《导/研究/协调：研究生培养的维度及其关系》，《哈尔滨工业大学人文与社会科学学院研究生培养学术研讨会论文集》，2008年·哈尔滨，独撰；《博士生课"中国马克思主义与当代"的教学体会》，黑龙江省高校研究生思想政治理论课教学研究会年会暨研究生思想政治理论课教学改革创新研讨会，2016年·哈尔滨，独撰；《六M教学模式："中国马克思主义与当代"教学的理念和路径》，中国学位与研究生教育学会及会员大会，2016年·西安，排1。

二 内容线的研究及其成果

"回溯提升教学模式"中的构建路径之二，是"内容线的多维提升法"。

"内容线的多维提升法"中的"近期因时多维提升法",包括"六个三进"思政课:党的十八大精神"三进"思政课、党的十八届三中全会关于全面深化改革的精神"三进"思政课、党的十八届四中全会关于全面推进依法治国的精神"三进"思政课、党的十八届五中全会关于全面建成小康社会的精神"三进"思政课、党的十八届六中全会关于全面从严治党的精神"三进"思政课以及习近平总书记系列重要讲话精神"三进"思政课。

"内容线的多维提升法"中的"长期常规多维提升法",包括如下六个方面:一是切中学生步入大学之后围绕"中国近现代史纲要"与中学的中国近现代史之间的关系所形成的种种困惑,二是立足于"中国近现代史纲要"所具有的思政课之定位,三是致力于凸显体现"中国近现代史纲要"的"纲"中之"要"的四大历史性选择的必然性,四是引介学术界以及笔者本人的最新研究成果,五是将中华优秀传统文化有机融入"中国近现代史纲要"的教学中,六是将民族复兴的中国梦的相关思想与"中国近现代史纲要"的教学内容有机对接。

就笔者而言,围绕上述内容所进行的研究,主要体现在笔者所主持的课题和所发表的著论中。

相关的课题主要有:"现代化与马克思主义中国化理论及实践研究":中宣部文化名家暨"四个一批"人才自主选题资助项目(2015),主持人;"东北(辽宁)老工业基地劳动模范人物史志":国家社科基金重大招标项目(15ZDB052),主持人;"东北(辽宁)老工业基地"劳模文化"史料编纂及当代价值研究"的子课题,主持人;"探索黑龙江省社会管理创新的路径和方法":黑龙江省哲学社会科学规划重大决策咨询项目(11G003),主持人;"习近平重要讲话中的依法治国思想研究":黑龙江省哲学社会科学研究规划重点项目(15KS10),主持人;"基于发展观嬗变的中国新型现代化理论构建及其在黑龙江的应用研究":黑龙江省哲学社会科学规划一般项目(08B021),主持人;"习近平重要讲话中的现代化思想研究":黑龙江省哲学社会科学规划一般项目（13B079），主持人；"马克思的现代化思想及其中国化研究"：黑龙江省哲学社会科学规划专项项目（10D040），主持人；"基于时空情境的马克思主义中国化的逻辑路径及其方法研究"：黑龙江省哲学社会科学规划专项项目（14D025），主持人；"马克思现代化思想在当代中国的运用与发展研究"：黑龙江省哲学社会科学规划专项项目（16KSD08），主持人；"科学发展观的学理基础与东北区域发展应用研究"：国家社会科学基金重点项目（04ASH001），参研；"马克思主义科学观的创立及其在当代的发展"：国家社会科学基金一般项目（08BZX021），参研；"马克思主义在中国东北传播的历史经验和现实启示"：教育部人文社会科学研究青年基金项目（11YJCZH067），参研；"新中国技术观研究"：中国科学院知识创新工程项目（KJCX2－W6），参研。

相关的著论主要有：《现代化：历史的困窘与困窘的思考》，哈尔滨工业大学出版社 2009 年版，独著；《发展观的嬗变与中国新型现代化的理论建构》，中国环境出版社 2014 年版，独著；《近代国际关系史》，北京师范学院出版社 1990 年版，参著；《通古辨今的明鉴》，哈尔滨工业大学出版社 1997 年版，参著；《新时期中国史学思潮》，当代中国出版社 2001 年版，参著；《技术史研究》，哈尔滨工业大学出版社 2002 年版，参著；《科学技术与可持续发展》，高等教育出版社 2004 年版，参著；《科技进步与当代世界发展》，黑龙江人民出版社 2004 年版，参著；《现代科技革命与马克思主义》，中国人民大学出版社 2007 年版，参著；《走近科学技术》，科学出版社 2008 年版，参著；《当代中国技术观研究》，山东教育出版社 2008 年版，参著；《多视野下的中国科学技术史研究》，科学出版社 2009 年版，参著；《东北区域的科学发展》，社会科学文献出版社 2010 年版，参著；《从"隐性自在"到"显性自为"：马克思现代化思想及其中国化的历史命运》（34 万字），吉林大学博士学位论文 2011 年，独撰；《30 年来中国化马克思主义诸理论之内在逻辑关系》，载《新华文摘》全文转载 2010 年第 9 期，独撰；《三十年来中国化马克思主义诸理论之内在逻辑关系》，载《马克思主义与现实》2009 年第 5 期，独撰；

《从批判视阈审视马克思主义中国化的理论实质》，载《马克思主义与现实》2007年第1期，独撰；《生活的生产：〈德意志意识形态〉中被遮蔽的现代性维度》，载《马克思主义研究》2011年第1期，独撰；《马克思运用"现代化"概念考》，载《光明日报》2014年5月5日，独撰；《把握马克思主义"与时俱进的理论品质"》，载《光明日报》2016年6月27日，独撰；《阅读原典是马克思主义教育的起点》，载《光明日报》2016年3月23日，独撰；《国家治理体系现代化探微》，载《中国科学报》2014年7月18日，独撰；《马克思现代化思想显性化的应然性与实然性》，载《吉林大学社会科学学报》2015年第2期，独撰；《转型及其怪圈：1961—1965年经济调整时期中国的技术观》，载《自然辩证法研究》2003年第8期，独撰；《基于工业技术观批判的生态技术观》，载《自然辩证法研究》2005年第7期，独撰；《论作为新型现代化诉求的"低熵化发展模式"》，载《自然辩证法研究》2006年第12期；《基于新型现代化视阈的工具主义价值之省思》，载《思想战线》2008年第5期，排1；《基于科学发展观的中国新型现代化的理论构建》，载《求实》2009年第1期，独撰；《基于国学智慧构建生态经济新模式的合理性》，载《贵州社会科学》2014年第10期，独撰；《现代性与现代化辨析》，载《学习与探索》1999年第1期，独撰；《"西化主义"：现代化的误区》，载《北方论丛》1998年第6期，独撰；《近代视野中的"改革"与"革命"辨》，载《北方论丛》1997年第6期，独撰；《文明与危机：20世纪的双重遗赠》，载《北方论丛》2001年第6期，独撰；《"中国新型现代化"的内涵、维度与特点》，载《学术交流》2009年第11期，独撰；《中国新型现代化需要中国新型智库建设》，载《学术交流》2015年第10期，独撰；《以系统思维考量社会管理创新》，载《学术交流》2012年第9期，独撰；《梳理与反思：技术乐观主义思潮》，载《学术交流》2000年第6期，独撰；《毛泽东技术观中的政治因素》，载《学术交流》2003年第5期，排2；《中国梦与中国现代化的多维关系探微》，载《理论探讨》2015年第4期，独撰；《薛福成的技术观撅论》，载《哈尔滨工业大学学报》（社会科学版）

2001年第4期，独撰；《西学东渐冲击下中国的现代化思潮》，载《哈尔滨工业大学学报》（社会科学版）2002年第3期，独撰；《国内马克思现代化思想研究的进程与思考》，载《哈尔滨工业大学学报》（社会科学版）2014年第3期，独撰；《从新型现代化视域审视中国综合国力的要素结构》，载《辽东学院学报》（社会科学版）2006年第5期，独撰；《悲壮的历程：东北抗战14年》，载《党史文汇》2015年第7期，排2；《中国特色哲学社会科学何以构建》，载《奋斗》2016年第8期，独撰；《"国家治理体系和治理能力现代化"的历史定位》，载《社会主义核心价值观研究》2016年第6期，独撰；《道家思想中的后现代意蕴》，载《国学教育》2015年第1期，独撰；《"道""技"之间：反思现代技术》，载《中华读书报》2009年10月14日，独撰；《我们为何倡导人类命运共同体意识》，载《羊城晚报》2015年9月29日，独撰；《建设美丽广东为何需要"绿色低碳循环发展模式"》，载《羊城晚报》2015年12月15日，独撰；《黑龙江省社会管理创新的成就问题及对策建议》，载《黑龙江省哲学社会科学研究规划项目成果要报》2013年第3期，独撰；《辛亥革命百年祭》，载《哈尔滨工业大学报》2011年10月20日，独撰；《十八大报告：中国走向新型现代化的里程碑》，载《哈尔滨工业大学报》2012年11月20日，独撰；《"新型现代化"的理论建构与创新发展》，"中国科学院现代化与管理高级论坛"论文，2003年·北京，独撰；《"体用论"话语中的文化辩解说》，"第九次哈尔滨科技进步与当代世界发展全国中青年学术研讨会"论文，2003年·五大连池，独撰；《技术史：重构中国史学的新学术生长点》，"中国世界近现代史学术研讨会"论文，2003年·南充，独撰；《现代科学技术革命与中国综合国力》，"现代科学技术革命与马克思主义学术研讨暨全国理工农医博士生公共理论课教材建设会"论文，2005年·北京，独撰；《新型现代化视阈中国综合国力的测度分析》，"中国博士生教学模式研讨会和教材建设会"论文，2006年·云南，独撰；《国学智慧中的生态现代化之意蕴及其当代价值》，"科技与社会（STS）中的哲学问题学术研讨会"论文，2013年·哈尔滨，独撰；《新型现代化：实现"中国梦"的必由之路》，第四届中国特色社会主义论坛——"中国特色社会主义与改革开放"高层研讨会，2014年·哈尔滨，独撰；《"中国梦"有关问题之浅见》，"中国高校经济理论与思政教学改革研究会第28届论坛"论文，2015年·哈尔滨，独撰；《习近平系列重要讲话精神解读》，"中国高校经济理论与思政教改研究会"第29届年会论文，2016年·重庆，独撰。

第二节 "回溯提升教学模式"的推广情况

一 方法线的成果推广及影响

近几年，在从事该课题研究，并应用于教学的同时，笔者还在国家教育行政学院为"全国思想政治理论课骨干教师培训班"学员，作了题为"'回溯提升教学模式'在'中国近现代史纲要'教学中构建运用的理念与路径"的专场报告。在四川大学召开的"全国高校思想政治理论课教学改革创新会议"上，作了题为"'回溯提升教学模式'的构建与思考"的主题报告。

此外，还先后应邀在新疆、海南、广东、哈尔滨、沈阳、长春、大连、青岛、威海、长沙、昆明、重庆、厦门、黑河、齐齐哈尔、大庆、南充、绵阳、呼和浩特、青岛、三亚等地，为全国高校名师工作室特色教学方法改革与创新研修大连班学员、全国高校名师工作室特色教学方法改革与创新研修长沙班学员、全国高校名师工作室特色教学方法改革与创新研修青岛班学员、全国高校名师工作室特色教学方法改革与创新研修昆明班学员、黑龙江省教育厅举办的思政课教师培训班学员、黑龙江"中国近现代史纲要"研究会年会的与会代表、全国高职高专思政课创新高峰论坛的与会代表、辽宁省教育厅举办的思政课教师培训班学员（5场）、吉林省教育厅举办的思政课教师培训班学员、在厦门市委党校举办的厦门思政课教师培训班学员、四川省教育厅举办的四川省马克思主义学院院长培训班学员、四川省教育厅举办的四川省马克思主义学院教研室主任培训班学员、四川省教育厅举办的四川省本科院校马克思主义学院新入职教师培训班学员、四川省教育厅举办的四川省高职高专新入职教师培训班学员、辽宁世纪教育研究院和辽宁省社会科学院联合主办的思政课教师培训班学员、辽宁师范大学马克思主义学院教师、海南热带海洋学院教师、重庆交通大学思政课教学科研部教师、黑龙江省新入职教师培训班学员、黑龙江省博士生思政课研究会的与会代表、辽宁省新入职教师培训班学员、黑龙江思政课"中国近现代史纲要"2013版教材修订培训班学员、西南科技大学教师、西南财经大学教师、内蒙古财经大学马克思主义学院教师、西华师范大学教师、长春中医药大学教师、长春理工大学马克思主义学院师生、哈尔滨工程大学马克思主义学院教师、哈尔滨理工大学马克思主义学院教师、哈尔滨师范大学新入职教师培训班学员、东北农业大学新入职青年教师培训班学员、齐齐哈尔工学院教师、黑河学院教师、黑龙江职业学院教师、黑龙江民族职业学院教师、哈尔滨工业大学威海分校教师、哈尔滨师范大学管理学院教师、哈尔滨工业大学首期青年教师培训班学员、哈尔滨工业大学博士讲师团成员、哈尔滨工业大学党校教师、哈尔滨工业大学党校学员等，作了关于教学方法和教学艺术的专场教改报告近50场。虽然报告的题目多为"思政课教师何以成为教学能手""思政课教学的体会""思政课教改体会及思政课学习的重难点问题""教学的理念、方法及技巧""'中国近现代史纲要'2013版教材修订培训"等，但其中不仅直接涉及"回溯提升教学模式"的主要内容，而且也内含着与该教学模式相关的很多理念与方法等。

  在已经举办的近50场报告中，除了在国家教育行政学院举办的讲座是教育部社科司指派外，其余均为全国各地教育厅、高校和各类培训班组织者的自行邀请。这种情况，对于身处塞外之地的黑龙江、工作在以理工科为主的哈尔滨工业大学的笔者而言，实为不易。这一现象本身，不仅是对笔者的充分认可与鼓励，而且也在一定程度上折射出本课题所具有的影响力与应用价值。

  此外，笔者还以如下五种方式推介本课题。

  一是在任"教育部思政课高职高专分教学指导委员会"委员期间和担任全国高职高专思政课教学比赛评委期间，对授课教师的教学进行现场指导，其中也包括推介"回溯提升教学模式"的一些基本理念和方法。

二是应教育部社科司之邀，以"特约专家"身份，深入内蒙古、辽宁、黑龙江等多所高校的课堂听课，与授课教师进行现场交流，对授课教师进行现场指导，间接推介了"回溯提升教学模式"的一些基本理念和方法。

三是在大连担任首届卓越杯E9高校青年教师基本功大赛评委、在黑龙江省连续8次担任青年教师大奖赛评委或点评嘉宾、在辽宁省连续3次担任青年教师大奖赛评委和点评嘉宾之机，围绕教学方法的改革和教学内容的更新推介了本教学模式的部分理念与方法。

四是以"黑龙江省'中国近现代史纲要'教学指导委员会"主任的身份，在全省部分高校听课多次，对授课教师的教学进行现场指导，其中也包括推介"回溯提升教学模式"的一些基本理念和方法。

五是在指导青年教师参加各级各类教学比赛的过程中，把本教学模式的一些基本方法和路径融入其中。由笔者担任指导教师参加教学比赛获奖的教师有：哈尔滨工业大学马克思主义学院"形势与政策教研室"的巩茹敏老师，先后获"首届全国高校'形势与政策'课巡回教学展示活动"一等奖（全国5人）、"黑龙江高校'形势与政策'课巡回教学展示活动遴选赛"第一名、"黑龙江省'习近平总书记系列重要讲话专题辅导'课教学大奖赛"一等奖；哈尔滨工业大学马克思主义学院"中国近现代史纲要教研室"的赵爱伦、黄进华和霍跃老师，分别获"黑龙江高校思想政治理论课教师教学大奖赛"一等奖，霍跃老师还获首届卓越杯E9高校青年教师基本功大赛优秀奖。这几位教授的参赛内容，既是"中国近现代史纲要"课程的有机部分，又是笔者所主持构建的"回溯提升教学模式"的题中应有之义。其中，赵爱伦老师参赛的内容，是关于洋务运动的，涉及学术界的许多争鸣，引介了笔者所主持构建的"回溯提升教学模式"中的"专题化提升法"和"设问式提升法"的理念与路径；黄进华老师参赛的内容，是关于马克思主义传播的，运用了有关东北地方史的许多重要资料，引介了笔者所主持构建的"回溯提升教学模式"中的"以案为例提升法"和"史料运用提升法"的理念与路径；霍跃老师参赛的内容，是关于辛亥革命和戊戌维新运动的，其中的辛亥革命重点围绕如何看待"告别革命论"而展开，引介了笔者所主持构建的"回溯提升教学模式"中的"名作导读提升法"和"逻辑推理提升法"的理念与路径；戊戌维新运动主要围绕其内容和价值而展开，引介了笔者所主持构建的"回溯提升教学模式"中的"史料运用提升法"和"跨时代提升法"的理念与路径。巩茹敏老师参赛的内容，包括全面深化改革、学习习近平总书记《在庆祝中国共产党成立95周年大会上的讲话》两个议题。在比赛中，她对习近平总书记的治国理政思想进行了系统阐释，引介了笔者所主持构建的"回溯提升教学模式"中的"十八届三中全会精神'三进'思政课"和"习近平总书记系列重要讲话精神'三进'思政课"的理念与路径。

二　内容线的成果推广及影响

在构建"回溯提升教学模式"过程中，围绕方法线的推广和围绕内容线的推广是同时进行的。近几年，围绕作为构建"回溯提升教学模式"的"六个三进"思政课——党的十八大精神"三进"思政课、党的十八届三中全会关于全面深化改革的精神"三进"思政课、党的十八届四中全会关于全面推进依法治国的精神"三进"思政课、党的十八届五中全会关于全面建成小康社会的精神"三进"思政课、党的十八届六中全会关于全面从严治党的精神"三进"思政课、习近平总书记系列重要讲话精神"三进"思政课，在全国多地进行理论宣讲 150 余场。

理论宣讲的对象，既包括高校师生，又包括校外的机关干部和企业员工等。2016 年的教育部评估，特别强调社会服务，并且要求提供社会服务的四个案例。笔者以为，这既是导向，又是指挥棒。在笔者所在的哈尔滨工业大学马克思主义理论学科的评估材料中，有两个案例源自笔者的教学与科研实践：一是前面提及的通过作教改报告和指导青年教师等方式所体现的社会服务，高等院校是此一服务的主要范围；二是通过在校内外进行理论宣讲的方式所体现的社会服务，此

第四章 "回溯提升教学模式"的研究及推广

一服务的范围包括高校,也包括高校之外的社会。具体情况如下。

围绕党的十八大,举办题为《十八大报告:中国梦的愿景和蓝图》和《十八大报告:中国走向新型现代化的里程碑》的专场学术讲座4场,听课对象包括:哈尔滨工业大学交通学院师生、材料学院师生、化工学院师生和电气学院师生。

围绕习近平总书记治国理政思想和十八届五中和六中全会,举办题为"'习近平总书记系列重要讲话精神'解读"和"'四个全面'战略思想解读""十八届六中全会精神解读""习近平总书记系列重要讲话精神及核心定位的合理性解读""学习习近平总书记系列重要讲话精神 坚决维护核心"等专场学术讲座50余场,听课对象包括:山西省省委干部、山西省省政府干部、国务院国家机关事务管理局北戴河分局全体职工、中纪委北戴河培训中心学员、中纪委杭州培训中心学员、广东省纪委和监察厅干部、中共黑龙江省委宣传部干部、工业信息化部青年干部培训班、"中国高校经济理论与思政教改研究会"29届年会与会代表、海南热带海洋学院师生、黑龙江农发行干部、黑龙江省农行基层党支部书记培训班、黑龙江海关干部(4场)、黑龙江检验检疫局干部、黑龙江省报业集团全体职员、黑河学院师生、深圳龙岗区社会建设治理培训、蒙牛企业干部培训班、广西柳州市直机关干部(1期)、广西柳州市直机关干部(2期)、重庆市检察院干警(1期)、重庆市检察院干警(2期)、郑州金水区政法委干部(1期)、郑州金水区政法委干部(2期)、郑州市纪检监察干部(1期)、郑州市纪检监察干部(2期)、重庆市高校人事处长、山西市直机关工委干部、山西省信访局干部(2场)、广东梅州城市建设局干部、荥阳市委组织部干部、苏州全国思政课教师培训班、杭州全国思政课教师培训班、七台河市委组织部干部、东北农业大学行政干部、哈尔滨理工大学师生、大庆师范学院师生、哈尔滨学院师生、黑龙江剑桥学院师生、黑龙江东方学院师生、哈尔滨工业大学后勤集团员工、哈尔滨工业大学交通学院师生、哈尔滨医科大学大庆分校师生、哈工大马克思主义学院和材料学院师生、哈尔滨工业大学EMBA学员等。

围绕党的十八届四中全会，举办题为"依法治国：构建政治文明新常态的必由之路"的专场学术讲座20余场，听课对象包括：厦门思政课教师、海南热带海洋学院师生、工业信息化部干部培训班、哈尔滨铁路局干部职工、哈尔滨工业大学校院两级中心组、河南省统计局干部保定地税局干部、山西省质监局干部、山西阳泉市地税局干部（1期）、山西阳泉市地税局干部（2期）、云南昭通地税局干部、山西文物局和扶贫办干部、四川宜宾县党校教师、山西省委组织部干部、广西百色总工会干部、广东惠州政协干部、山西省司法厅干部、中共黑龙江省委组织部干部、黑龙江省教育厅全体干部、黑龙江省思政课教师（2场）、东北农业大学行政干部、哈尔滨工业大学生命学院师生等。

围绕习近平系列重要讲话精神中的"中国梦"和"社会主义核心价值观"，举办题为"习近平总书记关于'中国梦'的思想解读""'中国梦'断想""'中国梦'的内涵路径和展望思考""'中国梦'与社会主义核心价值观"的专场学术讲座20余场，听课对象包括：上海大学师生、海南热带海洋学院师生、郑州中原区妇联干部、山西省总工会干部、山西省政协干部、河南新郑信访局干部（1期）、河南新郑信访局干部（2期）、江苏淮安市统计局干部、黑河市委组织部干部、黑龙江建设集团高管、黑龙江省福彩中心干部职工、黑龙江直属机关党校干部培训班（5场）、黑龙江检验检疫局干部、哈尔滨医科大学师生、齐齐哈尔大学新任职干部、哈尔滨工业大学材料学院师生、黑龙江省外国语学院师生、牡丹江幼师师生、哈尔滨工业大学EMBA学员等。

围绕习近平总书记系列重要讲话中的曲阜讲话和文化自信等思想，举办题为"国学智慧及其当代价值"和"国学智慧拾粹"等专场学术讲座50余场，听课的对象主要包括：中纪委中国纪检监察学院干部、深圳罗湖区人大法院干部（1期）、深圳罗湖区人大法院干部（2期）、广西南宁住建局干部、山西朔城干部、山西省委统战部干部、蒙牛企业干部培训班学员、深圳国土规划委干部、山西司法厅干部、山东菏泽国税干部、郑州市公务员局干部、宁波软件服务总裁班、黑龙江省农行干部培训班、温州科技局干部、云南普洱司法系统干部（1期）、云南普洱司法系统干部（2期）、济南市政务服务系统干部、闽皖川三省通信管理局干部、宁波经信委组织的企业家培训班学员、闽皖川鲁四省通信管理局干部、江西抚州建筑业高管、广西钦州市政协委员、郑州市人防办干部、海南热带海洋学院师生、山西省司法厅干部、山东临沂地税局干部（1期）、山东临沂地税局干部（2期）、天津市通信系统干部（1期）、天津市通信系统干部（3期）、广西北海工信委干部、山西省运城市地税局干部、黑河市委组织部干部、黑龙江海关干部、黑龙江农行中青年干部、江西职业技术学院教师、长春中医药大学师生、西安翻译学院干部、韩山师范学院师生、沈阳航空航天大学师生、山西省委统战部干部、东北农业大学行政干部、黑龙江建设集团高管、辽宁科技学院师生、辽宁科技大学师生、内蒙古职业学院师生、哈尔滨工业大学威海分校师生、四川宜宾县统战干部、哈尔滨工业大学 EMBA 学员等。

2016年，哈尔滨工业大学马克思主义学院入选首批黑龙江省重点马克思主义学院。在重点马克思主义学院的评价体系中，第一项就是"理论宣讲"。这是导向，也是指挥棒。通过这些理论宣讲，笔者深切地意识到，将鲜活的现实生活和社会变迁实践融入思政课教学，是构建"回溯提升教学模式"的有机环节。同时，将于本教学模式相关的一些研究成果拿到社会上，使其发挥应有的作用，也是构建"回溯提升教学模式"的题中应有之义。在理论宣讲过程中，从听众的专注表情和虔敬的目光中，自己最深切的体会是：社会需要思政课，社会需要高水平的学术讲座。

除了教改报告和理论宣讲外，笔者的教学科研获奖，在一定程度上也折射出业内同仁的充分认可和支持。从教30年，笔者获得各类教学科研奖励近百项。其中，国家级和省级奖项主要有：第二批"万人计划"哲学社会科学领军人才、中宣部文化名家暨"四个一批"人才、"首届全国高校思想政治理论课教学能手"第一名、全国首届高校思想政治理论课教师影响力标兵人物（全国十人）、全国大学素质教育精品通选课、"曾宪梓高等师范院校教师奖"二等奖、宝钢优秀教师奖、黑龙江省宣传文化系统"六个一批"理论类人才、"十五届黑龙江省社会科学优秀科研成果奖"一等奖、黑龙江省普通高等学校教学名师奖、黑龙江省精品课、黑龙江省精品视频公开课、黑龙江省优秀教学创新团队、"黑龙江省高等教育教学成果奖"一等奖（3项）、"黑龙江省优秀高等教育科学研究成果奖"一等奖（2项）、"黑龙江省高校人文社会科学研究优秀成果奖"一等奖（3项）、黑龙江省"优秀教学工作者"、黑龙江省"三育人先进个人"、黑龙江省优秀教师、黑龙江省"优秀共产党员"（2次）、"第十届黑龙江省社会科学优秀科研成果奖"二等奖、"第十三届黑龙江省社会科学优秀科研成果奖"二等奖、"第十六届黑龙江省社会科学优秀科研成果奖"二等奖等。

此外，国内相关媒体的报道，也折射出业内同仁的充分认可和支持。相关报道主要有：《徐奉臻：默默奉献达臻境》，载《光明日报》2014年9月1日；《善为教育之本　善本方能成物：记哈尔滨工业大学马克思主义学院教授徐奉臻》，载《光明日报》2015年8月21日；《默默奉献达臻境：记哈尔滨工业大学马克思主义学院徐奉臻教授》，载《思想理论教育导刊》2014年第7期；《形成于渐固于积　默默"奉"献达"臻"境：哈尔滨工业大学马克思主义学院徐奉臻事迹》，载《春风化雨　立德树人》，高等教育出版社2014年版；《形成于渐固于积　默默"奉"献达"臻"境——记哈尔滨工业大学马克思主义学院徐奉臻事迹》，载《能手之路》，高等教育出版社2012年版；《记我校教学带头人　人文学院徐奉臻教授：于"奉"献中渐"臻"佳境》，载《哈尔滨工业大学校报》2009年9月21日；《强师资精教学增强"四进四信"实效性》，载《黑龙江日报》2015年12月20日；《实强深精活　增强教学实效性》，载《黑龙江日报》2015年12月22日；等等。

后　　记

　　柯林武德说："一个历史学家只能看到事实真相的一个方面；即使有无数的历史学家，也总是有无数的方面未被看到。因此历史研究是无止境的；甚至对于一个极小的历史领域的研究，每个新的研究者也必定有自己新的见解。"① 笔者以为，这样的认识所蕴含的深刻哲理，不应该仅限于历史研究本身，也适用于对"回溯提升教学模式"的理解与运用。因为在教学中，包括在构建"回溯提升教学模式"过程中，笔者始终被"无限"和"有限"之间的矛盾所困扰、所制约。

　　"无限"针对作为笔者研究对象的客体而言。泛泛而论，从行为学角度看，教师的教学活动是复杂的系统工程。构建教学模式的过程，是教师基于特定的问题，在相关理念和逻辑线索的引导下，围绕教学环境、教学条件、课程内容、方法技巧、目标效果等，逐渐编织起来的教学框架、教学程式和教学方略。具体而论，就构建"回溯提升教学模式"本身而言，虽然其所要解决的主要问题，是中学的中国近现代史与大学的"中国近现代史纲要"之间的关系，但事实上，其复杂性和系统性还直接或间接地体现于如下关系中。

　　宏观层面的关系，主要有师范类大学和综合性大学的历史专业的中国近现代史与"中国近现代史纲要"之间的关系、世界近现代史与"中国近现代史纲要"之间的关系、本科思政课"毛泽东思想和

---

① 《现代西方历史哲学译文集》，张文杰等译，上海译文出版社1984年版，第167页。

中国特色社会主义理论体系概论"与"中国近现代史纲要"之间的关系、本科其他思政课与"中国近现代史纲要"之间的关系、硕士生思政必修课"中国特色社会主义理论与实践研究"和"中国近现代史纲要"之间的关系、博士生思政必修课"中国马克思主义与当代"和"中国近现代史纲要"之间的关系等。

中观层面的关系,是就"中国近现代史纲要"课程本身而言的,主要包括方法与内容之间的关系、不同内容之间的关系、不同方法之间的关系、"回溯提升教学模式"与"RMSD 教学模式"之间的关系、"回溯提升教学模式"与"研究型—开放式—动态性社会实践模式"之间的关系、"回溯提升教学模式"与"参与式—体验式教学实践模式"之间的关系等。

微观层面的关系,是就"中国近现代史纲要"课程的内容而言的,主要有横向共时维的不同文化之间的关系、纵向历时维的不同时代之间的关系、学术研究中不同学科之间的关系等。

要处理中学的中国近现代史与大学的"中国近现代史纲要"之间的关系,离不开对上述宏观、中观和微观三个层面各种关系的关照与思考,并且恰当处理这些关系,使其具有有机性、整体性、协调性和创新性,也是笔者构建"回溯提升教学模式"的题中应有之义。

"有限"针对作为研究者的主体而言,也即针对笔者本身而言。教学是技术和艺术的统一,教学的这一特点决定了任何教学活动永远是遗憾的,永远不可能完美无缺,永远有进一步提升的空间。构建"回溯提升教学模式",也概莫能外。从教育者角度看,在教学中,任何教师,无论多么敬业和努力,其认知都难免会有局限性,难免要遇到"有限主体"和"无限客体"之间的内在紧张,难免要出现只见树木而不见森林的情况。

任何教学模式,都不仅是具体化的,而且也是情境化的。"回溯提升教学模式"也不例外,也要有自己独特的话语体系和发挥功能的时空环境。如果忽略了"回溯提升教学模式"的具体化和情境化特点,如果不充分考虑"回溯提升教学模式"出场的特定话语体系和时空情境,如果不加分析地进行拷贝或实行拿来主义,势必会人为夸

后 记

大"回溯提升教学模式"的功能,而且也不利于实现教学过程和教学效果的同步最优化。

通常,教学模式不仅具有指向性、完成性、系统性、可操作性和相对稳定性,而且具有灵活性、动态性和开放性。也正是基于这样的认识,美国教学模式研究专家乔伊斯等,将"教学模式"定位为"一个严格但又灵活的工具"。[①] 据此,笔者可断,"回溯提升教学模式"也不可能一劳永逸,也要随着教学改革的推进而不断地修葺、调适与完善。只有如此,"回溯提升教学模式"才会保持旺盛的生命力。

虽然,到目前为止,本项目已经入选教育部高校思想政治课教学方法改革择优推广计划,已经在实践中探索多年,不仅在笔者所在的哈尔滨工业大学实施,收到良好效果,而且笔者还应邀在全国各地作专场教改报告多场,包括应教育部社会科学司之邀,围绕本项目在国家教育行政学院为来自全国的思政课骨干教师作介绍。在教改报告的互动环节或报告之余,笔者与全国各地的思政课教师多有沟通,笔者通过沟通确信:该教学模式所具有的诉求上的迫切性、立意上的合理性、学理上的逻辑性、结构上的系统性、内容上的针对性、功能上的有效性、实践上的可操作性等,均被业内同行广泛认可。但由于存在"有限"和"无限"之间的矛盾,在教学实践中,"回溯提升教学模式"的确还存在可以进一步探索和提升的空间。更何况,时移世易,不同的教师,即使讲授同样的课程,也要围绕自身的环境、条件、工作的内容、所面临的问题,进行因地制宜和顺势而为的情境化与个性化的探索。

在构建"回溯提升教学模式"过程中,笔者始终谨记:一定要正确估价教学对象的接受与判断能力。如果自己讲的东西,没有源于教材和高于教材,没有超越经历了中学的中国近现代史学习的学生的已有认知,没有针对性地切中学生进入大学阶段后所形成的种种困惑,没有说出学生心中有而口下无的东西,那么,思政课就很难从根本上

[①] [美] 乔伊斯等:《教学模式》,荆建华等译,中国轻工业出版社2013年版,第21页。

走出"上面极度重视"而"下面极度漠视"之窘境。

在构建"回溯提升教学模式"过程中,笔者始终谨记:教学没有终南捷径,教学是复杂的系统工程,构建"回溯提升教学模式"中的"回溯"和"提升"的每一个环节,都必须历经反复地刮垢磨光和细针密缕的过程,唯有如此,方有可能在教学过程中驾轻就熟、得心应手、游刃有余,诚如《尚书》所言:"不矜细行,终累大德"[1],也诚如《道德经》所言:"图难于其易,为大于其细。天下难事必作于易,天下大事必作于细。"[2]

---

[1] 游光中:《历代散文名句鉴赏》上,四川辞书出版社2010年版,第18页。
[2] 于永昌:《老子解读:老子与宇宙物理学及其哲学思想》,中国社会科学出版社2004年版,第200页。